2023年度教育部人文社会科学研究一般项目：
“刑事诉讼中个人信息的层级化保护机制研究”（23XJC820004）

侦查中
个人信息保护研究

王仲羊 / 著

RESEARCH ON PERSONAL INFORMATION PROTECTION
IN CRIMINAL INVESTIGATION

法律出版社
LAW PRESS · CHINA
北京

图书在版编目（CIP）数据

侦查中个人信息保护研究 / 王仲羊著. -- 北京 : 法律出版社, 2024. -- ISBN 978 - 7 - 5197 - 9426 - 2

Ⅰ. D918.2;D913.04

中国国家版本馆 CIP 数据核字第 20246FL080 号

侦查中个人信息保护研究
ZHENCHA ZHONG GEREN XINXI BAOHU YANJIU

王仲羊 著

责任编辑 李 群 王 睿
装帧设计 鲍龙卉

出版发行 法律出版社
编辑统筹 法规出版分社
责任校对 翁潇潇
责任印制 耿润瑜
经　　销 新华书店

开本 710 毫米 × 1000 毫米 1/16
印张 23.75 **字数** 293 千
版本 2024 年 10 月第 1 版
印次 2024 年 10 月第 1 次印刷
印刷 河北虎彩印刷有限公司

地址：北京市丰台区莲花池西里 7 号（100073）
网址：www. lawpress. com. cn
投稿邮箱：info@ lawpress. com. cn
举报盗版邮箱：jbwq@ lawpress. com. cn

销售电话：010 - 83938349
客服电话：010 - 83938350
咨询电话：010 - 63939796

书号：ISBN 978 - 7 - 5197 - 9426 - 2
定价：68.00 元

凡购买本社图书，如有印装错误，我社负责退换。电话：010 - 83938349

序　一

个人信息作为人性尊严的数据载体，关系公民的自我表现以及社会对个人的评价，与人格的自由发展息息相关。在大数据时代，随着国家机关、社会机构、商业机构信息处理能力的增强，侵犯个人信息的情形时有发生，个人信息保护成为全球热议的焦点问题。对此，2021 年 8 月 20 日，十三届全国人大常委会通过了《个人信息保护法》，标志着我国个人信息保护进入了新阶段。该法作为个人信息保护的“领域法”，推动了个人信息保护从私法、实体法领域向公法、程序法领域延伸。然而，相较于刑法、民法等部门法，刑事诉讼法受到国家安全利益与侦查秘密主义的制约，始终未对个人信息保护给予足够的制度关注，日渐成为个人信息保护法治体系的短板。并且，与检察权、审判权相比，侦查权与数字技术的融合程度最深，更可能产生侵犯个人信息的巨大风险，亟须立法规范与理论研究的关注。

针对立法规范与理论研究的薄弱环节，作者以《侦查中个人信息保护研究》为题，回应了“在侦查中为何保护个人信息”“在侦查中以何保护个人信息”“在侦查中如何保护个人信息”三大基础性问题。第一，对于在侦查为什么需要保护个人信息的问题，作者以刑事诉讼中的一对永恒矛盾——“打击犯罪”与“保障人权”作为逻辑起点，阐述了在侦查中保护个人信息的必要性与特殊性。在侦查中保护个人信息，既是为了更好地规范数字化侦查权力，也是为了满足公民日益增长的个人信息权利需求，以实现个人信息保护与处理的平衡。第二，对于在侦查中以何种方式保护个人信息的问题，作者阐述了中国域内与域外两种个人信息保护的模型，并总结了相应的特征。与我国传统侦查程序中间接性、依附性、混合性的保护方式不同，以美国与欧盟为代表的国家与组织呈现出直接性、独立性、比例性等特征。第三，对于在侦查中如何保护个人信息的问题，作者从权利保护与权力保护两方面入手，既对传统侦查程序进行了制度优化，也为《刑事诉讼法》与《个人信息保护法》的交流与融合搭建了桥梁。一方面，应当处理好传统的隐私权与新型的个人信息权之间的逻辑关系，引入知情权、决定权、更正权、删除权、免受算法自动化决策权与算法解释权等个人信息权利。另一方面，应当引入并调适《个人信息保护法》中的信息分类制度、合法性基础、信息他用制度、保存期限制度，同时塑造“调取—搜查—分析—监控”的层级化刑事侦查程序。

《侦查中个人信息保护研究》是本书作者的首部著作，也是刑事诉讼领域系统性、全面性研究个人信息保护问题的第一本著作。作者深谙数字时代刑事侦查权的运行规律，具有扎实的刑事诉讼法理论功底。并且，作者敏锐捕捉到个人信息保护的立法动向，深刻反思个人信息保护这一时代命题对传统侦查程序的冲击与塑造。本书中处处体现出作者旨在促进“刑事侦查”与“个人信息保护”两大话语体系互动的智识努力。例如，本书提出了刑事侦查中个人信息保护存在“权利保护”与“权力保护”双重路径，并以此串联起全书的脉络框架。作者从个人信息属于“私人物品”还是“公共产品”的本体定位出发，平衡了信息自决利益与国家公共利益，融合了个人信息私法保护与公法保护两种模式，汇总了积极确权与行为规制两种方法，最终论证了“权利保护”与“权力保护”双重路径的可行性及其相互之间的逻辑关系。《侦查中个人信息保护研究》一书体现出作者对于数字时代刑事侦查程序“革故”与“鼎新”的两方面学术追求。一方面，本书阐述了现有侦查程序中以隐私权保护个人信息的制度实践，评述了调取、网络在线提取、网络远程勘验、技术侦查、电子数据搜查扣押等取证手段，反思了概括授权条款与特别授权条款之间的逻辑关系。另一方面，本书以《个人信息保护法》的出台作为时代背景，对该法中个人信息的定义、个人信息处理的概念、个人信息保护的原则、个人信息保护的规则等进行引入与调适，力图为个人信息保护提供刑事程序法的衔接路径，以实现个人信息的场景化保护。在“革故”与“鼎新”两方面追求的驱动下，作者描绘出侦查程序中个人信息保护的理论框架与实践图景，为实现刑事诉讼的数字化转型、深化数字正当程序理论提供了创造性的智识努力。

《侦查中个人信息保护研究》一书既是作者以往科研成果的小结，又是其未来学术探索的起点。希望作者能够继续深耕该领域，潜心治学，努力取得更大的学术发展！也希望本书能够引起学者们的兴趣和关注，共同为数字时代刑事程序法的实践发展与理论研究贡献更大的力量！

陈光中

2024 年 1 月于北京

序　二

世事变化，怎一个“快”字了得。

这一个“快”字，或许只是一种主观感受。就像一个年事已高的人，回想自己已经过去的几十年人生经历，生发出来的感受便是时间过得很快。这几十年算不算“快”，是不容易有客观标准进行评价的。

刑事案件的侦查，便是在这种“快”的主观感受中呈现出新的样态。

回溯这些年侦查历程和现有的形态，直观感受便是前进的步伐真的很快。

我对侦查的感受，来自曾经有过的一年侦查经历：那是在1989年，考上中国政法大学研究生院之后，开始进入诉讼法学研究生阶段的学习，我有机会到北京市顺义县公安局锻炼工作一年。那时公安机关办案，采用的是老一套摸底排队的办法。接到报案，侦查人员到现场，开的是绿色的吉普车和“双跨兜”摩托车（俗称“跨子”）；通讯工具是电话座机，外出执行任务，偶尔已用对讲机；对于案件当事人个人信息的了解，是到派出所查询相关记录，或者到涉案人员所属单位、居委会、村委会等处了解情况。那时侦查中的技术手段都还是用金银粉刷取指纹、用石膏固定立体足迹、用静电板提取地面的踩踏痕迹。如今新的科技手段应用，侦查机关如虎添翼，过去那一套侦查方法虽然还有用场，但已经被超越。

新的科技在刑事侦查中的应用，让福尔摩斯探案那类侦探故事在当代条件再难编下去，放大镜时代已经让位于计算机时代，传统的侦探形象被科技专家型的侦查群体取代，DNA 技术等的应用，让侦查呈现出鲜明的科学面貌。

阿明·格伦瓦尔德指出："科学和技术也许可以算是现代人类社会最强大的推动力量。随着科技的飞速进步，特别是第二次世界大战之后，在如何规划管理技术和与技术打交道方面出现了大量的新问题。"①这些新问题中，有一个非常重要，就是在隐私权观念日益强固的前提下个人信息的保护问题。

认识这个问题，有两个不同视角，一是从国家权力的视角看，充分运用当代科技手段，对社会进行严密监控，及时了解社会动态和个人倾向，包括思想和行为，敏锐发现国家安全和社会秩序的隐患和现实危险，提前和及时进行处置，在刑事侦查领域，对犯罪进行预测和预防、查明已经发生的案件事实、缉拿犯罪嫌疑人归案，这个角度也是刑事侦查学的主旨所在；二是从个人自由权利的视角看，人们关心的是，在强大的政府权力和技术手段面前，怎样保持个人珍贵的各种自由权利不被科技手段吞噬，这就需要规制政府权力，包括容易对个人自由权利造成损害的侦查权力；另外，人们监督政府权力的相关权权利，如知情权，如何通过建立数字时代的民主机制，让政府活动的透明度大为提高，等等。

由此产生两种有关联但是视角不同的著作，一类侧重于新技术的应用功效及其方法，探索国家权力在新技术条件下如何充分行使，另一类侧重于个人权利在新技术应用前提下的保护，包括制度建构和国家权力、个人权利所能发挥的综合作用。

王仲羊的《侦查中个人信息保护研究》一书，属于后一种即个人自由权利保护视角和内容的新著。这部书以"侦查中个人信息保护"

---

① ［德］阿明·格伦瓦尔德主编：《技术伦理学手册》，吴宁译，社会科学文献出版社 2017 年版，第 1 页。

为阐述对象，试图在新科技手段在刑事侦查领域越来越广泛应用的背景下，探讨个人信息在刑事立案后的保护问题。作者的努力无疑是成功的，这本书不仅有着鲜明的实践针对性，满足这个时代深入、细致探讨新技术条件下权利保护问题的需要，而且有不少独到的内容，属于对于相关学术理论的创造性运用和阐发，这使得本书分析问题的理论深度和解决问题的实际效果都体现出不同凡响的特质。

王仲羊在研究本书这类主题种有着自身的优势。他有刑事诉讼法学和刑事侦查学的双重学术背景，在清华大学取得诉讼法学博士学位之后，到西南政法大学侦查学院执教，将两个学科的知识进行融合并用，以鲜明的观点、缜密的逻辑思维和扎实严谨文字表达能力，进行知识的分析与创造，他的学术成果被很多学界同仁和实践部门的人士认同和赞赏。更重要的是，他对人的存在及其价值有着深切的关怀，对于个人信息权等涉及个人的权利的格外关切，让他有一种使命感和一系列值得重视的优质论述，本书就是这一心理动机和学者情怀产生的品质优质的学术专著——不仅具有理论深度，也有很强的实践意义。

看到这部书付梓，我的心中有一种快意。在一个快速变化的社会，需要理性的思考。这样一个沉静、蕴含着厚重的对个人权利的关切的著作得以出版，无疑是令人高兴的。

我也希望，读到这本书后会有越来越多的人一同关切个人信息权利的保护问题。

这种关切，与时代的脉动无疑是契合的。

张建伟

2024 年 10 月于北京

目　录

第一章　导论……………………………………………………… 1
一、研究对象………………………………………………………… 1
（一）刑事侦查 ………………………………………………… 1
（二）个人信息 ………………………………………………… 3
二、研究脉络………………………………………………………… 5
（一）个人信息的私法保护延伸至公法保护 ………………… 5
（二）个人信息的刑事实体法保护延伸至刑事程序法保护 …… 12
三、研究意义………………………………………………………… 23
（一）在侦查中为何保护个人信息 …………………………… 24
（二）在侦查中以何保护个人信息 …………………………… 26
（三）在侦查中如何保护个人信息 …………………………… 27

第二章　侦查中个人信息保护的两种方式：权利保护
与权力保护……………………………………………… 29
一、个人信息的权利保护…………………………………………… 32
（一）美国：隐私权 …………………………………………… 33
（二）德国：信息自决权与资讯科技基本权 ………………… 37
（三）欧盟：个人数据受保护权 ……………………………… 40
（四）我国：个人信息权 ……………………………………… 44
二、个人信息的权力保护…………………………………………… 50

（一）个人信息处理的基本原则 …………………………… 50
（二）个人信息处理的具体规则 …………………………… 58
（三）个人信息处理者的义务 ……………………………… 62

第三章 侦查中个人信息保护的困境 ………………………… 66
一、个人信息保护的权利困境 ……………………………… 66
（一）个人信息权利的理论依据不明 ……………………… 66
（二）个人信息权利的运行逻辑不清 ……………………… 78
（三）个人信息权利的时代转型不力 ……………………… 86
二、个人信息保护的权力困境 ……………………………… 91
（一）数据主义主导：个人信息处理的正当性存疑 ……… 91
（二）数据监控扩张：个人信息处理的规范性滞后 ……… 104
（三）数据权力膨胀：个人信息处理的恣意性失控 ……… 119

第四章 我国侦查中个人信息保护的制度分析 ……………… 129
一、我国个人信息的间接性权利保护 ……………………… 131
（一）保密义务条款间接保护个人信息 …………………… 132
（二）技术保真条款间接保护个人信息 …………………… 135
（三）权力行使条款间接保护个人信息 …………………… 136
（四）隐私保护条款间接保护个人信息 …………………… 138
二、我国个人信息的依附性权力保护 ……………………… 140
（一）个人信息分析行为依附于收集行为 ………………… 141
（二）个人信息存储行为依附于收集行为 ………………… 149
（三）搜查个人信息依附于扣押存储介质 ………………… 151
三、我国个人信息的混合性权力保护 ……………………… 155
（一）任意侦查程序与强制侦查程序的混合 ……………… 156
（二）回溯性侦查程序与即时性侦查程序的混合 ………… 168

（三）特定性侦查程序与非特定性侦查程序的混合 ………… 172

第五章　域外侦查中个人信息保护的制度分析 …………………… 176
一、域外个人信息的直接性权利保护 ………………………………… 176
（一）美国个人信息的直接性权利保护 ………………………… 178
（二）欧盟个人信息的直接性权利保护 ………………………… 203
二、域外个人信息的独立性权力保护 ………………………………… 221
（一）个人信息分析行为独立于收集行为 ……………………… 221
（二）个人信息存储行为独立于收集行为 ……………………… 229
（三）搜查个人信息独立于扣押存储介质 ……………………… 235
三、域外个人信息的比例性权力保护 ………………………………… 241
（一）区分任意侦查程序与强制侦查程序 ……………………… 241
（二）区分回溯性侦查程序与即时性侦查程序 ………………… 247
（三）区分特定性侦查程序与非特定性侦查程序 ……………… 251

第六章　我国侦查中个人信息保护制度的重构 …………………… 257
一、我国个人信息权利保护制度的重构 ……………………………… 257
（一）个人信息权利的层级构造 ………………………………… 258
（二）个人信息权利的具体组成 ………………………………… 263
（三）个人信息权利的双重限制 ………………………………… 283
二、我国个人信息权力保护制度的重构 ……………………………… 286
（一）个人信息保护制度的引入与调适 ………………………… 286
（二）个人信息处理程序的层级化建构 ………………………… 302

第七章　结论 ……………………………………………………………… 316

参考文献 ………………………………………………………………… 320

致　谢 …………………………………………………………………… 367

第一章　导　　论

为论证严谨，本书导论部分首先界定刑事侦查与个人信息的概念，以限缩研究对象，保证论证的针对性；其次，梳理个人信息由私法领域延伸至公法领域，由刑事实体法领域延伸至刑事程序法领域的演进脉络，以明确发展历程与研究基础；最后，阐述本书的研究意义，即在侦查中为何保护个人信息、以何保护个人信息以及如何保护个人信息，以彰显问题意识与研究价值。

一、研究对象

（一）刑事侦查

2012 年《刑事诉讼法》第 106 条第 1 项规定："'侦查'是指公安机关、人民检察院在办理案件过程中，依照法律进行的专门调查工作和有关的强制性措施。"由于监察体制改革，2018 年《刑事诉讼法》第 108 条第 1 项将之修改为："'侦查'是指公安机关、人民检察院对于刑事案件，依照法律进行的收集证据、查明案情的工作和有关的强制性措施。"除规范定义之外，理论界也对"侦查"一词的内涵进行了研究。例如，有学者采取"任务兼性质"的定义方式，将侦查界定为国家法定机关在办理刑事案件过程中，为收集犯罪证据和查获犯罪嫌疑人而依法进行专门调查工作和采取有关强制性措施。[①] 时至今日，立法规范与

① 参见陈永生：《侦查程序原理论》，中国人民公安大学出版社 2003 年版，第 21 页。

理论研究对于刑事侦查的概念界定已经成熟，本书特意列举其定义，旨在限定研究对象，将刑事侦查与监察调查、犯罪预防区别开来：

其一，区分刑事侦查与监察调查。《监察法》赋予监察机关调查职务犯罪活动的职能。虽然监察机关的调查措施与刑事侦查中的侦查措施具有亲缘性与同质性，但是立法规范仍然秉持着“监察调查—刑事侦查”二元分立的态度，将侦查主体限定为公安机关、人民检察院，以凸显监察机关调查活动的独特性。本书仅研究在刑事侦查活动中的个人信息保护问题，监察机关的调查活动不在讨论范围内。

其二，区分刑事侦查与犯罪预防。随着大数据技术深度嵌入刑事司法，侦查活动的行为模式由被动反应转型为主动介入，以预测型警务为代表的社会治理活动不断涌现。预测型警务在立案之前就针对不特定对象开展风险研判与犯罪预测等个人信息处理活动，不仅突破了立案阶段的门槛限制，使得侦查权介入犯罪活动的时点前移，也在一定程度上导致了刑事侦查与犯罪预防之间的概念混淆。对此，学界并未在性质界定上形成通说。例如，针对学界热议的“大数据侦查”，有学者指出，通过大数据技术预测犯罪行为与犯罪趋势属于犯罪预防而非刑事侦查。①也有学者认为，立案之前的大数据采集分析仅是立案来源之一，不必然属于侦查措施。② 但是相反意见认为，立案之前的大规模监控属于技术侦查。③ 对于立案之前的犯罪预防与大规模监控，本书持保守态度，并认为强制侦查措施的采取应当严格限于立案之后。因此，本书主要研究立案之后刑事侦查活动中的个人信息保护问题，预测警务活动与初查活动并非主要的研究对象。

其三，将刑事侦查限定为公安机关的侦查活动。《刑事诉讼法》第

---

① 参见彭知辉：《“大数据侦查”质疑：关于大数据与侦查关系的思考》，载《中国人民公安大学学报（社会科学版）》2018 年第 4 期。

② 参见张建伟：《司法的科技应用：两个维度的观察与分析》，载《浙江工商大学学报》2021 年第 5 期。

③ 参见纵博：《侦查中运用大规模监控的法律规制》，载《比较法研究》2018 年第 5 期。

19 条第 1 款规定："刑事案件的侦查由公安机关进行，法律另有规定的除外。"由于监察体制改革，检察机关的侦查职能日渐式微，加之国家安全部门、军队保卫部门等的侦查活动存在案件范围的局限性，故而本文的研究对象主要针对公安机关实施的刑事侦查活动。

（二）个人信息

由于文化背景、研究领域、语用习惯等的变化与不同，个人信息（personal information）长期与个人数据（personal data）、个人资料、个人隐私等概念交织，甚至有学者使用个人数据信息的混合定义。[①] 理论界为了区分上述概念作出了大量智识努力。例如，有学者认为："'数据'侧重于突出载体或媒介本身，而'信息'强调的则是所要传达的内容与本质。"[②] 也有学者认为，信息是数据反映的内容，而数据是信息的表现形式。[③] 还有学者依据个体主观感受的差异与识别信息主体风险的不同，将信息权利由上至下分为隐私权、个人信息权与数据权。[④] 但本书认为，个人信息与个人数据、个人资料仅存在语用习惯的不同，并无实际的区分意义。欧盟国家多使用"个人数据"的概念，我国香港特别行政区、台湾地区更偏好使用"个人资料"的称谓，而日本、韩国、俄罗斯等国则主要使用"个人信息"的定义。《个人信息保护法》顺应了《网络安全法》《民法典》中的立法习惯，使用了"个人信息"这一概念，为上述术语的混杂使用定分止争。因此，本书遵照《个人信息保护法》中个人信息的规范定义。需要说明的是，在行文过程中为避免重复，本书会使用"数据""资料""个人数据"等措辞，

---

① 参见蒋坡主编：《个人数据信息的法律保护》，中国政法大学出版社 2008 年版，第 1－3 页。

② 劳东燕：《个人数据的刑法保护模式》，载《比较法研究》2020 年第 5 期。

③ 参见齐爱民：《拯救信息社会中的人格》，北京大学出版社 2009 年版，第 79 页。

④ 参见彭诚信、杨思益：《论数据、信息与隐私的权利层次与体系建构》，载《西北工业大学学报（社会科学版）》2020 年第 2 期。

这些术语与“个人信息”完全一致。至于“个人隐私”或“信息隐私”，主要是美国、加拿大、澳大利亚等国家经常使用的概念。但“隐私”与“个人信息”，“隐私权”与“个人信息权”之间存在客体、内容等方面的实质差异，不应当混为一谈。

个人信息的内涵存在“隐私型”、“识别型”与“关联型”三种界定方式。[①] 其中，持“隐私型”定义的观点的人认为，隐私是对于个人信息的积极控制。[②] 但是此种界定方式混淆了隐私与个人信息之间的逻辑关系，致使非隐私的个人信息难以得到保护，故而逐渐被理论界摒弃。持“识别型”定义的观点的人认为，“个人信息是指一个身份已经被识别或者身份可以被识别的自然人相关的任何信息”[③]。该观点强调个人信息与信息主体之间被直接或间接识别的可能性。[④] 识别（identify）采用了从信息到个人的路径，即由信息本身的特殊性直接回溯到特定个人。[⑤] 我国《网络安全法》就采取此种定义方式：“个人信息，是指以电子或者其他方式记录的能够单独或者与其他信息结合识别自然人个人身份的各种信息。”持“关联型”定义的观点的人认为，凡是与个人相关的一切事项均为个人信息。[⑥] 与识别不同，关联（link）采用了从个人到信息的路径，即已知既定个人，进而去知晓“关于”该人的其他信息。随着数据处理技术的发展，原有的已识别或可识别的定义逐渐无法满足个人信息保护的实践诉求。因此，我国《个人信息保护法》采

---

① 参见韩旭至：《个人信息的法律界定及类型化研究》，法律出版社2018年版，第31页。

② 参见［美］阿丽塔·L. 艾伦、［美］理查德·C. 托克音顿：《美国隐私法：学说、判例与立法》，冯建妹等译，中国民主法制出版社2019年版，第13页。

③ 张新宝：《从隐私到个人信息：利益再衡量的理论与制度安排》，载《中国法学》2015年第3期。

④ 参见齐爱民：《大数据时代个人信息保护法国际比较研究》，法律出版社2015年版，第136页。

⑤ 参见张新宝主编：《〈中华人民共和国个人信息保护法〉释义》，人民出版社2021年版，第41页。

⑥ 参见吴苌弘：《个人信息的刑法保护》，上海社会科学院出版社2014年版，第14页。

取“关联型”的定义方式，在第4条第1款规定：“个人信息是以电子或者其他方式记录的与已识别或者可识别的自然人有关的各种信息，不包括匿名化处理后的信息。”本书遵照《个人信息保护法》的规范定义，使用“关联型”方法判断个人信息的客体范围。

在刑事侦查中，容易与“个人信息”混淆的概念是“电子数据”。电子数据是2012年《刑事诉讼法》列入的法定证据种类之一，其与个人信息在内涵与范围上存在相似性。例如，有学者认为：“电子数据是指电子计算机或者电子磁盘作为载体，储存在电子计算机内或者电子磁盘中，并用以证明案件事实的各种信息。”① 但本书认为，个人信息与电子数据存在明显差异。个人信息侧重以“识别性”或“关联性”锁定特定信息主体，其内涵既包括电子化、自动化处理的个人信息，也包括未形成电子形式而存在于纸质媒介或其他媒介中的个人信息。但是，随着侦查机关的数字化转型，越来越多的个人信息将呈现出电子化形式，亦即电子数据成为个人信息的主要表现方式。因此，本书在论证刑事侦查中个人信息保护时，虽然也会关注传统媒介中的个人信息，但主要针对数字化、电子化的个人信息。

二、研究脉络

（一）个人信息的私法保护延伸至公法保护

1. 个人信息的私法保护

个人信息保护肇始于私法领域。长期以来，由于个人信息的规范演变与研究推进主要由民事领域的相关学者主导，致使我国个人信息保护的立法实践与理论研究呈现出明显的私权化倾向。具言之，个人信息保护的私权化倾向主要表现在以下六个方面：

---

① 卞建林、谭世贵主编：《证据法学》（第3版），中国政法大学出版社2014年版，第241页。

其一，以民事规范作为个人信息保护的法律根据。“如果民法典不对个人信息的保护作出规定，那么无论是行政法对个人信息的规制，还是刑法对侵害个人信息行为的处罚，都将因此缺乏民事利益上的正当性基础与民事基本法的依据。”[①]《民法典》在个人信息保护体系中居于基础性地位，不仅为行政法、刑法等公法领域的个人信息保护提供法律支持，还应当成为制定与修改《个人信息保护法》的规范蓝本。申言之，《个人信息保护法》属于民法特别法，[②] 应当与《民法典》的相关规定协调一致。[③]

其二，以知情同意作为个人信息处理的合法基础。在个人信息处理活动中，知情同意规则是判断个人信息处理合法与否的基本规则与关键条件，[④] 知情同意“不仅是信息处理法律行为的拟制起点，还是数据处理行为的合法性要件”[⑤]。在《民法典》的编纂过程中，为了实现当事人对于个人信息的控制，知情同意甚至一度成为个人信息处理的唯一正当性前提。[⑥] 即便知情同意受到诸多因素的限制，可能存在虚置的风险，但是学者仍然坚持认为这仅是相关规则的实际运作效果不佳，与法律制度的正当性无关。[⑦]

其三，以私法赋权作为个人信息保护的主要方法。有学者认为，民法中的个人信息保护无须依托于其他权利，也并非以利益形式存在，而

---

① 程啸：《民法典编纂视野下的个人信息保护》，载《中国法学》2019 年第 4 期。

② 参见石佳友：《个人信息保护法与民法典如何衔接协调》，载《人民论坛》2021 年第 2 期。

③ 参见吕炳斌：《个人信息保护的“同意”困境及其出路》，载《法商研究》2021 年第 2 期。

④ 参见蒋舸：《个人信息保护法立法模式的选择——以德国经验为视角》，载《法律科学（西北政法大学学报）》2011 年第 2 期。

⑤ 蔡星月：《数据主体的“弱同意”及其规范结构》，载《比较法研究》2019 年第 4 期。

⑥ 参见谢远扬：《〈民法典人格权编（草案）〉中“个人信息自决”的规范建构及其反思》，载《现代法学》2019 年第 6 期。

⑦ 参见于柏华：《处理个人信息行为的合法性判准——从〈民法典〉第 111 条的规范目的出发》，载《华东政法大学学报》2020 年第 3 期。

应当采取权利保护模式，将个人信息作为民事权利的客体，确立独立的个人信息权。① 尽管有学者不同意在民法上设置个人信息权的做法，但仍然认为在《民法典》人格权编中关于个人信息保护的条款清晰表明了自然人对于个人信息享有民事利益。② 此外，有学者主张个人信息的人格利益仍然应当纳入隐私权的调整框架，隐私权的动态判断、场景分析与相对标准可以弥补传统隐私权的弊端，从而兼顾个人信息的私人属性与社会属性。③ 另外，有学者主张个人信息的人格权、隐私权保护存在固有弊端，应当诉诸财产权保护，以保障弱者利益与法律逻辑的内在统一性。④ 综上，虽然学界对于个人信息究竟是权利还是利益存在观点分歧，对于个人信息的权属也存在隐私权说、一般人格权说、具体人格权说、财产权说等争议，但是学界均承认个人信息是一类新型的民事权利客体，而非公法上的权利。尽管有学者坚持宪法人权说的主张，并在《个人信息保护法》专家意见稿中明确表述了个人信息权基本权利的定位，但是主流观点仍然认为个人信息权的本质属于私权。对于个人信息提供充分的私权保护，不仅能够实现《个人信息保护法》的立法目的，也有利于从根本上保护公共利益。⑤

其四，以权利绝对化作为个人信息保护的强化手段。为了强化信息主体的自决利益，有学者提出个人信息是特殊物权客体的主张，进而诉诸所有权的保护路径；⑥ 也有学者类比知识产权，通过“行为规制权利

---

① 参见王成：《个人信息民法保护的模式选择》，载《中国社会科学》2019 年第 6 期。

② 参见程啸：《论我国民法典中个人信息权益的性质》，载《政治与法律》2020 年第 8 期。

③ 参见房绍坤、曹相见：《论个人信息人格利益的隐私本质》，载《法制与社会发展》2019 年第 4 期。

④ 参见刘德良：《个人信息的财产权保护》，载《法学研究》2007 年第 3 期。

⑤ 参见王利明：《论个人信息权的法律保护——以个人信息权与隐私权的界分为中心》，载《现代法学》2013 年第 4 期。

⑥ 参见张莉：《个人信息权的法哲学论纲》，载《河北法学》2010 年第 2 期。

化”的方法强化个人信息的保护。① 虽然论证方式不同，但是多数学者认为个人信息权的内核在于自我占有与控制，属于一种支配权与绝对权，具有强烈的对世性与排他性;② 因此，信息主体之外的任何人均为其义务主体，负有不得侵犯个人信息权的义务。③

其五，以事后责任作为个人信息保护的救济途径。以侵权责任作为救济途径具有事后性的特点，“自然人只有在其个人信息遭受违反法律规定的行为的侵害时，才有权获得救济”④。并且，尽管侵犯个人信息可能产生民事责任、行政责任与刑事责任，但是民事侵权责任具有直接性与优先性，行政责任与刑事责任仅具备补充性。⑤

其六，反对个人信息保护的公法倾向。在本体论命题上，有学者认为，个人信息应当属于私人物品，而非公共物品。⑥ 尽管个人信息承载着公共利益与公共安全，但是保护个人信息的最终目的在于维护当事人的合法利益。⑦ 因此，政府公权不宜过度介入个人信息保护领域，而应当发挥私法的基础性作用，以避免将个人信息保护的“权利法”降格为行政色彩浓重的“管理法”。⑧ 此外，该观点还认为，个人私权也可以对抗公权机关，如果公权力机关侵犯了个人信息权利，私权主体同样

---

① 参见吕炳斌:《个人信息权作为民事权利之证成：以知识产权为参照》，载《中国法学》2019 年第 4 期。

② 参见余筱兰:《信息权在我国民法典编纂中的立法遵从》，载《法学杂志》2017 年第 4 期。

③ 参见杨立新:《个人信息：法益抑或民事权利——对〈民法总则〉第 111 条规定的“个人信息”之解读》，载《法学论坛》2018 年第 1 期。

④ 程啸:《民法典编纂视野下的个人信息保护》，载《中国法学》2019 年第 4 期。

⑤ 参见严鸿雁:《论个人信息权益的民事权利性质与立法路径——兼评〈个人信息保护法〉（专家建议稿）的不足》，载《情报理论与实践》2013 年第 4 期。

⑥ 参见程啸:《论我国个人信息保护法中的个人信息处理规则》，载《清华法学》2021 年第 3 期。

⑦ 参见程啸:《民法典编纂视野下的个人信息保护》，载《中国法学》2019 年第 4 期。

⑧ 参见王成:《个人信息民法保护的模式选择》，载《中国社会科学》2019 年第 6 期。

可以要求其承担法律责任。[①]

2. 个人信息的公法保护

个人信息保护的私权化倾向忽略了公法在个人信息保护方面的重要作用，并且存在信息权利属性不清、数据红利释放不足、抗制公权监控行为不力、权益保护实效不彰等局限性。通过反思个人信息保护的私权化倾向，学界开始运用宪法、行政法等公法领域的智识阐释个人信息保护的原理。同时，《个人信息保护法》的出台也推动了个人信息保护由私法领域向公法领域的延伸。具言之，个人信息的公法保护主要存在以下四大特点：

其一，以个人信息的公共属性作为逻辑前提。与私法领域强调个人信息的私人占有与绝对控制不同，公法领域将个人信息界定为公共产品，以凸显其社会性与公共性。[②] 个人信息保护不仅旨在捍卫个体的原子化形象，其在人际交往、商业流通、社会治理、文化创新等公共领域也存在广阔的应用景深。[③] 个人信息保护制度不可能单向度地保护信息主体的隐私与自由，同样也需通过个人信息的共享流通与合理使用降低数据处理者的利用成本，激活数据市场的驱动功能，助推社会管理与安全维护工作，从而最大限度地释放数据红利。保护个人数据权不仅在设定一项个人权利，而且旨在构建一个平衡个人、个人数据使用者和社会整体权利的法律框架。[④] 因此，应当摒弃微观的、孤立的、静态的个人信息保护观，实现个人信息立法由个人本位向社会本位的嬗变。[⑤]

---

① 参见王利明：《论个人信息权的法律保护——以个人信息权与隐私权的界分为中心》，载《现代法学》2013 年第 4 期。

② 参见吴伟光：《大数据技术下个人数据信息私权保护论批判》，载《政治与法律》2016 年第 7 期。

③ 参见高富平：《个人信息保护：从个人控制到社会控制》，载《法学研究》2018 年第 3 期。

④ 参见洪玮铭、姜战军：《社会系统论视域下的个人信息权及其类型化》，载《江西社会科学》2019 年第 8 期。

⑤ 参见王怀勇、常宇豪：《个人信息保护的理念嬗变与制度变革》，载《法制与社会发展》2020 年第 6 期。

其二，以国家机关的个人信息处理行为作为规制对象。与私法领域中平等主体之间基于意思自治发生的权利义务关系不同，公法领域以国家机关带有强制色彩的个人信息处理行为作为规制对象。① “个人信息保护法的规范对象是处理个人信息的‘个人信息控制者’，而不是一般的组织或者个人。”② 国家机关的个人信息处理活动呈现出群体性、规模性、集权性与单方意思形成性，逐渐成为侵犯个人信息主要的“风险源”。国家机关与信息主体之间的非对称性权力结构，存在虚置公民个人信息权利的系统性风险，故而必须对于国家机关处理个人信息的行为予以限制。③ “公民个人信息隐私权的公法保护是对公权力运作的规范，对国家权力运行的监督，也是建构有限政府的需要。”④ 此外，面对信息鸿沟与权能差距，有学者提出以责任为基础的回应性治理模式，旨在对公权力进行限缩。⑤

其三，以基本权利作为个人信息保护的权利基础。通过与美国、德国等域外法治国家的比较，理论界基本认可了个人信息既是一项侵权法民事权利，又是一项宪法基本权利的观点。⑥ 相较于其私法属性，个人信息的宪法权利属性更为关键。⑦ 个人信息的宪法权利属性不仅意味着行政权应当履行尊让克制的消极义务，⑧ 还意味着基本权利作为“客观

① 参见赵秉志、孟军：《我国刑事诉讼中的隐私权保护——以刑事被追诉人为视角》，载《法治研究》2017 年第 2 期。

② 周汉华：《个人信息保护的法律定位》，载《法商研究》2020 年第 3 期。

③ 参见王锡锌：《个人信息国家保护义务及展开》，载《中国法学》2021 年第 1 期。

④ 王学辉、赵昕：《隐私权之公私法整合保护探索——以“大数据时代”个人信息隐私为分析视点》，载《河北法学》2015 年第 5 期。

⑤ 参见郭春镇、马磊：《大数据时代个人信息问题的回应型治理》，载《法制与社会发展》2020 年第 2 期。

⑥ 参见贺栩栩：《比较法上的个人数据信息自决权》，载《比较法研究》2013 年第 2 期。

⑦ 参见周斯佳：《个人数据权的宪法性分析》，载《重庆大学学报（社会科学版）》2021 年第 1 期。

⑧ 参见龙建明：《技术侦查中被追诉人隐私权保护研究》，载《甘肃政法学院学报》2016 年第 1 期。

价值秩序”具有辐射整个法律体系的效力。[①] 在司法实践中，由于信息主体时常缺乏理性判断，个人信息权利难以落实兑现，存在沦为纸面上权利的隐忧。[②] 对此，作为公法权利的个人信息权能够转化为信息控制者的相应法律义务，为权利行使提供了实质性救济。作为公法权利，并不以信息主体的实际损害作为认定违法与否的必要条件，也不需要信息主体承担举证责任。只要数据控制者违反法定义务，无论是否造成信息主体实际损害，都可以认定为违法，个人信息保护执法机构就可以通过公法执法发现并制裁违法，维护法律秩序。[③]

其四，以国家保护义务作为个人信息保护的主要方法。基于对“个人信息民事权—个人信息处理者义务”这一民事分析框架的反思，有学者提出了“个人信息受保护权—国家保护义务”的个人信息权利保护框架。[④] 该框架推崇的国家保护义务，既包括消极保护义务，也涵盖积极保护义务。[⑤] 在消极义务方面，国家不仅应当意识到自己是侵犯个人信息的重要风险源，而且在“监控国家”的时代背景下应当强调监控手段的工具理性与价值理性。在积极义务方面，国家需要发挥基本权利客观法的功能，积极主动地改善个人信息保护的生态环境，为保护公民个人信息提供必要的制度供给与行权保障。[⑥] 并且，国家保护义务也是个人信息权利束的宪法基础。[⑦]

---

① 参见李忠夏：《数字时代隐私权的宪法建构》，载《华东政法大学学报》2021 年第 3 期。

② 参见吴伟光：《大数据技术下个人数据信息私权保护论批判》，载《政治与法律》2016 年第 7 期。

③ 参见周汉华：《个人信息保护的法律定位》，载《法商研究》2020 年第 3 期。

④ 参见王锡锌：《个人信息国家保护义务及展开》，载《中国法学》2021 年第 1 期。

⑤ 参见王锡锌、彭錞：《个人信息保护法律体系的宪法基础》，载《清华法学》2021 年第 3 期。

⑥ 参见赵宏：《〈民法典〉时代个人信息权的国家保护义务》，载《经贸法律评论》2021 年第 1 期。

⑦ 参见王锡锌：《国家保护视野中的个人信息权利束》，载《中国社会科学》2021 年第 11 期。

（二）个人信息的刑事实体法保护延伸至刑事程序法保护

1. 个人信息的刑事实体法保护

刑事实体法对于个人信息保护的立法规定与理论研究由来已久。在私法领域尚未出台相关规范的情况下，《刑法修正案（七）》就增设了非法获取公民个人信息罪和出售、非法提供公民信息罪。之后，《刑法修正案（九）》将两个罪名修改合并为侵犯公民个人信息罪。刑事实体法领域保护个人信息的发展趋势可以概括为以下四个方面：

其一，在法益基础上，从超个人法益说转向个人法益说。超个人法益说认为，“公民个人信息不仅直接关系个人信息安全与生活安宁，而且关系社会公共利益、国家安全乃至于信息主权”①。因此，有学者主张，侵犯公民个人信息罪的法益应当限缩为“公共信息安全”，刑法介入的关键因素在于该罪侵犯了公共性法益，故而应当将罪名修改为“侵犯公共信息安全罪”。② 也有学者认为该罪的法益应当评价为“保护公民信息的管理制度以及社会对公民个人信息的处置方式”③。但是随着理论研究的不断深入，侵犯公民个人信息罪的权利色彩与个人法益属性逐渐得到发掘。学者开始承认个人信息除具备社会公共利益之外，还应当存在面向公民个体的价值空间。④ 初期观点将这种个体利益概括为较为笼统的个人尊严与个人自由。⑤ 之后，学界对于个人法益进行了细

---

① 曲新久：《论侵犯公民个人信息犯罪的超个人法益属性》，载《人民检察》2015 年第 11 期。

② 参见王肃之：《被害人教义学核心原则的发展——基于侵犯公民个人信息罪法益的反思》，载《政治与法律》2017 年第 10 期。

③ 凌萍萍、焦冶：《侵犯公民个人信息罪的刑法法益重析》，载《苏州大学学报（哲学社会科学版）》2017 年第 6 期。

④ 参见高楚南：《刑法视野下公民个人信息法益重析及范围扩充》，载《中国刑事法杂志》2019 年第 2 期。

⑤ 参见高富平、王文祥：《出售或提供公民个人信息入罪的边界——以侵犯公民个人信息罪所保护的法益为视角》，载《政治与法律》2017 年第 2 期。

化，将其归纳为隐私权[①]、财产权[②]或者个人生活安宁[③]。随着《个人信息保护法》的拟定与出台，刑法学界对于该罪的法益产生了全新认识，提出了该罪的法益主要是保护个人信息权[④]或信息自决权[⑤]的观点。也有学者基于区分人格权与财产权、信息与数据的立场，将法益归纳为信息自决权与数据财产权的二元体系。[⑥] 还有学者对于私法中个人信息自决权的绝对性进行反思，认为刑法应当突出公法保护的特色，在法益设置上应当侧重风险规制而非确权。[⑦]

其二，在立法规范上，从附属保护转向独立保护。刑法规范在立法初期未能直接发现法益背后的权利属性，呈现出个人法益与社会法益、国家法益混合保护的局面，从而经历了从“间接”到“直接”，从“附属”到“独立”的过程。[⑧] 在《刑法修正案（九）》出台之前，刑法对于个人信息保护的保护或是附属于金融管理秩序，或是附属于公务、公共职能的合规性，或是附属于社会管理秩序。“传统刑法保护模式受制于公民个人信息权利定位的影响，并没有赋予‘公民个人信息’以独立的法益地位，而是将其附属于其他法益进行‘附属化’的刑法保

---

① 参见张明楷：《刑法学》（上）（第5版），法律出版社2016年版，第921页。

② 参见汤擎：《试论个人数据与相关的法律关系》，载《华东政法学院学报》2000年第5期。

③ 参见刘艳红主编：《刑法学》（下）（第2版），北京大学出版社2016年版，第254页。

④ 参见冀洋：《法益自决权与侵犯公民个人信息罪的司法边界》，载《中国法学》2019年第4期。

⑤ 参见刘艳红：《民法编纂背景下侵犯公民个人信息罪的保护法益：信息自决权——以刑民一体化及〈民法总则〉第111条为视角》，载《浙江工商大学学报》2019年第6期。

⑥ 参见张忆然：《大数据时代“个人信息”的权利变迁与刑法保护的教义学限缩——以“数据财产权”与“信息自决权”的二分为视角》，载《政治与法律》2020年第6期。

⑦ 参见欧阳本祺：《侵犯公民个人信息罪的法益重构：从私法权利回归公法权利》，载《比较法研究》2021年第3期。

⑧ 参见许亚洁：《个人信息的刑法保护体系研究》，华东政法大学2020年博士学位论文，第40页。

护。”[①] 近年来，随着相关立法的出台以及研究成果的不断深入，刑法方才实现对于个人信息的精密化保护，逐渐摒弃了立法中前置化、预防化的公共安全思维，将公民个人信息作为独立的保护对象。

其三，在保护范围上，从狭隘保护转向扩张保护。刑法对于公民个人信息保护范围的演进与个人信息的定义密切相关。2012 年《全国人大常委会关于加强网络信息保护的决定》（以下简称《关于加强网络信息保护的决定》）作为首部保护个人信息的专门立法，在第 1 条第 1 款规定：“国家保护能够识别公民个人身份和涉及公民个人隐私的电子信息。”《最高人民法院、最高人民检察院、公安部关于依法惩处侵害公民个人信息犯罪活动的通知》与之类似，同样采取了“可识别性”或“隐私性”作为界定个人信息客体的要素。2016 年《网络安全法》扩张了“可识别性”，既包括能够单独识别的个人信息，也涵盖能够与其他信息结合识别的个人信息，极大拓展了个人信息的范围。2017 年《最高人民法院、最高人民检察院关于办理侵犯公民个人信息刑事案件适用法律若干问题的解释》进一步扩展了公民个人信息的范畴，在广义“可识别性”的基础上，增加了“反映特定自然人活动情况的各种信息”，从而形成了“识别性 + 活动情况”的界定方法。并且，该规范性文件还对个人信息进行了分级分类，在扩张保护范围的同时，也实现了个人信息的精细化保护。

其四，在保护方法上，从“先刑后民”转向“刑民并重”。由于个人信息民事立法、专门立法的长期缺位，强调谦抑性的刑法被推至台前，独自承担起保护公民个人信息的重任。《刑法修正案（七）》增设非法获取公民个人信息罪和出售、非法提供公民信息罪即是“先刑后民”保护方法的最佳注脚。即使该立法规范在一定程度上发挥了“敲山震虎”的作用，但是这种“刑先民后”甚至“有刑无民”的做法值

---

① 于冲：《侵犯公民个人信息罪中“公民个人信息”的法益属性与入罪边界》，载《政治与法律》2018 年第 4 期。

得反思。在缺乏其他法律尤其是民事法律提供的最基础保护的前提下，刑法势必独木难支。随着《网络安全法》《民法总则》《民法典》《个人信息保护法》的相继出台，刑法孤力保护个人信息的局面不复存在。理论界逐渐开始强调刑法的保障性地位，试图在刑民一体化的视野下厘定刑法侵犯个人信息罪的法秩序。①

2. 个人信息的刑事程序法保护

《个人信息保护法》的出台推动了个人信息保护从私法、实体法领域向公法、程序法领域延伸，保护个人信息成为刑事诉讼的时代命题。刑事侦查作为刑事诉讼中公共权力与私人利益博弈最为激烈的阶段，理应成为个人信息保护的重要环节。然而，囿于国家安全利益与侦查密行主义的制约，个人信息保护问题并未引起应有的制度关注，致使侦查阶段成为个人信息保护的短板与洼地。对此，近年来，学界逐渐打通了个人信息保护与刑事侦查之间的领域隔阂，在刑事侦查中应当保护个人信息已经成为理论共识。在刑事程序法领域，个人信息保护呈现出以下三大特点：

其一，在研究主题上，隐私保护与个人信息保护相结合。隐私保护与个人信息保护存在概念的发展承继关系，我国对于个人信息保护的研究起源于隐私保护。早在传统侦查时期，理论界就已经开始关注刑事侦查中的隐私保护问题。在宏观层面，张春霞讨论了数种严重侵扰与轻微侵扰隐私权的侦查措施；② 杨开湘将刑事侦查作为侵犯隐私权的主要诉讼阶段；③ 向燕阐述了在刑事侦查中界定隐私权领域的理论方法；④ 王

---

① 参见刘艳红：《人性民法与物性刑法的融合发展》，载《中国社会科学》2020 年第 4 期。

② 参见张春霞：《限制与保护：刑事诉讼中的隐私权》，四川大学 2004 年博士学位论文，第 1－173 页。

③ 参见杨开湘：《刑事诉讼与隐私权保护的关系研究》，中国法制出版社 2006 年版，第 1－227 页。

④ 参见向燕：《刑事侦查中隐私权领域的界定》，中国政法大学出版社 2011 年版，第 1－339页。

芳主要借鉴了美国宪法第四修正案的隐私保护经验。[①] 在微观层面，隐私保护渗入搜查[②]、监听[③]、人身检查[④]、强制措施[⑤]等具体的侦查措施中。进入大数据时代之后，学界开始关注数字化办案对于隐私权的不当干预。随着2016年《关于办理刑事案件收集提取和审查判断电子数据若干问题的规定》（以下简称《电子数据规定》）与2019年《公安机关办理刑事案件电子数据取证规则》（以下简称《电子数据取证规则》）的出台，学界重点关注调取[⑥]、网络在线提取[⑦]、网络远程勘验[⑧]、技术侦查[⑨]、电子通讯数据搜查扣押[⑩]等法定程序中的隐私保护问题。同时，学界也对于立法尚未规制或者规制欠佳的网络搜查[⑪]、远程搜查[⑫]、大

① 参见王芳：《隐私与刑事法：隐私的政治价值与制度体现》，中国社会科学出版社2012年版，第1-218页。

② 参见向燕：《搜查与隐私权保护》，中国政法大学2009年博士学位论文，第1-230页。

③ 参见李明：《在犯罪控制与人权保障之间——监听制度研究》，四川大学2005年博士学位论文，第1-247页。

④ 参见王志刚：《刑事人身检查制度研究》，西南政法大学2010年博士学位论文，第1-225页。

⑤ 参见孙连钟：《刑事强制措施制度研究》，中国政法大学2005年博士学位论文，第1-175页。

⑥ 参见谢登科：《论侦查机关电子数据调取权及其程序控制——以〈数据安全法（草案）〉第32条为视角》，载《环球法律评论》2021年第1期。

⑦ 参见谢登科：《电子数据网络在线提取规则反思与重构》，载《东方法学》2020年第3期。

⑧ 参见谢登科：《电子数据网络远程勘验规则反思与重构》，载《东方法学》2020年第3期。

⑨ 参见谢登科：《论技术侦查中的隐私权保护》，载《法学论坛》2016年第3期。

⑩ 参见陈永生：《论电子通讯数据搜查、扣押的制度建构》，载《环球法律评论》2019年第1期。

⑪ 参见郑曦：《网络搜查及其规制研究》，载《比较法研究》2021年第1期。

⑫ 参见梁坤：《论远程搜查措施在侦查程序规范中的定位》，载《中国刑警学院学报》2018年第6期。

数据监控[①]、大数据整合[②]、公共视频监控[③]、DNA 数据库比对[④]、科技定位侦查[⑤]等侦查措施中的隐私侵权现象产生了警惕。隐私保护为后续个人信息保护提供了理论基础，但是也造成了研究主题的分散，致使刑事侦查中的个人信息保护长期依附于隐私保护，失去了独立的研究意义。

近年来，在立法规范的推动下，相关话语体系开始发生转变，个人信息保护逐渐脱离了隐私保护的理论樊篱，成为一项独立的学术命题。李亮首次开始关注刑事诉讼规范中的个人信息保护问题，并结合私法领域的经验对隐私与个人信息进行了区分。[⑥] 然而，刑事诉讼理论界对于隐私与个人信息，隐私权与个人信息权之间的关系却始终未能形成通说。例如，裴炜检视了隐私权在网络时代的行权困境，主张应当将隐私权纳入更为广义的个人信息权；[⑦] 蒋勇最先主张应当在刑事侦查程序中导入个人信息权，并认为隐私权是个人信息权的重要组成部分；[⑧] 郑曦在侦查程序中开辟出隐私权保护路径与数据权利保护路径，却并未深入分析二者之间的关系；[⑨] 程雷认为个人信息保护的规范重心应当向承载

---

① 参见赵艳红：《大数据监控措施的法律规制研究——以隐私权为中心的探讨》，载《交大法学》2020 年第 4 期。

② 参见庄乾龙：《刑事案件中大数据整合行为定性及其适用规则》，载《法学杂志》2020 年第 12 期。

③ 参见纵博：《侦查中运用大规模监控的法律规制》，载《比较法研究》2018 年第 5 期。

④ 参见田芳：《DNA 数据库比对技术在刑事侦查中运用的合宪性问题》，载《南大法学》2021 年第 1 期。

⑤ 参见朱嘉珺：《数字时代刑事侦查与隐私权保护的界限——以美国卡平特案大讨论为切入口》，载《环球法律评论》2020 年第 3 期。

⑥ 参见李亮：《新刑事诉讼法中个人信息保护的检视与路径探索——基于传统和互联网两种样态的考察》，载《海南大学学报（人文社会科学版）》2014 年第 2 期。

⑦ 参见裴炜：《个人信息权的建构和立体式法律保障——由隐私权保护的范式困境展开》，载《北大法律评论》2017 年第 2 期。

⑧ 参见蒋勇：《大数据时代个人信息权在侦查程序中的导入》，载《武汉大学学报（哲学社会科学版）》2019 年第 3 期。

⑨ 参见郑曦：《刑事侦查中远程在线提取电子数据的规制》，载《国家检察官学院学报》2019 年第 5 期。

着更多权利因素的隐私权方向倾斜;[①] 涂欣筠则主张不应当引入个人信息权，而是需要回归隐私权的本质。[②] 虽然对于隐私权与个人信息权的逻辑关系尚存争议，但是随着《个人信息保护法》的出台，在刑事侦查领域中，个人信息保护已经成为独立于隐私保护的理论命题。

其二，在研究深度上，附带性研究与专门性研究相结合。部分研究成果虽然没有以刑事侦查中的个人信息保护作为主要的研究对象，但是却将之作为附带性命题，为相关的理论推进与程序建构提供了智识经验。例如，程雷主张运用数据规范的法律控制方法规制大数据侦查;[③] 王仲羊在研究手机定位侦查时，将赋予信息主体同意权与知情权作为程序优化的对策;[④] 吴桐在介绍日本 GPS 侦查时，指出了个人信息分析阶段存在的侵权风险。[⑤] 然而，附带性研究囿于主题篇幅的限制，难以对于刑事侦查中的个人信息保护问题进行系统化、理论化的梳理与阐释。

随着《个人信息保护法》的草拟与出台，学界逐渐出现了体系化的专门性研究。例如，裴炜在总体上分析了个人信息与刑事正当程序之间的冲突，并提出无罪推定、控辩平衡与权力专属三项调和方法;[⑥] 郑曦论证了刑事诉讼中个人信息保护的问题现状、关系平衡、基本原则与制度建构等基础性问题;[⑦] 刘玫、陈雨楠梳理了个人信息保护与刑事侦

---

① 参见程雷:《刑事司法中的公民个人信息保护》，载《中国人民大学学报》2019 年第 1 期。

② 参见涂欣筠:《多元视角下刑事诉讼当事人的隐私权保护》，载《中国政法大学学报》2021 年第 6 期。

③ 参见程雷:《大数据侦查的法律控制》，载《中国社会科学》2018 年第 11 期。

④ 参见王仲羊:《大数据时代手机定位侦查的制度挑战与法律规制》，载《中国人民公安大学学报（社会科学版)》2020 年第 6 期。

⑤ 参见吴桐:《科技定位侦查的制度挑战与法律规制——以日本 GPS 侦查案为例的研究》，载《中国刑事法杂志》2020 年第 6 期。

⑥ 参见裴炜:《个人信息大数据与刑事正当程序的冲突及其调和》，载《法学研究》2018 年第 2 期。

⑦ 参见郑曦:《刑事诉讼个人信息保护论纲》，载《当代法学》2021 年第 2 期。

查从冲突到融合的渐变历程。[①] 刑事程序法中个人信息保护的专门性研究见证了其由信息化侦查[②]向大数据侦查[③]的转型过程，覆盖了犯罪预测阶段[④]、侦查阶段[⑤]、检察阶段[⑥]与审判阶段[⑦]等诉讼阶段，采取了域外比较[⑧]与法教义学[⑨]等研究方法，涵盖了调取[⑩]、跨境取证[⑪]、数据合规[⑫]、秘密监控[⑬]、电子取证[⑭]、技术侦查[⑮]、大数据监控[⑯]、科技定位

---

① 参见刘玫、陈雨楠：《从冲突到融入：刑事侦查中公民个人信息保护的规则建构》，载《法治研究》2021 年第 5 期。

② 参见马方、吴桐：《信息化侦查的维度冲突与法律规制》，载《中国人民公安大学学报（社会科学版）》2017 年第 2 期。

③ 参见王燃：《大数据时代侦查模式的变革及其法律问题研究》，载《法制与社会发展》2018 年第 5 期。

④ 参见胡铭、严敏姬：《大数据视野下犯罪预测的机遇、风险与规制——以英美德“预测警务”为例》，载《西南民族大学学报（人文社会科学版）》2021 年第 12 期。

⑤ 参见陈刚：《解释与规制：程序法定主义下的大数据侦查》，载《法学杂志》2020 年第 12 期。

⑥ 参见郑曦：《论检察机关在刑事司法领域的个人信息保护职责》，载《中国政法大学学报》2022 年第 1 期。

⑦ 参见高通：《在线诉讼对刑事诉讼的冲击与协调——以刑事审判程序为切入点》，载《南开学报（哲学社会科学版）》2022 年第 1 期。

⑧ 参见刘文琦：《论刑事侦查程序中的个人信息保护——以美国宪法第四修正案为考察视角》，载《社会科学动态》2022 年第 3 期。

⑨ 参见金铭：《刑事诉讼法中个人信息保护的法教义学省思》，载《西南交通大学学报（社会科学版）》2021 年第 3 期。

⑩ 参见裴炜：《论个人信息的刑事调取——以网络信息业者协助刑事侦查为视角》，载《法律科学（西北政法大学学报）》2021 年第 3 期。

⑪ 参见郑曦：《刑事数据出境规则研究》，载《法律科学（西北政法大学学报）》2022 年第 2 期。

⑫ 参见裴炜：《刑事数字合规困境：类型化及成因探析》，载《东方法学》2022 年第 2 期。

⑬ 参见程雷：《大数据背景下的秘密监控与公民个人信息保护》，载《法学论坛》2021 年第 3 期。

⑭ 参见蒋勇：《个人信息保护视野下中国电子取证规制的程序法转向》，载《西安交通大学学报（社会科学版）》2019 年第 6 期。

⑮ 参见洪刚：《信息网络犯罪技术侦查的法律控制》，载《中国应用法学》2022 年第 1 期。

⑯ 参见于阳、魏俊斌：《冲突与弥合：大数据侦查监控模式下的个人信息保护》，载《情报杂志》2018 年第 12 期。

侦查[1]等具体行为，包括了隐私信息[2]、位置信息[3]、跨境数据[4]等信息类型。上述研究成果奠定了刑事侦查中个人信息保护的理论基础，并推动着这一命题的纵深发展，为刑事程序法的数字化转型贡献了智识努力。

其三，在保护方式上，权利保护与权力保护相结合。对于权利保护，学界在整体层面上提出建设性意见，例如，郑曦[5]、黎晓露[6]、刘玫与陈慧君[7]分别表达了在刑事司法领域中引入个人信息权或者信息自决权的制度愿景。同时，权利保护也需要通过建构被遗忘权[8]、数据访问权[9]等具体配套措施才能落地实施。然而，"对于个人信息而言，私法保护以权利保护为中心，公法保护以权力制约为中心"[10]。对于个人信息的权力保护，裴炜主张应当调适知情同意规则、创设信息他用制度、保护特殊主体信息、完善信息出境审查要求。[11] 除此之外，个人信

① 参见王仲羊：《刑事诉讼中的个人信息保护——以科技定位侦查为视角》，载《理论月刊》2020 年第 12 期。

② 参见裴炜：《刑事诉讼中的个人信息保护探讨——基于公民信息保护整体框架》，载《人民检察》2021 年第 14 期。

③ 参见胡荣：《刑事侦查中位置服务数据利用及其立法规制》，载《学习与探索》2020 年第 4 期。

④ 参见裴炜：《刑事跨境取证中的数据安全风险及其应对》，载《国家检察官学院学报》2021 年第 6 期。

⑤ 参见郑曦：《作为刑事诉讼权利的个人信息权》，载《政法论坛》2020 年第 5 期。

⑥ 参见黎晓露：《个人信息权引入刑事诉讼的理论证成与体系化建构》，载《河北法学》2021 年第 12 期。

⑦ 参见刘玫、陈慧君：《刑事司法领域信息自决权研究》，载《吉首大学学报（社会科学版）》2021 年第 5 期。

⑧ 参见郑曦：《"被遗忘"的权利：刑事司法视野下被遗忘权的适用》，载《学习与探索》2016 年第 4 期。

⑨ 参见郑曦：《超越阅卷：司法信息化背景下的刑事被告人数据访问权研究》，载《河南大学学报（社会科学版）》2020 年第 2 期。

⑩ 邵俊：《个人信息的检察公益诉讼保护路径研究》，载《法治研究》2021 年第 5 期。

⑪ 参见裴炜：《个人信息保护法与刑事司法的分离与融合》，载《中国政法大学学报》2020 年第 5 期。

息的权力保护还需要依靠信息安全[①]、匿名化处理[②]、信息分级分类[③]等技术手段。

域外也对刑事侦查中的个人信息保护问题开展了深入研究，尤其以美国与欧盟最具代表。美国依循判例法传统，对美国宪法第四修正案进行了数字化改造。其中，2012 年 Jones 案[④]、2014 年 Riley 案[⑤]与 2018 年 Carpenter 案[⑥]被称为数字时代刑事侦查领域个人信息保护的“三部曲”。

首先，Jones 案判决警方安装 GPS 追踪器并以之开展持续监控的行为构成搜查，将公民的隐私合理期待从私人领域扩展到公共场所。同时，该案还引入了马赛克理论，引发了学界的广泛讨论。其中，Christopher Slobogin 对于马赛克理论持乐观态度，并积极建构该理论的实践方案。[⑦] Orin S. Kerr 则主张马赛克理论严重背离了美国宪法第四修正案的传统分析方法。[⑧] David Gray 认为继续沿用美国宪法第四修正案原教旨主义的解释方式能够在数字时代保护公民的隐私利益，无须诉诸马赛克理论。[⑨]

其次，Riley 案判定逮捕附带搜查的程序不适用于手机搜查，执法

---

① 参见郑曦：《刑事司法中的数据安全保护问题研究》，载《东方法学》2021 年第 5 期。

② 参见郑曦：《匿名化处理：刑事诉讼被遗忘权实现的另一种途径》，载《法治研究》2021 年第 5 期。

③ 参见郑曦：《刑事司法数据分类分级问题研究》，载《国家检察官学院学报》2021 年第 6 期。

④ U. S. v. Jones, 132 S. Ct. 945 (2012).

⑤ Riley v. California, 134 S. Ct. 2473 (2014).

⑥ Carpenter v. U. S. , 138 S. Ct. 2206 (2018).

⑦ See Christopher Slobogin, *Making the Most of United States v. Jones in a Surveillance Society: A Statutory Implementation of Mosaic Theory*, Duke Journal of Constitutional Law & Public Policy, Vol. 8, p. 1 – 38 (2012).

⑧ See Orin S. Kerr, *The Mosaic Theory of the Fourth Amendment*, Michigan Law Review, Vol. 111: 3, p. 311 – 354 (2012).

⑨ See David Gray, *The Fourth Amendment in an Age of Surveillance*, Cambridge University Press, 2017, p. 134.

人员想要获取手机内部的个人信息必须事前取得搜查令状。该案将扣押存储介质与搜查个人信息进行了阶段区分，为搜查制度在虚拟空间的进一步推广提供了实践素材。

最后，Carpenter 案判定公民对于手机基站定位信息享有隐私合理期待，警方必须获取搜查令状方可从第三方机构处调取此类个人信息。Carpenter 案被誉为继 Katz 案①之后美国宪法第四修正案里程碑式的变革。② 该案不仅延展了信息隐私权的客体范围，也动摇了长期居于统治地位的第三方理论。对于第三方理论的存废问题，学界展开激烈讨论。以 Mary – Kathryn Takeuchi 为首的“废除派”认为 Carpenter 案昭示了第三方理论的衰落与灭亡。③ 以 Michael Gentithes 为首的“保留派”则提议应当修正而非废除第三方理论。④ 此外，Orin S. Kerr（2019）⑤ 与 Geneva Ramirez（2019）⑥ 通过解读该案中搜查活动实质开始的具体时间，发现个人信息处理的风险不仅存在于前端的收集环节，还存在于后续的分析阶段。

欧盟的实践博弈与理论争讨主要通过立法规范推动。2007 年《欧盟基本权利宪章》分别在第 7 条与第 8 条规定了隐私权与个人数据受保护权，为保护个人信息奠定了权利基础。然而，对于隐私权与个人数据受保护权之间的逻辑关系，学界观点并不统一。例如，Bert – Jaap

---

① Katz v. United States 389 U. S. 347（1967）.

② See Pail Ohm, *The Broad Reach of Carpenter v. United States*, Just Security（Jun. 27, 2018）, https：//www. justsecurity. org/58520/broad – reach – carpenter – v – united – states/.

③ See Mary – Kathryn Takeuchi, *A New Third – Party Doctrine*：*The Telephone Metadata Program and Carpenter v. United States*, Notre Dame Law Review, Vol. 94：5, p. 2243（2019）.

④ See Michael Gentithes, *The End of Miller's Time*：*How Sensitivity Can Categorize Third – Party Data after Carpenter*, Georgia Law Review, Vol. 53：3, p. 1060（2019）.

⑤ See Orin S. Kerr, *Use Restrictions and the Future of Surveillance Law*, Brookings（Apr. 19, 2011）, https：//www. brookings. edu/research/use – restrictions – and – the – future – of – surveillance – law/.

⑥ See Geneva Ramirez, *What Carpenter Tells Us about When a Fourth Amendment Search of Metadata Begins*, Case Western Reserve Law Review, Vol. 70：1, p. 187 – 216（2019）.

Koops 认为数据保护是隐私的一个子概念，称为信息隐私或者数据隐私；[①] Maria Tzanou 则主张两项权利均旨在保障人性尊严，仅具有工具层面的意义；DE HERT P. 与 S. GUTWIRTH 却认为，尽管个人数据受保护权与隐私权之间存在诸多重合之处，但是前者具有许多独立于隐私权的目的与价值。[②] 随着 2016 年《一般数据保护条例》（General Data Protection Regulations，GDPR）与《以犯罪预防、调查、侦查、起诉或者刑罚执行为目的的自然人个人数据保护指令》[③]（以下简称欧盟《2016/680 指令》）的出台，学界对于刑事司法领域的个人信息保护问题展开了新一轮研究。例如，Paul de Hert 与 Vagelis Papakonstantinou Mark 梳理了刑事司法领域中个人数据保护的立法源流，解读了 GDPR 与欧盟《2016/680 指令》之间复杂的逻辑关系。[④] Mark Leiser 与 Bart Custers 对于目的限制原则、数据访问权等提出了建设性意见。[⑤]

三、研究意义

在我国，个人信息保护属于新兴产物，与刑事侦查的融合程度十分有限，故而既有研究受限于学科背景、知识结构、研究方法等因素，导

① See Bert - Japp Koops, *The Evolution of Privacy Law and Policy in the Netherlands*, Case Western Reserve Law Review, Vol. 13：2, p. 165 - 179 (2011).

② See Serge Gutwirth & Paul De HertPrivacy, *Data Protection and Law Enforcement. Opacity of the Individual and Transparency of Power*, Privacy and the criminal law, Vol. 90, p. 76 (2006).

③ Directive (eu) 2016/680 of the European Parliament and of the Council of 27 April 2016 on the protection of natural persons with regard to the processing of personal data by competent authorities for the purposes of the prevention, investigation, detection or prosecution of criminal offences or the execution of criminal penalties, and on the free movement of such data, and repealing Council Framework Decision 2008/977/JHA.

④ See Paul de Hert & Vagelis Papakonstantinou Mark, *The New Police and Criminal Justice Data Protection Directive*：*A First Analysis*, New Journal of European Criminal Law, Vol. 7：1, p. 7 - 19 (2016).

⑤ See Mark Leiser & Bart Custers, *The Law Enforcement Directive*：*Conceptual Challenges of EU Directive 2016/680*, European Data Protection Law Review (EDPL), Vol. 5：3, p. 372 (2019).

致理论基础较为薄弱，阻碍了相关问题的纵深发展。因此，在既有成果的基础上，本书旨在进一步厘清刑事侦查与个人信息保护之间的逻辑关联，解决“为何”、“以何”与“如何”三大问题。其中，“为何”主要回应在侦查中保护个人信息的原因，关系到此项研究的必要性；“以何”主要描述在侦查中保护个人信息的现状，关系到此项研究的现实性；“如何”主要解决在侦查中保护个人信息的方法，关系到此项研究的针对性。

（一）在侦查中为何保护个人信息

在侦查中为何需要保护个人信息是相关研究的逻辑起点。虽然学界对于在侦查中应当保护个人信息已经达成共识，但是对于为何需要保护个人信息论证不足。既有研究或是仅止于对侦查中个人信息保护实效不彰的现象描述，或是将个人信息保护的正当性直接等同于必要性。申言之，部分学者混淆了“保护不力”与“需要保护”之间的逻辑关系。除对于个人信息保护的必要性论证不足之外，现有成果也未能总结提炼出侦查中个人信息保护的特殊性，无法形成区别于私法领域、其他公法领域、刑事诉讼中其他诉讼阶段的鲜明特点。

对此，本书以刑事诉讼中的一对永恒矛盾——“打击犯罪”与“保障人权”作为逻辑起点，论证侦查中个人信息保护的必要性与特殊性。这组矛盾在大数据时代呈现出全新的表现形式，即个人信息处理与个人信息保护之间的博弈。之所以需要在侦查中保护个人信息，是为了维持个人信息处理（打击犯罪）与个人信息保护（保障人权）的动态平衡。一方面，随着大数据技术深度赋能刑事司法，侦查权演变为空前强大的数据权力，呈现出全新的社会性、弥散性、风险性、脱域性、建构性等运行特征，在有效遏制犯罪活动的同时，也造成了个人信息处理活动的失当、失范与失控，甚至存在“数字极权主义”的隐忧；另一方面，公民为了维持信息时代个体数字人格的完满，避免侦查机关扭曲与操纵自己的信息化形象，逐渐产生了个人信息自决的新型权利需求，以实现对于个人信息的自主控制。然而，这种旨在保障个人信息自决、正确、安全的权利诉求有时却被侦查机关的数据权力不当干预，致使个人信息处理与个人信息保护的关系失衡。因此，为了恢复打击犯罪与保障人权之间的平衡关系，需要规范个人信息处理行为，保护个人信息的自决利益。权力规范与权利保障既是侦查中个人信息保护的两种主要方式，也是相关制度产生的根本动因。

规范权力与权利保障的底层逻辑也能够证成侦查中个人信息保护的特殊性，将之与私法领域、其他公法领域、刑事诉讼中其他阶段的相关活动区别开来。一方面，私法主要调整平等主体之间的权利义务关系，与侦查活动的规制对象存在本质区别。行政执法领域虽然处理国家机关与公民个体之间的争议，但是相关权力的强制程度与侦查权存在显著差异。刑事侦查具有形成性、封闭性、秘密性、对抗性等程序特质，与起诉、审判活动存在明显不同。侦查活动以获取犯罪线索、控制犯罪嫌疑人、发现事实真相为制度追求，尽管应当规制其中的个人信息处理活动，但是不能以降低执法能力、妨碍侦查运行作为制度代价。因此，需要十分谨慎、合理地界定权力规范的尺度与比例。另一方面，刑事侦查中的个人信息权利也具有内涵的深刻性与行使的局限性。在侦查活动中，强调个人信息的自主控制不仅是为了防止其他公民干扰自身的数字化形象，更是为了制约强制性最高的国家权力的不当侵犯。如果权利未能得到真正落实，不仅会影响公民名誉、隐私等人格利益，还会造成对于人性尊严、人身自由，甚至生命权的深度侵犯。申言之，侦查中个人信息权利与更为重要的利益相绑定，具有更为长远的权利景深。此外，由于侦查密行主义原则的存在，致使个人信息权利受到诸多限制，带有明显的相对性。部分积极行使的权利必须进行语境限缩与适应性调整，诸如可携带权、被遗忘权等略显激进的权利则可能被完全排除在侦查程序之外。

（二）在侦查中以何保护个人信息

在侦查中以何保护个人信息旨在分析现行侦查中究竟运用何种方式保护个人信息。唯有对于当下侦查中个人信息保护的实际情况进行准确认知，方能找到相关制度的病灶所在。然而，既有研究未能正确评价我国侦查活动中个人信息保护的现状。例如，有学者认为："唯独在刑事司法执法领域，对公民个人信息权的干预始终被视为法律规制的例外。"① 其实，在前信息化时代，我国侦查程序中就已经存在保护个人信息的制度设计。例如，《刑事诉讼法》第136条限制搜查地点就是为了避免侦查机关过度搜集个人信息。此外，取保候审、监视居住、拘留、逮捕等强制措施的比例化设计也体现出控制个人信息处理规模的制度努力。因此，不应当简单地将我国侦查与个人信息保护之间界定为"排除""割裂"等关系，而应当理性地评价在传统侦查、信息化侦查与大数据侦查等不同阶段，相关程序对于个人信息保护所发挥的客观作用。然而，既有侦查中的个人信息保护制度确实难以适应数字化转型的时代要求，故而学界发出导入个人信息权等引入个人信息保护制度的倡议。理论界的建议具有一定的合理性，但是吸收借鉴其他领域相关制度的前提条件是准确认识到现行侦查程序中存在的制度顽疾。否则，引入先进制度的实践努力不仅可能面临水土不服的问题，还会被既有规范强大的制度阻力与负面的程序惯性所影响，进而偏离预定的发展方向。

对此，本书以域外法治国家的先进经验为参照，总结出我国现行侦查程序在个人信息保护方面的三大制度问题：其一，权利保护的间接性。我国侦查程序并不是以积极赋权的形式给予公民直接主动行使的个人信息权利，而是坚持"义务型"保护模式，通过保密义务条款、技术保真条款、权力行使条款、隐私保护条款间接发挥保护个人信息的制

---

① 程雷：《大数据背景下的秘密监控与公民个人信息保护》，载《法学论坛》2021年第3期。

度功能。其二，权力保护的依附性。所谓依附性是指某一事物丧失了生成依据、判断方式与程序评价的独立性，被另一事物的主导性吞没，只能作为另一事物的伴随状态或者附带后果。在我国侦查程序中，个人信息分析行为依附于收集行为，个人信息存储行为依附于收集行为，搜查个人信息依附于扣押存储介质。其三，权力保护的混合性。所谓混合性是指忽略个人信息处理场景的差异性，以大一统的程序模型规制不同的信息处理情形。我国立法规范并没有对侦查程序进行精细化分层，造成任意侦查与强制侦查、回溯性侦查与即时性侦查、特定性侦查与不特定性侦查的不当混合。

（三）在侦查中如何保护个人信息

在侦查中如何保护个人信息旨在明确相关制度的发展方向，并提出建设性对策。然而，学界对于如何在侦查中保护个人信息的方法缺乏针对性与体系性。既有成果或是以域外相关领域的立法规范为蓝本，或是将《个人信息保护法》中现成的制度架构简单地导入侦查程序，却忽略了盲目植入的潜藏风险。以个人信息权利为例，诸多学者主张在侦查程序中导入个人信息权利，却对为何引入、引入何种权利、引入的新型权利与既有权利之间的逻辑关系缺乏必要说明。并且，现有研究过分关注以赋权方式保护个人信息，却忽略了规限权力也是公法领域中重要的个人信息保护手段。此外，由于研究主题更多面向的是整体刑事诉讼制度，故而对于侦查程序中的个人信息保护缺乏针对性，造成了建设方案的空洞化。

对此，本书以个人信息私人物品与公共产品的二元属性出发，兼顾信息自决利益与国家公共利益，借鉴个人信息私法保护与公法保护两种立法模式，顺应信息时代的发展趋势，立足于打击犯罪与保障人权动态平衡的立场，归纳总结出“权利保护”与“权力保护”两种方式。前者主要是通过赋予公民个人信息权利的方式保护个人信息，后者主要是通过规范个人信息处理活动的方式保护个人信息。具言之，在侦查中重构权利保护制度，需要厘清个人信息权与隐私权的逻辑关系，打造“个人信息权—隐私权”的层级构造，赋予信息主体知情权、决定权、更正权、删除权、免受算法自动化决策权与算法解释权，并在特定情况下对权利进行整体限制或者特定限制；在侦查中重构权力保护制度，需要对信息分类制度、合法性基础、信息他用制度、保存期限制度进行引入与调适，同时塑造“调取—搜查—分析—监控”的层级化个人信息处理程序。

第二章　侦查中个人信息保护的两种方式：权利保护与权力保护

在侦查中保护个人信息既需要贯彻刑事诉讼的制度目的，也需要吸取个人信息保护领域的先进经验，从而形成打击犯罪与个人信息处理、保障人权与个人信息保护的两组对应关系。在侦查中合理落实个人信息保护制度需要打破两大体系之间的障碍隔阂，实现刑事侦查程序与个人信息保护制度的有效沟通与体系融贯。为此，需要延伸这两组对应关系的逻辑链条，回归个人信息保护制度的生成语境，以个人信息私人物品与公共产品的二元属性作为起点，实现信息自决利益与国家公共利益的共同促进，融合个人信息私法保护与公法保护两种立法模式，吸取积极确权与行为规制的合理经验，最终归纳出权利保护与权力保护两种方式。

个人信息兼具私人物品与公共产品双重属性。一方面，个人信息与人性尊严、人格的自由发展具有密切的逻辑关系。个人信息作为人格尊严、私人自治的数据载体，唯有掌控个人信息在何时、被何人、在何种程度上进行处理，方能避免沦为信息客体的窘境。“个人作为目的性的存在，只有消除个人对‘信息化形象’被他人操控的疑虑和恐慌，保持其信息化人格与其自身的一致性而不被扭曲，才能有自尊并受到他人尊重地生存与生活。”[①] 此外，“在数据时代，数据是人的第二肉身”[②]。个人信息构筑了自我认知与社会交往过程中的人格形象，关系到公民的自我表现以及社会对于个人的评价。“数据和信息已成为每个人不可分割的构成性要素，它描绘、表达和建构了人们的自然本性、社会角色和个性特征。”[③] 因此，个人信息私人物品的属性集中体现为个体的信息自决利益。“保障数据主体对个人数据的处理事务的自主、自治、自决，应是个人数据保护的应有之义。”[④]

另一方面，个人信息同时兼具公共产品的属性，不仅是商业机构获取经济利益的渠道来源，也是国家进行社会综合治理的战略资源，蕴含着丰富的公共利益。在大数据时代，个人信息牵涉的利益不仅包括个体的私权自治与人格尊严，还包括数据处理者对于个人信息分析使用的经济利益，以及数据科技产业的行业利益，甚至可能涉及公共安全、社会秩序等国家利益。因此，个人信息制度需要通过个人信息的共享与流通降低数据处理者的利用成本，激活数据市场的驱动功能，助推社会管理与安全维护工作，从而最大限度地释放个人信息中的公共利益。对此，《个人信息保护法》第 1 条在立法目的中明确规定：“为了保护个人信息权益，规范个人信息处理活动，促进个人信息合理利用，根据宪法，制定本法。”《个人信息保护法》旨在实现加强个人信息保护与促进个人信息合理利用之间的动态平衡，这构成了整部法律的基本立场与内在体系。[⑤] 合理利用个人信息需要通过个人信息处理行为加以实现。因此，个人信息保护与个人信息处理构成了个人信息法律体系中一对一体两面的概念，分别与个人信息的私人属性与公共属性相对应，其背后矗

---

① 张新宝：《从隐私到个人信息：利益再衡量的理论与制度安排》，载《中国法学》2015 年第 3 期。

② 李彦宏等：《智能革命》，中信出版集团 2017 年版，第 315 页。

③ 马长山：《智慧社会背景下的“第四代人权”及其保障》，载《中国法学》2019 年第 5 期。

④ 高富平：《个人信息保护：从个人控制到社会控制》，载《法学研究》2018 年第 3 期。

⑤ 参见申卫星：《论个人信息保护与利用的平衡》，载《中国法律评论》2021 年第 5 期。

立着信息自决与公共利益两种价值追求。

在个人信息保护领域，存在私法保护、公法保护两种立法模式。①私法保护模式主张个人信息属于私人物品，应当通过民事法律赋予个体信息自决等数据权利，强化公民对于个人信息的自主控制；公法保护模式则将个人信息视作公共产品，主张应当通过公权力的专门机构监管个人信息的处理活动，以促进数据的流动与共享，彰显个人信息中的公共利益。《个人信息保护法》打破了不同立法模式之间的壁垒，成为保护个人信息的“领域法”。② 因此，兼容私法保护与公法保护的综合保护方法逐渐成为理论界倡导的主流学说。例如，有学者主张采取以公法为依托、以私法为主干、以社会法为补充的综合治理模式。③

私法保护与公法保护虽然均被综合治理模式吸收，但是二者仍然存在各自鲜明的特色，进而转化为“积极确权”与“行为规制”两种保护个人信息的具体方法。④ 积极确权方法主张通过权利赋予的方式，将特定类型的利益确认为法律上的权利，使权利归属得以明确，进而对个人信息进行全面的权利保护。⑤ 与之相对，行为规制方法主张“从他人行为控制的角度来构建利益空间，通过他人特定行为的控制来维护利益享有者的利益”⑥。也有学者认为行为规制应当与个人信息处理的具体情境相贴合。⑦ 概言之，积极确权侧重个人自我保护的主体性地位，而行为规制则突出规制主体的保护职责。⑧

具体到刑事诉讼领域，上述两种方法同样具有适用空间，但是需要

---

① 参见时明涛：《大数据时代个人信息保护的困境与出路——基于当前研究现状的评论与反思》，载《科技与法律》2020 年第 5 期。

② 参见何渊：《数据法学》，北京大学出版社 2020 年版，第 3 - 4 页。

③ 参见程关松：《个人信息保护的中国权利话语》，载《法学家》2019 年第 5 期。

④ 参见宋亚辉：《个人信息的私法保护模式研究——〈民法总则〉第 111 条的解释论》，载《比较法研究》2019 年第 2 期。

⑤ 参见郑晓剑：《个人信息的民法定位及保护模式》，载《法学》2021 年第 3 期。

⑥ 叶金强：《〈民法总则〉“民事权利章”的得与失》，载《中外法学》2017 年第 3 期。

⑦ 参见丁晓东：《个人信息的双重属性与行为主义规制》，载《法学家》2020 年第 1 期。

⑧ 参见程关松：《个人信息保护的中国权利话语》，载《法学家》2019 年第 5 期。

结合具体场景调整为权利保护与权力保护两种方法。一方面，可以赋予犯罪嫌疑人、被告人、被害人等诉讼主体与其他诉讼参与人相关的个人信息权利，体现个人信息私人物品的属性，使得新兴的信息自决权益能够在刑事程序法领域找到权利基础。另一方面，应当以权力保护方法规范侦查机关的个人信息处理行为。“刑事诉讼法既是一种授权法，也是一种限权法，现代刑事诉讼法的限权功能更重于授权功能。”[①] 运用权力保护的方法限制侦查权既能够保证侦查机关打击犯罪行为的正当性与合法性，也能够确保国家机关合理有序地利用公共数据资源。

综上，个人信息保护领域与刑事侦查领域的体系对接形塑出权利保护与权力保护两种具体方式。一方面，刑事侦查应当体现个人信息的私人属性，彰显信息自决的新型利益，寻求私法保护的理论助力，借鉴积极确权方式的既成经验，实现“私人物品—信息自决—私法保护—积极确权—权利保护”与“个人信息保护—人权保障”的逻辑联结，从而形成权利保护的方法；另一方面，刑事侦查应当固守公法保护的体系定位，深度挖掘个人信息的公共属性，充分彰显公共利益，并以行为规制的方式为公权力打击犯罪与处理个人信息提供正当性基础，实现“公共产品—公共利益—公法保护—行为规制—权力保护”与“个人信息处理—打击犯罪”的体系对接，从而形成权力保护的方法。权利保护与权力保护互相交织，共同塑造着刑事侦查中个人信息保护的法秩序。本书以此作为行文脉络，以及程序分析、制度重构的基本框架。

一、个人信息的权利保护

通过赋予信息主体相关权利，强化公民对于自身数据的控制，成为保护个人信息的重要方式之一。权利保护方式能够更好地捍卫人性尊严，避免人格的自由发展出现偏离行为预期的结果。对此，美国主要通

① 张建伟：《司法的科技应用：两个维度的观察与分析》，载《浙江工商大学学报》2021年第5期。

过隐私权构建信息主体的权利基础。德国将传统的信息自决权与刑事司法领域新兴的资讯科技基本权相结合，作为保护个人信息共同的权利基础；欧盟在廓清隐私权与个人数据受保护权的基础上，逐渐确立了个人数据受保护权的独立地位。我国则通过《个人信息保护法》授予公民个人信息权及其各项具体权利。

（一）美国：隐私权

美国以隐私权作为保护个人信息的权利载体。隐私权在美国经历了由传统隐私权向信息隐私权转变、由消极性隐私权向积极性隐私权转变、由普通法隐私权向宪法隐私权转变的发展过程。在刑事侦查领域，对于隐私权的保护主要诉诸美国宪法第四修正案。

美国的隐私权经历了由传统的消极性权利发展为积极的信息隐私权的过程。在 1834 年 Wheaton v. Peters 案①中，美国法官托马斯·库利首次提出了"独处的权利"（to be let alone）。之后，密歇根高等法院在 1881 年 DeMary v. Roberts 案②中判定，由于被告在原告未经同意的情况下观察了原告的生育过程，故而侵犯了原告对于其居所隐私所享有的法律权利。隐私权的正式确立始于 Samuel Warren 与 Louis Brandeis 在《哈佛法律评论》上发表的《论隐私权》一文。③ 两位学者以新闻业与照相技术的发展对私人领域的不断侵犯为历史背景，提出了"独处的权利"这一概念，指出个人独处的精神性利益应当成为隐私权重要的保护对象，隐私权的实质可以概括为"个人自决""个性""个人人格"等价值。此时的隐私权旨在保护个体私生活的安宁与遁世隐居的状态，以物理空间的隔断来防止个人遭受外界的无端打扰与不当刺探，从而使得

---

① Wheaton v. Peters，33 U. S. 591（1834）.

② 9 N. W. 146（MiChat1881）.

③ See Samuel Warren & Louis Brandeis, *The Right to Privacy*, Harvard Law Review, Vol. 4，p. 193（1890）.

隐私权成为一项消极的防御型权利。之后个人信息保护制度中的目的限制原则、信息最小化原则、限期存储规则与信息安全规则等均以这种消极的隐私权为理论渊源。

1967 年 Alan Westin 在《隐私与自由》一书中提出了信息隐私权的概念，实现了隐私权由传统的消极性权利向积极性权利的转化。“所谓隐私权，是指个人、群体或者机构所享有的决定何时、用什么样的方式以及在何种程度上将其个人信息对别人公开的权利。”[①] 信息隐私权改变了隐私权的分析视角，将该项权利由限制排斥他人不当干预的权利转变为对自己个人信息的积极控制。Alan Westin 的主张受到了多位学者的赞同，例如，Adam Carlyle Breekenridge 在《隐私权》一书中就指出："所谓隐私权，是指他人所享有的能够决定与别人分享其信息的范围、能够控制与别人分享其信息的时间、地点或者环境的权利，是指他人所享有的能够按照其认为合适的方式拒绝别人分享或者让别人分享其信息的权利。”[②] Ian Goldberg、Austin Hill 与 Adam Shostack 也采取了类似的界定方式：“所谓信息隐私权，是他人所享有的能够控制其信息流动的权利。”[③] 对于信息隐私权的全新解读，极大扩充了隐私权的理论内涵，也彻底打通了个人信息保护制度与隐私权之间的逻辑隔阂。如今个人信息保护制度中的知情同意规则、更正权与删除权等信息权利，均可以溯源至信息隐私权。

除此之外，美国还经历了由普通法隐私权向宪法隐私权的转型。20 世纪 60 年代中期，隐私权在美国存在两个维度的发展：一方面，隐私权在民法领域被作为判断侵权行为的基准之一；另一方面，隐私权在宪

---

① See Alan F. Westin, *Privacy and Freedom*, Athenum, 1967, p. 7.

② See Adam Carlyle Breekenridge, *The Right to Privacy*, University of Nebraska Press, 1970, p. 1.

③ See Ian Goldberg & Austin Hill & Adam Shostack, *Trust, Ethics and Privacy*, Boston University Law Review, Vol. 81: 2, p. 418 (2001).

法领域也赋予了个人权利，以对抗公权力的干预行为。[①] 在普通法领域，司法判决起初并不承认隐私权。例如，在 1902 年 Roberson v. Rochester Box Co. 案[②]中，法院认为如果将隐私权作为一项原则，将会违背法学界和公众长期以来的认知。然而，在 1905 年 Pavesich v. New England Life Ins. Co. 案[③]中，Cobb 法官认为隐私权作为纯粹的私人事务发端于自然法，对隐私权的侵犯就是对个人法律权利的侵犯。之后，Prosser 教授将普通法中的隐私权侵权行为概括为以下四种类型：擅自使用他人姓名、肖像或者其他人格特征，不合理地侵扰他人安宁，不合理地公开他人私人事务，以及公开丑化他人形象。[④]《美国侵权法重述》吸纳了这种分类方法，在第 652 条分别规定了四类侵权行为："侵入侵权"（652B）、"盗用侵权"（652C），"公开私生活侵权"（652D）和"扭曲他人形象侵权"（652E）。[⑤]

在宪法领域，虽然美国宪法并未直接规定隐私权，但在宪法第一修正案、第三修正案、第四修正案与第五修正案中，都暗含着对于隐私权的保护。因此，在 1965 年 Griswold v. Connecticut 案[⑥]中，法官运用了权利"伴影"（penumbra）理论，认为可以从宪法诸多修正案中推论出隐私权的内涵。这是法院首次明确表达了宪法对于隐私权的保护，从而将隐私权上升为宪法层面未列举的基本权利。之后，在 1977 年 Whalen v. Roe 案[⑦]中，美国联邦最高法院回应了政府机关利用电脑收集特定病人个人信息的立法是否有效的争议。虽然法院最终判定政府可以合理处

---

① See Gloria Gonzúlez Fuster, *The Emergence of Personal Data Protection as a Fundamental Right of the EU*, Springer International Publishing, 2014, p. 29.

② 64 N. E. 442（N. Y. 1902）.

③ 50 S. E. 689（Ga. 1905）.

④ See William L. Prosser, *Privacy*, California Law Review, Vol. 48: 3, p. 418（1960）.

⑤ 参见［美］阿丽塔·L. 艾伦、［美］理查德·C. 托克音顿：《美国隐私法：学说、判例与立法》，冯建妹等译，中国民主法制出版社 2019 年版，第 26 页。

⑥ Griswold v. Connecticut, 381 U. S. 479（1965）.

⑦ Whalen v. Roe, 429 U. S. 589（1977）.

理个人信息，但也直接承认了公民具有宪法上的信息隐私权。这是美国第一个，也是唯一一个承认宪法上的隐私权包括信息隐私与自决隐私的最高法院判决。[①] 随后，美国宪法隐私权的范畴不断扩张，涵盖了避孕隐私[②]、堕胎隐私[③]、同性恋自由[④]、安乐死[⑤]等诸多领域。

具体到刑事侦查领域，美国的隐私权对于个人信息的保护主要以美国宪法第四修正案为制度载体。美国宪法第四修正案旨在保护“公民的人身、住宅、文件和财产不受不合理的搜查和扣押”。美国初期判例中往往以物理领域的侵入作为美国宪法第四修正案的触发机制。例如，在 Olmstead v. United States 案[⑥]中，警方在被告住宅以及办公室外的电话线上安装窃听器材，以获取与犯罪相关的通信内容。对此，美国联邦最高法院认为执法人员并未进入住宅或者办公室内部，不构成物理性侵入，故而没有美国宪法第四修正案搜查扣押条款的适用空间。然而，在本案的反对意见中，布兰代斯大法官发表了不同见解：“由于新技术的产生与发展，对于隐私权的侵犯已经不需要物理性、强制性的侵入，这种新的侵犯正在以微妙的方式发生变化。”因此，在之后的 Berger v. New York 案[⑦]中，美国联邦最高法院判决《纽约监听法》的部分章节违反了美国宪法第四修正案，标志着物理侵入标准的松动。并且，在标杆式判例 Katz 案的判决中，美国联邦最高法院推翻了 Olmstead v. United States 案的判断方式，明确指出美国宪法第四修正案的保护对象是“人”（people）而非“场所”（places）。在该案的协同意见书中，Harlan 大法官提出了隐私合理期待标准，即主观上公民应当表现出对隐

---

① 参见［美］阿丽塔·L. 艾伦、［美］理查德·C. 托克音顿：《美国隐私法：学说、判例与立法》，冯建妹等译，中国民主法制出版社 2019 年版，第 37 页。

② Eisenstadt v. Baird，405 U. S. 438（1972）.

③ Roe v. Wade，490 U. S. 113（1973）.

④ Bower v. Hardwick，478 U. S. 186（1986）.

⑤ Cruzan v. Director，Missouri Department of Health，497 U. S. 261（1990）.

⑥ Olmstead v. United States，277 U. S. 438（1928）.

⑦ Berger v. New York，388 U. S. 41（1967）.

私权的期待，客观上这种隐私期待又为社会所认同。由此，隐私合理期待标准成为保护个人信息的主流标准。在 Katz 案之后的数十年判决中，法院对于个人信息的保护始终围绕着是否构成隐私合理期待这一命题展开，并根据犯罪情状与科技发展对于隐私权进行扩张或者限缩，从而实现打击犯罪与人权保障的动态平衡。①

（二）德国：信息自决权与资讯科技基本权

德国联邦宪法法院在 1983 年的“人口普查案”② 中结合《德国基本法》第 1 条第 1 款与第 2 条第 1 款，推演出属于一般人格权具体表现形式的信息自决权。该权利保障个人决定是否揭露个人信息，以及在何种范围内、于何时、以何种方式、向何人揭露的决定权。信息自决权的保障范围并不限于性质上敏感的信息，而是保护所有与人格尊严相关的个人信息，并不存在无关紧要的个人信息，也无须区分个人信息究竟来源于公共领域还是私人领域。德国联邦宪法法院在 2012 年的判决中再次申明：“因为存在个人信息处理与联结的可能性，故而无论个人信息使用条件如何，都不存在毫无意义的个人信息。”③ 信息自决权是对传统的领域理论的扬弃。④ 领域理论区分私密领域、隐私领域与私人领域，并根据个人信息所处领域的不同施以程度各异的保护。该理论最大的弊端在于各领域之间的边界十分模糊，同心圆式的区分方法仅具有理论价值，却无法为司法实践提供具体的操作指南。因此，信息自决权突破了这种界限不明的传统学说，表达了“所有的个人信息都应该受到保护”这一新主张。信息自决权呈现出信息禁止与积极保护的特征。由于

---

① See Orin S. Kerr, *An Equilibrium – Adjustment Theory of the Fourth Amendment*, Harvard Law Review, Vol. 125: 2, p. 476 – 543 (2011).

② BverfGE 65, 1.

③ BverfGE 65, 1.

④ 参见王泽鉴：《人格权的具体化及其保护范围·隐私权篇》（上），载《比较法研究》2008 年第 6 期。

该权利认为所有的个人信息都具有保护的必要性，故而任何个人信息处理行为都将被预先推定为违法，除非提供正当化的理由。[①] 申言之，信息自决权推崇“凡不允许皆禁止”的行为准则，在一定程度上带有信息禁止的色彩。[②] 此外，信息自决权主张赋予信息主体积极控制个人资讯的权利，以保障自决利益。公民在个人信息的收集、分析、存储、传递等多个环节均享有主动控制资讯流向的权利，以对抗公权机关的个人信息处理行为。

除信息自决权之外，德国联邦宪法法院还在2008年线上搜查案[③]中判定宪法保卫机构秘密侵入他人资讯系统的行为违宪，并在一般人格权的基础上创立了“保障资讯科技系统私密性与完整性的基本权”（grundrecht auf gewaehrleistung der vertraulichkeit und integritaet informationstechnischer systems，以下简称资讯科技基本权）。资讯科技基本权的保护对象是信息主体对于资讯科技私密性与完整性的期待。私密性是指资讯科技系统使用者“因在系统内产生、处理、储存资料能保密”而获致利益。[④] 如果非被授权者可以检视资讯科技系统内部的个人信息，则私密性不可避免地会受到损害。完整性是指个人信息必须正确完整，而不能被任意篡改与删除。如果非被授权者擅自破坏资讯科技系统内的个人信息，则必将侵犯完整性。[⑤] 作为一项新兴权利，资讯科技基本权应对的是数字时代秘密监控技术对于人格所产生的全新风险，这使其与传统的通信秘密与自由、住宅不受侵犯、信息自决权等基本权利存在明显

---

① 参见杨芳：《德国一般人格权中的隐私保护——信息自由原则下对“自决”观念的限制》，载《东方法学》2016年第6期。

② 参见杨芳：《隐私权保护与个人信息保护法——对个人信息保护立法潮流的反思》，法律出版社2016年版，第70页。

③ BVerfGE 120，274.

④ 参见谢俊硕：《警察机关的骇客任务——论线上搜索在警察法领域内实施的法律问题》，载《台北大学法学论丛》2008年第93期。

⑤ 参见艾明：《资讯科技基本权的创设及对德国线上搜索措施立法的影响——兼论我国网络远程勘验措施的立法完善》，载《学习与探索》2021年第4期。

差异。

其一，《德国基本法》第 10 条规定的通信秘密与自由难以保护线上搜查对于基本权利的干预。通信秘密与自由区分“正在传输中的信息”和“业已接受的信息”，并仅将前者纳入保护范围，因此具有保护范围上的局限性。一旦收信人接收了电子信息，则即时的通讯活动立即结束，《德国基本法》第 10 条也随之失去了运行空间。而线上搜查消除了即时传输信息与业已存储信息之间的差别，其取证范围包括资讯科技系统内的一切数据，而不区分个人信息的状态。

其二，《德国基本法》第 13 条规定的住宅不受侵犯的权利也不足以对抗线上搜查。住宅不受侵犯的权利具有保护空间上的局限性，唯有执法人员对于私人领域的侵入与住宅之间存在逻辑关联，方能触发此项基本权利。但是线上搜查的对象不一定必然位于住宅内部，尤其在警方的取证对象是笔记本电脑、智能手机等移动式设备时，住宅不受侵犯的权利更难以发挥防御功能。

其三，信息自决权也无法为线上搜查提供周延的权利保障。法院判决信息自决权虽然能够发挥保护个人信息的作用，但该权利的保障范围仅限于防御“个别的资料收集”（einzelne datenerhebung）。然而，线上搜查即便无须采取任何数据提取与处理措施，也能够具有十分可观的信息存量。对此，信息自决权未能考虑到线上搜查造成的危及人格的所有风险。[①] 申言之，线上搜查的概括性取证方法对资讯科技系统进行了大规模的资料获取，已经远远超出信息自决权的保障范围。此时，需要建立资讯科技基本权，以弥补信息自决权的漏洞，因应由于信息技术的发展而产生的全新的权利保护需求。[②] 然而，资讯科技基本权也并非一项

---

① 参见赵宏：《信息自决权在我国的保护现状及其立法趋势前瞻》，载《中国法律评论》2017 年第 1 期。

② 参见伯阳、刘志军：《一般人格权之具体体现：新创设的保障 IT 系统私密性和完整性的基本权利——联邦宪法法院对“在线搜查”作出的判决》，载《中德法学论坛》2008 年第 0 期。

无可争议的权利，德国学界对于其与信息自决权之间的关系一直争论不休。[①] 因此，学者们更倾向于将之列为一种补遗性权利（auffanggrundrecht），即只有在其他基本权利产生保护漏洞时，方得援引此项权利加以填补。[②]

（三）欧盟：个人数据受保护权

欧盟在早期的立法实践中选择隐私权作为保护个人信息的权利载体。例如，1950 年《欧洲人权公约》第 8 条第 1 款规定："人人有权享有使自己的私人和家庭生活、家庭和通信得到尊重的权利。""私人和家庭生活"的概念涵盖了个人数据保护的全部内容。随着自动化处理技术的发展，政府开始大规模处理个人数据。对此，各国相继颁布了个人数据保护领域的相关立法，个人数据保护不再完全被隐私权的概念覆盖。例如，《欧盟基本权利宪章》在第 7 条"私生活与家庭生活受尊重的权利"之外，又单独列举了第 8 条"个人数据受保护的权利"，在规范层面对两项基本权利进行了形式区分。然而，隐私权与个人数据受保护权之间的逻辑关系并未达成学界共识。例如，Flaherty 在 20 世纪 90 年代初的论文中指出，"隐私保护和个人数据保护之间的本质区别并不被普遍理解"[③]。对于如何界定隐私权与个人数据受保护权之间的逻辑关系，欧洲的学者各执一词，形成了以下三种观点：

其一，工具说。该学说认为，个人数据受保护权和隐私权是相辅相

---

① 参见谢俊硕：《警察机关的骇客任务——论线上搜索在警察法领域内实施的法律问题》，载《台北大学法学论丛》2008 年第 93 期。

② 参见王士帆：《网路之刑事追诉——科技与法律的较劲》，载《政大法律评论》2016 年第 145 期。

③ David H. Flaherty, *On the Utility of Constitutional Rights to Privacy and Data Protection*, Case Western Reserve Law Review, Vol. 41: 3, p. 831, 834 (1991).

成的中间工具（intermediate tools），其最终价值均在于捍卫人性尊严。[①] Maria Tzanou 将这种仅凸显两项权利工具价值而非实质价值的学说概括为“工具模式”（instrumentalist model）。[②] 工具模式认为，人性尊严的概念具有强大的解释功能，能够为隐私权、个人数据受保护权等基本权利提供规范基础。从立法规范的角度出发，人性尊严的概念深深植入《欧盟基本权利宪章》的文本中。《欧盟基本权利宪章》序言将人性尊严视作“不可分割的普遍价值观”，第 1 条也使用了“必须尊重和保护”的措辞以奠定人性尊严不可侵犯的地位。因此，人性尊严作为最高的规范追求，得以包含隐私权与个人数据受保护权在内的诸多价值。从司法判例的角度而言，Antoinette Rouvroy 与 Yves Poullet 援引了德国联邦宪法法院的人口普查案，以司法先例支持个人数据受保护权间接源于人性尊严的观点。他们指出，个人数据受保护权与隐私权应当被视为塑造个人自治的中间工具，其根本价值在于追求更多的基本权利，即人性尊严与人格权。[③] 此外，Jaeckel 也强调，《欧盟基本权利宪章》第 1 条的措辞与《德国基本法》第 1 条第 1 款的文本相似。因此，欧盟法院有可能仿照德国联邦宪法法院创设信息自决权的实践活动来建构个人数据受保护权。[④] 尽管人性尊严的概念存在争议且缺乏明确性，但是欧盟数据保护立法中的诸多规定似乎都可以基于人性尊严得到证明，例如，数据最小化原则、目的限制原则、数据质量原则以及禁止自动化决策等。

---

① See O. Lynskey, *The Link between Data Protection and Privacy in the EU Legal Order*, in M Northey and J Mckibbin, eds., The Foundations of Eu Data Protection Law, Oxford University Press, 2016, p. 94.

② See Maria Tzanou, *Data Protection as a Fundamental Right next to Privacy? “Reconstructing” a not so New Right*, International Data Privacy Law, Vol. 3: 2, p. 93 (2013).

③ See Antoinette Rouvroy & Yves Poullet, *The Right to Informational Self - Determination and the Value of Self - Development: Reassessing the Importance of Privacy for Democracy*, in Serge Gutwirth and others, eds., Reinventing Data Protection? Springer: Dordrecht, 2009, p. 53.

④ See Liv Jaeckel, *The Duty to Protect Fundamental Rights in the European Community*, European Law Review, Vol. 28, p. 508, 513 (2003).

其二，附属说。该学说主张个人数据受保护权不具有独立于隐私权的存在意义，其仅是隐私权的一个附属概念。Bert - Jaap Koops 指出："数据保护通常被认为是隐私的一个子概念，称为信息隐私或数据隐私。"① Ian Walden 也认为尽管学界对于二者进行了必要区分，个人数据受保护权与隐私权仍然具有一定的重叠性，前者是后者的一部分。② 并且，隐私权经历了由消极避世到积极控制个人信息的发展历程，从这种演进轨迹可以看出，个人数据受保护权的概念源于隐私权，并成为隐私权的一个重要组成部分与最新发展阶段。③ 尽管《欧盟基本权利宪章》第 7 条和第 8 条分别规定了隐私权与个人数据受保护权，但实践中通常将二者结合起来，构建了"在处理个人数据时尊重私生活的权利"。这一点在欧盟法院的判决中也有明显体现。例如，在 2008 年 Promusicae 案④的判决中，欧盟法院将《欧盟基本权利宪章》第 8 条解释为"保护个人数据并因此保护私人生活的权利"。在 Volker 案⑤中，法院也将《欧盟基本权利宪章》第 7 条与第 8 条合二为一，创制了"在处理个人数据方面尊重私人生活的权利"。这些表述意味着个人数据受保护权只是隐私权的一部分。此外，在 Schrems 案⑥和 Tele 2 & Watson 案⑦中，欧盟法院放弃了之前在 Digital Rights Ireland 案⑧中分别论证隐私权与个人数据受保护权的方法，而是将二者进行合并分析。

---

① See Bert - Japp Koops, *The Evolution of Privacy Law and Policy in the Netherlands*, Case Western Reserve Law Review, Vol. 13: 2, p. 165 - 179 (2011).

② See Walden, Ian, *Privacy and Data Protection*, Oxford University Press, 2011, p. 575.

③ See Daniel Solove, *The Digital Person: Technology and Privacy in the Information Age*, New York University Press, 2004, p. 75.

④ Promusicae [2008] CJEU C - 275/06 [64 - 65].

⑤ Volker und Markus Schecke and Eifert [2010] CJEU C - 92/09 and C - 93/09 [52].

⑥ ECJ Case C - 362/14, Schrems, ECLI: EU: C: 2015: 650.

⑦ ECJ, Case C 203/15 Tele2 Sverige AB v. Post och telestyrelsen et al., ECLI: EU: C: 2016: 970, Judgment of 21 December 2016.

⑧ ECJ Joined Cases C - 293/12 and C - 594/12, Digital Rights Ireland ECLI: EU: C: 2014: 238.

其三，独立说。该学说认为尽管个人数据受保护权与隐私权之间存在诸多重合之处，但是前者具有许多独立于隐私权的目的与价值。① 因此，必须承认个人数据受保护权是一项独立的基本权利，而非隐私权的附属存在。"数据保护适用于个人数据被处理的场合，并不必然与隐私相关，亦即数据保护并不需要私人生活的要素。"② 其实，个人数据受保护权在内涵与外延上还具有许多不同于隐私权的地方。在权利价值方面，尽管二者存在部分趋同的价值观，但诸如目的限制、数据质量与数据安全等价值追求无法由隐私权提供解释依据，这些属于个人数据受保护权的独特价值。③ 并且，非歧视也是数据保护的追求之一，这尤其体现在数据画像等自动化处理活动之中。④ 此外，非基于同意或合法理由处理个人数据，或者不给予个人更正数据的权利会侵犯《欧盟基本权利宪章》第 8 条第 2 款的规定。如果缺乏独立的监督机构，则可能违反《欧盟基本权利宪章》第 8 条第 3 款的规定，而这些均与隐私权保护无关。在权利运行方面，与隐私权相比，个人数据受保护权能够给予公民更多的控制权能，个人可以更加积极地"揭示其个性的不同元素"，进而重新平衡个人与国家之间信息的不对称关系。⑤ 但是，在界定二者范围的问题上，学界仍然存在诸多争议。有学者认为，隐私比数据保护更

---

① See Neil Robinson et al. , *Technical Report on the Review of the European Data Protection Directive*, RAND Europe (May. 7, 2009), http://www.rand.org/pubs/technical_reports/TR710.html.

② See Maria Tzanou, *Data Protection as a Fundamental Right next to Privacy? "Reconstructing" a not so New Right*, International Data Privacy Law, Vol. 3: 2, p. 88, 90 (2013).

③ See Paul de Hert & Serge Gutwirth, *Data Protection in the Case Law of Strasbourg and Luxemburg: Constitutionalisation in Action*, in Serge Gutwirth and Yves Poullet, eds. , Reinventing Data Protection?, Springer International Publishing, 2009, p. 8.

④ See Maria Tzanou, *Data Protection as a Fundamental Right next to Privacy? "Reconstructing" a not so New Right*, International Data Privacy Law, Vol. 3: 2, p. 91 (2013).

⑤ See Orla Lynskg, *Deconstructing Data Protection: The Added – Value of a Right to Data Protection in the EU Legal Order*, International and Comparative Law Quarterly, Vol. 63: 3, p. 569 – 598 (2014).

广泛，因为它不仅涉及信息，还包括物理空间以及人们的自决选择。[①]但也有学者认为，隐私权的范围更窄，因为无论个人领域是否受到干扰，个人数据受保护权都可以适用。[②]

尽管存在上述争议，学界的主流观点仍倾向于二者是两项独立的基本权利。有学者认为个人数据受保护权已经取代了隐私权，成为个人信息保护领域的首要权利，欧盟的数据保护进入了“后隐私权”时代。[③]个人数据受保护权为信息隐私与个人数据提供了更清晰的权利基础，能够更周延地保护个人信息。欧盟法院在Tele2&Watson案中明确表示，《欧盟基本权利宪章》第8条规定的基本权利内容与第7条并不一致，并且在《欧洲人权公约》中并没有这项基本权利。在2016年通过的GDPR中，立法规范通篇没有使用隐私权的称谓，而是改采个人数据保护的术语。具体到刑事司法领域，欧盟《2016/680指令》与《警察部门使用个人数据实用指南》均与GDPR保持一致，以个人数据受保护权取代了隐私权，作为个人信息保护的权利基础。

（四）我国：个人信息权

我国《个人信息保护法》在第四章规定了“个人在个人信息处理活动中的权利”，列举了知情权和决定权（第44条），查阅权、复制权和可携带权（第45条），更正权和补充权（第46条），删除权（第47条），要求解释与说明权（第48条）等。此外，第24条虽然没有使用“权利”的表述，但是在内容中反映出个人对于自动化决策存在拒绝和要求解释的权利。由于刑事侦查活动的特殊性，诸如可携带权等无法纳

① See Raphaël Gellert & Serge Gutwirth, *The Legal Construction of Privacy and Data Protection*, Computer Law & Security Review, Vol. 29, p. 522, 526 (2013).

② See Gloria Gonzälez Fuster & Raphaël Gellert, *The Fundamental Right of Data Protection in the European Union: In Search of an Uncharted Right*, International Review of Law, Computers & Technology, Vol. 26: 1, p. 73 (2012).

③ 参见刘泽刚：《欧盟个人数据保护的“后隐私权”变革》，载《华东政法大学学报》2018年第4期。

入刑事司法程序。查阅权与复制权在《刑事诉讼法》中已有规定，但是限制在审查起诉之后方能使用，故而不属于本书的研究范围。因此，此处主要介绍知情权、决定权、更正权、删除权，并将要求解释与说明权限定在算法领域。

1. 知情权

《个人信息保护法》第44条规定，“个人对其个人信息的处理享有知情权、决定权，有权限制或者拒绝他人对其个人信息进行处理”。“知情权系体现信息自决观念的重要基础性、核心权利。”① 从知情权的内容来看，第17条规定了应当告知的事项：“（一）个人信息处理者的名称或者姓名和联系方式；（二）个人信息的处理目的、处理方式，处理的个人信息种类、保存期限；（三）个人行使本法规定权利的方式和程序；（四）法律、行政法规规定应当告知的其他事项。”此外，第30条和第39条还对于敏感信息处理与跨境传输数据进行了特别告知。从知情权行使方式来看，个人信息处理者应当以“显著方式、清晰易懂的语言”积极主动地履行告知义务。并且，《信息安全技术—个人信息安全规范》第5.5条规定，个人信息控制者应该告知“处理个人信息主体询问、投诉的渠道和机制”。第8.1条规定，个人信息控制者应当向个人信息主体提供查询特定信息的方法。

在《刑事诉讼法》中也存在大量侦查阶段保证当事人知情权的制度。例如，告知犯罪嫌疑人其有权委托辩护人（第34条），告知犯罪嫌疑人有权约见值班律师（第36条），告知变更强制措施的决定结果（第97条），告知犯罪嫌疑人享有的诉讼权利、如实供述自己罪行可以从宽处理和认罪认罚的法律规定（第120条），告知证人如实提供证据的义务及作伪证要负的法律责任（第125条），告知犯罪嫌疑人、被害人鉴定意见（第148条）等。此外，《公安机关办理刑事案件程序规

① 姚佳：《论个人信息处理者的民事责任》，载《清华法学》2021年第3期。

定》也进一步完善了知情权保障程序。例如，向辩护律师告知犯罪嫌疑人被采取、变更、解除强制措施、延长侦查羁押期限等案件有关情况（第50条），告知取保候审应遵守的规定（第89条），告知监视居住应遵守的规定（第115条），告知撤销案件（第189条），告知传唤事项（第199条）等。

当然，侦查活动与民事活动在个人信息处理场景上存在差异，知情权在某种程度上需要进行必要限缩，并且不宜作为开展刑事侦查活动的前置性条件。对此，《个人信息保护法》第18条第1款规定："个人信息处理者处理个人信息，有法律、行政法规规定应当保密或者不需要告知的情形的，可以不向个人告知前条第一款规定的事项。"第35条规定："国家机关为履行法定职责处理个人信息，应当依照本法规定履行告知义务；有本法第十八条第一款规定的情形，或者告知将妨碍国家机关履行法定职责的除外。"

2. 决定权

《个人信息保护法》第44条规定，"个人对其个人信息的处理享有知情权、决定权，有权限制或者拒绝他人对其个人信息进行处理"。所谓决定权，是指"对于其个人信息如何收集、存储、使用、加工、传输、提供、公开、删除的自主决定权"[①]。决定权是个人信息权益中的概括性权利，主要表现为对于处理个人信息行为的同意。"告知同意也称知情同意，是个人信息处理中最基本的法律规则，也是判断个人信息处理活动合法与否的根本标准。"[②] 因此，围绕着《个人信息保护法》第13条第1款第1项"取得个人的同意"这一合法性基础，该法建构了一整套关于同意的制度体系：其一，单独同意规则。《个人信息保护法》第23条、第25条、第26条、第29条、第39条分别规定了向第

① 张新宝主编：《〈中华人民共和国个人信息保护法〉释义》，人民出版社2021年版，第351页。

② 程啸：《论个人信息处理中的个人同意》，载《环球法律评论》2021年第6期。

三方提供个人信息、公开处理个人信息、在公共场所安装图像采集和身份识别设备、处理敏感信息、向境外提供个人信息等情形均需要取得信息主体的单独同意。其二，重新同意规则。第 14 条从总体上规定了重新同意制度，第 22 条和第 23 条分别规定了接收方和第三方变更处理目的、处理方式应当取得个人的重新同意。其三，撤回同意规则。《个人信息保护法》第 15 条第 1 款规定，“基于个人同意处理个人信息的，个人有权撤回其同意”。其四，监护人同意规则。《个人信息保护法》在第 31 条基于未成年人保护设置了专门的监护人同意机制。具有法律效力的同意必须具备以下三个要件，具备同意能力，同意系在充分知情的前提下作出，同意具有自愿性与明确性。①

此外，决定权还表现为个人对自动化决策的选择和干预权。②《个人信息保护法》第 24 条规定：“通过自动化决策方式作出对个人权益有重大影响的决定，个人有权要求个人信息处理者予以说明，并有权拒绝个人信息处理者仅通过自动化决策的方式作出决定。”有学者称之为“免受算法自动化决策权”③，也有学者将之译作“脱离算法自动化决策权”。④ 在刑事侦查活动中，决定权可以成为个人信息处理活动的合法依据之一，并且在任意侦查的情形下也存在一定的适用空间。

3. 更正权

《个人信息保护法》第 46 条规定：“个人发现其个人信息不准确或者不完整的，有权请求个人信息处理者更正、补充。”更正权是对第 8 条信息质量原则的具体落实。从适用范围来看，更正权主要针对以下三

---

① 参见程啸：《论个人信息处理中的个人同意》，载《环球法律评论》2021 年第 6 期。

② 参见张新宝主编：《〈中华人民共和国个人信息保护法〉释义》，人民出版社 2021 年版，第 352 页。

③ 参见张恩典：《人工智能算法决策对行政法治的挑战及制度因应》，载《行政法学研究》2020 年第 4 期。

④ 参见唐林垚：《“脱离算法自动化决策权”的虚幻承诺》，载《东方法学》2020 年第 6 期。

种情形，个人信息不正确、不完整、不最新。[①] 申言之，该项权利存在三重含义：其一，针对错误的个人信息的更正权；其二，针对遗漏的个人信息的补充权；其三，针对过时个人信息的更新权。在刑事侦查领域，错误的个人信息记录不仅会降低公民的自我认知与社会评价，甚至会造成对于基本权利的不当干预。例如，欧洲人权法院在 Rotaru v. Romania 案[②]中判定，公共当局存储、使用以及拒绝申请人修改其错误个人数据的行为，构成对于隐私权的侵犯。我国《刑事诉讼法》第 122 条规定讯问笔录如果记载有遗漏或者差错，犯罪嫌疑人可以提出补充或者改正。并且，该法第 52 条也要求公安机关应当客观、全面地收集证据。这在一定程度上表达出更正权的制度内涵。

4. 删除权

《个人信息保护法》第 47 条规定："有下列情形之一的，个人信息处理者应当主动删除个人信息；个人信息处理者未删除的，个人有权请求删除……" 并且，本条还规定了删除权适用的五种情形，除违反法律法规和双方约定的情形外，还包括信息已不再必要、期限已届满、信息主体撤回同意或法律、行政法规规定的其他情况。[③] 在刑事侦查领域，我国《刑事诉讼法》虽然没有直接规定删除权，但是第 152 条规定："……对采取技术侦查措施获取的与案件无关的材料，必须及时销毁。" 此外，第 286 条也设置了对于未成年人罪犯的前科封存制度。这些程序设计均在一定程度上体现出删除个人信息的内涵。此外，有学者提出在刑事司法领域引入 "被遗忘权" 的倡议。应当注意的是，被遗忘权会引发隐私与言论自由之间的紧张关系，即便在私法领域，对于此

① 参见许文义：《个人资料保护法论》，台北，三民书局股份有限公司 2001 年版，第 135 页。

② ECtHR, No. 28341/95, Rotaru v. Romania, 4. 5. 2000, paras. 1 – 25.

③ 参见申卫星：《论个人信息权的构建及其体系化》，载《比较法研究》2021 年第 5 期。

项权利也存在褒贬不一的评价。[①] 并且，删除权与被遗忘权在概念起源、发展历程、适用条件、制度功能、行使对象、例外要件等方面都存在较大差异，故而不应混为一谈。[②] 因此，在《个人信息保护法》修订过程中一直使用删除权的概念，并未激进地引入被遗忘权，且在刑事侦查领域中可能暂时不宜引入被遗忘权。

5. 要求解释与说明权

《个人信息保护法》第 48 条规定："个人有权要求个人信息处理者对其个人信息处理规则进行解释说明。"由于此项权利将算法作为主要的应用领域，故而有学者称之为算法解释权：当自动化决策的具体决定对相对人有法律上或者经济上的显著影响时，相对人可以向算法使用人提出异议，要求提供对具体决策解释，并有要求更新数据或更正错误的权利。[③] 随着"算法社会"[④] 的来临，自动化决策开始向刑事侦查等活动不断渗入。例如，在 2016 年"白银连环杀人案"[⑤] 中，警方利用算法的自动预警机制，发现了最新录入的 DNA 数据与陈案相符，进而锁定了犯罪嫌疑人。此外，侦查活动中的预测型警务、数据挖掘与数据画像也大量运用算法模型作出自动化决策。时至今日，算法已经逐渐摆脱了技术性的工具定位，衍生出能够辅助决策、自主决策、分配资源，甚至控制人类行为的权力化形态。算法权力存在一定制度风险，需要引入以要求解释与说明权为代表的算法权利加之制衡。

---

① 参见刘文杰：《被遗忘权：传统元素、新语境与利益衡量》，载《法学研究》2018 年第 2 期。

② 参见王利明：《论个人信息删除权》，载《东方法学》2022 年第 1 期。

③ 参见张凌寒：《商业自动化决策的算法解释权研究》，载《法律科学（西北政法大学学报）》2018 年第 3 期。

④ See Jack M. Balkin, *2016 Sidley Austin Distinguished Lecture on Big Data Law and Policy: The Three Laws of Robotics in the Age of Big Data*, Ohio State Law Journal, Vol. 78: 5, p. 1226 (2017).

⑤ 参见姜伟超：《警方详解白银"8·05"系列强奸杀人案侦破始末》，载《中国青年报》2016 年 11 月 25 日，第 8 版。

二、个人信息的权力保护

《个人信息保护法》通过之前，在侦查活动中主要依靠完善侦查程序以规范个人信息处理行为。然而，如果想要进一步优化个人信息的权力保护，除需要构建精细化的侦查程序体系之外，更重要的是适时引入个人信息保护的相关制度。具言之，个人信息的权力保护可以借鉴《个人信息保护法》中的基本原则、具体规则与个人信息处理者的义务。

（一）个人信息处理的基本原则

《个人信息保护法》第5条至第9条依次规定了合法、正当、必要、诚信原则，目的限制原则，信息最小化原则，公开透明原则，信息质量原则，信息安全原则等贯穿整部法律的基本原则。然而，在刑事侦查领域中导入个人信息保护的基本原则，需要考虑刑事执法活动的强制性、国家性与对抗性特点。合法、正当、必要原则可以直接被刑事侦查活动吸纳，目的限制原则、信息最小化原则等则需要进行适应性调整，而有些基本原则却与刑事侦查的执法要求存在天然冲突，不宜贸然引入。例如，诚信原则要求个人信息处理者不得以误导、欺诈、胁迫等方式处理个人信息，然而，在刑事侦查中存在部分引诱、欺骗等取证策略，可以在合法、合理的范围内使用。此外，公开透明原则也与侦查密行主义相违背。侦查密行主义不仅要求对嫌疑人保密，在某些情况下还需要对社会成员保密（主要是对新闻媒体）。[①] 侦查措施的运用时机、方法、预案、进展均属于整个侦查活动的核心内容，不应当为除办案主体之外的他人所知悉。因此，欧盟《2016/680 指令》在借鉴 GDPR 基本原则时，并未吸纳 GDPR 第5条第1款中的“透明性”（transparent）要求。因此，在刑事侦查领域中需要引入合法、正当、必要原则，目的限制原

---

① 参见孙长永：《侦查程序与人权——比较法考察》，中国方正出版社2000年版，第34页。

则，信息最小化原则，信息质量原则与信息安全原则。

1. 合法、正当、必要原则

《个人信息保护法》第 5 条规定："处理个人信息应当遵循合法、正当、必要和诚信原则，不得通过误导、欺诈、胁迫等方式处理个人信息。"合法、正当、必要三项基本原则在整部《个人信息保护法》的制度设计中居于统领地位。在外部关系上，三者与其他基本原则相比具有更高的制度功能与价值位阶。在解决个人信息保护的具体疑难问题时，合法、正当、必要原则可以提供合理的解释路径。[①] 在内部关系上，合法、正当与必要原则存在逻辑上的递进关系。三者相互交织又逐步推进，不断对于个人信息处理行为提出更高的规范要求。

其一，合法原则要求处理个人信息需要满足法律、行政法规的规定，即"信息使用者所追求的利益合乎现行法律的规定，不得以非法目的开展个人信息处理"[②]。《个人信息保护法》作为保护个人信息的领域法，其顺利实施不仅需要依靠该法的严格执行，还需要与其他法律、行政法规展开有机联动。其他法律、行政法规及《个人信息保护法》本身为《个人信息保护法》提供了兜底性规定。例如，在《个人信息保护法》的适用范围（第 3 条）、合法性基础（第 13 条）、告知规则（第 17 条）、跨境传输规则（第 38 条）、安全评估义务（第 40 条）、删除权（第 47 条）、安全保障义务（第 51 条）、个人信息保护职责（第 61 条）中都以"法律、行政法规规定的其他情形"作为补遗性规定。此外，其他法律、行政法规也构成了《个人信息保护法》的例外性规则。例如，《个人信息保护法》中单独同意或书面同意规则（第 14 条）、告知例外规则（第 18 条）、保存期限规则（第 19 条）、敏感信息处理规则（第 29 条、第 31 条）、知情权例外（第 44 条）等均明确表明无须适用

① 参见张新宝：《个人信息处理的基本原则》，载《中国法律评论》2021 年第 5 期。

② 高富平：《个人信息使用的合法性基础——数据上利益分析视角》，载《比较法研究》2019 年第 2 期。

《个人信息保护法》的相关规定，而应当优先适用其他法律、行政法规。此时，其他法律、行政法规构成了《个人信息保护法》的特别法。此处的法律自然包括《刑事诉讼法》，故而如果《刑事诉讼法》中存在个人信息保护的相关条文，应当在刑事侦查活动中优先适用。

其二，正当原则既要求目的正当，也要求手段正当。一方面，在刑事侦查活动中处理个人信息只能基于侦破案件的正当目的，而不能用于其他目的。在任意侦查中，如果信息主体同意使用其个人信息，应当符合收集个人信息时的处理目的；在强制侦查中，应当严格按照法定目的处理个人信息。在司法实践中，办案人员可能会基于窥私、政治斗争、获取经济利益等非法目的处理个人信息。例如，芬兰地方法院在2014年判定72名警察犯有数据保护罪。这些办案人员对于奥运会滑雪奖牌获得者MikaMyllylä先生的死因感到好奇，从而在没有任何正当目的的情况下检视了其个人信息档案。[①] 另一方面，手段正当要求个人信息的处理，应依法律、行政法规以公正的手段为之。[②] 在民事私法领域，手段正当要求处理个人信息的方式方法应当符合社会公众的一般期待与公序良俗，不得以诱导授权、欺诈宣传、捆绑服务、违规窃取等方式处理个人信息。在刑事侦查领域，手段正当同样要求不得冲击社会的道德底线要求。例如，假扮牧师获取口供、编造犯罪嫌疑人亲人即将离世的消息骗取口供等，这些手段可能严重违背社会基本的伦理秩序，致使公众“受到良心上的冲击”。[③] 除此之外，我国《刑事诉讼法》第153条第1款在规定隐匿身份侦查时，也要求“不得诱使他人犯罪，不得采用可能危害公共安全或者发生重大人身危险的方法”。这均是在手段方面恪守正当原则的体现。

---

① See Juraj Sajfert Teresa Quintel, *Data Protection Directive* (*EU*) 2016/680 *for Police and Criminal Justice Authorties*, in Cole and Boehm, eds., GDPR Commentary, Edward Elgar Publishing, 2019, p. 68.

② 参见谢永志：《个人数据保护法立法研究》，人民法院出版社2013年版，第260页。

③ 参见龙宗智：《威胁、引诱、欺骗的审讯是否违法》，载《法学》2000年第3期。

其三，必要原则体现了比例原则的内涵，不仅调和了个人信息私人属性与公共属性之间的矛盾，并且维系了个人信息保护与处理之间的动态平衡关系，有助于建立有序共享的个人信息保护体系。[①] 因此，虽然《个人信息保护法（草案）》一审稿与二审稿并未规定此项原则，但是最终通过的正文却确立了必要原则的重要地位。作为《个人信息保护法》的基本原则之一，必要原则属于目的限制、信息最小化、公开透明等原则的上位依据。并且，诸如保存期限规则、个人信息分类规则、个人信息权利行使等制度设计也都以必要原则作为指导性原理。在《个人信息保护法》中也存在直接适用必要原则的情形。例如，第 13 条第 1 款第 3 项以“为履行法定职责或者法定义务所必需”作为处理个人信息的合法基础。“必需”一词在《个人信息保护法》中频繁出现，不仅体现了必要原则的精要与内涵，还直接针对国家机关的个人信息处理活动；例如，第 26 条规定：“在公共场所安装图像采集、个人身份识别设备，应当为维护公共安全所必需，遵守国家有关规定，并设置显著的提示标识……”第 34 条规定：“国家机关为履行法定职责处理个人信息，应当依照法律、行政法规规定的权限、程序进行，不得超出履行法定职责所必需的范围和限度。”

具体到刑事诉讼领域，“必需”一词应当理解为公安司法部门为了落实国家刑罚权可以处理个人信息，但是需要符合必要性标准。一方面，必要原则遵循了个人信息保护的使用逻辑，认为“可以”进行个人信息处理活动。另一方面，必要原则也与比例原则的精神相契合，认为处理个人信息应当以最小干预的方式进行，目的实现与个人信息处理之间需要相称均衡。必要性不仅为刑事诉讼中处理个人信息提供了正当性基础，也为个人信息制度在刑事侦查领域的适应性调整厘定了标准。诸如目的限制、数据最小化、公开透明等原则，以及保存期限、信息分

---

① 参见刘艳红：《公共空间运用大规模监控的法理逻辑及限度——基于个人信息有序共享之视角》，载《法学论坛》2020 年第 2 期。

类、权利行使等制度虽然均无法直接移植到刑事侦查活动中，但是其调适改良的标准均需要依循必要原则。

2. 目的限制原则

《个人信息保护法》第6条第1款规定："处理个人信息应当具有明确、合理的目的，并应当与处理目的直接相关，采取对个人权益影响最小的方式。"目的限制原则（the principle of purpose limitation）也称目的拘束原则，由于该项原则是个人信息保护的基石与各项制度顺利运行的前提要件，故而被理论界称为个人信息保护的"帝王条款"。[①] 具言之，该原则由目的明确原则（purpose specification principle）与使用限制原则（use limitation principle）组成。[②] 目的明确原则要求个人信息处理者在收集阶段必须基于特定、明确、合法的目的，否则不能进行信息收集活动。其中，"特定"是指应当在个人信息收集活动开始之前确定处理目的，并对于目的进行相对细致且有辨识度的描述，不宜笼统地使用"维护国家安全""维护公共利益"等模糊措辞；"明确"是指个人信息处理活动应当为信息主体所预见，不得超出其合理预期；[③] "合法"则体现了前述合法原则的实质内涵，禁止以非法目的收集个人信息。使用限制原则要求个人信息处理者不能违背既定的目的对于个人信息进行后续处理。[④] 对此，欧盟倡导"数据兼容处理"（compatible processing of data），认为个人信息控制者对于个人信息的处理只要能够与

---

① 参见李惠宗：《个人资料保护法上的帝王条款——目的拘束原则》，载《法令月刊》2013年第1期。

② 参见梁泽宇：《个人信息保护中目的限制原则的解释与适用》，载《比较法研究》2018年第5期。

③ See D. Elgesem, *The Structure of Rights in Directive* 95/46 *on the Protection of Individuals with Regard to the Processing of Personal Data and the Free Movement of Such Data*, Ethics and Information Technology, Vol. 4: 1, p. 283, 293 (1999).

④ See Bert - Jaap Koops, *The (In) Flexibility of Techno - Regulation and the Case of Purpose - Binding*, Legisprudence, Vol. 5: 2, p. 171, 178 (2011).

初始目的相兼容，则不违反目的限制原则。[①] “以不同之目的进行后续处理，并不一定意味着与约定目的相违背。”[②] 至于如何判断后续使用目的是否与初始目的相背离，欧盟与各成员国采用的基准不尽相同。例如，欧盟采用“适当性使用”（compatibleuse）标准、比利时采用“合理期待”（reasonable expectations）标准，英国采用“正当性”（fairness）标准，雅典采用“合法性”（lawfulness）标准，荷兰与德国采用平衡测试（balance tests）标准等。[③] 与之相反，我国《个人信息保护法》秉持严格态度，强调后续的个人信息处理活动应当与目的“直接”相关，如果超出原有法定或约定的目的，则会被视为目的变更。《信息安全技术—个人信息安全规范》第 7.3 条也规定，使用个人信息时，不应超出与收集个人信息时所声称的目的具有直接或合理关联的范围。然而，在刑事侦查领域，由于存在诸多信息他用行为，不可能严格遵循目的限制原则的内涵语义。例如，欧盟《2016/680 指令》第 4 条第 2 款认为，如果个人数据符合合法性原则，则可以出于与初始收集目的不同的其他目的处理个人数据，但是需要欧盟或者成员国提供法律依据，并且严格遵循比例原则的要求。

3. 信息最小化原则

《个人信息保护法》第 6 条第 2 款规定：“收集个人信息，应当限于实现处理目的的最小范围，不得过度收集个人信息。”信息最小化原则，即要求在个人信息处理时采取克制态度，所处理的个人信息数量、

---

① 参见程啸：《论我国个人信息保护法的基本原则》，载《国家检察官学院学报》2021 年第 5 期。

② Article 29 Data Protection Working Party, Opinion 03/2013 on purpose limitation 15 (Article 29 Data Protection Working Party 00569/13/EN 2013).

③ See Judith Rauhofer, *Look to Yourselves, That We Lose Not Those Things Which We Have Wrought: What Do Proposed Changes to the Purpose Limitation Principle Mean for Public Bodies' Rights to Access Third - Party Data*, International Review of Law, Computers & Technology, Vol. 28: 2, p. 144 - 146 (2014).

留存时间、处理范围等都必须与处理目的相称，不可过分。[①] 信息最小化原则是必要原则的具体体现，也与个人信息保存期限规则、删除权等制度设计一脉相承。根据学者的解读，信息最小化原则具有以下三点具体要求：[②] 其一，处理个人信息的频率最低。《信息安全技术—个人信息安全规范》第5.2b条规定："自动采集个人信息的频率应是实现产品或服务的业务功能所必需的最低频率。"其二，处理的个人信息最少，即处理个人信息的数量应当严格限制在为实现目的的最小范围之内。所谓"最小范围"是指如果没有某些个人信息，主要、核心的处理目的就完全无法实现。其三，处理个人信息的识别度最低。使用匿名化、假名化等技术手段可以有效降低个人信息的可识别度。在刑事侦查领域中信息最小化原则需要结合应用场景进行适应性调整。例如，欧盟《2016/680指令》第4条第1款C项对于数据处理使用的措辞是"不过分的"（not excessive），而GDPR第5条第1款C项的用语则是"有限的"（limited to what is necessary）。这种规范行文上的差异为开展刑事司法活动赋予了更多灵活空间。[③]

4. 信息质量原则

《个人信息保护法》第8条规定："处理个人信息应当保证个人信息的质量，避免因个人信息不准确、不完整对个人权益造成不利影响。"信息质量原则（accuracy principle）是指控制者应当保障个人信息在其处理目的范围内的完整（complete）、准确（accurate）和时新（up-to-data）。[④] 随着时间推移，部分个人信息可能会丧失准确性、完整性、时

---

① 参见郭瑜：《个人数据保护法研究》，北京大学出版社2012年版，第169页。

② 参见程啸：《论我国个人信息保护法的基本原则》，载《国家检察官学院学报》2021年第5期。

③ See Juraj Sajfert Teresa Quintel, *Data Protection Directive* (*EU*) 2016/680 *for Police and Criminal Justice Authorties*, in Cole/Boehm (eds.), GDPR Commentary, Edward Elgar Publishing, 2019, p. 1-22.

④ 参见齐爱民：《大数据时代个人信息保护法国际比较研究》，法律出版社2015年版，第219页。

效性，这就要求数据处理者及时更新并淘汰过时的信息。[①] 否则，陈旧的个人信息可能影响个人数字图像的准确呈现，对于公民的自我表现与社会表现产生负面影响，甚至会导致“自知”与“他知”无法一致。[②] 其中，完整是指为特定目的收集的个人信息应当保证全面和无遗漏，防止断章取义或者依据处理者的个人喜好任意收集，从而导致个人信息收集上的片面性。[③] 准确是指个人信息必须与信息主体的实际情况相符。时新是指个人信息应当保持最新状态，并且应当随着信息主体的自身变化而不断更新。在刑事侦查领域，信息质量原则尤为关键。错误或者过时的个人信息不仅可能干扰信息价值的判断以及人格图像的认知，还可能衍生出干预正常生活、限制人身自由等负面影响。例如，王某因为榆林市榆阳分局对其身份证的错误录入，致使其带着“被判处 10 年有期徒刑强奸犯”的身份度过了漫长的 9 年。王某称自己贷款受阻，多次被盘查、验血，子女上学也受到影响。2018 年经过媒体曝光，公安机关方才对其个人信息进行了更正。[④]

5. 信息安全原则

《个人信息保护法》第 9 条规定：“个人信息处理者应当对其个人信息处理活动负责，并采取必要措施保障所处理的个人信息的安全。”信息安全不仅关乎个人信息人格价值与财产价值的实现，甚至还会直接影响到国家安全与公共利益。例如，2019 年英国司法领域出现了由于信息技术故障导致的系统崩溃、数据丢失现象，致使相关的审判工作难

---

① 参见［英］维克托·迈尔－舍恩伯格、［英］肯尼思·库克耶：《大数据时代：生活、工作与思维的大变革》，盛杨燕、周涛译，浙江人民出版社 2013 年版，第 142－143 页。

② 参见高富平：《论个人信息保护的目的——以个人信息保护法益区分为核心》，载《法商研究》2019 年第 1 期。

③ 参见蒋坡主编：《个人数据信息的法律保护》，中国政法大学出版社 2008 年版，第 92 页。

④ 参见杨晨：《被错当成强奸犯 9 年不改，该追问背后的渎职》，载澎湃新闻 2018 年 6 月 12 日，https：//baijiahao. baidu. com/s？ id = 1603049239452709241&wfr = spider&for = pc。

以为继，引起了人们对于信息安全问题的高度重视。[①] 我国在 2021 年 6 月 10 日通过了《数据安全法》，在国家战略层面对信息安全问题进行回应。《个人信息保护法》除第 9 条总体规定了信息安全原则之外，还在第 51 条详细规定了保护信息安全的六种具体措施：（1）制定内部管理制度和操作规程；（2）对个人信息实行分类管理；（3）采取相应的加密、去标识化等安全技术措施；（4）合理确定个人信息处理的操作权限，并定期对从业人员进行安全教育和培训；（5）制定并组织实施个人信息安全事件应急预案；（6）法律、行政法规规定的其他措施。此外，《个人信息保护法》还规定了境外传输的安全评估制度（第 36 条）与受托人的安全保障义务（第 59 条）等。概言之，保护个人信息安全主要有以下三种手段：其一，采取锁门、查验身份证等物理措施。其二，采取组织措施，例如，规定参与或者接触个人信息处理的相关工作人员负有保密责任。其三，采取防火墙、数据加密、去标识化等技术措施。[②]

（二）个人信息处理的具体规则

基于上述基本原则，《个人信息保护法》在第二章详细规定了告知规则（第 17 条），个人信息保存期限规则（第 19 条），共同处理个人信息规则（第 20 条），委托处理个人信息规则（第 21 条），个人信息转移规则（第 22 条），个人信息分享规则（第 23 条），自动化决策规则（第 24 条），个人信息公开规则（第 25 条），公共场所图像、身份识别信息收集规则（第 26 条），敏感个人信息处理规则（第 28 条至第 32 条），以及国家机关处理个人信息的特别规定（第 33 条至第 37 条）。鉴于部分规则仅在民事私法领域具有适用空间，或者部分规则在前述基本原则中已经介绍（如告知规则），故而此处重点阐述个人信息保存期

---

① 参见郑曦：《刑事诉讼个人信息保护论纲》，载《当代法学》2021 年第 2 期。

② 参见郭瑜：《个人数据保护法研究》，北京大学出版社 2012 年版，第 168 页。

限规则，公共场所图像、身份识别信息收集规则，敏感个人信息处理规则。

1. 个人信息保存期限规则

《个人信息保护法》第 19 条规定："除法律、行政法规另有规定外，个人信息的保存期限应当为实现处理目的所必要的最短时间。"限制个人信息的保存期限，目的在于实现对个人信息的"生命周期式"管理，防止信息处理者对个人信息的保存时间过长，发生超期留存甚至永久留存的情况。① 个人信息处理者长期保存个人信息，一方面不符合信息主体对自身利益的期待，另一方面加剧了个人信息泄露与不当使用的风险。并且，一旦个人信息处理的目的不再存续，继续保存个人信息就失去了合法性基础。② 因此，《个人信息保护法》除在第 19 条规定具体的个人信息保存期限规则外，还与前述第 5 条必要原则相呼应，并与第 17 条第 1 款第 2 项规定的保存期限告知规则、第 47 条第 1 款第 2 项对于保存期限已届满的个人信息行使删除权的条款存在逻辑关联，共同构成了保存个人信息的规范体系。③ 我国《电子商务法》《网络安全法》《证券法》《征信业管理条例》《反恐怖主义法》《统计法实施条例》等法律、行政法规都规定了相应的个人信息保存期限，但是在我国《刑事诉讼法》中缺乏类似规定。

2. 公共场所图像、身份识别信息收集规则

《个人信息保护法》第 26 条规定："在公共场所安装图像采集、个人身份识别设备，应当为维护公共安全所必需，遵守国家有关规定，并设置显著的提示标识。所收集的个人图像、身份识别信息只能用于维护公共安全的目的，不得用于其他目的；取得个人单独同意的除外。"本

---

① 参见丁晓东：《大数据与人工智能时代的个人信息立法——论新科技对信息隐私的挑战》，载《北京航空航天大学学报（社会科学版）》2020 年第 3 期。

② 参见齐爱民：《论个人信息的法律保护》，载《苏州大学学报》2005 年第 2 期。

③ 参见项定宜：《个人信息处理必要性原则的规范体系研究》，载《北方法学》2021 年第 5 期。

条体现了必要原则与目的限制原则的精要与内涵，并保障了信息主体的知情权与同意权。对于此项规定，应当着重关注以下三点。

其一，本条的行为空间是公共场所。有学者将公共场所的判断标准归纳如下：（1）公众可以实际不受限制地进入该场所；（2）该场所为公众目之所及；（3）公众随时可以进入该场所。[①] 在《个人信息保护法》中，应当对于公共场所作扩大解释，即除一般公共活动场所外，还包括住宅区、学校、企业及其单位内部供特定人员使用的场所。[②] 在刑事侦查活动中，针对公共场所的视频监控具有自然性与公开性，故而不属于强制侦查的范畴。但是有学者认为，如果将公共场所视频进行录像或放大，则会得出完全不一样的结论。[③] 并且，这种针对公共场所的视频监控具有"面广而度浅"的特性，如果是针对私人住宅安装定点的视频监控装置，则应当诉诸更高强度的法律规范。

其二，应当区分图像采集与身份识别。在本条中，图像采集与个人身份识别之间使用顿号隔开，表明了立法者已经意识到二者对于公民个人信息权利的侵犯程度并不一致。图像采集仅限于个人信息收集阶段，而个人身份识别则是将收集到的生物识别信息与数据库中的其他信息进行比对，在性质上属于个人信息分析行为，应当受到更加严格的程序规制。并且，此条仅能为识别行为提供正当性依据，如果后续需要开展数据挖掘、数据画像等活动，则应当诉诸其他的规范条款。

其三，"显著的提示标识"是指以作为个人信息被采集的一方能够理解、识别的图形、文字等标志来进行提示，如以高亮颜色显示的图标，以醒目文字对被采集者进行提示，或是由工作人员对被采集方进行

① 参见胡建淼、岑剑梅：《公共摄像监视与公民隐私权保护》，载《法学》2008 年第 6 期。

② 参见刘士国：《信息控制权法理与我国个人信息保护立法》，载《政法论丛》2021 年第 3 期。

③ See Blitz, *The Fourth Amendment Future of Public Surveillance: Remote. Recording and other Searches in Public Space*, American University Law Review, Vol. 63: 1, p. 21 – 86 (2013).

必要提示和充分说明。[①] 这是对于公众进行的概括告知，有助于保障每一名社会成员的知情权。

3. 敏感个人信息处理规则

《个人信息保护法》第 28 条第 1 款规定："敏感个人信息是一旦泄露或者非法使用，容易导致自然人的人格尊严受到侵害或者人身、财产安全受到危害的个人信息，包括生物识别、宗教信仰、特定身份、医疗健康、金融账户、行踪轨迹等信息，以及不满十四周岁未成年人的个人信息。"敏感个人信息处理规则将个人信息进行类型化区分，不仅权衡了个人信息的私人属性与公共属性，也兼顾了个人信息保护以及私营企业、公共部门对于数据的合理使用。除定义之外，《个人信息保护法》还规定了敏感个人信息的处理原则（第 28 条）、特别同意规则（第 29 条）、告知义务（第 30 条）、未成年人信息特殊规定（第 31 条）、处理敏感个人信息的法定限制（第 32 条）。此外，《信息安全技术—个人信息安全规范》第 6. 3 条也规定了对于敏感个人信息应当采取特殊的传输与存储措施。上述规定共同构成了敏感个人信息处理体系。

我国对于敏感个人信息的处理持许可态度，如果符合"只有在具有特定的目的和充分的必要性，并采取严格保护措施的情形下"的条件，即可以处理敏感个人信息。这与 GDPR 的相关规定有所出入。GDPR 第 9 条第 1 款对于敏感个人信息原则上持禁止处理态度，仅在例外情况下才允许使用。与之相比，刑事司法领域的欧盟《2016/680 指令》与我国《个人信息保护法》秉持相同立场。该指令第 10 条允许处理敏感个人数据，但是应当限制在严格必要的情况下，并且针对数据主体的权利和自由采取适当的保护措施。值得关注的是，《个人信息保护法》第 32 条规定："法律、行政法规对处理敏感个人信息规定应当取得相关行政许可或者作出其他限制的，从其规定。"从此条可以合理推论出在刑事

① 参见龙卫球主编：《中华人民共和国个人信息保护法释义》，中国法制出版社 2021 年版，第 119 页。

诉讼或者刑事侦查中可以基于特定的场景需求对于敏感个人信息处理规则进行相应调整。例如，在刑事侦查活动中，敏感个人信息的概念范围不一定与《个人信息保护法》完全保持一致。此外，基于打击犯罪的目的，对于敏感个人信息的处理权限也应当相应增加。

（三）个人信息处理者的义务

《个人信息保护法》在第五章列举了个人信息处理者的义务。具体包括个人信息负责人制度（第52条）、境外个人信息处理者设立境内专门机构或指定代表的义务（第53条）、定期合规审计义务（第54条）、超大互联网平台的个人信息保护义务（第58条）、受托方的个人信息保护义务（第59条）等针对私营企业的个人信息保护义务。并且，《个人信息保护法》也设置了适用于公权机关与私营企业的作为义务，例如，个人信息保护影响评估义务（第55条、第56条），以及个人信息泄露等事件的补救措施和通知义务（第58条）等。本书主要介绍记录义务、个人信息保护影响评估义务、个人信息泄露的补救通知义务。

1. 记录义务

虽然《个人信息保护法》并未专门规定记录义务，但是作为一项十分重要的个人信息处理者义务，记录义务应当得到重视并被引入刑事侦查活动中。根据欧盟第29号工作组的阐述，日志的记录工作至关重要，这不仅可以防止未经授权访问或者使用个人数据的行为，确保个人数据的完整性与安全性，并且还可以通过留痕化操作进行警务部门数据处理行为的自我监督。[①] 通过履行记录义务保存数据处理的日志，主管

---

① See Teresa Quintel, *Article 29 Data Protection Working Party Opinion on the Law Enforcement Directive*, European Data Protection Law Review (EDPL), Vol. 4: 1, p. 108 (2018).

当局内部的专门小组可以发现潜在的数据滥用行为。[①] 此外，记录义务创造的日志还可以在刑事诉讼活动中充当证据。鉴于记录义务的重要作用，我国《信息安全技术—个人信息安全规范》第 11.3 条规定："个人信息控制者宜建立、维护和更新所收集、使用的个人信息处理活动记录，记录的内容可包括：a）所涉及个人信息的类型、数量、来源（如从个人信息主体直接收集或通过间接获取方式获得）；b）根据业务功能和授权情况区分个人信息的处理目的、使用场景，以及委托处理、共享、转让、公开披露、是否涉及出境等情况；c）与个人信息处理活动各环节相关的信息系统、组织或人员。"此外，欧盟《2016/680 指令》第 25 条也规定对于收集、更改、咨询、披露（包括转让、合并和删除）行为均需进行记录，记录的日志应当向监管机构提供。

2. 个人信息保护影响评估义务

《个人信息保护法》第 55 条规定了个人信息保护影响评估的适用情形：（1）处理敏感个人信息；（2）利用个人信息进行自动化决策；（3）委托处理个人信息、向其他个人信息处理者提供个人信息、公开个人信息；（4）向境外提供个人信息；（5）其他对个人权益有重大影响的个人信息处理活动。第 56 条规定了个人信息保护影响评估的内容：（1）个人信息的处理目的、处理方式等是否合法、正当、必要；（2）对个人权益的影响及安全风险；（3）所采取的保护措施是否合法、有效并与风险程度相适应。个人信息保护影响评估义务借鉴了 GDPR 的相关条款，只不过将其中的"风险评估义务"修改为"影响评估义务"。然而，个人信息影响评估义务主要的适用场景还是民事私法领域，以应对"大数据杀熟"等非法的个人信息处理行为，却并未根据刑事司法的特殊性进行具体设计。与之相比，GDPR 第 35 条第 3 款适用数

---

① See Juraj Sajfert Teresa Quintel, *Data Protection Directive* (*EU*) 2016/680 *for Police and Criminal Justice Authorties*, in Cole and Boehm, eds., GDPR Commentary, Edward Elgar Publishing, 2019, p. 17.

据保护风险评估的情形主要包括数据画像等自动化处理行为，敏感个人数据尤其是与刑事定罪和罪刑相关的数据处理行为，以及公共领域大规模的系统性监控行为。并且，欧盟《2016/680 指令》第 27 条规定："如果某种数据处理行为，特别是新技术的使用，考虑到数据处理的性质、背景和目的，如果可能对自然人的权利和自由造成高风险，成员国应当规定数据控制者在处理之前进行个人数据保护影响评估。"

个人信息保护影响评估义务体现国家在面对新技术应用时是持谨慎态度还是持宽容态度。域外国家对于新技术在刑事司法领域的应用往往持保守态度。例如，自 2019 年 5 月美国旧金山首次禁止警方使用人脸识别软件查询罪犯之后，马萨诸塞州的萨摩维尔市、奥克兰、伯克利也相继成为禁止人脸识别技术的城市。[①] 与之相比，我国自从步入大数据侦查阶段之后，国家对于科学技术在刑事侦查领域的应用一直持有宽容甚至积极助推的态度，大量的智能科技被用以处理个人信息。数据画像、数据挖掘、科技定位侦查等新兴技术在犯罪治理领域的应用情况，仅取决于技术的开发成熟程度，却并不考虑科技与法律规范的兼容度问题。此时，个人信息保护影响评估义务的引入能够为监管机构和信息控制者提供有序、清晰、协调的决策基础，有助于缓解新型智能技术的恣意运用。

3. 个人信息泄露的补救通知义务

《个人信息保护法》第 57 条规定，发生或者可能发生个人信息泄露、篡改、丢失的，个人信息处理者应当立即采取补救措施，并通知履行个人信息保护职责的部门和个人。个人信息泄露的补救通知义务是落实信息安全原则的具体体现。本条科以国家机关两项作为义务。其一，对于泄露的个人信息应当立即采取补救措施，以防止损害进一步扩大。

---

① See Sara Merken, *Berkeley Bans Government Face Recognition Use*, *Joining Other Cities*, Go to Bloomberg Law News (Oct. 17, 2019), https: //news. bloomberglaw. com/privacy - and - data - security/hold - berkeley - bansgovernment - face - recognition - use - joiningother - cities.

由国家机关承担补救义务，既是因为其是法定的信息处理者与责任主体，也是由于执法人员直接参加个人信息处理活动，对于相关情况较为熟悉，能够最为迅速、及时、高效地展开补救工作。其二，对于泄露的个人信息应当及时通知信息主体与监管部门。通知的内容包括下列事项：(1) 发生或者可能发生个人信息泄露、篡改、丢失的信息种类、原因和可能造成的危害；(2) 个人信息处理者采取的补救措施和个人可以采取的减轻危害的措施；(3) 个人信息处理者的联系方式。此外，鉴于个人信息安全事故可能产生诸多负面的社会影响，故而本条给予信息处理者一定的自由裁量空间。如果信息安全事件尚在可控范围之内，个人信息处理者采取措施能够有效避免信息泄露、篡改、丢失造成危害的，可以不通知个人。但是，如果客观上已经造成危害，采取措施于事无补，则必须及时通知利益相关的信息主体与相应的监管机构。

第三章　侦查中个人信息保护的困境

刑事侦查中个人信息保护面临诸多问题，可谓既有“旧病”，也有“新疾”。所谓“旧病”，既有宏观层面侦诉、侦审、侦辩诉讼结构的失衡，也有中观层面部分侦查程序的固有弊端，还有微观层面执法人员的错误理念。所谓“新疾”，是指随着网络信息技术发展而衍生出的疑难杂症。在理论层面，个人信息权利的研究基础不足、运行逻辑不清；在实践层面，数据监控引发了云端存储、算法歧视、第三方取证、预测型警务、大规模监控等问题。这些“旧病”与“新疾”既有中国的个性问题，也有全球领域的共识性难题。

一、个人信息保护的权利困境

虽然在刑事诉讼中以赋予权利的方式保护个人信息已经成为学界共识，但是个人信息权利保护的前置性争议依然存在。个人信息权利的性质依据、产生依据与行使依据不明，并且在隐私权的禁止逻辑与个人数据受保护权的使用逻辑中存在选择纠结。此外，个人信息在归属、体量与领域等方面的时代变化也加剧了个人信息权利保护的困境。

（一）个人信息权利的理论依据不明

个人信息保护最初起源于私法领域，在转入公法领域的过程中，部分制度安排与权利设计需要进行适应性调整。并且，刑事侦查程序具有不同于一般公法规范的特殊性，加剧了转型的权利困境与制度风险。虽然学界对于刑事诉讼或者刑事侦查中的个人信息保护已经作出了许多智识贡献，但是在个人信息权利保护的部分理论基础问题上尚未达成共识。比较典型的问题是个人信息权利保护的理论依据不明，主要表现为个人信息权利的性质依据（是什么）、产生依据（为什么）与行使依据（怎么办）存在争议。

1. 个人信息权利的性质依据不明

个人信息权利的性质依据不明主要表现在以下三个方面：

首先，个人信息权利是“权利”还是“权益”抑或“利益”。对此，民法学界展开了长期的学术热议，却并未达成理论共识。

持权利说观点的学者认为，自然人对个人信息存在一项独立的私法权利，即个人信息权，这得到了立法规范与理论学说的有力支持。例如，《民法总则》第 111 条关于个人信息的规定位于“民事权利”章节之下，根据体系解释的方法，该条款应当是个人信息权的确权条款。并且，《中华人民共和国民法总则解读》一书中也明确指出个人信息权利是公民在信息社会中享有的重要权利。[①] 也有学者从利益是否具有独立性、适用利益保护与权利保护的差异是否较大以及比较法上有无立法例支持三大角度，推断出《民法总则》第 111 条第 1 句既是个人信息保护的宣示性规定，也是个人信息权的确权条款。[②]

持利益说观点的学者则从法教义学的角度入手，通过《民法总则》与《民法典》的相关规定，论证个人信息仅为一项利益。例如，有学者认为，《民法总则》并未采用“个人信息权”的明确表述，即便该条文位于“民事权利”章节，其规定的具体内容既可能是民事权利，也可能是民事利益。[③] 并且，《民法总则》并未采取权利保护而是诉诸行

---

① 参见张荣顺主编：《中华人民共和国民法总则解读》，中国法制出版社 2017 年版，第 363 页。

② 参见杨立新：《个人信息：法益抑或民事权利——对〈民法总则〉第 111 条规定的“个人信息”之解读》，载《法学论坛》2018 年第 1 期。

③ 参见程啸：《民法典编纂视野下的个人信息保护》，载《中国法学》2019 年第 4 期。

为规制的方式保护个人信息，这也从侧面说明个人信息仅为一项利益。[①] 此外，《民法典》在第四编“人格权”第六章“隐私权和个人信息保护”中列举了个人信息的相关规定。将隐私权与个人信息保护并列，而不使用“个人信息权”的表述，并非立法者的“无心之失”，而是有意将个人信息确立为一项有别于隐私权的利益。另外，还有学者认为，立法上笼统地规定个人信息，是为了避免确权化对信息自由与言论自由造成负面影响，为平衡数据经济的发展、维护公共利益预留了解释空间。[②]

权利与利益的争论甚至影响了个人信息权利究竟是属于绝对权还是相对权的定性。持权利说观点的学者往往基于保障信息主体自决利益的考量，将个人信息权塑造成一项支配权、绝对权与对世权，具有鲜明的排他性与独占性；[③] 而持利益说观点的学者则采取相对缓和的论调，认为个人信息利益只能作为一种防御性利益，仅能享有最低限度的保护力度，属于相对权与请求权。[④]

由于学界对于《民法总则》《民法典》等法律条文的理解分歧，权利说与利益说的争论一直延续，进而影响《个人信息保护法》中规范用语的选择。《个人信息保护法》第 1 条就明确了“保护个人信息权益”的立法目的。同时，第 2 条规定：“自然人的个人信息受法律保护，任何组织、个人不得侵害自然人的个人信息权益。”使用“个人信息权益”而非“权利”作为规范术语，可以理解为是立法者在平衡个人信息私人属性与公共属性关系时所做出的妥协与让步，也是民法学者

---

① 参见叶金强：《〈民法总则〉“民事权利章”的得与失》，载《中外法学》2017 年第 3 期。

② 参见龙卫球、刘宝玉主编：《中华人民共和国民法总则释义与适用指导》，中国法制出版社 2017 年版，第 404 页。

③ 参见王利明：《人格权法研究》（第 2 版），中国人民大学出版社 2012 年版，第 636 页。

④ 参见徐明：《大数据时代的隐私危机及其侵权法应对》，载《中国法学》2017 年第 1 期。

私法化倾向在《个人信息保护法》中的投射。然而，《个人信息保护法》在第四章界定具体权利时，使用了“个人在个人信息处理活动中的权利”的措辞，这似乎为个人信息的权利化留下了规范空间。因此，《个人信息保护法》的立法规范并未对权利说与利益说的理论争议定分止争，反而加剧了个人信息权利性质依据的混乱。

其次，个人信息的具体权利是“权能”还是“权利束”。《个人信息保护法》规定了知情权、决定权、查阅复制权、可携带权、更正补充权、删除权、要求解释与说明权等个人信息的具体权利。对于这些权利的性质问题，私法领域的学者普遍认为这些权利属于个人信息权利(益)的具体权能，而公法领域的学者却主张这些具体权利属于宪法、行政法上的权利束。

民法学者认为个人信息的具体权利是个人信息权的组成部分与具体权能，旨在保障信息主体对于个人信息的自主控制。“所谓权能是为权利所包含的尚不能独立的权利的功能。”① 有学者主张虽然这些权利均使用了“权利”的措辞，但其实质上仅是依附于个人信息权的具体“权能”。如果没有上位的个人信息权，这些具体权能并不具备独立存在的可能性。② 也有学者认为，相较于人格尊严、通信秘密自由等“本权权利”，上述具体的权利属于“保护本权权益”的信息权利。③ 但是，也有学者认为，删除权等虽然可以作为个人信息的一项权能，但也可以成为一项权利。例如，《民法典》第1037条第2款规定删除权时就使用了“有权请求”的表述。④

公法学者认为个人信息的具体权利是宪法、行政法中的权利束，即“通过制定法为个人配置的、在个人信息处理全周期由个人行使的一组

① [德] 卡尔·拉伦茨：《德国民法通论》(上册)，王晓晔等译，法律出版社2003年版，第263页。

② 参见申卫星：《论个人信息权的构建及其体系化》，载《比较法研究》2021年第5期。

③ 参见张新宝：《论个人信息权益的构造》，载《中外法学》2021年第5期。

④ 参见王利明：《论个人信息删除权》，载《东方法学》2022年第1期。

权利的集合”①。权利束无法从作为个人信息权的民法概念中派生，而是个人信息受保护权在宪法上落实之产物。②《个人信息保护法》第四章以“个人在个人信息处理活动中的权利”而非以“个人信息权”作为标题就证明了这一点。个人信息权利束与国家积极保护义务相对应，属于国家通过赋权形式制约数据处理行为的“间接规制”，权利束的基本内涵、外延、操作规则及保护标准均由国家制定。③ 此外，权利束以个人信息处理活动为对象，具有工具性、过程性、场景性等特征。④ 工具性是指个人信息权利束并非实体性、目的性的法益，而是保护个人信息的手段和工具；过程性是指个人信息权利束并非先定性权利，而只存在于个人信息处理过程之中；场景性是指个人信息权利束并非一项支配性、绝对性权利，而是有其具体的应用语境。

个人信息的具体权利究竟是权能还是权利束，不仅影响具体权利与上位权利的体系定位，也关系到个人信息保护立法规范的法律性质。二者之间的争议本质上仍然是个人信息私法保护与公法保护的方式之争。《个人信息保护法》具有公私兼容的性质，使得私法保护与公法保护均具有一定的规范解释空间，导致权能与权利束的性质争议难以平息。

最后，个人信息权利是“基本权利”还是“非基本权利”。对于个人信息权利与基本权利之间的逻辑关系，既有观点的争议主要表现在属性界定与权利称谓两个方面。

一方面，有学者在早年间就指出个人信息权利属于基本权利，并在

---

① 王锡锌：《国家保护视野中的个人信息权利束》，载《中国社会科学》2021 年第 11 期。

② 参见王锡锌、彭錞：《个人信息保护法律体系的宪法基础》，载《清华法学》2021 年第 3 期。

③ 参见王锡锌：《国家保护视野中的个人信息权利束》，载《中国社会科学》2021 年第 11 期。

④ 参见王锡锌：《个人信息权益的三层构造及保护机制》，载《现代法学》2021 年第 5 期。

《个人信息保护法（专家意见稿）》中进行了说明论证。[①] 但是，也有学者认为数字人权缺乏宪法的规范基础，无法被证成为未列举的基本权利。[②] 学界不仅在个人信息权利是否属于基本权利的性质界定上存在分歧，而且即使在肯定性观点中，具体的证明方法也不尽相同。其一，有学者认为《宪法》第33条“国家尊重和保障人权”是一项概括性权利条款，能够为包括个人信息权利在内的未列举的基本权利提供安身之所。[③] 其中，“尊重”侧重个人信息权利的防御功能，要求国家承担不侵犯私人生活的消极义务。而“保障”则关注个人信息权利的客观功能，要求国家积极作为以保护个人信息。[④] 然而，相反意见则认为以《宪法》第33条论证个人信息权利存在循环论证之嫌。[⑤] 其二，有学者从《宪法》第38条“人格尊严”条款入手，认为该条规范类似于《德国基本法》第1条“人格尊严”的规定，是一项原则性的概括条款，可以为个人信息权利入宪提供规范支撑。[⑥] 不过，也有学者否认《宪法》第38条概括性条款的地位，而是将其视为宪法上对一般人格权的规定，主张保护个人信息是一般人格权中个人自我决定权的体现。[⑦] 其三，有学者认为除《宪法》第33条和第38条之外，《宪法》第37条的人身自由条款，第39条的住宅保护条款，第40条的通信自由与通信

---

① 参见周汉华：《中华人民共和国个人信息保护法（专家建议稿）及立法研究报告》，法律出版社2006年版，第1页。

② 参见刘志强：《论“数字人权”不构成第四代人权》，载《法学研究》2021年第1期。

③ 参见秦强：《我国宪法人权条款研究》，中国人民大学2009年博士学位论文，第55－61页。

④ 参见赵宏：《〈民法典〉时代个人信息权的国家保护义务》，载《经贸法律评论》2021年第1期。

⑤ 参见王锡锌、彭錞：《个人信息保护法律体系的宪法基础》，载《清华法学》2021年第3期。

⑥ 参见林来梵：《人的尊严与人格尊严——兼论中国宪法第38条的解释方案》，载《浙江社会科学》2008年第3期。

⑦ 参见王锴：《论宪法上的一般人格权及其对民法的影响》，载《中国法学》2017年第3期。

秘密条款以及第 41 条批评、建议、申诉、控告、检举的权利等条款均可以成为个人信息权利入宪的规范参照。[①] 其四，有学者认为可以运用民主理论将个人信息权利证明为一项未明确列举的基本权利。[②]

在《个人信息保护法（草案）》中，立法者于第 1 条专门增加了“根据宪法，制定本法”的规定，明确了《宪法》是《个人信息保护法》的立法根据，也彰显出《个人信息保护法》是一部公私属性融合的法律。但是，从“根据宪法，制定本法”的规定中能否推断出个人信息权利（益）是一项基本权利，学界仍然存在不同意见。有学者认为该规定“体现出《个人信息保护法》区别于其他相近法律的鲜明特点：作为宪法规定的公民基本权利的蔓连”[③]。然而，也有学者认为该规定只是交代了《个人信息保护法》不能违背《宪法》，不影响个人信息权益属于民事权益的性质。[④]

另一方面，由于理论研究的部门法差异，在公法领域中存在对个人信息权利的不同称谓。在刑事诉讼领域，学界通过确立“个人信息权”，与隐私权进行区分；[⑤] 在宪法与行政法领域，有学者主张应当引入德国法中“信息自决权”的概念，[⑥] 也有学者取道于欧盟，呼吁设置与国家保护义务相对应的“个人信息受保护权”；[⑦] 在法理学领域，有

---

① 参见姚岳绒：《论信息自决权作为一项基本权利在我国的证成》，载《政治与法律》2012 年第 4 期。

② 参见屠振宇：《未列举基本权利的认定方法》，载《法学》2007 年第 9 期。

③ 龙卫球主编：《中华人民共和国个人信息保护法释义》，中国法制出版社 2021 年版，第 6 页。

④ 参见程啸：《个人信息保护法理解与适用》，中国法制出版社 2021 年版，第 27 - 31 页。

⑤ 参见裴炜：《个人信息权的建构和立体式法律保障——由隐私权保护的范式困境展开》，载《北大法律评论》2017 年第 2 期。

⑥ 参见姚岳绒：《宪法视野中的个人信息保护》，法律出版社 2012 年版，第 111 - 149 页。

⑦ 参见王锡锌：《个人信息国家保护义务及展开》，载《中国法学》2021 年第 1 期。

学者创造性地提出了以数字人权为代表的“第四代人权”；[①] 在个人信息保护领域，有学者主张信息主体享有“个人资料权”，即“个人资料本人依法对其个人资料所享有的支配、控制并排除他人侵害的权利”[②]。上述关于个人信息权利的称谓均在一定程度上反映出基本权利的属性，但是混乱的术语使用情况却使概念复杂化。例如，信息自决权原本应当与个人信息权的内涵范围一致，但是有学者结合2020年《个人信息保护法（草案)》，认为信息自决权是个人信息权的一项子权利。个人信息权除信息自决权之外，还包括信息保密权、信息访问权、信息更正权、信息可携权、信息封锁权、信息删除权、被遗忘权7项权利。[③] 也有学者认为，“我国的信息自决权比德国的信息自决权范围更窄”[④]。

个人信息权利是否属于基本权利，不仅影响着刑事诉讼法与宪法的有机联动，也关系到在刑事侦查中确立个人信息权利的正当性与可能性。然而，属性界定与称谓术语上的混乱，使得个人信息权利与基本权利的逻辑关系不清，从而导致个人信息权利的性质依据不明。

2. 个人信息权利的产生依据不明

个人信息与权利的关系问题是个人信息权利保护的理论基础之一。“个人信息是如何与权利相勾连的，或者说，为何个人信息成为了权利。其背后的学理问题是个人信息进入到权利的正当性问题。”[⑤] 然而，个人信息权利在产生依据上面临正当性与必要性的双重困境。

一方面，个人信息权利产生的正当性依据不明。个人信息若想成为

---

① 参见马长山：《智慧社会背景下的“第四代人权”及其保障》，载《中国法学》2019年第5期。

② 齐爱民主编：《个人资料保护法原理及其跨国流通法律问题研究》，武汉大学出版社2004年版，第110－115页。

③ 参见刘艳红：《民法编纂背景下侵犯公民个人信息罪的保护法益：信息自决权——以刑民一体化及〈民法总则〉第111条为视角》，载《浙江工商大学学报》2019年第6期。

④ 张忆然：《大数据时代“个人信息”的权利变迁与刑法保护的教义学限缩——以“数据财产权”与“信息自决权”的二分为视角》，载《政治与法律》2020年第6期。

⑤ 钱继磊：《个人信息权作为新兴权利之法理反思与证成》，载《北京行政学院学报》2020年第4期。

一项权利，应当存在正当且独立的权利价值。并且，此种权利价值应当能够被刑事诉讼价值体系接纳，并与现存的制度实现良性互动。有学者认为刑事诉讼中的个人信息权是指“信息主体对其个人信息所享有的支配、处分和排除妨害的权利”[①]。即以公民对个人信息的自主控制与自我决定作为该项权利的独立价值。然而，这种概念界定与价值追求面临三大问题，无法廓清个人信息权利的产生依据。

其一，个人信息自决的权利价值能否进入刑事诉讼价值体系？通说认为，刑事诉讼存在秩序、公正、效益等价值。[②] 因此，在既有的价值体系中并没有直接体现出对信息自决的追求。如果难以通过刑事诉讼价值论吸纳信息自决，则个人信息保护可能会从根本上丧失进入诉讼活动的可能性。

其二，刑事诉讼中的个人信息权利是否存在相较于其他部门法的特殊性？个人信息保护以追求私人自治、信息自决作为主要的价值取向，最早起源于私法领域。如果将刑事诉讼与刑事侦查中的个人信息权界定为“信息主体对其个人信息所享有的支配、处分和排除妨害的权利”，则刑事诉讼中的这项权利与民事私法领域中的这项权利究竟有何区别？如果无法回应该问题，则刑事诉讼中的个人信息权利可能只是对于其他部门法权利形态的简单移植，从而丧失了独立性地位。

其三，如何缓解引入信息自决所引发的制度矛盾与价值冲突？即使认可了信息自决的权利价值，但是如何解决其与现有制度之间的矛盾，值得深思。例如，在刑事侦查领域，如果赋予犯罪嫌疑人个人信息的决定权、更正权、删除权等权利，可能会冲击侦查工作的基本原则，甚至妨碍取证活动的正常进行。此外，个人信息权的价值追求与现有的隐私保护之间存在何种逻辑关系？对于这些问题的回应关系到个人信息权利

① 参见郑曦：《作为刑事诉讼权利的个人信息权》，载《政法论坛》2020年第5期。

② 参见宋英辉、甄贞主编：《刑事诉讼法学》（第7版），中国人民大学出版社2021年版，第26－27页。

在刑事诉讼活动中的适应性。

另一方面，个人信息权利产生的必要性依据不明。即使解决了个人信息权利进入刑事诉讼的前置性问题，但是保护个人信息一定需要通过赋予权利的方式实现吗？如前所述，个人信息保护存在权利保护与权力保护两种方式。长期以来，我国刑事侦查程序主要通过限制权力的方式保护个人信息。例如，《刑事诉讼法》第136条限制搜查地点就是为了避免侦查机关过度搜集个人信息。此外，取保候审、监视居住、拘留、逮捕等强制措施的比例化设计也体现出控制个人信息处理规模的制度努力。可见，增设相关权利并非个人信息保护的唯一法治选项。并且，个人信息保护也可以通过完善与加强隐私权等既有权利来实现，而未必一定需要另起炉灶创设一种全新的权利类型。我国刑事诉讼法律规范在调取、技术侦查、电子数据取证、审判公开等多个程序环节均体现出保护隐私权的制度追求。因此，弃置现存权利设计，反而舍近求远，从无到有地引入一种新型权利，需要审慎考虑制度成本、建构合理性以及两种权利之间的逻辑关系等因素。

在已经存在权力保护与隐私权利保护的情况下，如果确需增设新型的个人信息权利，则必须存在令人信服的理由与依据。对此，我国学者主要从域外经验与权利逻辑两个角度进行论证。前者通过类比美国宪法第四修正案的隐私权，以及德国的信息自决权、资讯科技基本权，推论出在我国刑事侦查程序中应当导入个人信息权。[①] 但是此种论证方式存在简单的“拿来主义”倾向，忽略了程序设计的适应性与融贯性，恐有南橘北枳之嫌。后者致力于寻找个人信息权与现有诉讼权利的同类项，指出二者均是通过诉讼行为实现、本质均为程序性权利、均具有可放弃性特征、均有对应救济途径，从而证明了个人信息权属于诉讼权利

① 参见蒋勇：《大数据时代个人信息权在侦查程序中的导入》，载《武汉大学学报（哲学社会科学版）》2019年第3期。

的命题。[①] 然而，这种类比方法虽然缓和了新型权利与传统权利之间的摩擦，但是仍然未能解决个人信息权利产生的必要性争议。综上，个人信息权利产生的正当性与必要性依据不明，致使个人信息的权利保护面临困境。

3. 个人信息权利的行使依据不明

个人信息权利的行使依据既取决于宏观的立法模式，也需要具体规范对策的支持。前者主要解决在刑事司法领域中能否行使个人信息权利的问题，后者主要关注在侦查实践中如何行使个人信息权利的问题。

纵观世界各国的立法状况，对于刑事司法领域的个人信息保护主要存在三种立法模式。第一种模式为概括性排除模式，即将刑事司法作为个人信息保护的例外，排除在立法范围之外。例如，GDPR 第 2 条明确规定，本条例不适用于主管当局以预防、调查、侦查或起诉刑事犯罪，或以执行刑事处罚为目的的数据处理活动。印度 2019 年《个人数据保护法案》第 36 条（a）款也将刑事诉讼中的数据处理行为部分排除在规范之外。然而，概括性排除模式并不意味着对刑事司法领域中个人信息保护问题完全置之不理，而是通过单独立法的方式对之进行特殊规定。例如，欧盟《2016/680 指令》对于 GDPR 的相关规则进行了适应性调整，为刑事司法中的个人信息保护提供了规范依据。第二种模式为专门性规定模式，即在立法中以专门形式详细规定刑事司法中个人信息保护的相关条款。例如，英国 2018 年《数据保护法》和法国 2018 年《个人数据保护法》为了贯彻欧盟《2016/680 指令》的要求，均对刑事司法领域的个人信息保护进行了专章规定。第三种模式为概括性规定模式，即在立法中总体区分私人主体与国家机关处理个人信息的不同情形，并由后者笼统规定刑事司法领域的个人信息保护问题。

在《个人信息保护法》出台之前，我国部分规范性文件采取概括

① 参见郑曦：《作为刑事诉讼权利的个人信息权》，载《政法论坛》2020 年第 5 期。

性排除模式。例如，《信息安全技术—个人信息安全规范》第5.6条将“与刑事侦查、起诉、审判和判决执行等直接相关的”作为征求授权同意的例外。《互联网个人信息安全保护指南》第6.7条也存在类似规定。然而，《个人信息保护法》采取了概括性规定模式，在第二章第三节设置了国家机关处理个人信息的特别规定。其中，第33条明确规定：“国家机关处理个人信息的活动，适用本法……”此处的国家机关应当包括公安、检察和法院等司法机关。第34条规定：“国家机关为履行法定职责处理个人信息，应当依照法律、行政法规规定的权限、程序进行……”此处的法律应该涵盖刑事诉讼法及其司法解释。因此，既然国家机关的个人信息处理活动已经成为《个人信息保护法》的调整对象，那么该法第1条、第2条规定的“个人信息权益”以及第四章规定的“个人在个人信息处理活动中的权利”也理应适用于刑事诉讼与刑事侦查活动。然而，《个人信息保护法》仅笼统地规定了国家机关的个人信息处理活动，并未进一步区分国家机关的职能种类，也未对更具强制性、程序性的刑事诉讼活动进行特殊规定。申言之，《个人信息保护法》仅从形式层面为刑事侦查中个人信息的权利保护提供了行使依据。如果无法通过《刑事诉讼法》及其司法解释进行细化，则《个人信息保护法》中的相关规范仅能够发挥宣示性作用。

然而，刑事诉讼相关立法并未与《个人信息保护法》进行实质性的规范互动，没有体现出个人信息保护的权利话语。例如，在《刑事诉讼法》中，仅有第64条明确使用了“个人信息”术语，但是该条文侧重于保护证人、鉴定人、被害人的安全，而并非以权利形式直接保护个人信息。2021年《最高人民法院关于适用〈中华人民共和国刑事诉讼法〉的解释》（以下简称《刑诉法解释》）、2019年最高人民检察院通过的《人民检察院刑事诉讼规则》《公安机关办理刑事案件程序规定》中直接出现的保护个人信息的条款也多与证人保护相关。上述刑事诉讼立法规范保护个人信息的主要途径是规制国家机关的个人信息处理活动，却缺乏直接赋权的规定，未能为刑事司法活动中行使个人信息权利提供规范参照与实践指导。近年来，在部分领域的立法规范中已经开始出现了以权利形式保护个人信息的规定。例如，《人民法院在线诉讼规则》第4条第1款规定："人民法院开展在线诉讼，应当征得当事人同意……"然而，这种权利保护方式并未由审判阶段延伸至侦查阶段，在刑事侦查中当事人个人信息权利的行使依据仍然不清晰。

除了缺乏规范支持，在刑事侦查活动中引入个人信息权利还存在应用场景的障碍，为个人信息权利的落地运行增添了实践阻力。刑事侦查程序具有鲜明的强制性、对抗性与封闭性，与刑事实体领域、行政执法领域、民事私法领域均存在较大区别。因此，肇始于私法领域的个人信息权利能否引入刑事侦查，以及在侦查活动中如何运作需要审慎的制度考量。权利行使过当势必干扰办案人员的证据收集活动，甚至侵蚀国家机关的执法能力；权利行使不足也无法彰显个人信息自决的利益，难以缓和国家机关与公民个人之间的非对称性权力关系。因此，需要对刑事诉讼中打击犯罪与保障人权的制度价值进行通盘审视，以准确界定个人信息权利的行使尺度与具体规则。例如，可携带权与被遗忘权能否引入刑事侦查领域？刑事司法活动是否受到知情同意规则的限制？当事人能否要求更正或者删除错误信息与过期信息？犯罪嫌疑人能否主动决定诉讼形式与诉讼进程？唯有对这些问题进行细致的制度安排，才能扭转个人信息权利行使依据不明的现状。

（二）个人信息权利的运行逻辑不清

世界各国和地区对于个人信息进行了不同方式的权利保护，比较具有代表性的是美国与欧盟，但是二者的运行逻辑不同。美国以宪法第四修正案为依托，奉行隐私权的禁止逻辑；欧盟则确立了个人数据受保护权的独立地位，秉承个人信息的使用逻辑。两种逻辑在权利客体、权利内容与保护方式等方面大相径庭，也各自存在其固有弊端。究竟应当采取何种逻辑来指导我国个人信息权利的建构尚不清晰。

1. 美国隐私权的禁止逻辑

美国以隐私权作为保护个人信息的权利基础，具有以下特征：

其一，权利客体的局限性。作为美国保护个人信息的判断标准，隐私合理期待理论在主观上需要个人表现出对隐私的期待，客观上又要求这种隐私期待被社会大众认可。因此，美国宪法第四修正案对于个人信息的保护具有天然的制度门槛与理论前提，即保护的个人信息属于隐私。美国宪法只对公民享有隐私合理期待的个人信息进行保护，而对其他非隐私性信息采取放任态度。申言之，一旦个人信息无法满足隐私合理期待的门槛，就可以为他人或政府任意获取。然而，在大数据时代不再有完全无关紧要的信息，是否源自私人领域也不再是个人信息是否值得保护的唯一判断因素。① 隐私权将保护客体严格限制为隐私信息，势必对非隐私信息、公开信息保护不力，更无法关照在数据挖掘与重复利用中出现的次生数据与非结构化数据。并且，隐私与非隐私之间的界限并非泾渭分明，相反，隐私是一个灵活多变的概念，这导致隐私权保护客体范围的变动不居，甚至出现各案之间互相龃龉与难以自洽的问题。② 例如，在美国地方法院的早期判例中，历史手机基站定位信息并不属于隐私权保护的对象。但在 Carpenter 案中，联邦最高法院却判决此种信息具有隐私利益，但仍然无法解释为何与之相似的银行账户、电话号码无法纳入隐私的范畴。此外，由于数据聚合技术的发展，元数据、次生数据、非结构化数据中同样蕴含还原出隐私信息的风险，这进一步要求个人信息保护不应当只关注隐私信息被侵权的实害结果，也需要预防非隐私信息中潜在的数据风险。

---

① 参见杨芳：《个人信息自决权理论及其检讨——兼论个人信息保护法之保护客体》，载《比较法研究》2015 年第 6 期。

② 参见［澳］胡·贝弗利－史密斯：《人格的商业利用》，李志刚、缪因知译，北京大学出版社 2007 年版，第 179－180 页。

其二，权利内容的片面性。在美国司法语境下，隐私几乎是秘密的同义语，隐私始终处于全有或全无的极端信息状态，而没有中间的过渡地带。[①] 这种状态导致隐私一旦被警方获取则迅速转变为公开信息，其中的隐私与秘密立即消灭。[②] 因此，美国宪法第四修正案下的搜查扣押制度在信息收集阶段作出了精密化的程序设计，大大提高了警方获取隐私信息的门槛。可一旦隐私信息的收集符合令状的原则与例外，个中的隐私利益即已耗尽，再无权利保护的必要，更无须考虑后续的分析、存储与使用行为。[③] 申言之，取证行为的合法性可以一劳永逸地顺延至后续的信息处理环节，数据的分析和使用并非美国宪法第四修正案的规制对象。[④] 这种只重视初始的信息收集，而忽视后续信息分析的现象被学者称为“信息收集模式”（Acquisition - based model）。[⑤] 然而，在大数据时代，个人信息处理中的数据风险不仅存在于前端的信息收集阶段，还广泛存在于后续的分析、使用环节。但由于隐私权权利内容的片面性，不仅忽略了信息的二度挖掘或多元合并可能会产生新的隐私利益，也致使后端的分析使用行为处于程序规制的真空状态。

其三，保护方式的消极性。尽管隐私权的内涵由“私人领域不受干扰”发展为个人信息的自我控制，但其本质上仍然是一种防御性权利，行权方式较为消极。隐私权是一项反应性的权利，与其他人格权一样，一般是在事后针对侵权行为采取保护措施，权利人还必须提供存在侵害

---

① 参见张民安主编：《隐私权的比较研究——法国、德国、美国及其他国家的隐私权》，中山大学出版社2013年版，第320页。

② Illinois v. Andreas. , 463 U. S. 765 (1983).

③ See Elizabeth E. Joh, *Policing by Numbers: Big Data and the Fourth Amendment*, Washington Law Review, Vol. 89: 1, p. 63 (2014).

④ See Emily Berman, *When Database Queries Are Fourth Amendment Searches*, Minnesota Law Review, Vol. 102: 2, p. 578 (2017).

⑤ See Geneva Ramirez, *What Carpenter Tells Us about When a Fourth Amendment Search of Metadata Begins*, Case Western Reserve Law Review, Vol. 70: 1, p. 187 - 216 (2019).

的证据。[①] 申言之，隐私权在遭到侵犯之前无法积极主动地行使，而只能诉诸事后的请求权以寻求补救。并且，其往往与国家机关的作为义务相对应，而非直接赋予当事人积极的保障性权利。在侵权行为发生到事后救济之间存在明显的权利真空期。此时，个人只能仰赖公权机关的程序恪守义务，而一旦其疏于履行义务，隐私权的救济功能就难以彰显。

隐私权在权利客体、权利内容与保护方式上的特征与其奉行的禁止逻辑（prohibitive logic）有关。该逻辑以禁止处理隐私信息为原则，以允许处理隐私信息为例外。原则上，任何处理隐私信息的行为都会被预先推定为违法，即推行“凡不允许皆禁止”的行为准则。隐私权代表着抵御与抗制国家权力的政治努力，其权利预设是消极建构隐私信息的防御屏障与处理禁区，而非积极主动地利用秘密与个人信息。隐私信息一般无法使用，即便能够使用，仍会受到诸多限制。在例外情况下，如果侦查机关要处理公民的隐私信息，则必须提供正当的理由与明确的法律授权。

之所以将禁止逻辑作为行权准则，与隐私权的权利价值息息相关。隐私权与人格尊严、私生活安定、通信秘密与自由等一系列价值紧密捆绑。隐私语义中内含的秘密性、非公开性与私人性特征决定了此种权利天然与人格尊严中最为脆弱敏感的核心部分相关。隐私权对于人格塑造所发挥的功能不仅在于捍卫个人信息的自决利益，更在于保障在人格内在领域中形成自由而非僵化的自我认知基准。隐私权与人格主体性的紧密关联，使其对公权机关滥用与操纵个人信息的行为具有更高的敏感度与天然的排斥性。因此，Renee Hutchins 教授将隐私权描述为“自由社会和过度热情的警察行动之间的一堵墙——一道由制定者实施的保护个

① 参见石佳友：《隐私权与个人信息关系的再思考》，载《上海政法学院学报（法治论丛）》2021 年第 5 期。

人免受警察国家暴政的防线”①。

隐私权的禁止逻辑决定了对于个人信息需要采取重点保护的方法。禁止逻辑天然抵触使用个人信息。然而，如果禁止利用一切个人信息，不仅会窒碍侦查机关的执法活动，也会使整个社会陷入可怕的“信息禁止”的困境。此时，唯有将禁止范围进行限缩，放弃对非隐私信息的保护，以将所有的制度关注聚焦于有限的信息种类与行为阶段上。例如，美国在内容上仅涵盖部分重要的隐私信息，在行为上仅规制前端的个人信息收集活动。由此，隐私信息相较于其他信息确立了优势地位，其更多承载着人性尊严等重要价值，反映出对公权侵入行为的拒斥与防御，故而应当集中执法资源与规范强度，对其进行重点保护。

2. 欧盟个人数据受保护权的使用逻辑

欧盟并未沿用传统的隐私权来保护个人信息，而是将个人数据受保护权确立为一项独立的基本权利，赋予信息主体支配、控制并排除他人侵害的自决权。② 相较于美国的隐私权，欧盟的个人数据受保护权不仅在权利客体、权利内容与保护方式上呈现出明显优势，而且其权利行使也由禁止逻辑改变为使用逻辑。

其一，权利客体的广泛性。隐私权在划定权利客体时需要严格遵循“隐”与“私”的逻辑内核，前者强调不为他人所知的秘密性，后者指代与公共领域、事务、信息相脱离的私人性。③ 而个人数据受保护权以识别性作为界定权利客体的标准，其认为所有的个人信息都与人格尊严相关，并不存在无关紧要的个人信息，也不区分此信息究竟来源于公共领域还是私人领域。这使个人数据受保护权的客体范围较之隐私权大大

---

① David Gray, *The Fourth Amendment in an Age of Surveillance*, Cambridge University Press, 2017, p. 249.

② 参见刘泽刚：《欧盟个人数据保护的“后隐私权”变革》，载《华东政法大学学报》2018 年第 4 期。

③ 参见张璐：《何为私密信息？——基于〈民法典〉隐私权与个人信息保护交叉部分的探讨》，载《甘肃政法大学学报》2021 年第 1 期。

拓展，不仅涵盖隐私性、个别性、非自动处理化的信息，也包括一般性、集合性、自动处理化的数据。个人数据受保护权因应了大数据时代个人信息规模化与重复性处理的特征，赋予了公民在面对元数据、第三方数据、非结构化数据、次生数据时的权利主体地位。

其二，权利内容的全面性。美国的隐私权主要规制前端的隐私信息收集行为，却未能覆盖个人信息处理的全周期。而根据 GDPR 第 4 条以及欧盟《2016/680 指令》第 3 条的规定："数据处理是针对个人数据或个人数据集合的任何一个或一系列操作，包括收集、记录、组织、建构、存储、修改、检索、咨询、使用、披露、传播或以其他方式利用、排列或组合、限制、删除或销毁，无论该等操作是否采用自动化方式。"可见，个人数据受保护权的权利内容将保护时点由特定环节延伸到全景流程，不仅能够继续强化对于信息收集等"入口"阶段的程序关注，亦能规制后续信息分析、使用等"出口"环节的数据风险。例如，欧洲人权法院判定，仅仅存储有关私人生活的个人数据就可以构成对《欧洲人权公约》第 8 条的违反。① 之后对个人数据的使用行为也可以构成独立的侵权行为，由法院单独评估。②

其三，保护方式的积极性。与隐私权侧重防御抗制与事后救济的消极行权方式不同，个人数据受保护权始终强调对个人信息的积极支配与事前预防。其在事前就赋予当事人知情权与数据访问权，以知晓公权机关在何时、以何种方式、出于何种目的收集了自己的何种信息。在个人信息内容不完整、不准确或存储期限届满之时，当事人可以通过积极发动更正权、删除权、限制处理权以保障个人数字形象的完满，而无须消极等待相关部门的作为。在面对数据画像、数据挖掘等自动化处理行为时，信息主体也可以援引反对权与算法解释权予以抗制。

与隐私权推崇的禁止逻辑不同，个人数据受保护权奉行使用逻辑

---

① Leander v. Sweden [1987] ECtHR 9248/81.

② Z. v. Finland [1997] ECtHR 22009/93 [100].

(channelling logic)。该逻辑以允许使用为原则，以限制使用为例外。“从域外立法源流来看，个人信息保护制度本质上是个人信息正当利用的一套规则。”① 原则上，任何处理个人信息的行为都是自由的，无需提供额外的理由，即推行“凡不禁止皆自由”的行为准则。个人数据受保护权的权利预设并非抵御或排斥权力干预，而是监管与引导权力合法、必要地使用个人信息。② 申言之，个人信息的保护与使用是并重的，并且以“可以使用”个人信息作为相关权利的预设。在侦查活动中，公权机关收集、占有个人信息业已成为职权刚需与事实。此时，刑事司法制度应当发挥的功能不是遏止对个人信息的使用，而是通过程序的合理设计实现对个人信息的有序共享。

之所以将使用逻辑作为行权准则，是因为其与个人数据受保护权的权利价值息息相关。个人数据受保护权以信息自决为权利追求，即“保护自然人对其个人数据被他人收集、存储、转让和使用的过程中的自主决定的利益”③。然而，“个人信息并不都是自然人人格的等价物或圣物”④。部分个人信息与人格的关系十分疏远，甚至完全没有关联。例如，1969 年德国的“小人口普查案”⑤ 判决：“并非所有的个人信息都与人格尊严相关，也并非任何关于个人信息的统计或收集都干涉个人对其内在生活领域的自治权。”⑥ 因此，个人数据受保护权强调个人信息自主控制的可能性，对于信息与个人之间的关联究竟对人格尊严具有何

---

① 高富平、王苑：《论个人数据保护制度的源流——域外立法的历史分析和启示》，载《河南社会科学》2019 年第 11 期。

② See Serge Gutwirth & Paul De Hert Privacy, *Data Protection and Law Enforcement. Opacity of the Individual and Transparency of Power*, Privacy and the criminal law, Vol. 90, p. 70 – 71 (2006).

③ 程啸：《论大数据时代的个人数据权利》，载《中国社会科学》2018 年第 3 期。

④ 参见程关松：《个人信息保护的中国权利话语》，载《法学家》2019 年第 5 期。

⑤ Mikrozensusurte1il, BVerfG 27, 1.

⑥ 房绍坤、曹相见：《论个人信息人格利益的隐私本质》，载《法制与社会发展》2019 年第 4 期。

种意义，并非其关注的重点。相反，在欧盟 Schrems Ⅱ案[①]等相关判例中，个人数据受保护权的实质内容并未围绕人性尊严、人格自由等展开，而是关注数据处理活动的安全性、机密性与完整性等技术性问题。这进一步佐证了个人数据受保护权与人性尊严之间并没有必然的逻辑关系。

个人数据受保护权的使用逻辑决定了对个人信息需要采取限制保护的方法。使用逻辑虽然以自由使用个人信息为原则，但并不意味着公权机关可以随意处理个人信息。个人数据受保护权仍然承载着信息自决的价值追求，肩负着引导与规范权力的重要使命，故而应当秉承使用与保护并重，运用限制保护的方法，在处理个人信息时严格坚持必要性要求。欧盟《2016/680 指令》第 8 条将"必要性"（necessary）作为处理个人数据的合法性基础。实质上，整个个人信息保护制度均是围绕着个人信息的必要使用与限制保护来建构。例如，目的限制原则允许处理个人信息，但这种使用行为必须依照明确的目的进行，不得在没有特定目的、超出特定目的或任意变更特定目的的情形下处理个人信息。[②]

综上，美国以宪法第四修正案的隐私合理期待为理论指南，发展出隐私权的禁止逻辑。其在权利客体上仅保护隐私信息，在权利内容上仅规制前端的信息收集环节，在保护方式上趋于消极保守。而欧盟通过导入个人数据受保护权，主张所有个人数据均有保护的必要性，覆盖了所有数据处理的行为周期，并且赋予数据主体积极的保护权利。我国早期的立法实践主要以美国作为借鉴对象，故而在现行的刑事诉讼程序中存在部分隐私权保护因素。但随着个人信息保护的发展，逐渐有学者主张引入欧盟的个人数据受保护权。[③] 由此，两种比较法语境下的个人信息

---

① Data Protection Commissioner v. Facebook Ireland Limited and Maximillian Schrems，Case C－311/18，ECLI：EU：C：2020：559，Judgment of July 2020.

② 参见齐爱民主编：《个人资料保护法原理及其跨国流通法律问题研究》，武汉大学出版社 2004 年版，第 99 页。

③ 参见郑曦：《作为刑事诉讼权利的个人信息权》，载《政法论坛》2020 年第 5 期。

权利在我国理论与实践中出现交织缠斗的景象。两种权利背后的运行逻辑均具有一定合理性，但也存在无法弥补的短板。究竟应当奉行禁止逻辑，抑或是秉承使用逻辑，关系到刑事侦查中个人信息保护的宏观导向与具体设计。然而，当下的理论研究与司法实践并未对两种逻辑展开深入探究，更遑论选择与取舍，致使个人信息权利的运行逻辑不清。

（三）个人信息权利的时代转型不力

大数据时代，个人信息在归属、体量、领域等方面呈现出诸多时代特点。相较于这些新型的数字化特质，个人信息权利未能顺应趋势进行适时跟进，致使个人信息的权利化转型滞后于数字化进程。

1. 个人信息归属由独占性向共有性转型

在前信息化时代，个人主义倾向一直是理解隐私权的关键所在。从隐私的语义角度来看，“隐”意味着逃避社群生活，个体意图通过隐私捍卫其与世隔绝的原子化形象，以避免被他者的认知打扰；“私”表达的是社会成员在某一特定社会群体中应当享有的独占信息利益，以及个人权利相对于社会公益的优位性。① 隐私权与住宅、围墙、帘幕等意象相勾连，通过物理空间上的隔断塑造出明显的权利边界，避免隐私权的独占性被公共事务吞没。即便隐私权后续发展出积极控制信息的内涵，但也依然坚持个人主义的立场，强调个人信息的独占性。

然而，大数据时代更加强调个人信息的共有性。个人信息属于无体物，其价值集聚于内容而非载体。② 因此，通过控制物理载体以维持个人信息独占状态的实践活动注定徒劳无功。脱离了物理实体的隔绝与限制，个人信息充分释放出流动性与共享性，开始兼具个人物品与公共产

---

① 参见吴伟光：《从隐私利益的产生和本质来理解中国隐私权制度的特殊性》，载《当代法学》2017 年第 4 期。

② 参见时明涛：《大数据时代个人信息保护的困境与出路——基于当前研究现状的评论与反思》，载《科技与法律》2020 年第 5 期。

品双重属性，顺应了人类社会愈发群体化的趋势。

个人信息归属由独占性向共有性的时代转型对个人信息权利造成了冲击。

一方面，个人信息独占与共享之间的矛盾造成了权利化困境。片面强调个人信息的自主控制固然与大数据时代的社群背景相左，但是过分强调个人信息的公共属性与共享流通，可能会稀释瓦解信息主体的相关权利。例如，如果过分迁就侦查机关的办案需求，片面追求个人信息处理的效能，可能会不当压缩公民个人信息权利的行使空间。因此，如何处理独占与共享之间的关系，平衡个人信息的自主控制与社会控制，关系到个人信息权利的运行实效与生存环境。

另一方面，个人信息非竞争性的数据特质，造成了利益主体的弥散化，可能会阻碍个人信息的权利化进程。例如，在刑事侦查中，个人信息至少在自然人、第三方企业、公权力部门之间流转，形成了个人信息自决权利、数据控制权与刑事侦查权交织互动的格局。近年来，侦查活动呈现出社会化倾向，公安机关从电信服务商、网络服务商处调取第三方个人信息已经成为主流的侦查手段。刑事侦查权在通过第三方机构得以拓展的同时，也产生了挤压企业数据控制权与公民个人信息权利的风险。因此，面对多元主体的利益需求，亟须塑造个人信息权利、数据控制权与刑事侦查权之间良性互动的局面，防止以追求个人信息共有性为名，架空个人信息权利。

2. 个人信息体量由个别性向规模性转型

在前信息化时代，个人信息的数量与种类都比较有限，其种类往往局限于姓名、身份证号码、电话号码等能够直接识别个人身份的信息。然而，大数据时代个人信息呈几何倍数增长，不仅涵盖了可用以直接识别的信息，也包括了职业、兴趣、习惯等间接识别信息，还产生了行踪轨迹、交易记录、上网浏览痕迹等新型个人信息。此外，数据呈现出低密度性、内容与形式分化的特质，碎片化数据与非结构化数据体量激增。“全球现有的数据中只有5%的数字数据是结构化且能适用于传统的数据，超过95%的是非结构化的数据。”①

个人信息体量由个别性向规模性的时代转型对个人信息权利造成了冲击。

首先，在碎片化数据中个人信息权利的存在状态不明。大数据的价值取决于数据量，只有海量数据的聚合方能彰显大数据的规模效应，并且这种价值增长的轨迹存在非线性的特征。但是，碎片化数据自身的价值密度极低，几乎趋近于零。对于这些碎片化数据，公民是否仍然享有个人信息权利？

其次，在元数据中个人信息权利的存在状态不明。包括IP地址、行踪轨迹、文件修改痕迹等在内的元数据（metadata）被称为“信息的信息”。元数据虽然未能揭露信息的实质内容，但是可以披露出信息的处理状态。② 并且，在数据挖掘技术的帮助下，元数据还能够积沙成塔地还原出公民的性取向、健康状况、交友倾向等较为私密的信息，甚至可以描绘出个体的人格剖面图。因此，元数据监控备受侦查机关青睐。例如，美国联邦法院行政局公布的2012年通讯监察报告显示，该年度实际执行监听令状共有633张，但是其中对于通讯内容的实时监听仅有3张，而对于非内容信息的获取占极大比重。③ 对于这些非内容数据或元数据，公民是否享有信息自决利益与隐私合理期待？对于元数据的保护程度是否需要同内容信息保持一致？

最后，在第三方数据中个人信息权利的存在状态不明。量化自我成为大数据时代全新的信息实践活动。人们通过佩戴在自己身体上（甚至

---

① ［英］维克托·迈尔－舍恩伯格、［英］肯尼思·库克耶：《大数据时代：生活、工作与思维的大变革》，盛杨燕、周涛译，浙江人民出版社2013年版，第64页。

② See Newell B. C. , & Tennis J. T, *Me, My Metadata, and the NSA: Privacy and Government Metadata Surveillance Programs*, Proceedings of the 2014 iConference, p. 346 (2014).

③ The Administrative Office of the United States Courts, *Wiretap Report*, United States Cours (Dec. 31, 2012), http: //www. uscourts. gov/statistics/table/wire－6/2012/12/31.

体内）的传感器，全方位检测自己的体重、心率、睡眠时间与卡路里摄入量。[①] 这些由公民主动生成的数据会被同步至第三方软件提供商的服务器中。侦查机关有时会因为案件原因从第三方机构调取这些数据。然而，这些信息是公民自我量化、主动披露给第三方机构的数据，对此，个人是否仍然能够主张对于个人信息的控制与占有？

3. 个人信息领域由固定性向交互性转型

在传统隐私时代，“公开/私人”标准成为个人信息领域的界分工具，每个领域都具有固定的边界与内涵。学者尼森鲍姆归纳了“公开/私人”标准的三个维度，即主体维度上区分政府与私人，空间维度上区分公开场所与私人领域，信息维度上区分公开信息与私密信息。[②] 其中，在空间维度上，隐私是公共事务禁止进入的领域。墙壁、隔断、幕布、窗帘等空间意向为信息主体开辟出物理性或心理性的隔离空间。[③] 隐私权保护往往以住宅为中心，在远离住宅的公共场所，隐私利益趋近于零；[④] 在信息维度上，内容信息被纳入私人信息的范畴，而非内容信息则落入公开信息的调整范围。例如，在 ExParte Jackson 案[⑤]中，美国法院认为信件包裹的外部信息属于公开的非内容信息，不受美国宪法第四修正案的保护，因为寄送者应当明知这种公开信息会为他人所知悉。但是当事人对于信件的内容信息则缺乏这种明知，故而可以受到隐私权的保护。

然而，大数据时代个人信息的交互性特点瓦解了“公开/私人”的

---

① 参见［法］马尔克·杜甘、［法］克里斯托夫·拉贝：《赤裸裸的人——大数据，隐私与窥视》，杜燕译，上海科学技术出版社 2017 年版，第 55 页。

② See Helen Nissenbaum, *Privacy in Context: Technology, Policy, and the Integrity of Social Life*, Stanford Law Book, 2010, p. 102.

③ 参见余成峰：《信息隐私权的宪法时刻规范基础与体系重构》，载《中外法学》2021 年第 1 期。

④ 参见吴伟光：《从隐私利益的产生和本质来理解中国隐私权制度的特殊性》，载《当代法学》2017 年第 4 期。

⑤ Ex Parte Jackson, 96 U. S. 727 (1877).

二分法。在空间维度上，公共场所与私人领域的界限日渐模糊。一方面，全景监控与万物互联挑战着“公共场所无隐私”的理论命题，隐私侵权现象不仅发生在私人领域，而且以电子监控、数据留存、数据挖掘等形式在公开场所进行；另一方面，网络远程勘验、源端通讯监察等侦查手段使得个人信息处理活动从物理空间蔓延至虚实同构的双层空间。以住宅为边界的保护方法不再符合“无边界数字空间”的隐私保护特征。[①] 在网络空间中，公共场所与私人领域的边界进一步消解与融合，形成了跨越公私领域的“信息圈”。[②] 在信息维度上，内容信息与非内容信息的划分标准也不断受到挑战。通过数据处理技术对海量的非内容信息进行汇总整合，可以勾勒出更为全面的数字人格，其对公民隐私的侵入性并不低于内容信息。

个人信息领域由固定性向交互性的时代转型对个人信息权利造成了冲击。“公开/私人”标准解体后，个人信息权利的保护范围与保护程度失去了确立基准。在空间维度上，个人在公开场所具有隐私合理期待逐渐成为主流命题，但是对于公开场所的权利保护强度是否应当与私人领域等量齐观？此外，在虚实同构的网络空间中，公民能否享有其在实体空间内已经具备的个人信息权利？在信息维度上，新技术的发展导致个人信息的类型与属性不再一成不变。一项个人信息可能在不同的语境下分别成为隐私数据、敏感数据或者公开数据。匿名数据也可以借助相应技术手段还原为个人信息，公开信息与隐私信息之间同样可以相互转化。这些匿名数据或者公开信息是否应当纳入个人信息权利保护的范围？如何把握对上述各类数据信息的保护程度？

---

① 参见任颖：《数字时代隐私权保护的法理构造与规则重塑》，载《东方法学》2022 年第 2 期。

② 参见余成峰：《信息隐私权的宪法时刻规范基础与体系重构》，载《中外法学》2021 年第 1 期。

二、个人信息保护的权力困境

个人信息的权力保护主要是对个人信息处理行为的规范。然而，个人信息处理活动却面临失当、失范、失控的“数据独裁”局面。其中，数据主义作为数据权力的理论依据，鼓吹数据的至上意义与信息自由的绝对价值，消解了个人信息处理的正当性基础。数据监控作为数据权力的客观载体，在监控主体、对象、方式、时间、空间与程度上的无序扩张，与既有规范之间产生了紧张关系。在监督制约因素实质性缺位的情况下，数据权力逐渐失控，呈现出非理性发展的局面。

（一）数据主义主导：个人信息处理的正当性存疑

个人信息处理的正当性是侦查机关预防、打击犯罪的前置性命题。个人信息的社会控制理论、国家干预理论、警察权理论、信息契约理论等在学理上证成了侦查机关个人信息处理的正当性依据。然而，随着数据主义理念的蔓延，办案人员在实践中呈现出存而不用、数尽其用、宁枉勿纵、宁滥勿缺四种倾向，陷入了数据主义至上的误区，致使个人信息处理的正当性存疑。

1. 侦查机关个人信息处理的理论基础

就理论层面而言，侦查机关个人信息处理的正当性基础存在以下四种学说。

其一，个人信息的社会控制理论。个人信息的自主控制以人格尊严为逻辑起点，强调个人信息的自我占有与排他支配。然而，由于个人信息的自主控制存在过分私权化的倾向，可能导致个人信息权利属性不清、数据红利释放不足、无法抗制公权监控行为以及权益保护实效不彰等问题。因此，学界对私权化倾向与个人信息绝对的自主控制模式进行了反思与批判，提出了个人信息的社会控制理论。该理论认为，自古以来，个人信息就是公共领域中的素材，带有明显的公共性、共享性、流通性与非竞争性。“数据更像是我们呼吸的空气。”[①] 个人不可能始终维持完全封闭的原子化形象，还需要通过个人信息这一识别符号向社会推介、展示自己。在参加社会活动的过程中，个人信息势必为其他主体所掌握，他人与社会也需要通过个人提供的信息来了解与判断某人。申言之，个人信息成为个人与社会的“互动介质”。因此，在个人信息领域，始终存在着个人信息自主控制与社会、他人意图最大限度地使用个人信息的利益冲突。对此，个人信息的社会控制理论主张不能将个人信息客体化为绝对由自我支配的对象，个人信息的使用应当由社会习惯或者法律决定，应当建立“以一般允许为原则，以个人控制为例外”的个人信息处理规则。[②] 并且，个人信息的社会控制理论还意识到个人不足以抗制公权力机关大规模的数据处理行为，故而主张保护个人信息的责任主体应当由以个人为主转移至以社会为主。因此，单一的以私法为主要保护方式的立法模式开始松动要。对个人信息的保护还应当诉诸公法体系。在立法目的上应当推动个人信息的共享流通，而非仅仅保护私人自治。在立法手段上，应当由政府设立专门机构监管个人信息处理行为。[③]

其二，国家干预理论。刑事诉讼是落实国家刑罚权的活动，其中心内容是解决被追诉者的刑事责任问题，故而应当贯彻国家干预原则。诉讼是由国家专门机关主持进行的，由法院受理案件、主持进行诉讼活动，运用法律赋予的审判权对引起纠纷的行政、经济与个人事务进行处理，本身就具有一定的国家干预色彩。“但国家干预原则在刑事诉讼中最鲜明的体现是检察机关和侦查机关依法定职权进行收集证据、发现案

---

① ［美］布拉德·史密斯、［美］卡罗尔·安·布朗：《工具，还是武器?》，杨静娴等译，中信出版集团2020年版，第14页。

② 参见高富平：《个人信息保护：从个人控制到社会控制》，载《法学研究》2018年第3期。

③ 参见吴伟光：《大数据技术下个人数据信息私权保护论批判》，载《政治与法律》2016年第7期。

件真相、查获犯罪人、提起诉讼和支持诉讼的活动。”[①] 在传统侦查时期，办案人员通过讯问、搜查、摸底排队、刑嫌调控等方式收集案件线索，其中必然存在个人信息处理活动。在大数据侦查时期，个人信息处理活动更加明显地体现出国家干预原则。无论是实体空间的GPS追踪、红外测温仪测量、实时监控与通话监听，还是虚拟空间的网络在线提取、网络远程勘验与源端通讯监察，均是基于国家意志处理个人信息的侦查活动。在此过程中，处理个人信息的合法性源于国家干预的正当性，而国家干预的正当性又有赖于法律规范的明确性与合比例性。

其三，警察权理论。公安机关的刑事侦查活动属于警务工作的重要组成部分。警察具有提供服务、执行法律和维持秩序的重要职责，这些主要职能反映出警察存在的目的——社会控制。[②] “我们之所以赋予警察使用暴力的权力，是为了使警察控制刑事犯罪。警察在刑事司法诉讼中的地位，是警察在社会控制中处于核心地位的根源。”[③] 在警察职能行使的过程中，个人信息处理既是默认前提，也是管理职能的表现方式。正如艾珀斯坦所言，假如警察机构连基本的个人信息都无权采集，那希望不断适应社会发展而逐渐深入私人生活的警察机构将沦落为一个“根本无法行事的组织”。[④]

其四，信息契约理论。霍布斯与黑格尔等学者提出了信息契约理论。该理论认为，国家与社会赖以维系的纽带是国家对于各个领域个人信息的收集与传输。社会成员应当将专属于自身的信息与部分权利让渡给国家，从而促进公共福祉的实现。而国家为达到这一目的，有义务在管理这些信息的同时，允许公众获得，从而满足后者参与社会事务以及

① 张建伟：《刑事诉讼法通义》（第2版），北京大学出版社2016年版，第11页。

② 参见［美］罗伯特·兰沃西、［美］劳伦斯·特拉维斯：《什么是警察——美国的经验》，尤小文译，群众出版社2004年版，第13页。

③ ［美］罗伯特·兰沃西、［美］劳伦斯·特拉维斯：《什么是警察——美国的经验》，尤小文译，群众出版社2004年版，第18页。

④ ［美］理查德·A. 艾珀斯坦：《征收——私人财产和征用权》，李昊等译，中国人民大学出版社2011年版，第116页。

自我发展等需求。[①]

2. 数据主义的起源、内涵与危害

数据主义的概念起源可以追溯至2013年肯尼斯·库克耶与维克托·迈尔·舍恩伯格提出的“数据化”（datafication）。数据化不局限于科学技术领域的数据化，更强调人类行为与社会活动的数据化，即将原本不易外显与难以评测的社会行为通过数据挖掘技术量化为计算机可以跟踪、分析与处理的对象。与以往科学管理领域的数据化程度相比，社会活动与人类行为的数据化在广度与深度上均发生了巨大变化。从广度上来说，数据化覆盖人类生活的各个角落，几乎包括了全部的人类活动。从深度上来说，数据化不止是科学现象的简单延伸，更是人类生存方式的全面变革，进而催生出新的意识形态。申言之，数据化不再仅仅是一种量化自然世界与人类社会的技术工具，而是逐渐形成系统化的哲学理论，亦即数据主义（dataism）。[②] 2013年戴维·布鲁克斯在《数据哲学》一文中首次援引了数据主义的概念。“如果你要我描述当今正在出现的哲学是什么，我会说是数据主义。”[③] 随后，迪克也撰文指出，数据化反映出大数据时代广泛传播的时代需求以及数据处于优越性地位的意识形态，即数据主义的趋势。[④] 数据主义起初只是强调数据化的重要地位，并不鼓吹数据至上的理念。

对于数据主义内涵的深度揭示出现在尤瓦尔·赫拉利《未来简史：从智人到智神》一书中。“数据主义认为，宇宙由数据流组成，任何现

---

① 参见［德］京特·雅科布斯：《规范·人格体·社会——法哲学前思》，冯军译，法律出版社2001年版，第111页。

② 参见［美］史蒂夫·洛尔：《大数据主义》，胡小锐、朱胜超译，中信出版集团2015年版，第6页。

③ Brooks David, *The Philosophy of Data*, The New Times, 4 Feb 2013, at A1.

④ See Josévan Dijck, *Datafiction, Dataism and Dataveillance: Big data between Scientific Paradigm and Secular Belief*, Surveillance&Society, Vol. 12: 2, p. 197 - 208 (2014).

象或实体的价值就在于对数据处理的贡献。"[①] 尤瓦尔·赫拉利认为数据主义是一种跨越不同学科、不同物种、不同意识形态、不同治理方式的基本概念与分析工具。例如，自由市场资本主义与国家控制共产主义并非意识形态、伦理教条或政治制度上的竞争，而是分散式处理与集中处理这两种数据处理方式的差异。数据主义甚至将整部人类历史进程概括为四种提高系统效率的方式，即增加处理器数量、增加处理器种类、增加处理器之间的连接与增加现有连接的流通自由度。[②] 概言之，数据主义成为诠释一切、兼容并包的哲学理论与意识形态。

数据主义的核心主张有二："数据流最大化"与"信息自由至善"。尽管其他学者也存在对数据主义基本主张的不同认知，例如，史蒂夫·洛尔认为数据主义的基本主张是数据优先（data – first approach）和普遍互联（ubiquitous connectivity）。[③] 实质上，这只是对"数据流最大化"和"信息自由至善"的不同表达方式。数据流最大化是指数据主义者要联结越来越多的媒体，产生和使用越来越多的信息。信息自由至善是指信息自由是最高的"善"，数据主义要求将包括人类在内的一切事物连接到系统，以促进信息的自由流通，并将一切的"善"（包括经济增长）都归结为信息自由。数据主义是自 1789 年以来第一个真正创造新的价值观的运动，而这个新的价值观就是信息自由。数据流最大化与信息自由至善之间具有内在关联。数据流最大化必然强调信息自由，其鼓励人们积极主动地记录、上传与共享信息，如果信息流通的渠道有所阻塞，势必会妨碍数据流达到最大限度。同样，信息自由也需要以数据流最大化作为数据基础，失去了数据支撑，信息自由就无法流通到更

① ［以］尤瓦尔·赫拉利：《未来简史：从智人到智神》，林俊宏译，中信出版集团 2017 年版，第 335 页。

② 参见［以］尤瓦尔·赫拉利：《未来简史：从智人到智神》，林俊宏译，中信出版集团 2017 年版，第 344 页。

③ 参见［美］史蒂夫·洛尔：《大数据主义》，胡小锐、朱胜超译，中信出版集团 2015 年版，第 6 页。

多地方，难以实现实质化的信息自由。概言之，数据主义是一种视一切为数据并以数据为中心的世界观。[①] 该哲学思潮主张数据至上，一切均可以通过数据进行量化，任何妨碍事物数据化与信息自由流通的行为都是不道德的。

然而，数据主义推崇的数据流最大化与信息自由至善的理念不仅瓦解了人类社会长久以来奉行的人文主义，还产生了简约主义与唯数据主义的误区。

首先，数据主义颠覆了以人文主义为核心的价值精神与生活秩序。“在18世纪，人文主义从以神为中心的世界观走向以人为中心，把神推到了一旁。而在21世纪，数据主义则可能从以人为中心走向以数据为中心，把人推到了一边。”[②] 人文主义强调个人自由、人性尊严、人格平等与人类权利，认为所有的体验都发生在我们心中，我们要从自己的内心中找出一切事物的意义。而数据主义直接对人类进行降级，它认为人类只是创造万物互联的工具，应当让位于更擅长处理数据的智能算法。在大数据时代，数据主义对人文主义的冲击加剧了社会安全与人权保护之间的价值冲突。一方面，数据至上与算法宰制的理念忽视了人类的主体性。“智能技术全链接侵入生活场景，将人的活动、身份、语言、情绪一一刻画在‘数字生态’所建构的在线立体空间中，在驱动社会革新与变迁的同时，也使我们陷入‘对抗技术’的人文困境。”[③] 在“万物皆可量化”“一切皆可数据化”的数据主义的鼓吹之下，人类被物化为可以任由“社会测尺”丈量的“数字人”或“微粒人”，而并非强调生命体验与人格尊严的主体。数据主义关注的并非有血有肉的独立个体，而是物化个人所生成的各类数据化标签，人类沦为被统计、被监

---

① 参见高兆明：《“数据主义”的人文批判》，载《江苏社会科学》2018年第4期。

② ［以］尤瓦尔·赫拉利：《未来简史：从智人到智神》，林俊宏译，中信出版集团2017年版，第354页。

③ 林凌、贺小石：《人脸识别的法律规制路径》，载《法学杂志》2020年第7期。

控、被解析、被秩序化的数字化存在。“人和物之间是没有本质区别的。所有的一切都在做同样的事情：相互连接，相互作用。”① 另一方面，数据主义扭曲了对人类价值的评估，造成了数字时代的阶级差异与社会歧视。“数据主义对人类采用严格的功能观点，完全依据能在数据处理机制上发挥多少功能来评估人类体验的价值。”② 在数据主义者看来，人类是作为被数据化的整体产生价值，而个体本身并无价值。即使个人存在价值，这种价值也只局限于“超人类的精英阶层”，而一般大众则成为多余的“无用阶级”。社会被人为撕裂成对立的两大阵营，精英们借由数据与算法实现了对大众的支配与操纵。

其次，数据主义助长了社会治理的简约主义倾向。“问题本身是潜在的，也是模糊而复杂的。在运用这些数字、符号和指标指代时，必然发生将复杂的问题简单化、模糊的问题清晰化。只有这样，潜在而复杂的问题才能被感知和理解，这一过程可以概括为简约主义。”③ 数据主义将数据化作为一种普遍的认知范式，主张人的主观存在于物的世界中，人和物可以交换特性，相互替代，从而造成了人与物的齐一性特征。数据主义将世间万物均理解为数据，将不同个体、不同事物之间的本质差异仅视为二进制数据具体表现形式的差异。在数据主义的影响下，纷繁复杂的社会治理问题就被统一在二进制的框架之中，简化为数据技术与算法模型的应用。然而，以这种简化主义方式进行社会治理，可能会产生数据的丢失、扭曲与偏离，进而造成对问题的裁剪与不完整性认知，难以应对纷繁复杂的社会问题与情势变化。

最后，数据主义容易导致社会治理陷入唯数据主义的误区。数据主

---

① ［德］克里斯多夫·库克里克：《微粒社会》，黄昆、夏柯译，中信出版集团2018年版，第184页。

② ［以］尤瓦尔·赫拉利：《未来简史：从智人到智神》，林俊宏译，中信出版集团2017年版，第353页。

③ 彭勃：《技术治理的限度及其转型：治理现代化的视角》，载《社会科学》2020年第5期。

义实质上是技术治理主义在大数据时代的表现形式。运用大数据技术进行社会治理，的确可以发挥提升治理效能的积极作用，但是如果片面倚赖技术治理，也会造成工具理性的极度膨胀与对价值理性的选择性忽略，甚至会衍生出唯数据主义的误区。唯数据主义其实是对于数据治理技术的极端崇拜，它主张数据是解决一切问题的唯一钥匙。如巴拉巴西所言："这些大数据实验研究的结果证明，人类的大部分行为遵循于一定的规律、模型以及原理法则，而且在可重现性和可预测性方面与自然科学不相上下。"① 然而，大数据仅是为处理因果关系与相关关系提供了一个可能性视角，并未彻底解决二者之间的矛盾。数据仅是整个大数据技术分析结果中的一项因素，并无法完全左右技术分析的结果。② 并且，即便是完整的大数据分析结果也仅能为人类决策提供参考作用，实际的社会治理仍有赖于人类理性的介入。例如，有学者借由"断腿问题"揭露了过分倚赖数据与算法产生的谬误。假设一个程序算法基于众多的因素计算出一个人有84%的概率会在下周五去电影院，但此人却在本周不慎将腿摔折。对于一个人类观察者而言，此人下周的所有行程必然会发生改变，但是计算机算法由于没有被编程，故而不会计算该类不可能的极端事件，从而坚持作出明显错误的决策。③ 主张完全臣服于大数据与智能算法的唯数据主义不仅会生成有悖于现实的结论，还会造成权力因素的过分渗入。

3. 侦查机关个人信息处理的正当性存疑

尽管存在个人信息社会控制理论、国家干预理论、警察权理论、信息契约理论等为侦查机关处理个人信息提供正当性依据，然而，"数据主义过度渲染数据至上观念，将综合治理简单降维处理为技术问题或数

---

① ［美］艾伯特－拉斯洛·巴拉巴西：《爆发：大数据时代预见未来的新思维》，马慧译，中国人民大学出版社2012年版，第13页。

② 参见刘永谋、兰立山：《大数据技术与技治主义》，载《晋阳学刊》2018年第2期。

③ 参见［德］克里斯多夫·库克里克：《微粒社会》，黄昆、夏柯译，中信出版集团2018年版，第72页。

据问题，忽略了综合治理的复杂性与数据监控潜藏的负面影响，严重威胁着技术治理的正当性”①。在数据主义理念的影响下，侦查机关在处理个人信息时呈现出“存而不用”、“数尽其用”、“宁枉勿纵”与“宁滥勿缺”四种思维倾向，加剧了侦查机关个人信息处理的正当性危机。

其一，“存而不用”的思维倾向致使侦查机关处理个人信息的正当性不足。“存而不用”是指侦查机关即使最终不会使用个人信息，也要有备无患地收集、储存数据。办案人员秉持着“以防万一”的心态，力求最大限度地掌握各类个人信息，以便日后可以根据特定目的进行选择性使用。其中，前端的“存”为后续的“用”提供了资源基础，如果想要在“用”的过程中保证个人信息的充足，则必然会大规模地扩张“存”的数据体量，甚至引发数据主义的风险。然而，侦查机关经常以“存而不用”为自己的个人信息处理活动进行正当性背书，即办案人员并未将获取的所有个人信息全部投入使用，而仅仅是对之留存备用，办案人员认为这样做不会过度干预公民的信息权利。但实质上，个人信息存储行为本身就是数据处理的重要环节之一，其对基本权利的干预无须与后续的使用行为绑定，而应当进行独立评价。个人信息尤其是隐私信息、敏感信息不应当无限期存储，而应当采取周延的数据安全措施，并设置最长留存期限。

“存而不用”的思维倾向集中体现在个人信息基础设施的建设过程中。例如，2012 年纽约成为美国第一个对于所有罪刑都要求提取 DNA 样本的州。无论犯罪严重程度如何，每一个在纽约被判有罪之人都将被要求提交一份 DNA 样本，并纳入纽约州的 DNA 数据库。同时，大多数州法律都基于潜在识别、样本分析等原因无限期保留大多数 DNA 样品。

针对侦查机关无限期留存个人信息的做法国外曾引起多方争议。例

① 单勇：《数据主义对犯罪治理体系的重塑及其反思》，载《南京社会科学》2021 年第 1 期。

如，在2008年S. and Marper v. The United Kingdom案[①]中，欧洲人权法院对英国拒绝销毁无罪之人的指纹、DNA数据等生物样本的做法提出批评，认为其“概括而不加区分”地留存生物信息的做法严重违反了必要性要件，致使无罪之人有蒙受污名化的风险。在2012年M. M. v. The United Kingdom案[②]中，由于英国没有建立定期的个人信息销毁机制而被法院判决败诉。在2014年的Brunet v. France案[③]中，当事人的个人信息在刑事侦查终结之后仍然被保留在警方数据库中，并将被持续保存长达20年，法院认为法律并未赋予当事人删除相关数据的申请权，故而20年的留存期限显得漫长而不确定，可能侵犯当事人的数据权利。

其二，“数尽其用”的思维倾向致使侦查机关处理个人信息的正当性不足。“数尽其用”是指侦查机关不再满足于仅基于单一目的、一次性地使用个人信息，而是要对个人信息进行重复利用与多次挖掘，充分将数据价值榨干耗尽。大数据的要义就是基于相同目的或不同目的一再重复利用个人信息，旨在运用个人信息发现新的科学假说而非仅证明既存的假说。[④] 因此，侦查机关不仅满足于原生数据的表面收益与个人信息中的显性知识（explicit knowledge），更注重发掘经过组合、比对、碰撞与挖掘之后产生的衍生数据的价值红利与个人信息中的隐性知识（implicit knowledge）。[⑤]

侦查机关通过个人信息的二次利用，可以增强个体的可识别性。例如，有研究显示，只要存在4条随机挑选的关于一天内一个人在何处逗

---

① ECtHR App nos 30562/04 and 30566/04 S and Marper v. The United Kingdom（4 December 2008）.

② M. M. v. The United Kingdom，no. 24029/07，ECHR 13 November 2012.

③ Judgment Brunet v. France，no. 21010/10，18 September 2014.

④ 参见翁清坤：《大数据对于个人资料保护之挑战与因应之道》，载《东吴法律学报》2020年第3期。

⑤ See Emily Berman，*When Database Queries Are Fourth Amendment Searches*，Minnesota Law Review，Vol. 102：2，p. 591（2017）.

留的信息，办案人员就有 95% 的把握能够将他识别出来。如果知道一个人的逗留地点，比如，早晨 8 点、中午 12 点、下午 5 点和 6 点他在哪里，就有把握将这个人和其他所有人区别开来。[①] 此外，侦查机关通过运用先进的数据挖掘技术可以实现对于个人信息的深度加工，从而解析出公民生活的全景图，甚至预判个人的思维意图。例如，侦查机关通过公开的点“赞”数量就能以 88% 的准确率判断一个用户的性取向，而且有 75% 的把握推测用户是否购买过毒品。[②] 此外，各交通站点出入口的公共视频监控系统在人脸识别技术的辅助下，通过分析海量个体乘坐交通工具的情况，能够识别出自然人的行踪轨迹信息，甚至由此推断出婚姻家庭状况等私密信息。[③]

“数尽其用”的思维倾向与数据主义一脉相承，严重削弱了个人信息处理的正当性基础。

一方面，“数尽其用”的做法存在诸多数据风险，弱化了公民对个人信息的控制与自决。个人信息的再利用过程充满了不确定性，数据挖掘经常会产生出乎意料的关联性，甚至可能产生超出常人认知范围的预测与结论。资料分析人员无法提前预知其中的数据风险，更无法将不可预知、难以解释的个人信息处理的方法与目的通知当事人并取得其同意，从而突破了目的限定原则、知情同意原则的理论边界。并且，通过算法模型生成的分析结果可能会产生新的个人信息。新产生的次生数据同样可能具有识别个人的功能，但是由于其处于重复开发的环节，无法适用相应的个人信息保护制度，造成了信息主体对次生数据的确权困境。此外，基于算法得出的分析结论通常不具有可解释性。这不仅削弱

---

① 参见［德］克里斯多夫·库克里克：《微粒社会》，黄昆、夏柯译，中信出版集团 2018 年版，第 87 页。

② 参见［德］克里斯多夫·库克里克：《微粒社会》，黄昆、夏柯译，中信出版集团 2018 年版，第 90－91 页。

③ 参见苏宇、高文英：《个人信息的身份识别标准：源流、实践与反思》，载《交大法学》2019 年第 4 期。

了信息主体的知情权，也使数据权力借由“算法黑箱”得到了进一步强化。

另一方面，“数尽其用”的做法未能有效规制重复利用个人信息的行为。在个人信息重复开发的过程中，通过深度分析等行为可以最大限度地发挥出个人信息的潜力。然而，现行的侦查程序主要规制个人信息的初次利用行为，对重复利用阶段的数据风险并无规制措施。在相关规范缺位的情况下，片面推崇“数尽其用”的做法，容易造成国家权力对公民权利的不当挤压。

其三，“宁枉勿纵”的思维倾向致使侦查机关处理个人信息的正当性不足。“宁枉勿纵”是指侦查机关在处理个人信息过程中更倾向于收集能够佐证潜在犯罪风险或者加重刑罚责任的数据，并对之进行深度加工，以判断未来的犯罪走势或者还原事实原貌。① 然而，“宁枉勿纵”的思维倾向偏离了客观取证的轨道，强化了有罪推定的风险，在打击犯罪思想的主导下，办案人员收集有罪、罪重个人信息的动机十分强烈。正如美国国家安全局（NSA）首长 General Keith Alexander 的著名言论那样，为了在干草堆中找到一根针，前提是拥有所有的干草。②

“宁枉勿纵”的思维倾向可能导致个人信息的过度收集。一方面，在风险社会背景下，侦查机关对个人信息甚至敏感信息开展常态化收集，严重违背了个人信息处理中的必要性原则。另一方面，“宁枉勿纵”的思维倾向也导致了个人信息的概括性收集，混淆了行政执法与刑事侦查之间的界限。

其四，“宁滥勿缺”的思维倾向致使侦查机关处理个人信息的正当性不足。“宁滥勿缺”是指侦查机关宁可牺牲个人信息的质量，将错误

---

① 参见魏俊斌：《大数据侦查的风险防控与“意识”匡正》，载《大连理工大学学报（社会科学版）》2021 年第 2 期。

② See Miller Kevin, *Total Surveillance, Big Data, and Predictive Crime Technology: Privacy's Perfect Storm*, Journal of Technology Law & Policy, Vol. 19: 1, p. 110 (2014).

数据、过期数据作为采取后续活动的根据，也要最大限度地扩充个人信息的数量，避免因为数据不足掣肘办案工作。一方面，个人信息采集由服务警务工作的手段变成了目的本身，严重动摇了侦查机关个人信息处理的合法性基础。另一方面，在数据主义理念的影响下，办案人员陷入了“数据越多越好”的思维误区，盲目夸大了数据样本的量化价值。实质上，大数据之“大”具有相对性，即便数据收集技术再先进，也不可能穷尽所有的个人信息。① 再者，犯罪行为是特定犯罪人在特定的时空条件下实施的反社会行为，个人信息的收集应当与犯罪案件具有一定的相关性。如果盲目收集过量的个人信息，则难免会产生无用的数据废弃和数据噪音，违背个人信息保护制度中数据质量原则的要求。

“宁滥勿缺”的思维倾向还导致对部分公民违法犯罪信息的错误标注，致使其被错误地通缉、拘留、羁押与网上追逃。这不仅有违宪法平等原则，人为造成某一群体社会评价的降低，也可能触及宪法中的人格尊严条款，引发社会各阶层之间的敌视与割裂，甚至降低公民的国家认同。② 有学者统计，媒体在2007—2010年陆续曝光了22起错误的网上通缉事件，起因就是个人信息的录入错误。③ 此外，在2010年至2017年，媒体公开报道了一些案件，当事人被拘留或羁押的原因均是侦查机关使用错误的个人信息。④

在数据主义理念的影响下，侦查机关试图最大限度地释放数据红利，却陷入了个人信息“越多越好”的思维误区。其中，“存而不用”导致个人信息的无限期存储，“数尽其用”致使个人信息被重复性滥用，“宁枉勿纵”造成个人信息处理的歧视与偏差，“宁滥勿缺”则有

① 参见王燃：《大数据侦查》，清华大学出版社2017年版，第62页。

② 参见杜吾青：《公安机关采集个人信息的合宪性控制》，载《南京大学法律评论》2019年第2期。

③ 参见王彦学：《论网上通缉误认》，载《中国人民公安大学学报（社会科学版）》2010年第6期。

④ 参见李猛：《网上追逃问题研究》，西南政法大学2018年硕士学位论文，第24页。

违个人信息保护的质量原则。这四种思维倾向消解了刑事侦查中个人信息处理的正当性基础。

（二）数据监控扩张：个人信息处理的规范性滞后

在大数据时代，随着全景监控技术的迭代更新与传感装置的无死角覆盖，调查型侦查权转变为监控型侦查权，进而催生出监控型国家。[①]"'监控国家'表现为政府基于国家安全、预防犯罪与社会管制的考虑，通过通信技术、摄像头监控、网络流量监测等方式，对个人的生物、行为等信息进行采集与处理，并用于执法、监管和风险控制。"[②] 在监控国家中，数据监控在主体、对象、时间、空间与程度上都呈现出极度扩张的特点，与现有的刑事侦查规范之间产生了紧张关系。

1. 监控主体由法定性向社会性扩张

大数据时代的来临形塑了"国家—社会—个人"三方参与的互动模式，侦查机关作为法定的监控主体，不断通过概括性获取社会企业与其他行政机关占有的个人信息，实现了侦查权的社会化延伸。然而，监控主体的社会化引发了合法性焦虑，致使个人信息保护的规范性滞后。

一方面，侦查机关通过警企合作的方式，调取第三方机构的个人信息。大数据时代，侦查机关在取证环节的角色发生变化，由之前的个人信息获取者转变为个人信息使用者。第三方平台基于业务管理的需求，留存了公民金融、出行、健康、通信等方面的数字化信息，这些数量庞大、内容丰富的记录为侦查机关提供了后续数据挖掘、碰撞、比对的信息基础。相较于实时的通话监听与网络监控，调取第三方信息适用的程序门槛较低，且无须进行内容的破译与解密，故而备受侦查机关青睐。

---

① 参见韩德明：《信息化背景下侦查权范式的要素系谱》，载《中国人民公安大学学报（社会科学版）》2016 年第 4 期。

② ［美］杰克·巴尔金：《基于信息的治理：美国宪法能否回应大数据时代的挑战?》，康向宇译，载《师大法学》2019 年第 1 期。

此外，侦查机关还通过签署合作框架协议等方式，与商业机构开展了深入合作。例如，2017 年华为公司与天源迪科公司为泰州公安提供“一体六面”的新型警务模式，旨在打造智慧警务大数据。2019 年公安部牵头组建反诈预警平台，阿里巴巴、360 金融、京东集团、度小满金融和小米金融成为首批加入平台的科技公司。[①] 然而，无论是个人信息调取行为还是警企深度合作，实际上均延伸了侦查机关的权力半径，致使规模巨大的网络服务者成为政府间接获取公民个人信息的“监控中介”。[②]

对此，各国政府或是明确赋予侦查机关个人信息调取行为的合法性地位，或是科以网络运营商、电信通信商数据留存义务。例如，美国通过判例建立了第三方理论，判定公民对自愿向第三方机构披露的个人信息不享有隐私合理期待，从而为监控主体由法定化向社会化的转变提供了规范性基础。此外，部分欧洲国家也相继出台了规范性文件，要求电信运营商大规模留存通信元数据。上述规范虽然满足了调取行为的形式合法性，但是却存在违背比例原则的风险，未能满足规范的实质合法性要求。调取行为既不区分信息主体，也不区分信息类型，而是要求电信、网络服务者留存一切与服务相关的数据，并对相关信息进行概括性调取。这不仅完全排除了公民对于个人信息的控制与自决，也迫使第三方机构无法履行保密义务与合规义务。因此，近年来，美国的第三方理论受到理论界与实务界的广泛批评，欧洲的大规模通信元数据留存行为也屡屡被宣告违法。

另一方面，侦查机关通过共享个人信息的方式，不断推进与行政执法部门的合作。公安机关一直居于社会治安综合治理的龙头地位，预

---

① 参见 TechWeb：《公安部牵头组建反诈预警平台阿里、360 金融等 5 家科技公司首批加入》，载百度百家号 2019 年 10 月 11 日，https：//baijiahao. baidu. com/s? id = 1647079416611245228&wfr = spider&for = pc。

② See Rozenshtein A. , *Surveillance Intermediaries*, Stanford Law Review, Vol. 70：1, p. 112 – 122 (2018).

防、打击犯罪的重要使命使得其共享其他行政机关个人信息的行为获得了顶层设计方面的政策支持。例如，《全国城市市政基础设施规划建设“十三五”规划》等规范性文件将推动数据资源开放共享作为推进国家大数据战略的重要措施。目前，多地公安机关与其他行政机关之间签订了“数据共享安全保密协议”，搭建个人信息共享平台。例如，2011 年北京市公安局与北京市海关、商务委、工商局、出入境检验检疫局共同签署了《北京市五部门行政资源整合机制框架协议书》，建立了个人信息共享机制与“绿色通道”机制等。① 在打击知识产权领域的违法犯罪活动中，各地公安机关也与行政机关建立了联席会议机制，完善了定期通报制度，并搭建了个人信息共享平台。②

然而，过于宽松的政策致使个人信息共享行为存在数据泄露等制度隐患。侦查机关与其他行政单位的个人信息共享行为往往由地方性政策协议保障实施，但是这种协议框架不仅法律效力模糊，而且缺乏有力的监督与制约。司法实践中，侦查机关普遍存在对行政机关个人信息的概括性获取与掠夺式开发。此外，公安机关内部不同部门之间也通过开放数据库权限的方式开展个人信息共享活动。③ 至于个人信息查询、比对的权限分工、职责认定等事项不仅没有统一的规范性文件进行说明，而且事前审批也完全由公安机关内部把控，缺少有效的外部监督。此外，大数据平台的建立还进一步模糊了调取行为与共享行为之间的界限。在前信息时代通常需要持证调取的个人信息，现今已经成为大数据平台的组成部分，办案人员对个人信息的查询、比对成为一种无须令状审批的

---

① 参见侯莎莎：《公安工商等五部门共享执法信息》，载《北京日报》2011 年 5 月 11 日，第 2 版。

② 《〈国家知识产权局公安部关于加强协作配合强化知识产权保护的意见〉政策解读》，载中华人民共和国中央政府网 2021 年 7 月 10 日，https://www.chinanews.com/fz/2014/11-21/6801182.shtml.。

③ 参见刘玫、陈雨楠：《从冲突到融入：刑事侦查中公民个人信息保护的规则建构》，载《法治研究》2021 年第 5 期。

变相调取行为，增加了调取措施的数据风险。[①] 总之，无论是警企合作还是警政共享，均实现了数据监控主体由法定化向社会化的转型，但是与之相关的法律依据却欠缺合理性，致使个人信息处理的规范性不足。

2. 监控对象由特定性向弥散性扩张

侦查机关的监控行为应当具有明确的实施对象，不得适用于无关人员，这是刑事程序法治的基本要求。然而，随着计算机技术、数据处理技术的发展，监控对象在人、事、物等方面均呈现出由特定性向弥散性扩张的趋势。既有规范往往仅规制对指定目标开展的特定性监控（target surveillance），故而在面对大规模监控（ubiquitous mass surveillance）时处于规范滞后的局面。

在前信息化时代，监控对象紧紧围绕取证目的展开，具有明显的特定性。办案人员往往仅收集与犯罪活动直接相关的个人信息，这些个人信息在对象上包括犯罪嫌疑人本人、同住人、同伙关系人的相关数据，在内容上包括刑事犯罪情报信息、公安管理信息与其他社会管理信息。[②] 并且，小数据时代的侦查活动主要利用结构化与标准化数据，个人信息反映的内容也只是特定个人生活的某一方面。[③]

然而，大数据技术的应用基础是“数据化的客观事实”，意即万物皆可数据化。[④] 此时，个体事物之间的特征差异被抹平，均被降解为可被分析处理的二进制单位。监控活动也不再以目的性为基础展开，而是呈现出随机性处理的特质，致使数据监控活动产生了不可回避性。从行为人角度而言，监控活动不再仅止于与犯罪相关的行为人，而是将范围

---

① 参见蒋勇：《大数据时代个人信息权在侦查程序中的导入》，载《武汉大学学报（哲学社会科学版）》2019 年第 3 期。

② 参见马忠红：《信息化时代侦查思维方式之变革》，载《中国人民公安大学学报（社会科学版）》2011 年第 1 期。

③ 参见杨郁娟：《大数据侦查的证成：从信息化到大数据》，载《铁道警察学院学报》2017 年第 3 期。

④ 参见王德夫：《大数据时代下个人信息面临的新风险与制度应对》，载《西安交通大学学报（社会科学版）》2019 年第 6 期。

拓展至全民监控。“大数据技术主要通过不特定目标抓取、收集和处理不确定数量群体的信息，不再直接针对个体，而是在集合、群组与类型意义上统计其相关性。”[①] 例如，美国全境每个月通过车牌扫描仪进行7000万次扫描活动，搜集了25亿条记录，包括日期、时间和GPS位置信息。这种自动扫描活动针对城市中每一个公民进行，不管他是不是犯罪嫌疑人。[②] 此外，德国联邦法院在2015年通过了《数据存留法》，规定留存全体公民的通话元数据、网络流量元数据与定位元数据。[③] 从事物角度而言，物联网通过与传感器连接实现“万物互联”，智能网络将能够收集到的任何个人信息均上传至云端与第三方平台，进一步强化了侦查机关监控活动的弥散性。例如，人们佩戴在身上的传感器，可以记录走路步数，计算进食的热量、心率、血压或者评估睡眠质量，这些数据均通过物联网进入了侦查机关的监控范围之中。

监控对象由特定性向弥散性的扩张引发了规范焦虑。既存法律依据多以特定性监控为对象，例如，我国《刑事诉讼法》第152条第1款规定：“采取技术侦查措施，必须严格按照批准的措施种类、适用对象和期限执行。”这要求技术侦查措施在实施时必须存在明确特定的行为对象。然而，在面对公共场所视频监控、元数据监控、网络信息监控等大规模监控时，现有法律依据面临规范失灵的局面。之所以难以界定大规模监控的法律定位，一方面是由于大规模监控与特定性监控之间的界限并非泾渭分明，例如，欧盟法院判定基于预防与打击犯罪的执法目的，可以留存由欧盟飞往加拿大的旅客的飞行记录、姓名等个人信息，并认为这仅是针对性监控而非大规模监控；另一方面是由于大规模监控兼具

① 余成峰：《信息隐私权的宪法时刻规范基础与体系重构》，载《中外法学》2021年第1期。

② 参见［美］布鲁斯·施奈尔：《数据与监控：信息安全的隐形之战》，李先奇、黎秋玲译，金城出版社2018年版，第32页。

③ 参见黄河：《论德国电信监听的法律规制——基于基本权利的分析》，载《比较法研究》2017年第3期。

预防犯罪的行政职能与打击犯罪的司法职能，在“行政—司法”高度混同的情况下，区分针对性监控与大规模监控的难度进一步提升。

对此，美国联邦法院在 1983 年 Knotts 案[①]的判决中指出，尽管在公共道路上安装蜂鸣器进行监控的行为不构成美国宪法第四修正案中规定的搜查，但是如果针对不特定对象进行 24 小时“天罗地网式”（dragnet）的定位监控则侵犯了公民的隐私合理期待权。此外，美国也有学者主张“以小见大”的规制方式，认为如果对于特定对象的监控构成搜查，则对于不特定公众的监控也应当由美国宪法第四修正案进行规制。[②] 在我国，也有学者主张应当将监控不特定对象的行为纳入技术侦查的范畴，限制大规模监控的实施条件，并对其科以严格的程序控制。[③] 然而，相关的学术努力并未将该限制主张传导至制度层面，在立法规范中尚未出现能够有效规制监控对象弥散性的法律条款。

3. 监控时间由回溯性向风险性扩张

传统侦查时期，监控活动在时间维度上具有回溯性，主要依据过去的具体行为进行判断。然而，随着大数据技术介入刑事侦查，监控的启动标准与关注重点发生变化，致使监控时间由回溯性向风险性扩张。个人信息处理的相关规范对此应对不足。

不同于检察、审判等基于说服目的的事实论证活动，刑事侦查是一项基于查明目的的回溯性认识活动。侦查权的启动往往滞后于犯罪行为的实施，其甚至是在犯罪结果发生之后才介入。侦查活动这种“由果及因”的特点与历史考古学具有颇多相似之处，两者都是对于在特定时空已经发生的行为活动进行碎片化拼接，以还原出事实原貌。采取侦查手

---

① United States v. Knotts，103 S. Ct. 1081（1983）.

② See Blitz M.，*The Fourth Amendment Future of Public Surveillance*：*Remote Recording and other Searches in Public Space*，American University Law Review，Vol. 63：1，p. 21 – 86（2013）.

③ 参见纵博：《隐私权视角下的大规模监控措施类型化及其规范》，载《中国刑事法杂志》2020 年第 6 期。

段与强制措施往往是以行为人过去存在的“嫌疑”为启动要件。例如，我国《刑事诉讼法》第81条将逮捕的嫌疑条件设置为“有证据证明有犯罪事实”，第136条将搜查的嫌疑条件设定为“可能隐藏罪犯或者犯罪证据”。这种嫌疑不能仅是侦查人员抽象的主观臆度，而是需要与现实的客观行为存在逻辑关联。

然而，随着大数据治理技术与刑事侦查活动的深度融合，监控时间也经历了由回溯性向风险性的转变，这主要表现在以下两个方面：

一方面，监控活动的启动标准由具体嫌疑转变为概括性风险，从而导致了治理模式由事后介入向事前防控的转变。在前信息化时代，囿于资源与人力的有限性，监控活动往往仅限于存在犯罪嫌疑的特定对象，没有嫌疑的个体在原则上不会招致侦查行为。然而，大数据技术引发了监控模式的变化，政府基于风险预防的考量可能将监控范围拓展至所有个体。申言之，面向过去的“嫌疑监控”转变为矫治未来的“风险监控”。并且，嫌疑的判断方式也由已经存在的行为基础转化为由事先的个人信息收集、分析形成的数据基础。最有代表性的事例就是各国广泛采取的预测型警务活动（predictive policing）。例如，荷兰搜集所有入境者的个人信息，通过算法分析后将所有个体按照危险等级分类；① 美国国土安全部也为“禁飞名单”设置了一个风险参数值，居住地址、账户变动、购票途径、驾照、购票记录、座位和饮食偏好以及其他个人信息均成为重要的考量因素。

另一方面，监控活动的关注重点也由既成行为的现实性转变为风险发生的可能性。例如，美国前副总统切尼制定了“1%规定”，即哪怕发生恐怖袭击的可能性只有1%，也必须将其视为一定会发生的恐怖袭击进行处理。“这会造成逻辑混乱，那些原本需要权衡斟酌的可能性将会变成确定性，可能发生的事将变成事实。这就是全面控制的梦想：不

---

① 参见［德］克里斯多夫·库克里克：《微粒社会》，黄昆、夏柯译，中信出版集团2018年版，第122页。

仅控制现在，而且控制未来。”[①] 此外，监控活动对权利的侵犯不仅包括现实性的干预，还包括使公民权利陷入危险情境的或然性风险。“只要公权力的监控行为将公民的某种权利客体置于随时可被他人利用、损害、泄露的境地，就已经构成了对该权利的侵害。”[②] 例如，欧洲人权法院在 2015 年 Roman Zakharov v. Russia 案[③]中判定，只要缔约国的法律规范对秘密监控进行授权，则申请人不一定仅限于实际被监控之人，也包括监控可能适用的所有对象。由于监控措施具有秘密性，很难从个人角度去判断自己是否已经成为被监控的对象，因此，只要存在秘密监控的法律规范，便已经构成对《欧洲人权公约》第 8 条的干预，所有潜在的被监控对象均可以成为针对秘密监控法律规范的申诉人。同样，在 Szabó and Vissy v. Hungary 案[④]中，欧洲人权法院创设了抽象监控规范的可诉性机制，判定长期持续进行且缺乏必要保障的秘密监控规范违反了《欧洲人权公约》第 8 条的规定。

监控时间由回溯性向风险性的扩张冲击了刑事诉讼规范：

其一，无罪推定的根基地位开始动摇。无罪推定暗含了刑事诉讼中两大基本假设，即无辜者假设与涉讼人假设。无罪推定不仅在实体法层面为解决证明不能和证明不力的案件提供了依据，也在程序法层面赋予了犯罪嫌疑人、被告人无罪者的地位，并确定了证明责任的分配。[⑤] 然而，个人信息被用作潜在风险的判断工具，而非具体嫌疑的查证手段，势必导致国家机关过早介入犯罪治理活动，进而动摇了无罪推定的司法

① ［德］克里斯多夫·库克里克：《微粒社会》，黄昆、夏柯译，中信出版集团 2018 年版，第 122 页。

② 赵艳红：《大数据监控措施的法律规制研究——以隐私权为中心的探讨》，载《交大法学》2020 年第 4 期。

③ Zakharov v. Russia ［2010］ ECHR，35623/05.

④ Szabóand Vissy v. Hungary ［2016］ ECHR，37138/14.

⑤ 参见张建伟：《刑事诉讼法通义》（第 2 版），北京大学出版社 2016 年版，第 163 页。

理念。“我们的观念从‘有罪’直接过渡到更为主观的‘危险性’。”①一旦在犯罪行为发生前就搜索潜在罪犯，那么毫无例外，所有公民都将是可疑的。此后，“每位公民都将被视作不可信赖和不值得信赖的人。如果我们为了验证猜测而持续地搜集关于大众的数据，他们可能会做出错误的事情，从而促使人们认为作为公民的我们是不可信任的”②。

其二，立案程序的虚置。虽然早有废除立案环节、将我国侦查程序由“立案登记型”调整为“随机发动型”的倡议，③ 但是立案环节的存在仍然在现行刑事诉讼程序中发挥着制约强制侦查随意发动的重要功能。预测型警务、大数据侦查等实践活动将犯罪治理的时点前移，侦查人员在立案之前就已经收集、分析个人信息，从而得出关于特定对象刑事责任的预测型结论。然而，这种结论能否达到我国“有犯罪事实需要追究刑事责任”的立案标准，不无疑问。申言之，将发现异常数据作为侦办案件的起始点，违反了刑事诉讼法中侦查启动的相关规定。

其三，在立案之前获取的大数据侦查结论的证据种类不明。对于大数据证据分析结论、分析报告的证据属性，存在鉴定意见、专家辅助人意见、证人证言等多种理论定位。并且，大数据侦查结论究竟能否在诉讼活动中发挥功效也需要观察。④

其四，公安机关一般性社会治理活动与犯罪侦查产生了性质混淆。预测型警务与大数据侦查均跨越了立案前后的两个阶段。其中，针对具体嫌疑人采取的侦查手段与强制措施应当属于刑事侦查活动。然而，随着特定嫌疑向概括性风险的转化，具体嫌疑行为与侦查活动的相关性不断减弱，此时的执法行为的属性更接近预防犯罪的行政治理活动。然

---

① ［法］马尔克·杜甘、［法］克里斯托夫·拉贝：《赤裸裸的人——大数据，隐私与窥视》，杜燕译，上海科学技术出版社2017年版，第91页。

② ［德］克里斯多夫·库克里克：《微粒社会》，黄昆、夏柯译，中信出版集团2018年版，第123－124页。

③ 参见万毅：《侦查启动程序探析》，载《人民检察》2003年第3期。

④ 参见刘品新：《论大数据证据》，载《环球法律评论》2019年第1期。

而，犯罪预防与刑事侦查连续进行，前端环节的风险评估被用作后续阶段的线索依据，之后的侦办结果又成为新一轮风险预测的构成要素。在“行政—司法”二元混合的公安体制之下，兼具行政执法与刑事侦查双重性质的监控活动的法律地位难以界定。

4. 监控空间由物理性向脱域性扩张

前信息化时代，侦查机关监控个人信息主要是在特定的物理空间内进行。然而，随着信息网络技术的发展，监控空间由物理性向脱域性扩张，但是个人信息处理的相关规范却未能及时跟进。

传统侦查活动的特征是具有明显的物理性，具体表现在以下三个方面：

首先，传统侦查主要是以现场为中心，对“手、足、工、枪、特”等痕迹物证进行勘查、检验、分析、比对、鉴定的物质活动。犯罪现场既是侦查活动的起点，也是驱动取证活动推进的媒介。因此，向来有“现场会诉说犯罪”的说法。[①] 以搜查为例，办案人员从门或者窗户进入特定媒介，并对有形空间内的各种物品进行观察与搜证，在发现特定物并扣押之后，离开开展搜查行为的物理场域。这种在物理空间展开的、以物质为媒介的侦查行为被学者称为“物理侦查行为”。[②]

其次，案件在侦查人员头脑中反映的信息形象局限于物质实体。由于办案人员以洛卡德物质交换原理作为认识观与方法论，故而案件构成要素呈现明显的物质性，并形成了物质驱动的侦查思维。“不仅在于思维驱动方式是物质形态的痕迹物证，还在于人们头脑中加工和呈现信息的方式依然是物质形态的实物形象。”[③]

最后，现行规范与理论学说对侦查行为的程序控制也以物理性为基

---

① 参见巫聪昌：《台湾地区勘验法制研究》，东海大学2006年博士学位论文，第23页。

② 参见何军：《数据侦查行为的法律性质及规制路径研究》，载《中国人民公安大学学报（社会科学版）》2021年第1期。

③ 聂江波：《侦查思维范式转换研究》，载《中国人民公安大学学报（社会科学版）》2020年第3期。

础。例如,《刑事诉讼法》第136条将搜查行为的对象限制为“犯罪嫌疑人以及可能隐藏罪犯或者犯罪证据的人的身体、物品、住处和其他有关的地方”。此外,评价侦查行为对基本权利的干预程度也体现出物理性的特征。例如,日本在区分强制侦查与任意侦查的学说中,“有形力说”认为如果行使直接、强制的有形力,即属于强制侦查。[①]

然而,在大数据时代,侦查机关的监控活动逐渐摆脱了物理空间的束缚,呈现出脱域性特征。根据安东尼·吉登斯的表述,“所谓脱域,我指的是社会关系从彼此互动的地域性关联中,从通过不确定的实践的无限穿越而被重构的关联中‘脱离出来’”[②]。监控行为的脱域性存在三重含义:

其一,网络虚拟空间成为物理现实空间的平行存在,二者的空间叠合化特征形成了虚实同构的景象。犯罪行为的实施范围超出了人体自然条件的极限,既可能在物理世界中发生,也可能成为“一种穿越和席卷现实与虚拟多重空间的行为”。[③] 对此,不仅需要重视物理空间中有形的痕迹物证,更应当关注在现实空间与虚拟空间之间来回穿梭的无体化的电子数据。

其二,传统办案中的现场意识和地点观念逐渐淡化,引发了空间的经验重构。在物理现实空间中,犯罪行为的发生地与痕迹提取的取证地往往重合,“地点”与“空间”这两个概念经常被视作同一存在。但是随着网络技术的发展,肇始于物理空间的地点概念逐渐模糊化,不再提供空间中介的标识功能。电子数据可能充斥于整个数字空间,也有可能固定于数据层的某一节点或者相邻的数据节点。电子数据的空间形态无

---

① 参见马方:《任意侦查研究》,群众出版社2009年版,第56页。

② [英]安东尼·吉登斯:《现代性的后果》,田禾译,译林出版社2000年版,第18页。

③ 韩德明:《信息化背景下侦查权范式的要素系谱》,载《中国人民公安大学学报(社会科学版)》2016年第4期。

法与传统的地点概念进行唯一对应，反而取决于具体的数据结构。[①]

其三，在网络空间中，公共领域与私人领域之间相互渗透，加剧了边界区分的难度。一方面，全天候、持续而全面的数字监控与电子追踪技术，使侦查人员从公共场所的碎片行为中同样可以解析出私密内容，造成了公共场所私人化的倾向；另一方面，原本属于自主控制的私密领域由于信息主体的自我让渡与公开访问权限，致使私人空间在一定程度上公共化。无论是何种倾向，“公开—私人”空间的绝对分立现象都已经不复存在。

监控空间从物理性向脱域性的扩张在以下三个方面冲击了既有的个人信息处理规范：

首先，物理世界中以事前令状进行的“入口控制”方法不足以保护个人信息。在传统侦查中，通过事前令状对取证活动进行时长、对象和重复性的“入口控制”[②]，能够以现实的物理存在为侦查活动设限，避免对个人信息的无限期处理与概括性获取。然而，在虚拟时空中，通过限制储存介质的范围以防止概括性获取个人信息的制度努力难以为继。作为“侦查场所”的电子数据储存介质与其中包含的个人信息之间缺乏必要的相关性。申言之，虚拟空间的入口大小与可能获取的个人信息的内容与体量并无逻辑关联，例如，一个狭小的U盘可能存储数以亿计的个人信息。

其次，“地点”与“空间”的概念分离引发了云端储存与跨境传输中的规范性问题。由于现实空间与虚拟空间往来交互，导致个人信息呈现分散化存储的特征，即个人信息既可以存储于本地，也可以存储于其他的移动设备之中，甚至存储于网络云端服务器。在云储存模式下，数

① 参见朱赟先：《电子数据搜查：规定情境与新经验主义》，载《江西社会科学》2021年第3期。

② 参见裴炜：《数据侦查的程序法规制——基于侦查行为相关性的考察》，载《法律科学（西北政法大学学报）》2019年第6期。

据发布者与数据存储介质的管理运营者发生了主体分离，此时，监控云端数据是否存在正当性依据，不无疑问。并且，云端数据展开侦查还会妨碍其他无关用户的个人隐私与正常使用，但是现有规范对此应对不力。此外，云端储存还会衍生出数据的跨境传输与取证问题。由于数据服务商可能是境外机构，对其采取强制措施提取数据可能会面临数据主权问题。

最后，网络空间的交互性造成侦查行为的性质评价失准。互联网的开放性导致其在一定程度上被界定为没有隐私合理期待的公共空间，故而在网络空间中开展的取证行为往往被定性为对于基本权利干预程度较低的任意侦查行为。例如，侦查人员的网络在线提取就经常被界定为任意侦查措施。但实际上，网络在线提取的范围并不仅局限于互联网这一“公共场所”，还可能会附带获取部分较为私密的隐私信息，明显干预了基本权利，从而引发任意侦查与强制侦查的性质争议。

5. 监控程度由显见性向建构性扩张

在传统侦查时期，监控活动的侵权程度往往是可控且可视的，但是大数据时代由于算法技术的深度应用，监控程度由显见性向建构性扩张。对于这种无形性、耐受性与系统性的监视强化效应，现有规范几乎处于空白状态。

除部分秘密进行的侦查活动之外，传统侦查行为的侵权程度具有显见性的特征，具体表现在以下三个方面：其一，侦查活动的持续时间往往可控且短促，有限的人力、财力难以负担历时弥久的办案行为，并且，侦查活动多以物理空间为场景，其取证范围受到有形边界的天然限制。因此，侦查活动的起止时间、行为对象与权利干预均呈现出有形性、有限性的特点。其二，侦查相对方往往知悉侦查行为的开展。例如，在搜查过程中，相对人会查阅侦查人员的搜查令状，并目击搜查开展的整个流程，能够及时知悉自己权利被侵犯的事实。其三，在传统执法过程中可能存在歧视性行为，但是歧视往往源自办案人员的主观偏见与个人好恶，具有随机性与个别性的特点。

然而，大数据时代监控行为的侵权程度由显见性向建构性转变。“所谓建构性，是指侵害行为不会对他人造成当下明显的损害，但却会使他人将来因此受到损害或增加受到损害的可能性，进而导致社会力量的失衡，产生或加重损害结果。”① 监控程度的建构性体现在以下三个方面：

首先，监控侵权的无形性。数据侦查行为不再仅仅围绕着人身、财产等有形物开展，而是集中于个人信息的处理，并且，监控活动对个人信息的采集不仅限于姓名、职业等档案信息，而是通过全景式的传感设备，非接触性地采集公民的人脸、虹膜、基因、步态等生物识别信息。对此，“人通常不知道其个人信息不断地被收集和处理，他们实际上正在失去对个人领域的控制”②。此外，数据挖掘进一步放大了监控侵权的建构性特征。数据挖掘中使用的个人信息可能业已经过信息主体的知情同意，但是其在处理过程中可能发现隐藏的数据关系与数据模式，具有运行过程与输出结果的不确定性，这导致公民的个人身份可能会被再度识别或者产生隐私泄露的风险。并且，基于挖掘结果作出的自动化决策也会对个体造成全无察觉的严重后果，例如，某人被侦查机关错误标记为具有潜在社会危险性的嫌疑对象，并将之列入“禁飞”名单。这种无形的标记具有潜伏性与延时性，难以在日常生活中被发现，只有当个体真正搭载飞机或者办理相关业务时才能显露出来。由于公民根本没有意识到自己的权利已经被侵犯，导致被侵权之后的情感色彩不断弱化。即便能够意识到自己的个人信息被非法处理，也难以证明这种监控行为对于自己造成了实质性的侵害，致使部分公民产生了隐私漠然

---

① 张民安主编：《美国当代隐私权研究：美国隐私权的界定、类型、基础以及分析方法》，中山大学出版社2013年版，第213页。

② 刘艳红：《公共空间运用大规模监控的法理逻辑及限度——基于个人信息有序共享之视角》，载《法学论坛》2020年第2期。

心理。

其次，监控后果的耐受性。监控型侦查权不是一种高度聚焦的权威性权力，而是一种不以强力示人的弥散性权力。弥散性权力不容易被察觉感知，并且通常以心理强制的方法作用于个体，在潜移默化中达到规训人们思想的目的。[①] 一方面，数据监控会导致人们对自我行为的审查与抑制。正如 Peter P. Swire 所言："如果我知道自己受到监视，我可能会……限制自己的活动，以免发现任何令人尴尬或其他有害的事情。"[②] 玛农·奥斯特芬也曾说过："我们为了遵从单一身份的虚假理想而装腔作势，以避免冲突和社会排斥，沦为多元社会中被接受但归于消沉的一员。"[③] 另一方面，监控技术的迭代更新还会改变人们对于隐私与权利的立场与想法。当科技发展使政府可以轻而易举地获取原本在现实条件下无法或者难以取得的个人信息时，大众可能会接受这一现实，并认为政府利用科技设备处理个人信息的做法是合理的。[④] 由于人们无法抵御便捷生活带来的巨大诱惑，更不想回归到与世隔绝的生活状态，故而很多人秉持一种与时俱进的平等交换理念，认为贡献数据与隐私是正常生活的必要对价。这种心照不宣的默契交换培育出人们超乎以往的侵权耐受心理。正如社会学家加里·马克思所写的那样："这种形式的控制象征着，操控比强制更好，计算机芯片比监狱的高墙更好，远程的、不可见的过滤器比手铐和管制更好。"[⑤]

最后，监控歧视的系统性。数据与算法使社会歧视具备了全新的表

---

① 参见刘小庆：《从"权力监督"到"权利制约"：大数据侦查法律规制的理性之维》，载《重庆大学学报（社会科学版）》2022 年第 2 期。

② Swire, Peter P., *Financial Privacy and the Theory of High – Tech Government Surveillance*, Washington University Law Quarterly, Vol. 77: 2, p. 473 (1999).

③ ［荷］玛农·奥斯特芬：《数据的边界：隐私与个人数据保护》，曹博译，上海人民出版社 2020 年版，第 46 页。

④ 参见李荣耕：《科技定位监控与犯罪侦查：兼论美国近年 GPS 追踪法制及实务之发展》，载《台湾大学法学论丛》2015 年第 3 期。

⑤ ［德］克里斯多夫·库克里克：《微粒社会》，黄昆、夏柯译，中信出版集团 2018 年版，第 124 页。

现形式，依托数据与算法的社会歧视带有系统性、普遍性与稳定性。基于算法作出的自动化决策形成了一种规模性的侵权歧视效应，并且，这种歧视现象还带有代际强化的特点。例如，在预测型警务中，某个地区被大数据系统确定为“犯罪热点地区”，因此需要加派更多警力进行巡逻治理，然而，警力投入的增加又会继续纳入算法模型，成为下一轮确定“犯罪热点地区”的参考依据，致使某个地域持续不断地成为犯罪高危地区。

（三）数据权力膨胀：个人信息处理的恣意性失控

在大数据时代与风险社会的背景下，侦查机关作为社会治安综合治理与预防打击刑事犯罪的执法机构，坐拥海量的个人信息，掌控着各种智能先进的数据处理技术，获得了巨大的数据权力。正如约瑟夫·奈所言：“权力正在从‘拥有雄厚的资本’转向‘拥有丰富的信息’。”[①] 然而，数据权力的膨胀塑造了个人信息的非对称性权力结构，成为侵犯信息主体权利最主要的风险源头。数据权力对个人信息的大规模收集、自动化处理、系统化滥用与歧视性操纵，不仅衍生出数据泄露等安全风险，也使个人存在的主体性流失，而沦为被监视、被解析、被秩序化的客体。囿于信息资源的不平等性，大数据技术对公权机关的“技术赋能”与对公民的“技术赋权”呈现出非均衡发展的局面，公民个人信息权利的“失权化”现象日渐突出。[②] 并且，个人信息的非对称权力结构与我国刑事司法中“强职权主义”的倾向相结合，加剧了数据权力的恣意行使。这不仅导致数据权力呈现出对安全需求的强烈追求，怠于履行或者变相转移个人信息保护的国家义务，也造成“侦查中心主义”

---

① ［美］约瑟夫·S. 奈：《硬权力与软权力》，门洪华译，北京大学出版社 2005 年版，第 105 页。

② 参见单勇：《犯罪之技术治理的价值权衡：以数据正义为视角》，载《法制与社会发展》2020 年第 5 期。

借由信息技术的新一轮回潮，冲击了刑事诉讼中的侦诉、侦审、侦辩关系，消解了以审判为中心的司法改革成果。

1. 极度追求安全价值

在数据权力主导下，个人信息处理活动极度追求安全价值，致使个人信息被降格为捍卫国家安全与信息安全的手段。个人信息处理活动对安全价值的极度追求表现为以下几个方面：

首先，立法规范极度追求安全利益。安全思维与我国个人信息立法具有深厚的渊源。在2000年出台的《全国人民代表大会常务委员会关于维护互联网安全的决定》中，前3条内容分别是“保障互联网的运行安全”“维护国家安全和社会稳定”“维护社会主义市场经济秩序和社会管理秩序”，直到第4条才规定了“保护个人、法人和其他组织人身财产等合法权利”。可见，相较于个人权利，国家利益与社会利益明显处于优势地位。并且，该规范性文件对个人权利的保护不具有独立性，而是与法人、其他组织的利益相交织。“个人权利被包裹在‘安全’的大概念之下，其本身所具有的含义不免发生了一些变形。”①

安全思维至上的理念集中体现在《关于加强网络信息保护的决定》中。该规范性文件在开篇就规定了立法目的，即“为了保护网络信息安全，保障公民、法人和其他组织的合法权益，维护国家安全和社会公共利益”，并且，《关于加强网络信息保护的决定》中大量存在与保障安全相关的条款。例如，第4条明确指出需要采取确保信息安全的技术措施。除此之外，关于个人信息非法获取与提供（第1条第2款、第9条、第10条第2款）、个人信息泄露（第8条）与个人信息保密义务（第3条、第10条第2款）等也都间接表达出对于安全价值的关注。②

---

① 孙平：《“信息人”时代：网络安全下的个人信息权宪法保护》，北京大学出版社2018年版，第147页。

② 参见孙平：《“信息人”时代：网络安全下的个人信息权宪法保护》，北京大学出版社2018年版，第166页。

与《关于加强网络信息保护的决定》一脉相承的是2016年颁布的《网络安全法》。该法律以“为了保障网络安全，维护网络空间主权和国家安全、社会公共利益，保护公民、法人和其他组织的合法权益，促进经济社会信息化健康发展”作为立法动因。其中，“维护网络空间主权”是党的十八届四中全会提出的“总体国家安全观”的具体体现。此外，在《网络安全法》的指导思想中也体现出安全思维至上的倾向：“坚持以总体国家安全观为指导，全面落实党的十八大和十八届三中、四中全会决策部署，坚持积极利用、科学发展、依法管理、确保安全的方针，充分发挥立法的引领和推动作用，针对当前我国网络安全领域的突出问题，以制度建设提供国家网络安全能力，掌握网络空间治理和规则制定方面的主动权，切实维护国家网络空间主权、安全和发展利益。”① 因此，有学者将该阶段我国个人信息保护的特点概括为“以安全为首要目标，以政府管理为主导”②。

除网络安全领域的立法之外，在刑法领域同样以入罪化的方式强化了个人信息保护的安全倾向与秩序追求。《刑法修正案（七）》增设了出售、非法提供公民个人信息罪和非法获取公民个人信息罪，加强了对于网络犯罪的社会治理。六年后，以“维护信息网络安全，完善惩处网络犯罪的法律规定”③ 为动因，《刑法修正案（九）》对上述罪名进行修正，增设了侵犯公民个人信息罪。至于该罪究竟保护何种法益，虽然存在隐私权、财产权、个人信息权、信息自决权等个人法益的解读方式，但是支持公共安全等超个人法益的主张也占据了一定的学术市场。例如，有学者认为，侵犯公民个人信息罪的法益应当限缩为“公共信息

---

① 郎胜：《关于〈中华人民共和国网络安全法（草案）〉的说明——2015年6月24日在第十二届全国人民代表大会常务委员会第十五次会议上》，载中国人大网2016年6月24日，http：//www. npc. gov. cn/zgrdw/npc/zfjc/zfjcelys/2017－02/20/content_ 2034944. htm。

② 参见程关松：《个人信息保护的中国权利话语》，载《法学家》2019年第5期。

③ 李适时：《关于〈中华人民共和国刑法修正案（九）（草案）〉的说明——2014年10月27日在第十二届全国人民代表大会常务委员会第十一次会议上》，载中国人大网2014年10月27日，http：//www. npc. gov. cn/zgrdw/npc/lfzt/rlys/2014－11/03/content_ 1885123. htm。

安全”，刑法介入的原因在于该罪侵害了公共性法益，故而应当将罪名修改为“侵犯公共信息安全罪”。[①] 因此，有学者将我国刑法对于个人信息的保护概括为“秩序利益至上，产业发展利益次之，个体权利再次之的格局”[②]。在风险社会的背景下，我国个人信息保护的立法继受了犯罪预防刑事政策中的叙事路径，将“安全”设定为问题探讨和规范构建的主题。[③]

其次，极度追求安全利益表现为片面关注个人信息泄露行为。根据《个人信息保护法》第 4 条的规定，个人信息处理包括个人信息的收集、存储、使用、加工、传输、提供、公开、删除等一系列行为。然而，在安全至上的思维导向下，个人信息处理被简化为防止个人信息泄露。例如，《关于加强网络信息保护的决定》第 4 条明确指出：“网络服务提供者和其他企业事业单位应当采取技术措施和其他必要措施，确保信息安全，防止在业务活动中收集的公民个人电子信息泄露、毁损、丢失。在发生或者可能发生信息泄露、毁损、丢失的情况时，应当立即采取补救措施。”《反恐怖主义法》第 48 条第 1 款规定：“反恐怖主义工作领导机构、有关部门和单位、个人应当对履行反恐怖主义工作职责、义务过程中知悉的国家秘密、商业秘密和个人隐私予以保密。”为了遏止个人信息泄露，我国在一定时期内还主要依赖于“权限管理、病毒查杀、设立防火墙、VPN、入侵检测”[④] 等技术手段，法律的发挥空间有限。

最后，安全价值至上的理念大肆鼓吹“以隐私换安全”的观点。在大数据时代，“人们用失去隐私、丧失个人生活和失去批判精神的代

---

① 参见王肃之：《被害人教义学核心原则的发展——基于侵犯公民个人信息罪法益的反思》，载《政治与法律》2017 年第 10 期。

② 劳东燕：《个人数据的刑法保护模式》，载《比较法研究》2020 年第 5 期。

③ 参见敬力嘉：《大数据环境下侵犯公民个人信息罪法益的应然转向》，载《法学评论》2018 年第 2 期。

④ 赵宏：《〈民法典〉时代个人信息权的国家保护义务》，载《经贸法律评论》2021 年第 1 期。

价换取可预测性、安全性，以及人类寿命的延长”①。在网络犯罪、恐怖犯罪与极端犯罪猖獗的背景下，通过扩张侦查权，捍卫国家主权、社会安定和公民的人身、财产安全具有十分重要的现实意义。对此，让渡部分隐私、放弃个人信息中的自决利益似乎也得到了合理性证成，并被视为风险社会中必要的利益交换。“当安全与隐私的权衡被视为生与死的选择时，所有理性的辩论将被终结。”② 人们基于对不安全的恐惧，不得不选择接受“以隐私换安全”这项浮士德式的交易。然而，不安全的代价是真实的、触目惊心的，而失去隐私的代价则是抽象而模糊的。当我们拥有隐私时，可能会低估它的价值；而当我们失去时，才会真正认识到它的重要性。

长期以来，在刑事诉讼的价值位阶中，人身与财产利益一直处于优势地位，而隐私利益常常沦为价值权衡的牺牲品。“在信息化程度高度发达的今天，国家公权力与公民个人权利之间的冲突最频繁的表现已经不是公权力对公民自由、财产等传统权利的侵犯，而是公权力对公民隐私权的侵犯。”③ 隐私与个人信息作为一项基本权利，同样具有程序保护的必要性，而并非可有可无的存在。并且，“以隐私换安全”的权衡过程本身就伴随着一定的风险，过分克减公民的信息主体地位，只不过是用监控带来的隐私威胁置换了犯罪带来的人身威胁。“公民的人身安全所受到的威胁并未消除，只是从人身方面转移到了隐私方面。”④ 因此，隐私与安全不是一个非此即彼的存在，我们应当并且可以坚持两者一致。

---

① ［法］马尔克·杜甘、［法］克里斯托夫·拉贝：《赤裸裸的人——大数据，隐私与窥视》，杜燕译，上海科学技术出版社2017年版，第144页。

② ［美］布鲁斯·施奈尔：《数据与监控：信息安全的隐形之战》，李先奇、黎秋玲译，金城出版社2018年版，第235页。

③ 陈永生：《刑事诉讼中搜查手机的法律规制——以美国赖利案为例的研究》，载《现代法学》2018年第6期。

④ ［美］布鲁斯·施奈尔：《数据与监控：信息安全的隐形之战》，李先奇、黎秋玲译，金城出版社2018年版，第236页。

2. 过分消解制约功能

面对日渐膨胀的数据权力，必须完善各项监督制约机制，才能避免数据权力如脱缰之马。

一方面，数据权力的诉讼制约不足，具体体现在以下三个方面：

首先，公安预审部门的内部审查机制空转。尽管公安机关内部的预审部门应当发挥承续侦查、监督保障和诉讼准备的功能，[①] 但是由于“侦审一体化”改革，多地的预审部门形存实无。即便有些地区设置了独立的预审机构，也多呈现出依附于侦查部门存在的状态，未能对办案机关的个人信息处理行为形成独立有效的权力制约。

其次，检察机关与审判机关的监督缺位。尽管“检察引导侦查”“检察提前介入侦查”“以审判为中心”等多项改革行之有年，但是我国“侦查中心主义”的诉讼结构并未得到实质改变。检察机关与审判机关在事前启动与事后救济两个环节中均无法对侦查机关的个人信息处理行为提供有效的诉讼监督。

在事前的启动环节中，司法权并未形成对于侦查权的起点控制。一方面，除调取、冻结之外，《电子数据规定》《电子数据取证规则》对其他电子取证措施均未规定审批程序。即使存在审批环节，也多由公安机关采取“自侦自审”的核准方式，检察机关与审判机关难以介入。另一方面，启动侦查措施的心证门槛模糊不清。尽管调取、网络在线提取等侦查措施存在实质性干预基本权利的风险，但是依然被界定为任意侦查程序，缺乏启动的心证门槛。对于网络远程勘验、技术侦查等强制侦查措施，也仅采取了“必要时”“根据侦查的需要”等模糊措辞，而未能建立清晰的启动标准。

在事后的救济环节中，司法权并未形成对侦查权的结果控制。检察机关和审判机关难以掌握侦查部门个人信息处理的结果。侦查机关个人

---

① 参见王仲羊：《审判中心视域下侦查预审的功能演绎与模式重构》，西南政法大学2018年硕士学位论文，第1页。

信息处理的结果未必以证据化的形式呈现，而是多作为破案线索，或是转化为讯问笔录、证人证言等其他证据形式。这导致技术侦查等严重干预个人信息权利的侦查措施可以通过证据转化逃避事后的程序性制裁。并且，公安机关无须承担对于检察机关和审判机关的执行情况陈报义务。例如，虽然《刑事诉讼法》第152条规定了对于与案件无关材料的销毁义务，但是销毁工作由侦查机关自行开展，无须向检察机关与审判机关汇报结果。此外，非法证据排除规则并未成为司法权监督侦查机关非法处理个人信息的有力武器。尽管我国非法证据排除规则的实体范围不断扩张，但是电子数据、技术侦查获取的证据材料却始终游离在排除范围之外。虽然《电子数据规定》第27条和第28条分别规定了瑕疵电子数据的补正规则和非法电子数据的排除规则，但是均奉行实体真实导向，无法规制非法处理个人信息的程序性违法行为。《刑诉法解释》第119条尽管列举了对于技术侦查收集的证据材料的审查重点，但是对于违反技术侦查相关规定的行为仍然欠缺程序性制裁。

最后，辩方的诉讼制衡乏力。随着网络信息技术深度嵌入刑事司法程序，控辩双方的数据鸿沟日渐加深，从而对有效辩护造成冲击。[①] 在数据收集方面，无论是辩护律师自行取证，还是委由检察机关代为取证，辩方的取证范围均受到国家秘密、商业秘密与个人隐私的限制。即便国家机关将海量数据全部给予辩护律师，辩方也缺乏相应的数据消化能力，进而陷入“数据倾倒”[②] 的困境之中。在数据分析方面，辩方的信息处理技术远远落后于公安司法机关。大数据算法模型多是以有罪识别作为设计初衷，而缺乏识别无罪、罪轻证据的技术原理。公安、司法机关也缺乏为辩方寻找、分析无罪、罪轻证据的制度动力。除辩护律师

---

① 参见裴炜：《论刑事数字辩护：以有效辩护为视角》，载《法治现代化研究》2020年第4期。

② See BrandonL. Garrett, *Big Data and Due Process*, Cornell Law Review Online, Vol. 99 - 100, p. 207 - 216 (2013 - 2015).

无法通过辩护权制衡数据权力之外，当事人也由于被不当剥夺了知情权，导致缺乏进行事后救济的必要材料。我国侦查程序总体处于封闭运行的状态，个人难以通过事前、事中、事后的告知程序得知个人信息被处理的事实，更遑论提起程序性制裁与国家赔偿。

另一方面，数据权力的专业制约不足。由于公安内部预审部门的形式缺位，以及侦检、侦审、侦辩诉讼结构的失衡，有必要引入专门的监督机构以制衡侦查机关的数据权力。例如，GDPR 第六章就专项规定欧盟成员国应当设置独立监管机构。相较于内部自律，专门的监督机构更具有中立性与独立性；相较于司法审查，专门的监督机构在专业性方面又存在技术资源的优势。在理想的制度设计中，专门机关的监督既可以通过向单位发送纪律惩戒函的形式问责相关负责人，甚至将触犯刑法的人员移交司法部门或者监察机关；同时，专门的监督机构也能够调查违法处理个人信息的情况，并将调查结果通知司法机关，与后续的非法证据排除程序形成制度联动。①

然而，我国《个人信息保护法》并未建立专门的监督机构，而是规定由国家互联网信息部门（以下简称网信部门）负责统筹协调个人信息保护工作和相关监管管理工作。从部门独立性角度而言，国家网信部门并未摆脱与政府部门的隶属关系，无法在人、财、物上保证中立性；从部门职能角度而言，《个人信息保护法》第 61 条与第 62 条分别规定了部门职责与具体工作内容，但是从中很难推断出国家网信部门能够对于侦查机关的个人信息处理行为形成监督；从部门权力地位角度而言，国家网信部门并未取得超越公安、司法机关的优势地位，即便确实存在监督活动，也可能仅停留于形式层面。

综上，公安机关内部的预审监督，检察机关与审判机关的司法监督，辩护律师及当事人的辩方监督，以及国家网信部门的专门监督，均

---

① 参见张可：《大数据侦查措施程控体系建构：前提、核心与保障》，载《东方法学》2019 年第 6 期。

呈现出制约因素不足的特征，无法控制侦查机关日渐膨胀的数据权力。

3. 片面履行保护义务

除诉讼监督与专业监督之外，个人信息的国家保护义务也是制约数据权力的有力武器。个人信息的国家保护义务既包括尊重私人领域、避免过度侵犯的消极义务，也涵盖针对数据权力进行规制的积极义务。然而，国家机关有时片面履行个人信息的国家保护义务，甚至将之转化为第三方机构的作为义务，进一步弱化了制约数据权力的功能。

一方面，个人信息的国家保护义务仅局限于消极的保密义务。我国《刑事诉讼法》第 54 条、第 152 条等规定了司法机关及其工作人员的消极保密义务，并将之视为个人信息保护的替代性手段。此外，《国家情报法》第 19 条也有类似规定，国家情报工作机构及其工作人员不得泄露国家秘密、商业秘密和个人信息。然而，消极保密义务仅是个人信息国家保护义务的一部分。除此之外，根据欧盟《2016/680 指令》的相关规定，司法机关还负有全面记载数据处理活动的义务、确保数据处理过程安全性的保障义务、建立独立数据监管机构的义务、设置数据保护官的义务、数据泄露的报告与通知义务、事前协商义务、数据保护影响评估义务等。我国《个人信息保护法》也在第五章对个人信息处理者的义务进行了专门规定。具体包括设立个人信息保护负责人的义务（第 52 条）、合规审计义务（第 54 条）、个人信息影响评估义务（第 55 条、第 56 条）、个人信息泄露的补救与通知义务（第 57 条）等。将个人信息的国家保护义务限缩在保守秘密层面，体现出维护国家信息安全、防止个人信息泄露的制度追求，却无法为个人信息的权利保护提供对应的义务支持，也难以对于数据权力形成有效制约。

另一方面，个人信息国家保护义务转化为网络、电信服务提供者的义务。《反恐怖主义法》第 19 条将保存与删除相关信息的义务向电信业务经营者、互联网服务提供者转移。并且，《网络安全法》第 21 条要求网络运营者留存不少于 6 个月的网络日志，第 47 条也对于网络运营者课以违法信息的监控义务与报告义务。《电子数据规定》第12条、第13条还规定了网络服务提供者冻结配合义务与调取配合义务。此外，《刑法修正案（九）》新增拒不履行信息网络安全管理义务罪。这实质上是通过设立刑事责任的方式倒逼网络服务提供者主动审查网络信息。这致使网络管控的重心由用户向网络服务者转移，加重了网络服务者的预先审查义务与实时监控义务。[①] 此外，与网络服务提供者承担的义务相比，国家对于第三方机构获得补偿的权利与诉讼豁免权却陷入了制度沉默。[②] 国家基于网络治理的需要，片面加重了网络、电信服务提供者的监控、留存、配合义务，却忽略了自身应当承担的个人信息国家保护义务。

① 参见帅奕男：《基本权利“新样态”的宪法保障——以互联网时代公民通信自由权为例》，载《法学评论》2018年第6期。

② 参见吴常青、吴轩：《情报监控中通信运营商权利义务的比较与借鉴》，载《重庆邮电大学学报（社会科学版）》2018年第4期。

第四章　我国侦查中个人信息保护的制度分析

维持个人信息保护与个人信息处理之间的平衡关系，既是《个人信息保护法》的基本立场与核心线索，又是个人信息保护制度的终极目的。纵观我国刑事侦查执法实践与规范演进的历程，能够梳理出个人信息保护与个人信息处理互动关系的发展脉络。

首先，传统侦查与“阴私”保护的平衡。传统侦查主要是对现场遗留的痕迹物证进行勘查、检验、鉴定等物质活动。物理空间的有形性限定了个人信息的生成边界，使其仅局限于在犯罪现场提取的痕迹物证。并且，这一时期侦查人员的思维以案件为中心，处理个人信息带有明显的功利性。个人信息的功能发挥以特定案件为限，当另一起案件出现时，新一轮的犯罪信息收集工作又会循环往复地展开，先前获取的个人信息就成为失效、过期的产物。[①] 因此，个人信息长期处于客体地位，仅能发挥现场还原、事后固定等辅助作用。加之个人信息的记录存储机制以人脑与书写体系为主，其运用带有明显的经验性与非理性，致使“侦查主导信息”成为主流的侦查范式，侦查机关对于个人信息的处理停留在初级水平。与之对应，在个人信息保护方面，1979 年《刑事诉讼法》仅规定了涉及“阴私”的案件不公开审理，意即用不公开

① 参见李双其：《论信息引导侦查》，载《中国人民公安大学学报（社会科学版）》2005 年第 6 期。

阴私的方式间接保护个人信息。但是,“阴私”通常是指负面信息，特别是与“性”有关的信息。[①] 因此,“阴私”保护的方式具有保护范围的局限性。尽管如此，由于传统侦查活动中个人信息处理效能不彰，个人信息保护与处理在总体上维持着平衡局面。

其次，信息化侦查与隐私保护的平衡。“信息化侦查是指利用信息所搭建的各类平台，并采用数字化侦查手段在各类平台开展侦查活动。”[②] 与传统侦查相比，信息化侦查在信息记录、存储、提取以及分析方式上存在根本差别。[③] 一方面，信息化侦查开辟了虚拟时空这一全新的个人信息获取场所，突破了犯罪现场的空间束缚，拓展了个人信息的获取途径与收集体量。另一方面，个人信息在侦查活动中的地位显著提高，推动了侦查思维的转型,“信息引导侦查”成为主流的侦查范式。当然，信息化侦查也存在个人信息类型、规模与处理方式上的时代局限。[④] 与之对应，在个人信息保护方面，我国1996年《刑事诉讼法》将阴私保护修改为隐私保护，从而扩大了间接保护个人信息的范围。并且，2012年《刑事诉讼法》实现了技术侦查的法定化，这表明立法者试图以隐私保护的方式直接制衡技术侦查对个人信息的处理。因此，个人信息保护与处理之间仍然总体保持平衡关系。

最后，大数据侦查与个人信息保护的失衡。大数据侦查作为信息化侦查的最新发展形态，引发了侦查思维、侦查组织、侦查模式、侦查技战法的根本性变革。一方面，大数据侦查以相关性思维取代因果性思维，不仅实现了个人信息体量的“井喷”式增长，也完成了对非结构化数据的规模化应用。并且，数据挖掘技术的成熟使侦查人员能够对个

① 参见张建伟:《刑事诉讼法通义》(第2版)，北京大学出版社2016年版，第134页。

② 李双其、曹文安、黄云峰:《法治视野下的信息化侦查》，中国检察出版社2011年版，第1页。

③ 参见何军:《大数据与侦查模式变革研究》，载《中国人民公安大学学报(社会科学版)》2015年第1期。

④ 参见杨郁娟:《大数据侦查的证成：从信息化到大数据》，载《铁道警察学院学报》2017年第3期。

人信息进行重复利用与深度加工，进而全方位解析出公民的数字人格，甚至预测未来的行动方向，助推了智慧警务与预测型警务的发展。另一方面，大数据侦查标志着由物理侦查行为向数据侦查行为的转型，[①] 个人信息对侦查工作发挥了驱动作用，“信息主导侦查”成为主流的侦查范式。与大数据侦查对个人信息的全面渗透相比，我国刑事领域对个人信息的保护有所迟滞，仅通过《电子数据规定》与《电子数据取证规则》对电子数据的处理进行规范。2018 年《刑事诉讼法》仍然坚持了过往的隐私保护方式，没有引入个人信息保护的具体制度。除了立法规范对于个人信息保护制度的跟进滞后之外，我国侦查活动中个人信息保护还存在结构性问题，致使个人信息保护与个人信息处理活动严重失衡。在权利保护方面，刑事诉讼立法规范由于缺乏直接可供利用的权利基础，反而通过保密义务条款、技术保真条款、权力行使条款、隐私保护条款间接保护个人信息；在权力保护方面，个人信息处理行为与个人信息处理程序均存在一定的制度问题。前者未能对所有个人信息处理行为进行准确、独立的评价，造成个人信息分析、个人信息存储、个人信息搜查呈现依附性状态。后者未能对个人信息处理程序进行比例化、精细化的设计区分，致使不同性质的程序之间处于混合状态。

一、我国个人信息的间接性权利保护

虽然我国《宪法》第 33 条、第 37 条、第 38 条、第 39 条、第 40 条、第 41 条均在一定程度上暗含隐私保护或个人信息保护的内涵，但是毕竟没有具体直接的宪法条款规定隐私权与个人信息权。尽管有学者主张借由法解释学的方法，从宪法中推演出隐私权与个人信息权，[②] 但

① 参见何军：《数据侦查行为的法律性质及规制路径研究》，载《中国人民公安大学学报（社会科学版）》2021 年第 1 期。

② 参见王锴：《调取查阅通话（讯）记录中的基本权利保护》，载《政治与法律》2020 年第 8 期。

亦有相反观点认为隐私权与个人信息权“缺乏坚实的规范和学理基础”[①]。二者至多属于“未列举权利”，存在“破坏法的安定性”“解释者恣意”等理论风险。[②] 由于《宪法》是《刑事诉讼法》的上位法，《宪法》中隐私权与个人信息权的存在争议势必会影响《刑事诉讼法》中个人信息权利基础的确证。此外，《个人信息保护法》虽然规定了个人信息权益，但是由于“个人信息权益”自身存在权利与利益的属性争议，加之《个人信息保护法》与《刑事诉讼法》互动程度有限，不宜直接将个人信息权益作为刑事诉讼中保护个人信息的直接权利依据。在缺乏坚实、直接的权利基础的情况下，《刑事诉讼法》及其规范性解释诉诸了间接性权利保护的方式，即由保密义务条款、技术保真条款、权力行使条款、隐私保护条款间接发挥保护个人信息的制度功能。但是由于上述条款缺乏实质性的权利因素，其压制或者限缩了刑事侦查中个人信息保护的权利话语。

（一）保密义务条款间接保护个人信息

《刑事诉讼法》及其规范性解释并未直接规定保护个人信息的权利条款，而是主要诉诸国家机关的保密义务以间接保护个人信息。例如，《刑事诉讼法》第111条第3款规定：“公安机关、人民检察院或者人民法院应当保障报案人、控告人、举报人及其近亲属的安全。报案人、控告人、举报人如果不愿公开自己的姓名和报案、控告、举报的行为，应当为他保守秘密。”根据行为方式，国家机关的保密义务可以区分为命令性义务与禁止性义务。其中，命令性义务存在“可为模式”与“应为模式”两种具体方式。“可为模式”承认个人信息处理者的选择自由，不带有明显的强制性。例如，《公安机关办理刑事案件程序规

---

① 张翔：《通信权的宪法释义与审查框架——兼与杜强强、王锴、秦小建教授商榷》，载《比较法研究》2021年第1期。

② 参见屠振宇：《未列举基本权利的宪法保护》，载《中外法学》2007年第1期。

定》第76条规定："公安机关依法决定不公开证人、鉴定人、被害人的真实姓名、住址、通讯方式和工作单位等个人信息的，可以在起诉意见书、询问笔录等法律文书、证据材料中使用化名等代替证人、鉴定人、被害人的个人信息。"而"应为模式"则强调对特定机关主体的强制性要求和约束性限制。例如，《刑事诉讼法》第54条第3款规定："对涉及国家秘密、商业秘密、个人隐私的证据，应当保密。"此外，《刑事诉讼法》第152条中的对技术侦查措施获取的与案件无关的材料"必须及时销毁"、第286条中的"应当对相关犯罪记录予以封存"也均是"应为模式"的具体表现。而禁止性义务则是为国家机关的权力行使划定禁区。例如，《刑事诉讼法》第188条第1款规定："人民法院审判第一审案件应当公开进行。但是有关国家秘密或者个人隐私的案件，不公开审理。"

以保密义务条款间接保护个人信息，会弱化个人信息保护中的权利色彩。无论是命令性义务还是禁止性义务，其核心要义均在于强调国家机关的秘密保守义务，而非确立专门的个人信息权利条款，以直接保护信息主体的相关权利。虽然保密义务的客体中存在个人隐私，似乎彰显出对于公民隐私权的保护，但是，个人隐私通常都与国家秘密、商业秘密捆绑出现，三者被视为价值位阶一致的统一整体，从而淡化了个人隐私中蕴含的基本权利属性。[①] 因此，信息主体对于隐私权的保护无法主动开启，而需倚赖司法机关及其工作人员的保密义务、销毁义务、封存义务与不公开义务来间接实现。申言之，公民的隐私利益是否得到保护，需要仰仗侦查机关的自觉意识与内部监督，本人在侦查活动开展前、进行中、结束后均无法主动提起权利救济。而如果相关机关消极不作为或监督缺失，公民则面临个人信息权利失控的尴尬处境。我国相关规范以保密义务条款间接保护个人信息，体现出我国在刑事诉讼个人信

---

① 参见朱福惠：《被害人个人隐私信息保护的理论证成与体系化建构》，载《国家检察官学院学报》2019年第3期。

息保护中更倾向于权力保护方式，而限缩了权利保护方式的生成空间，致使权利保护与权力保护这两种个人信息保护方式产生发展失衡的局面。并且，以保密义务条款作为权力保护的主要形式，存在内容方面的局限性。实际上，消极保密义务仅是宏观的个人信息国家保护义务中的一部分。如前所述，司法机关还负有全面记载数据处理活动、确保数据处理过程安全性、建立独立数据监管机构、设置数据保护官、数据泄露的报告与通知、事前协商、数据保护影响评估等多项义务。

此外，保密义务条款保护个人信息的范围有限。在主体方面，保密义务条款更侧重于保护证人、被害人的私密信息，却对需要个人信息保护的犯罪嫌疑人、被告人保障力度不足。例如，最高人民法院、最高人民检察院、公安部、司法部《关于依法办理家庭暴力犯罪案件的意见》第 2 条对被害人的隐私保密进行了专项规定。《刑诉法解释》第 256 条也规定："证人、鉴定人、被害人因出庭作证，本人或者其近亲属的人身安全面临危险的，人民法院应当采取不公开其真实姓名、住址和工作单位等个人信息，或者不暴露其外貌、真实声音等保护措施。"此外，保密义务条款对未成年人的个人信息保护力度较高，而忽视了对成年人的个人信息保护。例如，《人民检察院刑事诉讼规则》第 459 条规定："人民检察院办理未成年人与成年人共同犯罪案件，一般应当对未成年人与成年人分案办理、分别起诉。不宜分案处理的，应当对未成年人采取隐私保护、快速办理等特殊保护措施。"《刑诉法解释》第 559 条也规定："审理涉及未成年人的刑事案件，不得向外界披露未成年人的姓名、住所、照片以及可能推断出未成年人身份的其他资料。查阅、摘抄、复制的案卷材料，涉及未成年人的，不得公开和传播。"在内容方面，保密义务条款更关注真实姓名、住址和工作单位等身份性信息，却对生物识别信息、行踪信息、健康信息、性生活信息、财务信息等同样可以直接或间接识别出个人的信息缺乏必要的保护。例如，《刑事诉讼法》第 64 条第 1 款第 1 项规定："对于危害国家安全犯罪、恐怖活动犯罪、黑社会性质的组织犯罪、毒品犯罪等案件，证人、鉴定人、被害人因在诉讼中作证，本人或者其近亲属的人身安全面临危险的，人民法院、人民检察院和公安机关应当采取以下一项或者多项保护措施：（一）不公开真实姓名、住址和工作单位等个人信息。”此外，《刑诉法解释》第 257 条也规定：“决定对出庭作证的证人、鉴定人、被害人采取不公开个人信息的保护措施的，审判人员应当在开庭前核实其身份，对证人、鉴定人如实作证的保证书不得公开，在判决书、裁定书等法律文书中可以使用化名等代替其个人信息。”

（二）技术保真条款间接保护个人信息

在刑事诉讼立法规范中，以电子数据鉴真规则为代表的技术保真条款也间接发挥着保护个人信息的功能。电子证据不仅在形式上是一种独立的证据类型，在内容上也成为个人信息的集合体。[①] 无论是《电子数据规定》，还是《电子数据取证规则》，均主要从实体正义的角度出发，在科技层面对电子证据的真实性、相关性、同一性进行了详尽的规则建构，试图以此取代电子取证过程中对个人信息的程序保障与权利话语。然而，技术保真条款虽然关照了电子证据在证明机理上的特殊性，却对其在证据方法上的干预性关注不足，致使个人信息的权利保护被不当架空。首先，技术保真条款在制度目的上主要以实体真实为导向。例如，《电子数据取证规则》第 1 条以“确保电子数据取证质量，提高电子数据取证效率”作为规范目的，这主要是基于追求证据真实性的考量，却并未体现出人权保障的色彩。这致使后续具体的取证制度中偏重技术性设计，而缺失了权利性安排。其次，技术保真条款在具体规则中主要以实体真实为导向。例如，《电子数据规定》在技术标准层面规定了保护电子数据完整性的方法（第 5 条）、记录原始存储介质的封存状态（第

---

① 参见蒋勇：《个人信息保护视野下中国电子取证规制的程序法转向》，载《西安交通大学学报（社会科学版）》2019 年第 6 期。

8条)、计算电子数据的完整性校验值（第9条)、数字签名、数字证书等真实性审查判断规则（第22条)、完整性验证方法（第23条）等电子数据的鉴真规则，试图通过对内外载体的“独特性证明”与“完整性证明”确保电子数据的真实性与完整性。[1] 除此之外，在网络在线提取与网络远程勘验的具体程序中，均存在对于取证主体的特殊性要求，并设定了笔录保全、全程录音录像等证据固定方法，以保障电子数据的关联性与可靠性。最后，技术保真条款在电子数据的审查环节中主要以实体真实为导向。一方面，电子数据的合法性审查与真实性审查相混淆。《电子数据规定》第24条规定了电子数据的合法性审查规则，具体包括取证主体、笔录内容、见证人与录像、数据存储与备份四大内容。然而，这些内容在实质上均是对电子数据真实性的审查，而非合法性审查。另一方面，电子数据的排除规则主要是基于真实性的考量。《电子数据规定》第27条规定了基于真实性的瑕疵证据补正规则，只有在不能补正或者作出合理解释的情况下才否认其证据能力。其列举的3种不得作为定案根据的情形，均是因为无法保障电子数据的真实性。综上，技术保真条款片面追求电子数据的真实性，导致在电子取证程序中个人信息保护的权利属性稀薄。

（三）权力行使条款间接保护个人信息

在刑事诉讼立法规范中，侦查机关的权力行使条款通过规范个人信息处理活动，在一定程度上发挥着保护个人信息的作用。然而，权力行使条款的主要目的在于信息处理权力的授予与限制，并未过多关注个人信息保护的权利话语，致使个人信息的权利保护具有明显的间接性。例如，《刑事诉讼法》第132条第1款规定：“为了确定被害人、犯罪嫌疑人的某些特征、伤害情况或者生理状态，可以对人身进行检查，可以

① 参见刘译砚：《论电子数据的双重鉴真》，载《当代法学》2018年第3期。

提取指纹信息，采集血液、尿液等生物样本。”《公安机关办理刑事案件程序规定》第 351 条规定：“已被决定拘留、逮捕的犯罪嫌疑人在逃的，可以通过网上工作平台发布犯罪嫌疑人相关信息、拘留证或者逮捕证。”《刑诉法解释》第 117 条第 1 项规定：“使用采取技术调查、侦查措施收集的证据材料可能危及有关人员的人身安全，或者可能产生其他严重后果的，可以采取下列保护措施：(一) 使用化名等代替调查、侦查人员及有关人员的个人信息。”上述规定虽然限制了个人信息处理的目的、对象、范围与方式，发挥了间接保护个人信息的制度功能，然而，其主要目的仍然是从权力运行的角度对侦查机关使用个人信息进行正当化授权，而非以权利方式直接保护个人信息。

此外，个人信息保护多由国家机关主导推进，公民积极行权的空间相对不足。例如，最高人民检察院、公安部《关于公安机关办理经济犯罪案件的若干规定》第 33 条规定：“对于被决定采取强制措施并上网追逃的犯罪嫌疑人，经审查发现不构成犯罪或者依法不予追究刑事责任的，应当立即撤销强制措施决定，并按照有关规定，报请省级以上公安机关删除相关信息。”《刑诉法解释》第 473 条规定：“原判决、裁定认定被告人姓名等身份信息有误，但认定事实和适用法律正确、量刑适当的，作出生效判决、裁定的人民法院可以通过裁定对有关信息予以更正。”由此可见，对个人信息的删除与更正均由有关部门主动开展，而并非赋予当事人删除权、更正权等积极主动的权利。个人信息处理者负有的删除、更正义务与信息主体享有的删除权、更正权虽然行使效果具有近似性，但却属于不同范畴的事物。如果个人信息处理者未能依法履行删除、更正义务，信息主体可依据上述权利提出救济。然而，在权力行使条款的覆盖下，监督规范个人信息处理活动的渠道被不当窄化。对于过期信息、错误信息，如果公权机关并未发现，或发现后并未予以删除更正，则公民也无法诉诸自己的信息权利进行救济。

（四）隐私保护条款间接保护个人信息

在刑事诉讼立法规范中，隐私保护条款成为以权利方式间接保护个人信息的制度载体。例如，《刑事诉讼法》第54条第3款规定："对涉及国家秘密、商业秘密、个人隐私的证据，应当保密。"第152条第2款规定："侦查人员对采取技术侦查措施过程中知悉的国家秘密、商业秘密和个人隐私，应当保密。"此外，《刑诉法解释》第55条、第81条、第135条、第222条、第287条，《人民检察院刑事诉讼规则》第77条、第179条、第230条、第495条，《公安机关办理刑事案件程序规定》第61条、第195条、第270条、第318条、第326条，《电子数据规定》第4条，《电子数据取证规则》第4条等均存在大量隐私保护条款，涉及证据调取、技术侦查、电子取证、公开审理、讯问录音录像、未成年人保护、案卷材料的查阅摘抄复制等程序。并且，立法者坚持认为保护隐私权是我国刑事诉讼制度的重要价值之一。例如，在2012年将技术侦查正式纳入《刑事诉讼法》时，相关立法人员就认为，"通过法律手段对侦查机关使用技术侦查措施进行约束和限制……对保护公民通信自由、个人隐私等合法权益都具有重要的现实意义"①。

在刑事诉讼立法规范长期缺乏直接的个人信息保护制度的背景下，隐私保护条款无疑发挥着间接保护个人信息的制度功能。并且，隐私保护条款对于隐私信息的保护也构成了个人信息保护制度的核心内容。然而，隐私保护与个人信息保护虽然在制度功能上存在相似性，但仍然是两套不同的规则设计。如前所述，二者在权利客体、权利内容、保护方式与行权逻辑方面存在诸多差异。因此，将隐私保护条款作为刑事侦查中保护个人信息唯一的法治选项的做法，不仅没有正确认识隐私保护与个人信息保护之间的逻辑关系，而且这种间接保护方式也存在诸多制度

---

① 黄太云：《刑事诉讼法修改释义》，载《人民检察》2012年第8期。

隐患。

其一，隐私保护条款无法包含所有的个人信息。隐私在划定保护客体时需要严格遵循“隐”与“私”的逻辑内核，如果所隐匿的事务与私人无关，或私人之事无须隐匿，则均不构成隐私的概念。[①] “隐私应当被严格限制在独处领域及秘密状态之下。”[②] 因此，由于隐私概念的界定存在天然的制度门槛，隐私信息仅能涵盖一部分个人信息。这导致无法构成隐私的一般信息、公开信息、元数据、次生数据、非结构化数据、自动化处理数据等不在隐私保护条款的保护范围之列。例如，《电子数据取证规则》第 4 条规定：“公安机关电子数据取证涉及国家秘密、警务工作秘密、商业秘密、个人隐私的，应当保密；对于获取的材料与案件无关的，应当及时退还或者销毁。”如果所涉及的个人信息既不属于个人隐私，又不属于与案件无关的材料，则公安机关就无须恪守保密义务或者执行退还、销毁程序。然而，信息主体对于隐私信息与非隐私信息均享有相应的信息自决利益，隐私保护条款的片面化保护不当限缩了个人信息权利的客体范围。

其二，隐私保护条款无法覆盖所有的个人信息处理环节。隐私权以保密作为其主要的权利内容，一旦隐私被泄露或公开，则其权利内容与保护价值均不复存在。因此，在刑事侦查领域，只要侦查人员首次刺探窥视了隐私信息，其中的隐私利益立即不复存在，后续也不会再度生成。这导致侦查程序的设置仅关注前端第一次的个人信息收集行为，竭力保护隐私不被执法机关非法获取，而不再规制收集之后存储、分析和使用个人信息的行为。然而，无论是前端的个人信息收集行为，还是后续的存储、分析和使用行为，都属于个人信息处理的范畴，均应符合处

---

① 参见裴炜：《个人信息权的建构和立体式法律保障——由隐私权保护的范式困境展开》，载《北大法律评论》2017 年第 2 期。

② 倪蕴帷：《隐私权在美国法中的理论演进与概念重构——基于情境脉络完整性理论的分析及其对中国法的启示》，载《政治与法律》2019 年第 10 期。

理个人信息的原则与规则。但隐私保护条款片面重视个人信息收集环节，致使其他个人信息处理行为丧失了程序评价的独立性，处于程序规制的真空状态。

其三，隐私保护条款难以彰显积极救济功能。隐私权本质上是一项防御性权利，其行权方式较为消极。隐私权主要通过被动的权利行使以维护独处的状态和私人信息、私人事务、私密空间不被他人打扰。在救济时点上，隐私权在遭到侵犯之前无法积极主动地行使，而只能诉诸事后的请求权以寻求补救；在救济方式上，其往往与公权机关的作为义务相对应，而非直接赋予当事人保障性权利。例如，《公安机关办理刑事案件程序规定》第195条规定："公安机关侦查犯罪，涉及国家秘密、商业秘密、个人隐私的，应当保密。"此项规定仅科以公安机关隐私保密义务，却并未明确指出公安机关违反该项义务的制裁后果，也没有规定在办案人员怠于履行隐私保密义务时，信息主体能否积极主动地展开权利救济。

二、我国个人信息的依附性权力保护

在刑事侦查活动中存在各种类型、不同阶段的个人信息处理行为。在诉讼活动开始之前，视频监控系统与物联网等传感系统就已经捕捉了数以亿计的人脸、虹膜、步态等生物识别信息。此外，公安机关各大数据库也对海量的身份识别性信息进行留存备查。在侦查过程中，办案人员通过调取、搜查、网络在线提取、网络远程勘验、技术侦查等侦查措施广泛收集个人信息。并且，在数据挖掘技术的助力下，侦查机关得以实现对于个人信息的重复利用与深层加工，甚至能够通过算法模型分析出嫌疑对象的数字人格。在侦查活动之后，对于案件的个人信息还涉及传输、销毁、存储等数据处理活动。然而，在我国侦查实践中，各类个人信息处理行为之间的界限并非泾渭分明，而是呈现出依附性特征。所谓依附性是指某一事物丧失了生成依据、判断方式与程序评价的独立性，被另一事物的主导性吞没，只能作为另一事物的伴随状态或者附带后果。后续行为或是被前端行为吸收，或是被共同的上位概念囊括，其正当性基础并不由自身的制度功能所界定，而是由他者进行合法传导与程序供给。这种行为的不当依附关系不仅难以展示出特定环节独立的程序价值与其中蕴含的权利意识，而且致使相关行为阶段成为规制盲区，难以透视其中潜藏的数据风险。具言之，我国个人信息依附性权力保护主要表现在以下三个方面。

（一）个人信息分析行为依附于收集行为

分析犯罪嫌疑人的行动轨迹、社交关系、兴趣爱好、身体状况，以还原出其完整细致的人格图谱一直是刑事侦查活动中的重要工作。在传统侦查实践中，由于社会整体的数字化程度有限，办案人员对于个体的人格全貌形成详尽认识所需要的个人信息总量相对较少，分析难度也相对较低。侦查人员在采取调查走访、讯问询问等个人信息收集工作的同时，也在借由工作经验与推理判断进行个人信息分析，收集与分析呈现出共时性与同步性特征。然而，科技的进步拓展了人们的活动范围，推动了公民生活的数字化进程，也加剧了犯罪行为的复杂性。侦查人员要想继续实现对于目标个体生活样貌的通盘掌握，不仅需要更多资料，而且需要挖掘数据背后的潜在关系。因此，侦查主体开始出现社会化与弥散化倾向，以拓宽信息收集的渠道。但是，随之而来的数据容量的激增导致传统工作中依靠人力智慧与办案经验的信息分析方法不堪重负，办案人员不仅无法消化巨量的数字化信息，而且难以揭露非结构化数据背后的逻辑关系。因此，自动化的信息处理技术被引入侦查实践，其在替代侦查人员进行分析工作的同时，也改变了个人信息收集与个人信息分析的共时性状态。侦查机关往往先行调取或收集数据资料，然后再由信息处理技术进行分析。因此，个人信息的收集与分析之间呈现出明显的阶段性差异。其中，个人信息收集往往指代获取数据源的过程，重点关注对原始资料的保存与记录。而个人信息分析则是指对有用信息进行提取的过程，其中既包括简单的信息分析行为，又包含深度的数据挖掘行为。前者侧重对已知目的或预定假设进行验证，多采取比对、交叉、分组、回归等分析方法；而后者侧重对于未知信息的深度加工，借由人工智能与机器学习等技术组合，建构数据挖掘的算法模型，建立其与未知事物之间的关联性，进而实现预测未来的功能。① 自此，侦查行为不再仅限于实时的个人信息收集行为，而是从内部裂解为收集与分析，个人信息分析成为一个独立的行为环节。

然而，在我国立法规范与学术研究中，却呈现出个人信息分析行为依附于收集行为的现象。例如，《刑事诉讼法》在侦查一章中通过明确的实施细则规制讯问、搜查、技术侦查等取证行为，却对数据比对、查询和挖掘等个人信息分析行为只字未提。同样，《电子数据取证规则》虽然详细列举了电子数据取证的类型、方式与操作规范，却忽略了个人信息分析行为同样具有程序规制的必要性。其中，《电子数据取证规则》不仅在第 3 条将电子数据取证界定为“收集、提取电子数据”“电子数据检查和侦查实验”“电子数据检验与鉴定”三类，而且在第二章收集、提取电子数据的细则中，又分别列举了“扣押、封存原始存储介质”“现场提取电子数据”“网络在线提取电子数据”“冻结电子数据”“调取电子数据”五种具体方式。而对于个人信息分析，则仅在《公安机关执法细则》（第 3 版）第 29－02 条中规定：“进行下列侦查活动时，应当利用有关信息数据库查询、检索、比对有关数据。”然而，该规范性文件仅为公安机关内部的操作规程，不仅法律层级相对较低，难以对刑事诉讼活动发挥指引功能，而且，其仅规定了查询、检索、比对这三种相对低阶的个人信息分析行为，而对于个人信息进行深度加工的碰撞、画像、挖掘等则不在规制范围之内。并且，学界也多将侦查活动

① 参见崔淑洁、张弘：《数据挖掘对个人信息的侵害与保护路径》，载《西安交通大学学报（社会科学版）》2020 年第 6 期。

直接等同于取证活动，却无视个人信息收集与分析之间的行为区别。“取证是侦查的任务之一，侦查机关取证行为应与侦查行为具有一致性，即取证行为即是侦查行为。”① 因此，在我国侦查程序中，存在“重收集，轻分析”的倾向。我国整个侦查规范体系均是围绕着取证行为的程序性与真实性进行建构，个人信息分析则沦为个人信息收集的行为附庸，而并非一个独立的程序环节。有学者将这种以前端个人信息收集吞并后续个人信息分析的现象称为“收集中心主义”。② “收集中心主义”试图以前端收集环节的规范性证成分析环节的正当性，却未能正视两者之间的阶段性差异，更无法揭示出侦查分析活动中潜在的数据风险。申言之，只要个人信息收集经过了程序审查，则其正当性可以一劳永逸、自然而然地延伸至后续的个人信息分析环节。

在我国侦查程序中会出现个人信息分析行为依附于收集行为的现象，存在以下诸多原因。

其一，占有主义观念造成个人信息分析行为依附于收集行为的现象。我国侦查程序对于个人信息的理解未能摆脱古典时期占有主义观念的消极影响。在洛克关于财产权的论述中，劳动建立在财产之上，并且成为财产的重要获取方式。③ 洛克的财产权劳动理论指出：“我们可以说，他（每个人）的身体从事的劳动和双手做的工作严格意义上归他所有。因而，只要他使任何东西脱离了自然存在的状态，并加入了自己的劳动，即附加了他自己的东西，那么它们就变成了他的所有物。”④ 同理，侦查机关收集个人信息花费了人力、物力、财力，属于一种劳动

① 刘铭：《公安电子数据取证规范的文本分析》，载《中国人民公安大学学报（社会科学版）》2021 年第 4 期。

② 参见吴桐：《科技定位侦查的制度挑战与法律规制——以日本 GPS 侦查案为例的研究》，载《中国刑事法杂志》2020 年第 6 期。

③ 参见［英］博温托·迪·苏萨·桑托斯：《迈向新法律常识：法律、全球化和解放》（第 2 版），刘坤轮、叶传星译，中国人民大学出版社 2009 年版，第 43－45 页。

④ ［英］约翰·洛克：《政府论》（下篇），丰俊功、张玉梅译，北京大学出版社 2014 年版，第 36 页。

付出行为，故而应当占有劳动成果。在大数据时代，这种占有还有溢出边界的风险，由于可以借由调取与共享获取企业与其他行政机关的个人信息，侦查机关的占有方式由直接转变为间接。这种占有主义观念给侦查机关造成了认知误区，办案人员认为占有即所有，运用国家权力合法收集的个人信息均应成为本部门占有的宝贵资源。既然是自己已经占有的个人信息，如何处置则属于自治范畴。因此，侦查程序重点关注取证行为的规范性，以解决占有的合法性问题。一旦其符合个人信息收集的法定情形或满足例外事由，则该个人信息业已为侦查机关合法占有，至于后续的个人信息分析则可诉诸办案人员的经验决断与内心裁量，不必再由专门程序进行规制。

其二，单次令状审批方式造成个人信息分析行为依附于收集行为的现象。除了秘密监听等特殊侦查手段之外，传统的个人信息收集行为多在物理场域内展开。物理环境形成的天然边界使侦查行为的持续时间、行为对象与重复频次等皆呈现出有限性。因此，对于物理侦查行为多采取"入口控制"的方式，即在侦查启动之初，就通过限定空间入口的方式以界定取证行为的时长、对象、顺序等程序要件。"入口控制"往往通过事前的单次令状审批程序进行开展，即令状仅针对单次取证活动进行审批。即便如讯问等侦查活动存在多次进行的可能性，也可以采取多个单次令状审批的方法，使得每个令状仅规范某一次具体的侦查行为。例如，在搜查令状中就应当详细记录本次搜查活动的地点、时间、物品、目的等要素。然而，这种单次审批令状在应对持续性侦查活动时面临规制失灵的局面。以持续进行的 GPS 侦查为例，安装在犯罪嫌疑人车辆上的 GPS 定位追踪器会定时回传车辆的具体位置，从而借由数据处理技术勾勒出行为人的行动地图，进而推断出其交友倾向、健康状况、兴趣爱好等私密信息，甚至预测当事人下一步的行为。对此，每一次的数据回传行为均构成一次个人信息收集活动，而数以万计的收集行为获取的个人信息在数据处理技术的分析下，能够积沙成塔地还原出公民生活的全貌。GPS侦查的强制性不仅在于其持续而全面地收集了公民的个人信息，而且在于其借由数据分析工具解读出公民私密的生活全景。[①] 对于此种持续性侦查行为，域外多采取连续审查或分离审查的方式。连续审查即在令状审查之初，法官就应当通过限制个人信息收集的时间、范围、技术等因素提前对后续分析行为中存在的数据风险进行预防。分离审查则是对兼具个人信息收集与分析的侦查手段，分别设置两个不同的令状以审查其合法性。无论是连续审查还是分离审查，均对个人信息分析环节进行了程序关照。然而，我国并未选择其中任何一种方式，而是坚持传统的单次令状审批方法，试图以一次性的令状审批“一竿到底”地为所有个人信息处理行为提供正当性依据。单次的令状审批方式认为其已经为取证行为提供了十分充分的正当性依据，完全可以顺延至后续的分析环节，从而造成了个人信息分析行为依附于收集行为现象。

其三，隐私权保护方式的弊端造成个人信息分析行为依附于收集行为的现象。如前所述，美国隐私权存在个人信息的片面保护现象，即在权利客体上仅涵盖部分重要的隐私信息，在权利内容上仅规制前端的个人信息收集活动。我国虽未建构以隐私权为基础的基本权利模式来保护个人信息，但在技术侦查、电子取证中均体现出保护公民隐私权的立法意旨。由于对美国诉讼制度的参考，隐私权保护的弊端也存在于我国侦查程序之中。一方面，隐私权的权利客体界定存在前置门槛，致使隐私权在范围上就未将作为分析行为基础的片段数据与非结构化信息纳入其中，更遑论进行相应的程序设计。另一方面，隐私权保护程度的绝对化使个人信息成了秘密的同义语，造成了个人信息的极端化状态。一旦侦查人员通过合法方式收集了公民的个人信息，秘密就已经被执法者合法窥探，个中的隐私利益立即耗尽。因此，相关制度的设计仅关注取证行

---

① 参见王仲羊：《GPS侦查的法律规制》，载《中国人民公安大学学报（社会科学版）》2021年第4期。

为的存否及其合理性，一旦证成取证行为符合令状的原则或例外，则不再规制后续的个人信息分析行为。

个人信息分析行为依附于收集行为的现象衍生出诸多问题。

首先，个人信息分析行为依附于收集行为的现象造成侦查行为性质的评价困境。一方面，个人信息分析行为依附于收集行为的现象可能会造成对于大数据侦查法律属性的片面评价。对于大数据侦查的性质界定是侦查学界争论的热门话题。有学者认为，大数据侦查与调取、搜查、监控追踪存在性质重叠。① 而有学者认为，大数据侦查具有独立的法律属性，调取、搜查和技术侦查均非其规范依据。② 之所以存在对于大数据侦查性质的不同理解，就在于审视这种新型侦查措施的视角差异。前者主要从个人信息收集的角度解读大数据侦查，其将大数据视为行为客体而非行为本身，进而认为获取大数据的调取、搜查、监控追踪等行为与大数据侦查存在一致性；而后者主要从个人信息分析的角度评价大数据侦查，其认为数据查询、比对和挖掘行为无法为现行规范所涵盖，故而应当赋予其独立的法律属性。其实，大数据侦查并非严谨的规范概念，而是一个描述性的笼统定义，其既涵盖前端的个人信息收集行为，又包含后续的个人信息分析行为。因此，如果简单地将分析行为视为收集行为的附属品，势必无法全面准确地界定大数据侦查的法律属性。另一方面，个人信息分析行为依附于收集行为的现象可能会造成对于调取行为的畸严控制。我国有学者认为，调取证据条款侵犯了公民通信秘密与通信自由等宪法权利，不应当成为一项独立的侦查措施，而应该提升规范密度，将之纳入“提出命令式扣押”的规范之中。③ 无独有偶，美国学术界与实务界也对为调取行为提供合法性依据的“第三方理论”

---

① 参见朱嘉珺：《数字时代刑事侦查与隐私权保护的界限——以美国卡平特案大讨论为切入口》，载《环球法律评论》2020年第3期。

② 参见程雷：《大数据侦查的法律控制》，载《中国社会科学》2018年第11期。

③ 参见艾明：《调取证据应该成为一项独立的侦查取证措施吗？——调取证据措施正当性批判》，载《证据科学》2016年第2期。

进行攻讦，主张应将向第三方机构调取个人信息的行为纳入美国宪法第四修正案的规制范围。[①] 诚然，无论是调取证据条款还是第三方理论均无法为所有的个人信息调取行为提供规范性证成，对于与公民私密生活息息相关的个人信息应当提升规范保护密度。但这不一定意味着对于调取行为应当全盘加以严格规制。实质上，如果调取行为的对象仅限于与公民私密生活相去甚远的一般信息，则无须大动干戈地将之界定为强制侦查行为。“在构建电子数据调取制度时，若不考虑电子数据性质及其承载权利情况，一概将其界定为强制性侦查或者任意性侦查，可能都不利于有效侦查和权利保障的实现。”[②] 之所以会出现对于调取行为严加规制的呼声，主要还是论述者仅基于个人信息收集的视角进行观察，而忽略了调取行为在多数情况下仅为个人信息分析的前置阶段，真正对公民信息权利造成严重侵犯的是个人信息分析行为。然而，分析行为依附于收集行为，为了提前预防后续环节中可能存在的数据风险，倒逼学者在调取之初就对此种侦查手段进行严格限制，从而造成侦查效益的减损与程序设计的比例失衡。

其次，个人信息分析行为依附于收集行为的现象造成信息主体相关权利的片段化保护。一方面，“收集中心主义”的倾向仅关注个人信息收集阶段的隐私利益，而忽略后续分析环节的数据权利。“公民的数据信息权不仅体现在披露与否上的自由意志，还体现在如何运用上的自由裁量。”[③] 其既包括个人信息收集阶段的信息自决，又涵盖个人信息分析阶段的数据控制。因此，此种模式忽略了对于分析阶段的关注，片面削减了信息主体的数据权利。另一方面，个人信息分析行为依附于收集

---

① See Solove & Daniel J., *Fourth Amendment Codification and Professor Kerr's Misguided Call for Judicial Deference*, Fordham Law Review, Vol. 74: 2, p. 753 (2005).

② 谢登科:《论侦查机关电子数据调取权及其程序控制——以〈数据安全法(草案)〉第32条为视角》，载《环球法律评论》2021年第1期。

③ 参见张可:《大数据侦查措施程控体系建构: 前提、核心与保障》，载《东方法学》2019年第6期。

行为的现象也忽略了隐私利益的层次性。在“收集中心主义”的视角下，隐私权益通常作为人身、财产权益的比较对象，并将比较结果作为程序比例化的依据，却忽略了在隐私利益内部也存在层次分化的空间。公民对于不同种类的个人信息所享有的隐私利益并不相同。但“收集中心主义”视角忽视了后续的分析环节，没有意识到随着侦查行为的阶段递进，侵犯隐私利益的风险也呈现出递增趋势。申言之，“收集中心主义”视角仅关注隐私权是否受到侵犯，而不在意其遭受侵犯的程度，故而对于信息权利的保护呈现出齐平笼统的倾向。

最后，个人信息分析行为依附于收集行为的现象造成对于元数据价值的认知偏差。在“收集中心主义”视角下，内容数据较之元数据具有更加丰富的内涵，能够直接作为证明犯罪事实的证据，理应成为重点的规制对象，适用更为严格的诉讼程序。这种内容/非内容的二元区分框架也为各国立法所采纳，并被认为符合比例原则。然而，该框架受到个人信息分析行为的挑战。第一，通过数据处理技术对海量元数据进行汇总整合，可以勾勒出更为全面的数字人格，其对公民隐私的侵入性并不低于内容信息；第二，与通信内容相比，元数据得以将更多主观因素排除在外，其对个人私密生活的揭示往往更具客观性；[①] 第三，元数据提供了解析内容信息的背景脉络，如果缺失了元数据在使用者、位置、通信方式等方面的辅助，片段的内容信息未必能够达到揭露思想行为的效果；[②] 第四，二者之间的界限并非泾渭分明。例如，电子邮件的标题和 URL 等信息既是内容信息，又是非内容信息。[③] 之所以会出现对元数据价值的认知偏差，就在于“收集中心主义”中个人信息收集的一次

---

① 参见吴常青、李静雅、李晨蕾：《论澳大利亚通讯数据留存与调取制度及其启示》，载《信息资源管理学报》2020 年第 1 期。

② 参见刘静怡：《通信监察与民主监督：欧美争议发展趋势之反思》，载《欧美研究》2017 年第 1 期。

③ See Peter C. Ormerod & Lawrence J. Trautman, *When A Descriptive Analysis of the Fourth Amendment and the Third Party Doctrine in the Digital Age*, Albany Law Journal of Science & Technology, Vol. 28: 2, p. 147 (2018).

性、短暂性特点与大数据多次解读和持续汇聚特征之间的矛盾。而如果能正视收集行为与分析行为的关系，则会发现数据内容与数据形式具有侵权的同质化倾向。

（二）个人信息存储行为依附于收集行为

传统侦查活动以人脑与书写体系为记录储存机制，囿于存储体量的局限性，办案人员往往重视对于个人信息的直接收集与使用，而忽视个人信息的存储与再利用。个人信息的功能发挥以特定案件为限，当另一起案件出现时，新一轮的犯罪信息收集工作又会循环往复地展开，先前获取的个人信息就成为失效、过期的产物。[①] 因此，在传统侦查活动中，存储个人信息并非办案人员的主要工作之一，其在个人信息处理中也长期处于边缘地位，呈现出“用而不存”的时代特征。然而，在大数据时代，数字存储技术的发展不仅为海量的侦查数据提供了容器载体，而且为犯罪预防和社会治理中的数据再利用活动提供了资源支持。个人信息的存储活动经历了由幕后到台前的变迁过程，搭建了数据收集与数据重复利用之间的桥梁。侦查人员也改变了之前“用而不存”的思维模式，在数据主义思潮的影响下，发展出“存而不用”的思维倾向，力图实现个人信息存储的最大化。然而，“私人信息的档案材料是集权主义国家的标志”[②]。在个人信息存储过程中存在权力隐患，其中，个人信息存储行为依附于收集行为，大大加剧了存储环节的数据风险。

所谓个人信息存储行为依附于收集行为，是指个人信息存储活动一直是收集活动的附带结果与后续状态，而并非独立的程序环节。只要前端的信息收集行为具备正当性，后续的信息存储行为也会随之具有合法

---

① 参见李双其：《论信息引导侦查》，载《中国人民公安大学学报（社会科学版）》2005年第6期。

② 杨芳：《隐私权保护与个人信息保护法——对个人信息保护立法潮流的反思》，法律出版社2016年版，第43页。

性。申言之，侦查活动的规范性由信息收集阶段自动延伸至信息存储环节，致使个人信息存储处于附随伴生状态，丧失了规范评价的独立性。尽管个人信息存储对于公安机关的内部考核与外部办案具有重要意义，但其始终被视为技术安全操作指南的范畴，并未上升至权利保障的高度，致使其成为刑事诉讼程序规制的盲区。但实质上，存储活动作为个人信息处理的重要环节，其本身就具有侵犯隐私与个人信息的可能性。申言之，个人信息存储活动与基本权利的侵犯与收集、使用等其他行为无关，应当诉诸独立的程序评价。然而，在我国立法规范与司法实践中，办案人员对于存储阶段的数据风险缺乏起码的认知与警惕。在立法规范方面，《刑事诉讼法》虽然在第152条规定必须及时销毁技术侦查措施获取的与案件无关的材料，但是，该条款的规制对象仅限于技术侦查活动，而不规制其他诸多涉及存储个人信息的侦查措施。并且，侦查机关所负的销毁义务也仅限于与案件无关的材料。

个人信息存储行为依附于收集行为会导致个人信息缺乏删除机制，面临无限期留存的风险。在我国，由于个人信息存储的合法性由收集活动提供，对于个人信息的超期留存与无限期留存并不会引发规范关注。个人信息存储的多寡与时长取决于技术上限，而非由当事人的删除诉求或国家机关的删除义务所决定。然而，个人信息的无限期存储存在诸多数据隐患。首先，无限期存储个人信息会损伤诉讼主体对于个人信息的控制与自决。在刑事司法领域，被害人、证人、被确定无罪之人以及其他诉讼参与人可能存在与刑事案件“脱钩”的心理诉求，应当赋予其必要的信息权利，主动申请删除存储已达最大期限的个人信息。[①] 对于被定罪的罪犯，基于回归社会的考量，也应当赋予其相关权限删除不必要继续留存的个人信息。然而，由于个人信息存储行为的依附性，相应的删除机制迟迟未能建立，信息主体的自决权难以落地，难以实现对于

---

① 参见郑曦：《论刑事被遗忘权的边界——以性侵未成年人案件为例》，载《江汉论坛》2018年第9期。

个人信息的全周期控制。其次，无限期存储可能会产生数据冗余与数据噪声，降低个人信息的准确性，不符合个人信息保护制度中的质量原则。由于个人信息没有明确的留存时限，势必会产生大量的过期信息与无用信息。一旦基于这些个人信息发动拘留、逮捕等强制措施，或者建构犯罪预测等算法模型，则不可避免地会发生不当干预无辜人员基本权利的现象。最后，无限期存储可能加剧个人信息泄露的安全问题。《数据安全法》第 6 条第 3 款规定："公安机关、国家安全机关等依照本法和有关法律、行政法规的规定，在各自职责范围内承担数据安全监管职责。"在侦查活动中，保证个人信息的安全是办案人员的职责所在。然而，个人信息的过量存储与无限留存致使数据总量不当激增，为后续个人信息处理环节中的数据泄露埋下了制度隐患。例如，在 2015 年"南京宝马肇事案"中，辅警私自上传车祸现场视频造成了个人信息的不当泄露。[①]

（三）搜查个人信息依附于扣押存储介质

搜查、扣押电子数据是获取个人信息的重要方式之一，一般遵循"两步式"的取证逻辑。第一阶段与传统的搜查、扣押活动无异，主要是由执法人员进入搜查场所，寻获可为证据之物或可得没收之物，并排除当事人对电子数据存储介质的占有。第二阶段则是针对存储介质内部的电子数据与个人信息进行搜查。由于电子数据具有海量性、易变性、难以直接感知性等信息特质，[②] 侦查人员难以在现场完成搜查电子数据的工作。办案人员通常需要先行扣押电子设备，事后在实验室中对电子数据进行映像（mirror image）复制，再借由专业取证软件对相关数据

---

① 参见王晓易：《上传宝马肇事南京辅警被开除》，载网易新闻网 2015 年 9 月 19 日，https://www.163.com/news/article/B3SEIRQ600014AED.html。

② 参见陈永生：《电子数据搜查、扣押的法律规制》，载《现代法学》2014 年第 5 期。

进行解析，最终获取令状业已载明的证据。[①] 这种两步式的搜查、扣押方式被学者称为“二阶段搜索模式”（two - stage searching approach），与传统搜查、扣押的“一阶段搜索模式”（one - stage searching approach）形成对照。[②]

在“两步式”取证过程中，扣押存储介质与搜查个人信息在相关性、对应性与价值性方面存在明显差异。首先，扣押存储介质受到场所物品相关性与取证目的相关性的双重限制。侦查人员既要考虑外在有形的场所、物品、人身等要素，又需要确认扣押物品是否属于“令状上所记载的与案件有关应予以扣押的物品”[③]。然而，搜查其中的个人信息则伴随着物理空间向虚拟空间的转换，场所物品相关性与取证目的相关性均有不同程度的弱化。随着有形场域的消解，搜查范围不再受限于客观实体，搜查个人信息与场所物品之间的相关性被大大削弱。并且，在海量电子数据中，可能仅仅存在少量证据与待证事实相关，致使取证目的相关性也呈现弱化趋势。其次，存储介质与其中可能作为证据使用的个人信息之间的依附关系不断衰减。一方面，电子数据可以通过原件复制、哈希值计算或区块链存证等方式实现自我鉴真，其完整性并不一定必须倚赖存储介质。另一方面，电子设备与其中的个人信息之间并非一一对应。两者之间一对多、多对一、多对多的逻辑关系在云计算等场景中频繁出现。[④] 最后，扣押存储介质剥夺了当事人对自己财物的占有，主要侵犯了其财产权。而搜查个人信息则主要干预犯罪嫌疑人及其他无关第三人的隐私权。

然而，虽然存在以上诸多差异，但在我国侦查实践中，却存在搜查

---

① 参见孙潇琳：《我国电子数据搜查扣押之审思》，载《中国人民公安大学学报（社会科学版）》2018 年第 6 期。

② 参见李荣耕：《电磁纪录的搜索及扣押》，载《台大法学论丛》2012 年第 3 期。

③ 刘芳伶：《远距离搜索扣押与令状之明示特定》，载《东海大学法学研究》2016 年第 8 期。

④ 参见裴炜：《数据侦查的程序法规制——基于侦查行为相关性的考察》，载《法律科学（西北政法大学学报）》2019 年第 6 期。

个人信息依附于扣押存储介质的现象，不符合电子数据“两步式”的取证逻辑。虽然存储介质自身的物理属性可能会在一定程度上影响内容的真实性，但作为证据使用的毕竟是电子数据与个人信息，而非储存载体本身。但在相关规范与司法实践中，扣押存储介质的正当性会自动延伸至搜查个人信息阶段，即仅需要通过一次令状审批活动就可以实现对于存储介质与其中个人信息的两次搜查、扣押。申言之，后续的搜查个人信息并非一道独立的审批环节，而是依附于前端载体扣押的附随结果。毫无疑问，我国侦查实践中仍然奉行传统的封闭容器理论。该理论将电子设备比喻成封闭容器，“判断个人是否在电脑有合理隐私期待，可将储存资料的电脑视为一密封容器，就像公文包或者档案柜”[①]。封闭容器理论虽然也遵循令状主义的规定，但并不要求令状记载搜查活动的精确范围，更无法发挥限缩搜查范围、保证搜查对象特定化的功能。该理论将个人信息视作存储介质的附属品，不承认其相对于电子设备的独立价值，在合法取得物理载体之后，就自然而然地可以搜查其中的个人信息。

之所以存在搜查个人信息依附于扣押存储介质的现象，是我国未能合理应对由于电子数据特性而引发的相关性判断难题。电子设备中的个人信息与传统文书不同，其无形性的特点使之难以被侦查人员运用五感感知，在借助技术手段进行分析之前，难以确定哪些个人信息与案件待证事实之间具有相关性。并且，对于电子数据的解析过程本身就具有不可预测性，在搜查过程中可能发现与此罪有关的证据资料，也可能发现与彼罪相关的个人信息，还可能发现与该案完全无关的电子数据。对此，域外采取了设置关键词、限制文件格式、检索文件名称等技术手段，也建立了诸如电子数据“一览无余规则”等制度设计，但均无法完全解决电子数据的相关性判断难题。因此，面对搜查由物理时空向虚

① ［美］Rolando：《美国刑事侦查法制与实务》，章光明译，台北，五南图书出版公司2006年版，第298页。

拟时空转换的困境，我国选择了将前端概括式扣押存储介质与后续概括式搜查个人信息相贯通的应对方法，不再对电子数据的搜查环节设置额外的程序审查机制。这一举措能够最大限度地保证收集个人信息的完整性，但却以过度限制公民基本权利为制度代价。

搜查个人信息依附于扣押存储介质的现象助长了对于存储介质的概括式扣押。在我国立法规范中，存在“扣押优先主义”的制度倾向。[①]例如，《电子数据规定》第 8 条第 1 款规定：“收集、提取电子数据，能够扣押电子数据原始存储介质的，应当扣押、封存原始存储介质。”《电子数据取证规则》尽管将扣押、封存原始存储介质与现场提取电子数据并列，但在第 10 条仍然体现出“扣押优先主义”的思路。有学者将之总结为“以扣押原始存储介质为原则，以现场单独提取为例外，以打印、拍照、录像等方式固定为补充”[②]。在司法实践中，办案人员由于技术资质的局限性、追求电子数据真实性等原因，普遍对于电子数据采取“一体收集”的扣押手段，而非“单独收集”的取证方法。[③] 然而，真正发挥案件证明作用的是设备中的电子数据与个人信息，而非存储载体本身，存储介质仅是为其中数据信息提供可供附着的容器。将载体扣押设定为电子数据取证的前置固定工作，会使载体的相关性评价依附于其中电子数据的相关性评价，不仅会引发存储介质扣押的泛化，也可能降低扣押规范的门槛。[④] 更为关键的是，扣押存储介质的无序运行会使载体承载的财产权难以得到充分保障，这与公安部和最高人民检察院发布的相关文件中保护企业产权的倡议方向相左。

搜查个人信息依附于扣押存储介质的现象助长了对于个人信息的概

---

① 参见潘金贵、李国华：《我国电子数据收集提取措施对基本权利的干预与立法完善》，载《湖南社会科学》2019 年第 5 期。

② 喻海松：《刑事电子数据的规制路径与重点问题》，载《环球法律评论》2019 年第 1 期。

③ 参见谢登科：《电子数据的鉴真问题》，载《国家检察官学院学报》2017 年第 5 期。

④ 参见裴炜：《论刑事电子取证中的载体扣押》，载《中国刑事法杂志》2020 年第 4 期。

括式搜查。根据程序法治的要求，搜查、扣押的对象应当具有特定性和明确性，以避免对于公民基本权利的过度干预。相较于传统搜查，搜查电子数据与个人信息对于公民隐私权的干预程度更深，也更容易引发概括式搜查的风险，从而有违搜查、扣押对象特定性的要求。一方面，由于自身占据空间的有限性，像刀具、钱包、衣物等有形物品存储个人信息的数量也相应受到限制。但电子数据几乎无须占据物理空间，其存储内容具有海量性。并且，随着电子设备的日常化应用，人们在手机、电脑等设备中经常留存照片、密码、诊疗记录等私密信息。这使得搜查存储介质中的个人信息面临着侵犯隐私权的高度风险。另一方面，由于对电子数据的搜查往往不在现场进行，而是在实验室中由技术人员长期进行分析比对，电子数据会长时间暴露于办案人员的视野之下。并且，能够证实案件事实的材料可能十分有限，但为了寻获这些证据，办案人员可能会接触到大量无关信息，其中甚至包括其他无关第三人的私密数据。搜查个人信息依附于扣押存储介质的现象不仅加剧了上述隐私风险，同时也默认了对于个人信息进行概括式搜查的合法性。尽管前端扣押行为受到物理场所相关性与取证目的相关性的约束，但并未考虑存储介质内部的个人信息与案件待证事实的相关性。其结果就是默认一切存储在电子设备中的个人信息均与案件事实有关，从而造成了对于个人信息的概括式搜查。这不仅消解了搜查这一强制侦查行为的适用门槛，也造成对于信息主体与无关第三人隐私权的不当干预。

三、我国个人信息的混合性权力保护

侦查程序是个人信息处理的制度载体。对侦查程序进行精细化、层级化、比例化设计，得以实现个人信息保护与处理之间的动态平衡，打造个人信息有序共享的格局。然而，在我国刑事侦查立法规范与执法实践中，个人信息处理程序却呈现出混合性特征。混合性一词对应英文中的 indiscriminate，意指恣意的、不加区分的、不分青红皂白的。本书所称的混合性，是指忽略个人信息处理场景的差异性，以大一统的程序模型规制不同的信息处理情形。混合性权力保护既不根据行为模式、行为对象、信息类型、侵权程度等对侦查措施进行层次化区分，又不在犯罪类型、心证门槛、审批主体、适用时限等方面对侦查程序进行比例性设计。具言之，我国个人信息的混合性权力保护主要表现在以下三个方面。

（一）任意侦查程序与强制侦查程序的混合

任意侦查与强制侦查的区分肇始于日本刑事诉讼理论界，后经由学者介绍，成为我国刑事侦查体系的重要组成部分。[①] 然而，虽然我国学界接受了区分任意侦查与强制侦查的学术观点，但该理论贡献并未完全反映在现行的法律规范之中。立法者仅在诉讼阶段与特定行为两方面区分任意侦查与强制侦查。在诉讼阶段方面，确立了初查阶段强制侦查的排他性规则。《人民检察院刑事诉讼规则》第 169 条明确要求在初查阶段只能采取不限制被调查对象人身、财产权利的任意侦查，不得对被调查对象采取强制措施，不得查封、扣押、冻结被调查对象的财产，不得采取技术侦查措施。在特定行为方面，确立了技术侦查活动中任意侦查的排他性规则。由于技术侦查秘密性、侵入性、技术性的行为特征，其对公民的隐私权等基本权利构成严重威胁，理应完全纳入强制侦查的范畴。然而，正如有学者所言，我国所有侦查行为都带有强制侦查的色彩。[②] 可见，在我国，任意侦查程序与强制侦查程序的界限并非泾渭分明，在多数情况下二者呈现混合性状态，未能进行严格区分。这种现象同样出现在刑事侦查中的个人信息保护领域，在个人信息的调取、网络在线提取、网络远程勘验等程序中存在任意侦查与强制侦查混合的现

---

① 参见孙长永：《侦查程序与人权——比较法考察》，中国方正出版社 2000 年版，第 24 页。

② 参见孙长永：《强制侦查的法律控制与司法审查》，载《现代法学》2005 年第 5 期。

象。需要说明的是，由于同意要件的存在，部分侦查程序兼具任意侦查与强制侦查的属性。例如，搜查一般被列为强制侦查手段，但经过侦查对象同意的搜查会转变为任意侦查。因此，此处讨论的情形不包含当事人的同意因素，仅指规范疏漏或实践偏差而导致的部分侦查程序兼具任意侦查与强制侦查双重属性的现象。

1. 调取属于任意侦查程序与强制侦查程序的混合

《刑事诉讼法》第 54 条第 1 款规定："人民法院、人民检察院和公安机关有权向有关单位和个人收集、调取证据。"调取证据条款成为侦查机关收集第三方机构留存的个人信息的法源依据。随着信息网络服务深度嵌入社会治理，侦查机关逐渐呈现出取证的社会化倾向，向第三方机构调取个人信息已经成为办案过程中的常规操作。自此，调取已经不再是物理逻辑下仅仅对"证据"的调取活动，而逐渐发展为数据逻辑下对于"个人信息"的调取行为。然而，调取究竟属于任意侦查程序还是强制侦查程序，学界存在"任意说"、"强制说"与"折中说"三种观点。

"任意说"观点认为调取属于任意侦查程序，原因有以下三个方面。

首先，调取证据条款属于概括性授权规定。从学理解释方面，调取证据条款位于"证据"一章而非"侦查"一章，这可以推论出其并非一项独立的侦查措施。[①] 从规范明确性方面，立法者并未详尽阐述调取证据条款的程序、步骤、救济等具体问题，如果将之作为强制侦查的根据，有违法明确性原则。从部门解释方面，公安部门认为，调取证据和扣押还可以转化，如果证据持有人拒不配合调取，可以进行搜查、扣

① 参见艾明：《调取证据应该成为一项独立的侦查取证措施吗？——调取证据措施正当性批判》，载《证据科学》2016 年第 2 期。

押。[①] 这也承认了调取证据具有任意侦查属性。因此，调取并非强制侦查的特别授权条款，而是任意侦查的概括授权规定。侦查概括条款作为一般授权性条款，具有拾遗补阙的功效，只有在特别授权不明确的情况下，侦查机关才可以援引侦查概括条款作为法律授权基础，并且需要经过比例原则的审查。[②] 立法部门的人员也持相似观点，认为调取证据仅概括性地赋予了国家机关收集、调取证据的权力，而公检法机关收集、调取证据的具体程序和规范，则在《刑事诉讼法》关于侦查、起诉和审判的章节中予以具体规定。[③]

其次，诸多规范性文件佐证调取属于任意侦查程序。例如，《人民检察院刑事诉讼规则》第169条规定："进行调查核实，可以采取询问、查询、勘验、检查、鉴定、调取证据材料等不限制被调查对象人身、财产权利的措施。"《公安机关办理刑事案件程序规定》第174条第2款中也有类似表述。根据我国侦查程序原理，在初查阶段只能采取不侵犯人身、财产权利的任意侦查程序，这佐证了调取任意侦查的属性。此外，《电子数据取证规则》第41条规定："公安机关向有关单位和个人调取电子数据，应当经办案部门负责人批准，开具《调取证据通知书》，注明需要调取电子数据的相关信息，通知电子数据持有人、网络服务提供者或者有关部门执行。"其中，调取的审批主体为办案部门负责人，而非像搜查、冻结等强制侦查行为那样需要得到县级以上公安机关负责人的批准。在《人民检察院刑事诉讼规则》中，调取甚至不需要经过审批手续。审批主体的职级限制或缺位现象也从侧面证明了调取的任意侦查属性。

最后，在司法实践中，办案人员也普遍认为调取是一项任意侦查程

---

① 参见公安部法制局编：《公安机关执法细则释义》，中国人民公安大学出版社2009年版，第183页。

② 参见艾明：《刑事诉讼法中的侦查概括条款》，载《法学研究》2017年第4期。

③ 参见郎胜主编：《中华人民共和国刑事诉讼法修改与适用》，新华出版社2012年版，第120页。

序，能够为获取第三方数据的行为提供正当性支持。[①]

“强制说”观点认为调取属于强制侦查程序，原因有以下三个方面。

其一，调取违反了信息主体与网络服务者的双重自愿性。一方面，公民将个人信息交由网络、电信机构留存，这不仅是“以信息交换便捷”的隐私漠然心态所致，更是个人在数字化生存背景下的被迫之举。并且，冗长的隐私协议架空了知情同意的制度设计，致使信息主体难以知晓哪些个人信息被收集使用。即便能够理解隐私协议的内容，也仍然无法阻止个人信息不可避免地向外流动。信息主体将个人信息移转至第三方机构本质上是一种附条件的自愿。这种附条件的自愿性应当仅限于个人信息向第三方机构的流动，一旦侦查机关以调取手段介入，附条件的自愿性会转变为非自愿性。另一方面，《数据安全法》第 35 条规定，对于公安机关的调取行为，有关组织、个人应当予以配合。《刑事诉讼法》第 54 条第 1 款、《电子数据规定》第 3 条也规定了在调取过程中，有关单位和个人应当如实提供证据。《网络安全法》第 28 条更是笼统性地规定了网络运营者应当为公安机关侦查犯罪的活动提供技术支持和协助。因此，调取行为的开展不以第三方机构的主观意愿为转移。侦查机关只要出具调取证据通知书，网络、电信运营者就需要无偿提供协助义务。因此，调取以牺牲信息主体与第三方机构的自愿性为代价，带有强制侦查的色彩。

其二，调取存在概括性取证的风险，可能会侵犯信息主体的基本权利。一方面，调取不区分个人信息类型，不仅可以调取姓名、电话号码、通信地址等一般信息，也能够调取通话内容等私密数据。而内容信息以及通信位置、支付账单等非内容信息承载着公民的通信秘密与通信自由、隐私权、财产权等多项基本权利，调取上述个人信息理应诉诸强

① 参见闫刚：《论侦查实务中的调取证据》，载《四川文理学院学报》2014 年第 1 期。

制侦查程序。另一方面，调取不区分信息主体，虽然其主要对象是犯罪嫌疑人，但也不排除对被害人或其他无关第三人采取调取措施。然而，在侦查活动中，犯罪嫌疑人与被害人、其他无关第三人之间存在明显区别，应当区分对待。并且，调取对象虽然需要与犯罪事实相关，但在大数据应用背景下，这种相关性呈现弱化趋势。因此，不应当仅将调取界定为任意侦查手段，以防止相关程序的恣意性发动。

其三，调取与技术侦查存在程序混合现象，强化了其强制侦查的属性。一方面，调取与技术侦查的内涵存在重合之处。《公安机关办理刑事案件程序规定》第264条将技术侦查界定为“记录监控、行踪监控、通信监控、场所监控”。然而，如果调取的对象是通话记录，则同时符合技术侦查中“记录监控”与“通信监控”的定义。此时，若再将调取界定为任意侦查程序，可能会降低监控措施的规范强度。另一方面，《数据安全法》严格规定了调取的审批要求。《数据安全法》第35条规定：“公安机关、国家安全机关因依法维护国家安全或者侦查犯罪的需要调取数据，应当按照国家有关规定，经过严格的批准手续，依法进行。”但是，根据《刑事诉讼法》第150条的规定，“严格的批准手续”仅适用于技术侦查。具言之，根据《公安机关办理刑事案件程序规定》第265条第1款的规定，适用技术侦查需要“报设区的市一级以上公安机关负责人批准”。可见，《数据安全法》对于调取设置了极高的审批门槛，使得调取与技术侦查在审批标准上保持一致，反映出将调取界定为强制侦查的可能性。

“折中说”观点认为调取程序兼具任意侦查与强制侦查的属性。有学者认为不应当将概括授权条款与特别授权条款进行对立，而应当从广义层面理解概括授权条款。无论是对任意性侦查的授权，还是对强制性侦查的授权，都是对概括授权条款的具体化。[①] 在此基础上有学者认为

① 参见谢登科：《论侦查机关电子数据调取权及其程序控制——以〈数据安全法（草案）〉第32条为视角》，载《环球法律评论》2021年第1期。

应当建立数据分类保护制度。其中，对于言论表达类电子数据的调取属于任意侦查，而对于财产信息类、通信信息类与隐私信息类电子数据的调取则属于强制侦查。也有学者主张依照调取的事态情形、信息类型等因素界分任意侦查与强制侦查。① 此外，还有学者根据调取对象的不同区分任意侦查与强制侦查。②

2. 网络在线提取属于任意侦查程序与强制侦查程序的混合

《电子数据规定》第 6 条、第 9 条初步规定了网络在线提取的适用阶段、证据能力与行为对象。之后，《电子数据取证规则》第二章第四节详细规定了网络在线提取的程序要件。然而，对于网络在线提取属于任意侦查程序还是强制侦查程序，存在争议。

网络在线提取属于任意侦查程序，理由如下。

首先，网络在线提取可以在初查阶段使用。《电子数据规定》第 6 条规定："初查过程中收集、提取的电子数据，以及通过网络在线提取的电子数据，可以作为证据使用。"立法部门的人员也表示，在办案实践中，由于原始存储介质可能位于异地，或者虽然位于本地，但案件尚在初查环节，侦查人员不便进入现场。为了避免不及时提取电子数据造成的证据灭失，可以适用网络在线提取。③ 如前所述，《人民检察院刑事诉讼规则》第 169 条与《公安机关办理刑事案件程序规定》第 174 条第 2 款明确要求在初查阶段只能采取不限制被调查对象人身、财产权利的任意侦查措施。网络在线提取能够在初查阶段开展，证明其属于任意侦查程序。

其次，网络在线提取未设置审批环节。在我国侦查程序中，调取、

---

① 参见贝金欣、谢澍：《司法机关调取互联网企业数据之利益衡量与类型化路径》，载《国家检察官学院学报》2020 年第 6 期。

② 参见裴炜：《论个人信息的刑事调取——以网络信息业者协助刑事侦查为视角》，载《法律科学（西北政法大学学报）》2021 年第 3 期。

③ 参见万春、王建平、吴孟栓、高翼飞：《〈关于办理刑事案件收集提取和审查判断电子数据若干问题的规定〉理解与适用》，载《人民检察》2017 年第 1 期。

搜查、技术侦查的审批主体分别为办案部门负责人、县级以上公安机关负责人、设区的市一级以上公安机关负责人。然而，侦查人员适用网络在线提取却无须办理审批手续。这表明公安机关认为网络在线提取是一项任意侦查程序，可以完全交由办案人员自由裁量。

最后，网络在线提取的行为方式具有任意性。《电子数据取证规则》第 33 条第 1 款规定："网络在线提取或者网络远程勘验时，应当使用电子数据持有人、网络服务提供者提供的用户名、密码等远程计算机信息系统访问权限。"能够使用电子数据持有人、网络服务提供者提供的用户名、密码，说明已经取得了当事人的同意。同意具有将强制侦查转化为任意侦查的功能。① 只要同意是在侦查对象明确知悉且自愿的基础上作出的，就可以作为降低程序强度的正当性依据。并且，根据立法部门人员的表述，网络在线提取可以理解为从网上下载文件。② 可见，网络在线提取的适用对象主要为网络上的公开信息，不会涉及公民的隐私权、通信秘密与通信自由等基本权利，故而属于任意侦查程序。

网络在线提取同时也属于强制侦查程序，理由如下。

其一，网络在线提取的行为方式具有秘密性与侵入性。《电子数据取证规则》第 23 条规定了网络在线提取的适用对象：一是公开发布的电子数据，二是境内远程计算机信息系统上的电子数据。运用网络在线提取获取境内远程计算机信息系统上的电子数据可能构成强制侦查。尽管《电子数据取证规则》第 33 条设置了侦查对象提供用户名、密码的情形，属于在知情同意的基础上，当事人对于基本权利的放弃与让渡，然而，这并不意味着网络在线提取不属于强制侦查。知情同意只是改变了侦查活动的外在形式，但其本质上仍然保持着强制侦查的法律属性。

---

① 参见陈卫东、程雷：《任意侦查与强制侦查理论之介评——以同意取证行为为核心的分析》，载何家弘主编：《证据学论坛》第 7 卷，中国检察出版社 2004 年版。

② 参见万春、王建平、吴孟栓、高翼飞：《〈关于办理刑事案件收集提取和审查判断电子数据若干问题的规定〉理解与适用》，载《人民检察》2017 年第 1 期。

并且，针对境内远程计算机上的电子数据，同意获取并非网络在线提取唯一的行为方式。侦查实践中大量存在未经侦查对象同意，径行开展网络在线提取的情形。此时，由于侦查对象并未公开其电子数据与个人信息，计算机信息系统为其提供了虚拟的空间保护，任何秘密侵入计算机系统的行为均可能造成对于隐私权、个人信息权、资讯科技基本权等基本权利的干预，应将之界定为强制侦查程序。

其二，网络在线提取不区分个人信息类型，可能处理隐私信息。我国侦查程序偏重对于电子数据的内涵界定，而忽略了对于其中个人信息的类型区分。例如，《电子数据规定》第 1 条第 2 款规定："电子数据包括但不限于下列信息、电子文件：（一）网页、博客、微博客、朋友圈、贴吧、网盘等网络平台发布的信息；（二）手机短信、电子邮件、即时通信、通讯群组等网络应用服务的通信信息；（三）用户注册信息、身份认证信息、电子交易记录、通信记录、登录日志等信息；（四）文档、图片、音视频、数字证书、计算机程序等电子文件。"有学者认为，第一类中除了"朋友圈"信息不易界定之外，其余可纳入任意侦查的取证范畴。而第二、三、四类均涉及公民的隐私权、通信秘密与通信自由等基本权利，对其提取必然需要动用强制侦查手段。① 网络在线提取不仅获取公开发布的电子数据，也会对承载公民基本权利的个人信息进行处理。例如，有学者指出，在司法实践中，侦查机关通过网络在线提取大量获取作为网络通信信息的电子数据、平台系统类电子数据、云盘中存储电子数据与电子支付、电子交易类电子数据。② 由于网络在线提取不区分获取的个人信息的类型，可能处理隐私信息或敏感信息，属于强制侦查程序。

① 参见龙宗智：《寻求有效取证与保证权利的平衡——评"两高一部"电子数据证据规定》，载《法学》2016 年第 11 期。

② 参见谢登科：《电子数据网络在线提取规则反思与重构》，载《东方法学》2020 年第 3 期。

其三，网络在线提取存在概括性取证的风险。《电子数据规定》第9条第2款规定："对于原始存储介质位于境外或者远程计算机信息系统上的电子数据，可以通过网络在线提取。"可见，网络在线提取的对象之一是境外的原始存储介质。如前所述，由于电子证据不易感知的特性，原始存储介质与其中存在的个人信息、电子数据的相关性明显弱化。此时，将原始存储介质而非其中承载着基本权利的电子数据作为网络在线提取的适用对象，可能会造成概括性取证的风险。此外，网络在线提取向网络远程勘验的程序转换也从侧面佐证了其具有概括性取证的风险。《电子数据取证规则》第27条第1项规定："网络在线提取时需要进一步查明下列情形之一的，应当对远程计算机信息系统进行网络远程勘验：（一）需要分析、判断提取的电子数据范围的。"由此可见，在需要分析、判断提取的电子数据范围时，网络在线提取已经无法适用，而需要诉诸网络远程勘验，以进一步界定取证范围。由此可以反推出在网络在线提取中根本不存在取证范围的限制，而是对境内远程计算机系统内所有的个人信息进行概括性获取，故而应当属于强制侦查程序。

3. 网络远程勘验属于任意侦查程序与强制侦查程序的混合

传统侦查实践并未区分网络在线提取与网络远程勘验，一般统称为远程勘验。例如，2005年《计算机犯罪现场勘验与电子证据检查规则》第3条规定：远程勘验是指通过网络对远程目标系统实施勘验，以提取、固定远程目标系统的状态和存留的电子数据。《电子数据规定》对这两项电子取证措施进行了首次区分。在《电子数据取证规则》中，网络远程勘验规定在第二章第四节"网络在线提取电子数据"之下，作为一种特殊的网络在线提取方式存在。然而，对于网络远程勘验属于任意侦查程序还是强制侦查程序，存在争议。

网络远程勘验属于任意侦查程序，原因如下。

一方面，网络远程勘验属于电子化的现场勘查，可以在初查阶段使用。如前所述，《人民检察院刑事诉讼规则》第 169 条与《公安机关办理刑事案件程序规定》第 174 条第 2 款列举了一系列不干涉人身、财产权利的侦查措施，其中就包括勘验。司法实务中，办案人员往往将网络远程勘验作为勘验的下位概念，将之视作电子化、在线化的现场勘查，因此属于任意侦查程序。远程勘验属于开放式环境中网络电子数据收集提取的一种方式，是现场勘验检查的组成部分。[①]“远程勘验的流程和注意事项与现场勘验基本一致。”[②] 值得注意的是，勘验本身属于任意侦查程序还是强制侦查程序存在一定争议。有学者认为，勘验系对犯罪事实发生之犯罪处所及犯罪行为之客体（罪体）所为之检视与搜证作为，其性质系属“任意性取证”之方式，其所针对之对象，主要系对于犯罪场所与被害人为之，不及被告或被害人以外之第三人。[③]“勘验在取证之过程中，侦查机关亦有使用强制力，惟其强制力之使用，并非在排除程序上之障碍，以达到证据取得之目的，而系着重在行政秩序之维护，维持现场或证物之完整性，并不致发生意思制约之结果。”[④] 但是，也有学者认为勘验通常属于干预基本权利的强制处分。例如，勘验住宅场所会干预居住或者所有权人的财产权，身体检查亦会限制或干预侦查对象的自由权利。[⑤]

另一方面，网络远程勘验属于网络在线提取的构成要素。《电子数据规定》和《电子数据取证规则》对于网络在线提取和网络远程勘验之间的关系界定也使得后者带有任意侦查的色彩。在相关规范性文件中，网络在线提取被确定为一项独立的侦查措施，而网络远程勘验则属

---

① 参见李双其、林伟：《侦查中电子数据取证》，知识产权出版社 2018 年版，第 93－94 页。

② 刘浩阳、李锦、刘晓宇主编：《电子数据取证》，清华大学出版社 2015 年版，第 322 页。

③ 参见傅美惠：《侦查法学》，中国检察出版社 2016 年版，第 257 页。

④ 巫聪昌：《台湾地区勘验法制研究》，东海大学 2006 年博士学位论文，第 77 页。

⑤ 参见林钰雄：《刑事诉讼法》（上册总论编），中国人民大学出版社 2005 年版，第 403－408 页。

于网络在线提取的组成要素与实现手段。既然网络在线提取由于审批手续、适用阶段、行为方式等因素，常被界定为任意侦查措施，那么作为其组成部分的网络远程勘验也应当属于任意侦查程序。

然而，网络远程勘验同时也属于强制侦查程序，理由主要有以下四个方面。

其一，网络远程勘验的启动具有后置性。《电子数据规定》第 9 条第 3 款规定："为进一步查明有关情况，必要时，可以对远程计算机信息系统进行网络远程勘验。"这说明相较于网络在线提取，网络远程勘验具有后置性发动的特点。在能够运用网络在线提取进行电子取证的情况下，就无须诉诸网络远程勘验程序，这证明了网络远程勘验具有强制侦查的属性。

其二，网络远程勘验的行为方式具有强制性。《电子数据取证规则》第 27 条对于开展网络远程勘验的"必要性"进行了详细说明，列举了启动该程序的六种情形。其中，第 4 项"需要通过勘验行为让远程计算机信息系统生成新的除正常运行数据外电子数据的"虽然不涉及个人信息的收集工作，但其强制性体现在对于权属明确的计算机系统的入侵行为。在当事人并未知情同意的前提下，对已经采取防范措施的计算机系统实施秘密侵入，理应由强制侦查程序提供正当性依据。并且，第 1 项"需要分析、判断提取的电子数据范围的"、第 2 项"需要展示或者描述电子数据内容或者状态的"与第 5 项"需要收集远程计算机信息系统状态信息、系统架构、内部系统关系、文件目录结构、系统工作方式等电子数据相关信息的"均涉及对于计算机系统的全面检索与详尽收集。这几种行为均已经超出勘验定义中提取固定的范畴，上升到搜查概念中寻找、发现证据的程度，理应纳入强制侦查的范围。此外，第 3 项"需要在远程计算机信息系统中安装新的应用程序的"属于通过植入木马软件入侵计算机系统取证的行为。该行为具有明显的实时监控性质，属于主动侦查的表现方式。[①] 因此，在域外立法中植入木马进行取证往往受到最为严格的程序规制。例如，德国的“线上搜查”不仅受到重罪原则与最后手段原则的限制，其审批程序更是采取了比住宅监听更为严厉的加重法官保留（qulifizierter richtevorbehalt），此外还要承担书面记录义务与记录删除义务等。[②] 因此，网络远程勘验的此种行为方式与具有实时监控功能的技术侦查措施相混淆，无疑属于强制侦查程序。

其三，网络远程勘验主要以非公开电子数据为取证对象。根据《电子数据取证规则》第 23 条的规定，网络在线提取以公开发布的电子数据为取证对象之一。网络远程勘验作为网络在线提取的后置性措施，其适用主要针对非公开的电子数据与个人信息。并且，由于我国侦查程序中缺乏对于个人信息类型的划分，网络远程勘验在取证过程中既可以获取一般信息、非隐私信息、非内容信息与静态信息，又可以收集敏感信息、隐私信息、内容信息与动态信息。而后述几类个人信息承载着公民各项基本权利，如果网络远程勘验要对之进行处理，则应当属于强制侦查程序。

其四，网络远程勘验与网络远程搜查存在程序混合现象，强化了其强制侦查的属性。2005 年《计算机犯罪现场勘验与电子证据检查规则》第 3 条仅将远程勘验的行为方式限定为“提取”与“固定”。但在 2016 年《电子数据规定》关于网络远程勘验的定义中，其行为方式由提取和固定扩展到“发现”与犯罪有关的电子数据，从而造成了与搜查概念的混淆。勘验与搜查在行为方式、侵权程度等方面存在明显不同。勘验侧重于对侦查对象个人信息的认知与分析，更关注证据的存在形式与

① 参见龙宗智：《寻求有效取证与保证权利的平衡——评“两高一部”电子数据证据规定》，载《法学》2016 年第 11 期。

② 参见王士帆：《当科技侦查骇入语音助理——刑事诉讼准备好了吗?》，载《台北大学法学论丛》2019 年第 112 期。

具体位置，并且由于有见证人在场，勘验活动具有公开性，当事人的隐私合理期待相对较低，属于任意侦查程序。然而，搜查则是以寻找、发现、占有相关物品为目的的强制侦查措施，被搜查对象的隐私合理期待较高。因此，在虚拟空间中寻找、发现电子数据与个人信息的行为，应当参照物理空间中运行良好的搜查规范进行。但在规范转化过程中，发现、占有电子数据与其中个人信息的行为却以网络远程勘验为制度载体，规避了网络远程搜查的适用，会造成“借远程勘验之名，行刑事搜查之实”① 的现象。在相关规范进行调整之前，网络远程勘验实质上发挥着网络远程搜查的功能，理应属于强制侦查程序。

（二）回溯性侦查程序与即时性侦查程序的混合

回溯性（retroactive）侦查程序，是指针对犯罪嫌疑人或其他相关人员在过去已经发生的行为与留存的线索证据、个人信息进行调取、收集、存储、分析的办案活动。例如，侦查人员向第三方机构调取个人信息、搜查电子设备中的电子数据、比对分析数据库中的资料等。而即时性（prospective）侦查程序主要是针对犯罪嫌疑人或其他相关人员当下或未来可能发生的行为、可能获取的线索证据与个人信息进行实时监控的办案活动。例如，侦查机关通过发送“隐形短信”、使用模拟基站台技术或利用手机内置 GPS 装置获取目标对象的实时定位。简言之，回溯性侦查程序面向过去开展，主要处理已经存储的个人信息；而即时性侦查程序具有与犯罪活动共时性的特征，主要处理实时获取的个人信息。一般而言，即时性侦查程序在个人信息处理的数量与质量上均超过回溯性侦查程序，故而对于公民基本权利的干预程度更深，应当受到更为严格的程序规制。一方面，在获取个人信息的数量上，除个别侦查行为之外，回溯性侦查活动往往具有一次性、短暂性的特征，其搜集个人

① 谢登科：《电子数据网络远程勘验规则反思与重构》，载《中国刑事法杂志》2020 年第 1 期。

信息的体量受到时间因素的限制。而即时性侦查活动则往往伴随着长时间、持续性的监控，能够收集海量的个人信息。例如，GPS 监控能够连续多日、全天候、持续而全面地掌握车辆及其驾驶人的地理位置、移动方向、速度以及停留时间等活动行踪。在 Jones 案中，警方通过持续 28 天的 GPS 追踪，生成了多达 2000 页的个人定位信息。另一方面，在获取个人信息的质量上，通过持续监控可以解析出短期取证所无法发现的行为现象。例如，长期监控能够发现行为目标具有重复做某事的特定习性。①

在我国立法规范中，回溯性侦查程序与即时性侦查程序存在混合现象，具体表现在以下两个方面。

一方面，在技术侦查中存在回溯性侦查程序与即时性侦查程序的混合现象。为了弥补技术侦查的定义空白，《公安机关办理刑事案件程序规定》第 264 条将之界定为记录监控、行踪监控、通信监控与场所监控。虽然有学者指出，技术侦查应当具有同步即时性的特点，② 但立法规范并未明确界定"监控"一词的含义，更未将上述四类监控行为的对象限定为当下发生或未来可能发生的犯罪行为。这使得技术侦查既有可能针对过去的记录、行踪、通信、场所进行调查，又有可能针对当下的犯罪活动进行共时性监控。以获取历史手机基站定位信息（History Cell – Site Location Information）为例，可以更为直观地揭示出技术侦查中两种程序的混合现象。历史手机基站定位信息属于通话记录的组成部分，但由于其能够暴露目标对象的具体位置与行动轨迹，对于隐私权与通信秘密权干预程度较深，有学者主张将之与通信日期、通话时间、通

---

① See Levinson – Waldman & Rachel, *Hiding in Plain Sight: A Fourth Amendment Framework for Analyzing Government Surveillance in Public*, Emory Law Journal, Vol. 66: 3, p. 561 (2017).

② 参见程雷：《检察机关技术侦查权相关问题研究》，载《中国刑事法杂志》2012 年第 10 期。

话频率等区别开来，并为之提供较高程度的程序保护。[①] 在我国，获取历史手机基站定位信息往往以技术侦查作为规范依据，其同时符合技术侦查中记录监控、行踪监控与通信监控的定义。[②] 但是，称其为历史手机基站定位信息，正是因为其获取的是发生在过去、业已存储的个人信息。此种定位技术主要利用通联记录和方向角资料进行探索，仅能锁定大致范围。与之相对应的概念是即时手机基站定位信息（Real - time Cell - Site Location Information），其主要是利用注册资料和三角测量资料进行位置监测，定位精确程度相对较高。[③] 更为关键的是，获取历史手机基站定位信息虽然满足技术侦查的定义，但其行为方式是向第三方机构进行事后调取，明显属于回溯性侦查程序。然而，在我国侦查实践中，获取即时手机基站定位信息也以技术侦查作为制度载体。该措施具有明显的实时性，属于即时性侦查程序。如此一来，在技术侦查中出现了回溯性侦查程序与即时性侦查程序的混合现象。并且，根据技术侦查的规范表述，回溯性侦查程序与即时性侦查程序适用的案件范围完全一致，启动条件均为“根据侦查犯罪的需要”，审批要求均为经过“严格的批准手续”，审批主体均为公安机关自我授权，适用时限均为 3 个月（可延长一次）。这不利于廓清各类不同强度的侦查程序的法律属性。

另一方面，在扣押电子邮件中也存在回溯性侦查程序与即时性侦查程序的混合现象。《公安机关办理刑事案件程序规定》第 232 条第 1 款规定：“扣押犯罪嫌疑人的邮件、电子邮件、电报，应当经县级以上公安机关负责人批准，制作扣押邮件、电报通知书，通知邮电部门或者网络服务单位检交扣押。”《人民检察院刑事诉讼规则》第 217 条第 2 款也采取了类似表述。可见，我国侦查机关将电子邮件与传统的邮件、电

---

① 参见黄朝义：《通聊记录调取与另案监听修法评析》，载《警大法学论集》2014 年第 26 期。

② 参见艾明：《新型监控侦查措施法律规制研究》，法律出版社 2013 年版，第 223 页。

③ 参见黄政龙：《美国行动电话定位追踪法规范研究》，载《警大法学论集》2010 年第 18 期。

报并列，均属于扣押活动的对象。但是，电子邮件在流转过程中可以分为不同阶段，各个阶段主要对应的犯罪嫌疑人的基本权利不尽相同，仅诉诸扣押措施不仅会导致程序的简单化倾向，也造成回溯性侦查程序与即时性侦查程序的混合现象。

具言之，电子邮件传输分为四个阶段：第一，传送阶段。寄件人通过电子邮箱服务者的服务器，将电子邮件以封包（Packet）方式寄送到收件人的电子邮件服务者提供的服务器。第二，暂存阶段。封包重组后的电子邮件，会在一段时间内留存于收件人电子邮件服务者提供的服务器中。第三，接收阶段。收件人可以直接在邮箱服务器中阅读电子邮件，或者在自己的电脑中接收电子邮件。此时，邮箱服务器上的电子邮件可能自动即时删除、定期删除或继续保留。第四，管理阶段。收件人将接收的电子邮件储存于自己的电脑中，或于线上阅读完毕后继续使之留存在邮箱服务提供者的服务器中。①

对于管理阶段的电子邮件，由于收件人已经阅读完毕，与通信自由、通信秘密无关，可能涉及信息主体的财产权与隐私权，可以诉诸扣押程序进行证据保全。对于传送阶段与接收阶段的电子邮件，域外侦查实践与理论学说基本已经达成共识，即这两个阶段的电子邮件处于实时传送状态，受到通信自由与通信秘密、隐私权等基本权利的保障，此时获取电子邮件应当运用监控（通信监察）手段。而对于暂存阶段的电子邮件，德国理论界存在“阶段处理说”（Phasentheorie）与“一致处理说”（Einheitstheorie）两种观点。② 前者认为在电子邮件流转过程中，应当细致区分其究竟属于实时传输状态还是暂存状态，对处于暂存阶段的电子邮件应当运用扣押手段取证。而后者认为“阶段处理说”完全

① 参见王士帆：《网络之刑事追诉——科技与法律的较劲》，载《政大法学评论》2016年第145期。

② 参见何赖杰：《论德国刑事程序「在线搜索」与涉及电子邮件之强制处分》，载《月旦法学杂志》2012年第208期。

忽略了在收件人未读取电子邮件之前，其通信过程仍总体处于实时传输状态之中，依然受到通信秘密与通信自由的保障。因此，应当将整个传输过程视作一个连续统一的整体，而不是仅仅关注暂存阶段的特质。

由于电子邮件传输阶段的不同，涉及的基本权利类型也有所差异，对应的干预手段与授权基础也应随之变动。在收件人阅读之后再行取证，属于对业已存储的个人信息进行处理，可能干预财产权与隐私权，应当诉诸回溯性侦查程序。而如果在发件人向收件人传送过程中进行证据保全，则属于对当下正在传输的个人信息进行处理，会严重干预通信自由与通信秘密、隐私权等基本权利，应当诉诸即时性侦查程序。并且，如果在电子邮件传输完毕之后再行扣押，当事人往往知情。而在电子邮件传输过程中进行秘密收集，当事人并不知道自己基本权利已受侵害的事实。因此，我国也有学者主张，对于电子邮件的监控与提取，应当界定为技术侦查。[①] 但无论是《公安机关办理刑事案件程序规定》，还是《人民检察院刑事诉讼规则》，均以扣押作为收集电子邮件的唯一手段。以扣押措施取代技术侦查，不仅忽略了不同阶段电子邮件中承载基本权利的差异，也造成了回溯性侦查程序与即时性侦查程序的混合现象。

（三）特定性侦查程序与非特定性侦查程序的混合

学者 Clarke 将数字时代的监控活动称为数据监视（dataveillance），并将之分为两种类型：个人数据监视（personal dataveillance）与大规模数据监视（mass dataveillance）。[②] 前者是针对个体的异常行为进行特定的全景监视，而后者则是对大规模人群的数据进行收集，进而寻找值得

---

① 参见陈永生：《计算机网络犯罪对刑事诉讼的挑战与制度应对》，载《法律科学（西北政法大学学报）》2014 年第 3 期。

② See Roger A. Clarke, *Information Technology and Dataveillance*, COMM. ACM, Vol. 31, p. 498, 499, 502 (1988).

系统关注的人。本书将上述两种表述称为特定性侦查程序与非特定性侦查程序。二者在监控规模、执法目的与证据运用方面均存在一定差异，但在我国侦查程序中呈现混合状态。

我国以技术侦查作为规制监控活动的制度载体。对于监控适用的对象，《刑事诉讼法》第 152 条第 1 款规定："采取技术侦查措施，必须严格按照批准的措施种类、适用对象和期限执行。"这体现出立法严格限制监控适用对象的制度努力。申言之，在我国运用技术侦查进行监控活动需要符合对象特定性要求。对此，我国理论研究也持相同意见，"运用科学技术手段对不特定的人进行的防范式监控，不属于技术侦查的范围"①。《公安机关办理刑事案件程序规定》进一步对监控活动的特定性进行说明，"技术侦查措施的适用对象是犯罪嫌疑人、被告人以及与犯罪活动直接关联的人员"。有学者从权利保障的角度考量，主张不应对"与犯罪活动直接关联的人员"进行扩大化解释，应当仅限于共同犯罪人、对向犯、上下游犯罪或关联犯罪的犯罪人、被害人等，不得笼统地扩大至"关系密切"的配偶、近亲属、朋友、同事等。并且，应当将具有特定职业信赖关系的律师、医生、神职人员排除在外。②

近年来，监控活动的范围由特定性向弥散性方向转变。基于预防制止犯罪、寻找相关人员、收集诉讼证据的制度动机，执法机构开展了诸多针对个人信息的大规模监控。例如，侦查实践中运用模拟基站台（Cell Site Simulator）技术对犯罪嫌疑人进行定位追踪。该设备会伪装成一个基站台，诱使或强制某一区域内所有待机或通话状态中的行动电话向其发射讯号，进而获得包含手机电子序号（ESN）和用户识别码（IMSI）在内的手机信息。这显然是对不特定对象即时信息的收集。此外，实时监控微信群内不特定对象的聊天通话内容，持续监控大批量电

① 胡忠惠等：《技术侦查制度中的隐私权保障问题研究》，中国法制出版社 2016 年版，第 20 页。

② 参见王东：《技术侦查的法律规制》，载《中国法学》2014 年第 5 期。

子邮件的非内容信息等，均同属非特定性侦查程序。这些侦查措施与技术侦查定义中的“记录监控”“行踪监控”“通信监控”“场所监控”等概念相吻合，只是监控对象由特定性变为不特定性。如果将之认定为技术侦查，则会出现特定性侦查程序与非特定性侦查程序的混合。如果不将之界定为技术侦查，则会面临授权规范于法无据的状态。

非特定性侦查程序不仅与技术侦查的对象特定性要求产生矛盾，还会引发社会控制活动的前置，进而导致刑事侦查活动与犯罪预防活动的混淆。例如，2010 年密歇根地区的警察对所有可能出现在一个劳工抗议场地附近的公民手机信息进行收集，却无须事前获取搜查令状。①2014 年，乌克兰政府对一定时间内手机在某个特定区域的基辅人民发送了明确的“奥威尔式”的短信：“亲爱的用户，您已被登记为大规模骚乱事件的参与者。”② 上述活动明显属于犯罪预防的范畴，与传统的侦查定义有所出入。但是，随着大数据侦查的开展，基于行政目的的犯罪预防活动与基于司法目的的刑事侦查活动之间的界限逐渐模糊。对此，有学者认为所谓的“大数据侦查”“预测型侦查”均是伪概念，运用大数据对于犯罪事件、犯罪热点地区与犯罪趋势的预测本质上都是犯罪预防活动。③ 但是，由于我国行政活动中缺乏行政监控、监听的相关规定，这种与技术侦查相似的非特定性监控程序可能会摆脱严格的程序控制，并造成无罪推定原则与非法证据排除规则等难以适用于刑事诉讼开启之前的大数据应用阶段。也有学者认为应当对大数据侦查中的“侦查措施”作广义理解，将立案前的犯罪预警、初查中的数据检索挖掘视

① 参见［美］布鲁斯·施奈尔：《数据与监控：信息安全的隐形之战》，李先奇、黎秋玲译，金城出版社 2018 年版，第 2 页。

② ［美］布鲁斯·施奈尔：《数据与监控：信息安全的隐形之战》，李先奇、黎秋玲译，金城出版社 2018 年版，第 2 页。

③ 参见彭知辉：《“大数据侦查”质疑：关于大数据与侦查关系的思考》，载《中国人民公安大学学报（社会科学版）》2018 年第 4 期。

为侦查程序的延伸。① 但是，这种方案无疑会造成立案门槛的虚置与侦查触手的前移。并且，此举也同样没有解决非特定性侦查的程序性质问题。

① 参见张可：《大数据侦查措施程控体系建构：前提、核心与保障》，载《东方法学》2019 年第 6 期。

第五章　域外侦查中个人信息保护的制度分析

比较研究作为一种重要的研究方法，一直贯穿我国刑事诉讼规范变革与学术创新的发展脉络，不仅在非法证据排除、辩诉交易、沉默权等具体制度层面为我国提供了参考样本，也对我国刑事诉讼的目的、价值、模式、构造等基础理论问题产生了深远影响。长期以来，我国一直秉持优位比较的立场，先是在新中国成立时以苏联为师，在改革开放之后转而吸收英美法系中当事人主义的先进经验，如今又出现了向大陆法系国家学习的萌芽。虽然当下倡导本土化研究视角的呼声日益高涨，但是比较研究仍然能够为我国的司法改革提供制度灵感与观念启示。在个人信息保护领域，我国侦查制度呈现出权利保护的间接性与权力保护的依附性、混合性特征。与之相较，域外法治国家与国际组织对于个人信息进行直接性权利保护、独立性权力保护与比例性权力保护，为我国侦查领域个人信息保护的制度转型提供了参照对象。

一、域外个人信息的直接性权利保护

有别于我国通过保密义务条款、技术保真条款、权力行使条款与隐私保护条款间接对个人信息进行权利保护的做法，域外法治国家与国际组织对于个人信息的权利保护具有直接性，此处以美国与欧盟为例。权利保护的方式是否具有直接性，取决于两个因素：其一，在立法规范中是否存在直接的权利基础。其二，在司法实践中是否直接以权利方式保护个人信息。

在立法规范中，美国以宪法第四修正案的隐私权为依托保护个人信息。美国宪法第四修正案规定："公民的人身、住宅、文件和财产不受不合理的搜查和扣押。"对于搜查扣押的侵权性质，美国初期判例认为该行为主要干预了财产权。但在 Katz 案中，联邦最高法院指出，美国宪法第四修正案的保护对象是"人"而并非"场所"。在该案的协同意见书中，Harlan 大法官提出了隐私合理期待标准。由此，隐私权成为美国直接保护个人信息的权利载体。欧盟则以《欧洲人权公约》与《欧盟基本权利宪章》中的隐私权和个人数据受保护权对个人信息提供直接性权利保护。《欧洲人权公约》第 8 条规定："人人有权享有使自己的私人和家庭生活、家庭和通信得到尊重的权利。"《欧盟基本权利宪章》第 7 条规定："人人均有权要求尊重其私人与家庭生活、住居与通信。"第 8 条规定："人人均有权保护与他或她有关的个人数据。"

在司法实践中，美国 2012 年 Jones 案直接扩展了个人信息保护的范围，不仅将公开场所的行踪信息纳入美国宪法第四修正案的规制范围，而且也为作为行为聚合基础的碎片化信息提供了保护的可能性。此外，2018 年 Carpenter 案判定政府收集手机基站定位信息的行为构成搜查，这既进一步扩展了个人信息保护的权利客体，又通过建立新型的"Carpenter 测试"，为后续保护其他特殊性质的个人信息预留了制度空间，彰显出对于个人信息直接性的权利保护。欧盟法院的直接性权利保护是分析 Digital Rights Ireland 案、Schrems 案、Tele2 & Watson 案、Opinion 1/15 案[①]中留存与传输电子通信元数据、交互数据、位置数据、乘客姓名记录等个人信息的行为是否干预了隐私权与个人数据受保护权的外延与实质。

---

① See Case Opinion 1/15, ECLI: EU: C: 2017: 592, Judgment of 26 July 2017.

（一）美国个人信息的直接性权利保护

美国立法规范与司法实践对于个人信息的直接性权利保护存在两条相辅相成、逐步演进的发展脉络。一方面，隐私权的分析方法由“定性”转变为“定量”，实现了隐私从“有或无”的二元判断向“多或少”的量化判断的转型。这种分析方法的转变弱化了隐私权绝对化的禁止逻辑，有利于个人信息的场景化、精密化保护。另一方面，隐私权的判断标准经历了“空间—时间—种类”的演进趋势。在判断标准发展过程中，个人信息权利保护的客体范围不断扩张，关注视角也从如何处理个人信息转向处理何种个人信息，蕴含着个人信息类型划分的可能性。

1. 隐私权的定性分析与空间标准

如前文所述，对于搜查扣押行为的侵权性质，美国经历了由财产权向隐私权的转型。美国初期判例采取明晰可辨的物理侵入的判断方法，即只要执法人员以获取信息为目的物理性侵入了公民的私人领域就构成搜查。这种以警察行为是否构成物理性侵入、是否进入有形空间、是否干预财产权决定是否构成搜查的做法，学理上称为“财产权标准”（the property doctrine）。[①] 但在 Katz 案中，联邦最高法院并未继续沿用先前的财产权标准，而是转而诉诸隐私合理期待标准。实质上，虽然财产权标准与隐私合理期待标准的权利基础有所差异，但二者的判断方法却殊途同归，即均是判断某一具体特定、可供识别的警察行为是否构成搜查。例如，在隐私合理期待标准中，在无法定例外的情形下，一旦构成搜查就意味着必然干预了犯罪嫌疑人的隐私权，从而落入美国宪法第四修正案的辐射范围。搜查行为的确认与个人信息权利的侵犯在性质上存

---

① See Mary G. Leary, *The Missed Opportunity of United States v. Jones: Commercial Erosion of Fourth Amendment Protection in a Post - Google Earth World*, University of Pennsylvania Journal of Constitutional Law, Vol. 15: 2, p. 331 (2012).

在一一对应的绝对关系。然而，执法行为在多大程度上侵犯了公民的隐私利益却并非其关注对象。申言之，美国宪法第四修正案对于隐私权等个人信息权利的保护只有“有或无”的定性分析，并无“多或少”的定量分析。这种现象被学者称为“定性隐私权”（qualitative approach to the privacy）。[①]

然而，在 Katz 案判决之初，Harlan 大法官与多数意见就已经意识到财产权标准的非公正性（unjust）和隐私合理期待标准的不确定性（impractical uncertainty），尤其是主观隐私合理期待的抽象性。隐私本身就是一个暧昧不明、灵活多变的概念，从中衍生出的隐私合理期待标准更难以为法官所把握，也不易为执法人员所理解，故而在司法实践中经常凭借法官的个人好恶与价值倾向进行主观判断，从而造成法律适用的不确定性。为了向法官与执法人员提供明晰易懂的操作指南，给予公民更为周延的宪法保护，隐私合理期待标准势必需要进行实务性转化，形成可具操作性的“明线规则”（bright - line rule）。对此，联邦最高法院汲取了先前财产权标准的合理内容，将之与隐私合理期待标准进行调和。隐私合理期待依然作为判断执法人员的行为是否构成搜查的主流标准，但财产权标准也并未完全退出历史舞台，而是转化为隐私合理期待的判断要素，继续活跃在美国的司法实践之中。两种标准交织纠葛，衍生出“公共/私人”的判断方法，即公民在住宅等私人领域中享有隐私合理期待，而在公共领域中则不受隐私权保护。“公共领域和私人领域之间的区分是构建隐私权法的核心。”[②]“公共/私人”的判断方法作为隐私合理期待的潜规则，中和了隐私权判断的抽象性，同时也继承了对于财产利益的保护倾向，清晰勾勒出美国宪法第四修正案的保护

---

① See Gray. David & Citron. Danielle, *The Right to Quantitative Privacy*, Minnesota Law Review, Vol. 98: 1, p. 62 - 144 (2013).

② Richardc. Turkington & Anita L. Allen, *Privace*, West Group, 2002, p. 1.

范围。[①]

此后，隐私合理期待标准与“公共/私人”的判断方法一显一隐共同划定着实践中隐私权与个人信息的保护边界。为了确保隐私合理期待标准的落地，联邦最高法院通过诸多判例陆续开创出公共暴露理论等隐私合理期待标准的排除性理论。公共暴露理论遵循了“公共/私人”的判断方法，构建出隐私权判断的空间标准，即以信息获取的来源是公共场所抑或私人领域来决定警察机关的行为是否构成搜查。[②] 该理论将执法人员的行为区分为内部监控（inside surveillance）与外部监控（outside surveillance）。前者是指办案人员闯入住宅[③]、汽车[④]、包裹[⑤]或个人口袋[⑥]等封闭的私人空间，或者通过挤压行李袋[⑦]、使用热成像仪测温[⑧]等方式探知从外部无法获知的实质内容，故而不当干预了公民的隐私合理期待。如果警方只是在外部进行观察，或者在公开场所监测公民自愿暴露的个人信息，则可以直接适用公共暴露理论，不会引发美国宪法第四修正案的介入。美国联邦最高法院在空中监测与地面追踪等领域的判例是公共暴露理论的最佳注脚。例如，在 California v. Ciraol 案[⑨]中，警方动用飞机从犯罪嫌疑人住宅上方约 1000 英尺的高度进行观察，并拍摄了其种植大麻的照片。联邦最高法院认为，尽管犯罪嫌疑人竖起两道围墙，但由于警方飞行的区域属于公共航道，任何人均能够乘坐飞机从高空俯瞰，该区域属于公共领域，不存在合理的隐私期待。三年

---

① See Holland & H. Brian, *A Third - Party Doctrine for Digital Metadata*, Cardozo Law Review, Vol. 41: 4, p. 1551 (2020).

② See Fabio Arcila & Jr. , *GPS Tracking Out of Fourth Amendment Dead Ends: United States v. Jones and the Katz Conundrum*, North Carolina Law Review, Vol. 91: 1, p. 27 - 28 (2012).

③ See Silverman v. United States, 365 U. S. 505, 511 (1961).

④ See United States v. Ross, 456 U. S. 798, 807 - 09, 823 - 25 (1982).

⑤ See United States v. Jacobsen, 466 U. S. 109, 114 (1984).

⑥ See Minnesota v. Dickerson, 508 U. S. 366, 378 (1993).

⑦ See Bond v. United States, 529 U. S. 334, 336 - 37 (2000).

⑧ See Kyllo v. United States, 533 U. S. 34 - 35 (2001).

⑨ See California v. Ciraol, 476 U. S. 207 (1986).

后，联邦最高法院在 Florida v. Riley 案[1]中重申了这一理论。在地面追踪的相关判例中，隐私权判断的空间标准体现得更为明显。在 Knotts 案中，警方利用蜂鸣器对当事人在公开道路上的活动状况进行监控，并由此揭示了其制毒事实。法院判定，蜂鸣器的使用并未揭露被告住宅内部的私密情形，故而没有侵犯其宪法权利。一年后，在 Karo 案[2]的判决中，警方利用蜂鸣器获取了从住宅外部观察所无法探知的制毒信息，发现了被告室内的私密景象，故而干预了目标对象的隐私权。

总之，隐私权的定性分析与空间标准相结合，体现出这一时期隐私权在个人信息保护中的两大特点。一方面，定性隐私权彰显出个人信息保护的禁止逻辑。禁止逻辑通过物理世界中的空间实体得以具象化，使隐私合理期待的有无以室内/室外所处的空间位置为转移，在住宅内部的公民享受隐私权的绝对保护，其个人信息被默认为处于禁止处理的状态，而公共场所则完全被排除在美国宪法第四修正案的保护范围之外。这种“一刀切式”的隐私判断方法将空间因素作为个人信息处理的唯一场景，致使个人信息面临“绝对受保护/绝对不受保护”的二元极端处境，隐私合理期待只存在有或无的质化判断，不存在多与少的量化权衡。

另一方面，空间标准限缩了个人信息权利保护的客体范围。虽然在西方传统中，住宅等私人领域被视为所有者身份的延伸，并被赋予了更多的隐私意义，[3] 但简单以“室内—有隐私，室外—无隐私”的空间标准作为界分隐私合理期待的唯一因素，在逻辑前提上存在可待商榷之处。空间标准必须回应的疑问是，私人领域的个人信息是否比公开场所更具有保护意义，亦即在公开场所是否同样存在隐私权。对此，我国台

---

① See Florida v. Riley, 488 U. S. 445 (1989).

② See United States v. Karo 104 S. Ct. 3296 (1984).

③ See Morton H. Levine, *Privacy in the Tradition of the Western World*, in William C. Bier, S. J. (ed.), Privacy: A Vanishing Value?, Fordham University Press, 1980, p. 6 – 8.

湾地区“大法官释字”第689条认为，“个人纵于公共场域中，亦应享有依社会通念得不受他人持续注视、监看、监听、接近等侵扰之私人活动领域及个人资料自主”。个人对其在公开场所中的行动得否主张隐私权，应进行偶然/刻意、暂时/长期、看见/观察及记录、有限/大量等细致区分。[①] 此外，科技定位追踪技术的发展可能会打破公共领域与私人领域之间的界限。以GPS追踪器为例，这种监控方式具有运行空间的不特定性。GPS追踪器一旦装置，则无法像传统人力跟监那样自由选择监视场域，而是被动地由监视对象决定监控的地点为何，故而其不仅会搜集目标对象在公开场所的行止状况，而且对于私人领域的侵犯也欠缺回避可能性。因此，片面坚持空间标准会导致公共场所的个人信息难以得到有效保护，致使个人信息权利保护的客体范围存在明显的局限性。

2. 隐私权的定量分析与时间标准

科技进步造成私人领域与公共领域之间的界限不再泾渭分明，冲击了隐私合理期待的定性分析方法与空间判断标准，美国宪法第四修正案面临着时代转型，而Jones案的判决为隐私权变迁提供了契机。在Jones案中，多数意见回归了先前的财产权标准和物理侵入的判断方法，认为侦查人员以信息获取为目的，在目标车辆底盘安装GPS追踪器的行为侵犯了私人财物，从而构成美国宪法第四修正案的搜查。但Alito大法官与Sotomayor大法官在两份协同意见中从隐私权的视角切入，认为GPS追踪侵犯了公民的隐私合理期待，故而存在搜查条款的适用空间。Jones案中的两份协同意见与该案的下级审United States v. Maynard案[②]中Ginsburg的裁判文书均援引了马赛克理论，作为解释隐私侵权的说理依据。马赛克理论起源于国家安全领域，旨在维护情报收集手段、方法和来源的机密性。该理论认为，片段化的离散数据像个别而细小的瓷砖

① 参见李荣耕：《科技定位监控与犯罪侦查：兼论美国近年GPS追踪法制及实务之发展》，载《台湾大学法学论丛》2015年第3期。

② See United States v. Maynard, 615 F. 3d 544 (D. C. Cir. 2010).

那样，在很大程度上并没有多少价值。但其借由信息的聚合、累计与分析，得以了解信息之间的彼此相关性，进而拼凑出一幅完整的马赛克图案，从而披露出更多不为人知的信息。[①] 马赛克理论的引入颠覆了美国宪法第四修正案的传统模式。并且，该理论与之前信息隐私学者的主张相结合，构成了美国宪法第四修正案的定量分析方法，学界将之称为“定量隐私权”（quantitative privacy）。[②]

定量隐私权与传统的定性分析方法存在明显差异，其不再拘泥于执法行为与隐私侵权之间的单一对应关系，破除了隐私合理期待全有或全无的二元判断方法，而是侧重于隐私利益的程度分析与定量分析，从而实现了对于个人信息的层级化权利保护。该分析方法承认隐私权具有从量变到质变的渐进过程，在这一过程中公民的隐私利益呈现出由少到多的增长趋势，故而在隐私保护程度上存在量化差异。在定量隐私权中，隐私利益不再仅停留于存在与否的极端状态，而更像是一道层级递进的谱系，分别与各类不同程度的侵权行为相对应。申言之，隐私权不仅存在“有或无”的性质区别，而且存在“多与少”的程度区别。具言之，隐私权的定量分析具有以下特征。

其一，隐私权的定量分析以信息聚合为行为方式。判断执法人员的行为是否构成搜查，传统的美国宪法第四修正案往往诉诸顺序分析（Sequential Analysis）的方法。“对于执法人员各个环节的行为进行逐步分析是第四修正案的固有手段。”[③] 例如，在警员搜查房屋的过程中，将钥匙插入锁孔、打开房门、搜查室内环境、扣押违禁物品等各个行为动作逐步发生，对于每个行为均需要进行单独评价，而并非将上述行为视为一个统一整体进行分析。这种逐步递进的分析方法（step - by -

---

① See David E. Pozen, *The Mosaic Theory*, *National Security*, *and the Freedom of Information Act*, Yale Law Journal, Vol. 115: 3, p. 628 (2005).

② See Gray. David & Citron. Danielle, *The Right to Quantitative Privacy*, Minnesota Law Review, Vol. 98: 1, p. 91 - 92 (2013).

③ United States v. Beaudoin, 362 F. 3d 60, 70 - 71 (1st Cir. 2004).

step analysis）能够对各个具体的行为进行同步解构，确保了搜查行为作用对象的特定性。在顺序分析法中，每项执法行为都进行了一次单独的二元判断，即构成或不构成搜查，这与美国宪法第四修正案的定性隐私权相契合。然而，定量分析的判断方法与马赛克理论对于顺序分析法提出了根本性的挑战。其不关注某一特定的执法行为是否侵犯了公民的隐私合理期待，而是在将警方收集的个人信息进行聚合的基础上，分析一系列非孤立的集合行为有无揭示公民私密生活的风险。例如，在Jones案的协同意见中，Sotomayor大法官不仅关注公民在被“记录”的个人信息中是否存在隐私利益，而且强调其在被“聚合”（aggregated）的个人信息中有无隐私合理期待。① 在个人信息处理过程中，特定的取证行为与单独的离散信息本身或许不足以触发美国宪法第四修正案的保护机制，但通过持续性掌控目标对象的个人信息，会引发信息协同效应，片段化的数据能够积沙成塔地揭露出公民的家庭、政治、专业、信仰，甚至性生活方面的细节，从而勾勒出个人的生活全景图。此外，信息聚合与顺序分析法还存在诸多不同之处。一方面，个人信息形成的方式不同。信息聚合不仅属于定量隐私权的行为方式，也成为是否构成搜查的判断方法与进行分析的数据基础。然而，在顺序分析法中，信息之间的结合只是一种正常的侦查手段与办案方法，不会引发隐私权的侵权问题。另一方面，行为方式具备的特征不同。数据聚合的形成需要以一段持续运转的时间作为前提条件，这就决定了此种行为方式具有历时性特征。而顺序分析法则主要关注当下发生的行为，对特定行为的判断具有同步性。

其二，隐私权的定量分析以整体事实为分析对象。马赛克理论并非以特定具体的单一行为作为关注对象，而是将一系列非孤立的行为作为一个抽象整体，进而考虑其是否构成搜查。例如，在United States

① See U. S. v. Jones 132 S. Ct. 956 (2012) (Sotomayor concurring).

v. Maynard案中，Ginsburg法官并不纠结GPS追踪器单次的信息回传行为是否构成搜查，而是将持续28日的监控过程作为一个整体，再考虑其是否存在侵犯公民隐私合理期待的风险。可见，在隐私权的定量分析与顺序分析法中使用了不同的话语体系，前者是整体行为话语体系（language of sums），以信息的集聚与结合为前提。而后者是个体行为话语体系（language of individual acts），以离散的个人信息为基础。并且，整体事实并非将每个单次行为获取的个人信息进行简单相加，而是通过各信息之间彼此的关联产生信息协同效应，并且借助后续的信息分析技术进行深度加工，以此获取更多私密的生活细节。"一个人在一个月内的全部活动实际上并无法尽数为公众所知悉，因为一个陌生人观察所有这些活动的可能性几乎为零。对于某个过路人来说，他在去市场或下班回家的路上，观察甚至跟踪某人是一回事。但是，如果这个过路人日复一日地跟踪猎物，直到他确定了目标对象的居所、人际关系、娱乐方式与家庭事务，则完全是另一回事。"[①] 囿于跟监技术的局限，无论是传统有意识的人力跟监，还是无意识的日常巡逻，均只能取得特定对象片段化的个人信息。但科技定位侦查技术的演进为长期监控提供了技术基础，也为整体事实的获取分析提供了实践可能。因此，在Jones案的协同意见中，Sotomayor大法官分析公民在公共场所的活动整体（in the sum）中是否存在美国宪法第四修正案的宪法权利，而并未将单独的片段行为作为考虑对象。[②] 长期监控揭示了短期跟踪所无法揭示的信息类型，例如一个人反复做什么，没有做什么，以及做了什么。这种整体信息比任何一种片段式信息更能够揭示一个人的完整生活状况。反复参观教堂、健身房、酒吧或赌场，与偶尔一次出入这些场所是截然不同的两个故事。此外，一个人的行为顺序可以揭示更多：一位女性去妇科医院诊断的事实或许没有什么意义，但她如果在几周后又出入婴儿用品

① United States v. Maynard, 615 F. 3d 560（D. C. Cir. 2010）.

② See U. S. v. Jones 132 S. Ct. 956（2012）（Sotomayor concurring）.

店，则事情就大不相同。一个了解他人所有行程的人可以推断出他是否每周都去教堂，是否酗酒，是否经常去健身房，是否为不忠的丈夫，是否为正在接受治疗的病人，是否为特定个人或政治团体的合伙人，这不仅仅是关于某个人的单一事实，而是所有的整体事实。[①]

其三，隐私权的定量分析以全面监控状态为质变节点。隐私权的定量分析与马赛克理论不仅关注个人信息收集的数量，而且关注个人信息的获取方式与集聚效果。如果仅是庞杂信息的简单相加，则永远只是杂乱无章的瓷砖，而无法拼组成一幅完整的马赛克图案。而由集聚的量变发展为质变的节点就在于执法人员的行为是否构成全面监控状态。全面监控状态具有行为方式与行为效果的双重特征。在行为方式上，如果一项科技侦查手段能够进行广泛的（broad）、不加区分的（indiscriminate）监控，则可能侵犯隐私合理期待。众所周知，美国宪法第四修正案的原始意旨就是对抗殖民地时期英国殖民者“翻箱倒柜式”的概括式搜查。因此，如果借由科技升级能够同样实现概括式搜查的效果，则理应纳入宪法规制的范畴，而不能任由侦查人员自主裁量。例如，美国在手机定位侦查领域经常使用 StingRay 设备。该设备伪装成一个基站台，诱使或强制某一区域内所有待机或通话状态中的行动电话向其发射讯号，进而获得包含手机电子序号（ESN）和用户识别码（IMSI）在内的手机信息。通过讯号分析，其可以搜集特定手机的基站台位置信息，进而锁定手机用户的定位。这种利用 StingRay 设备进行定位监控的行为方式不仅涉及数量广泛的执行对象，而且不加区分地收集一定区域内所有用户的个人信息，故而构成了全面监控状态。在行为效果上，如果侦查机关能够通过监控手段大量收集相对人的个人信息，进而以此掌握相对人的人格发展、生活动态、社交关系、宗教信仰、性生活取向等衍生的个人信息，产生相对人的整体人格图像，就达到了全面监控状

① See United States v. Maynard, 615 F. 3d 562 (D. C. Cir. 2010).

态。对于普通公民而言，片段化的个人信息被收集尚在其容忍范围之内，而对于生活全景轮廓的保有则是其不容割让的隐私利益。因为完整的数字人格反映了人在社会交往和自我表达中的人格图像，影响到理性的自主发展和公民的社会评价、自我评价。若任由这种立体化信息被侦查机关肆意处理，则无疑会使每个公民都沦为数字时代的透明人。因此，一旦侦查机关的个人信息处理行为有形成完整数字人格的风险，则构成全面监控状态，理应提升相应的程序规制级别。

隐私权的定量分析还引发了隐私权判断标准由空间标准向时间标准的转变。学界对于 Jones 案的判决总共列举了信息数量、持续时间、信息质量与技术手段的科技性四种判断基准。① 但时间标准逐渐成为主流基准以及讨论争锋的焦点，这与 Alito 大法官在该案中的论述有关。Alito 大法官区分了 Knotts 案中利用 beeper 追踪器的监控行为与 Jones 案中利用 GPS 追踪器的监控行为。其认为前者属于在公共场所进行的短期监控，无须通过搜查条款进行规制。而后者总共持续 28 天，显然属于长时间的连续性监控，势必会干预隐私合理期待。依时间因素区分短期监控与长期监控，进而将长期监控与美国宪法第四修正案相联结的方法被下级法院广泛适用于手机定位监控、GPS 监控、住宅监控（Pole Cameras）等领域。例如，各地方法院判决获取 3 小时的即时手机基站定位信息②、进行 6 小时的 GPS 追踪监控③、对住宅进行 4—6 小时的摄像机监控④、使用 tower dump 进行监控⑤等行为不构成搜查。与之相

① See David Gray, *The Fourth Amendment in an Age of Surveillance*, Cambridge University Press, 2017, p. 105.

② See Sims v. State, 569 S. W. 3d 634, 646 (Tex. Crim. App. 2019), cert. denied, 139 S. Ct. 2749 (2019).

③ See Kinslow v. State, 129 N. E. 3d 810, ＊1－2 (Ind. Ct. App.), transfer denied, 134 N. E. 3d 1020 (Ind. 2019).

④ See United States v. Trice, 966 F. 3d 506, 510 (6th Cir. 2020).

⑤ See United States v. Walker, No. 2：18－CR－37－FL－1, 2020 WL 4065980, at 1, 5 (E. D. N. C. July 20, 2020).

对，各地方法院判决获取连续 5 日的手机基站定位信息[①]、进行 1 个月的 GPS 追踪监控[②]、对住宅进行持续 3—4 个月的摄像机监控[③]均构成搜查。在 People v. Edwards 案[④]中，法官以手机基站定位信息为例对时间标准进行了详尽论述："长期监控与短期监控在获取手机基站定位信息上的区别是显而易见的：长期的手机基站定位信息类似于对某人私人生活持续数周、数月甚至数年的全景摄录。而短期手机基站定位信息则像是在街头匆匆地对某人进行快照。"

除了美国之外，在各国的立法规范与司法实践中，时间因素均是控制侦查活动的有力手段。例如，德国《刑事诉讼法》第 163 条就将持续不间断地超过 24 小时或超过 2 日作为界定长期监控的时间基准。在日本平成 29 年 GPS 案的判决中，法官也判定对犯罪嫌疑人进行持续而全面的监控侵犯了其隐私合理期待。

隐私权的定量分析与时间标准相结合，体现出这一时期隐私权在个人信息保护中的两大特点。一方面，定量分析弱化了隐私权禁止逻辑的绝对化倾向，有利于个人信息保护的场景化、精细化。相较于定性分析中"一刀切式"的硬性处理方法，定量分析更侧重于个人信息的弹性保护。隐私权的定量分析以信息聚合为行为方式，以整体事实为分析对象，以全面监控状态为质变节点。其中，"信息聚合"、"整体事实"与"全面监控状态"都不是以全有或全无的姿态呈现，而是需要进行量化评价与程度判断。在这一过程中，隐私权可以针对个人信息应用的不同场景进行具体分析，改变了定性隐私权中个人信息保护的简单化倾向，为后续精密化、细致化的程序设计预留了制度空间。

---

① See State v. Gibbs, No. 2017 - 001846, 2020 WL 4814266 at * 1, * 4 (S. C. Ct. App. Aug. 19, 2020).

② See United States v. Diggs, 385 F. Supp. 3d 648, 649 (N. D. Ill. 2019).

③ See Uhunmwangho v. State, No. 09 - 19 - 00119 - CR, 2020 WL 1442640, at * 1 (Tex. App. Mar. 25, 2020).

④ See People v. Edwards, 63 Misc. 3d 827, 828, 831 (N. Y. Sup. Ct. 2019).

另一方面，时间标准拓展了个人信息权利保护的客体范围。Jones案判决建立的时间标准突破了“室内/室外”的空间界分，颠覆了公共暴露理论中公开场所无隐私的理论局限，直接将公共场所连续28日的GPS追踪信息纳入美国宪法第四修正案的保护范围，扩充了隐私权的权利客体。并且，时间标准应用马赛克理论，使得之前长期处于保护盲区的、作为信息聚合行为基础的片段化数据获得了权利保护的可能性。

隐私权的定量分析与时间标准颠覆了传统的定性隐私权与空间标准，在美国司法领域引发了广泛的学理讨论与实务争锋。对于定性隐私权与时间标准的质疑主要集中在马赛克理论能否适用以及如何适用的两大问题上。

一方面，关于能否适用马赛克理论存在争议。马赛克理论若欲付诸实践，其面临的第一个挑战就是需要明确马赛克理论究竟承载着何种类型的隐私合理期待，也即需要建立明确的形成基准。对此，Orin S. Kerr教授总结了Jones案的两审判决中，Ginsburg法官、Alito大法官与Sotomayor大法官三种不同版本的认知表述。

Ginsburg法官侧重于执法机关与普通公民个人信息处理能力的差异，其将政府获取的个人信息与陌生路人观察的个人信息进行比较，认为如果前者明显超过后者，则应当诉诸马赛克理论。但是该方法无疑具有一定的模糊性，陌生路人观察的个人信息是仅局限于某个特殊个体的感知，还是将陌生人视作一个整体进行认知？此外，政府即便不采取科技侦查手段，其借由公权力所获知的个人信息体量通常也会超过公民个体。

Alito大法官则关注社会对于执法实践的期待状况。他认为如果调查人员收集和分析个人信息的方式或程度会让社会成员感到惊讶，就应当通过马赛克理论启动搜查机制。然而，这个判断方法无疑是相当主观且容易产生分歧的。此种方法需要提供一个理性个体对于警方执法方式的态度，但是大多数人由于缺乏涉入刑事案件的经验，其对于警方侦查手段的直接认知不足。并且，该方法还需要确定个人信息收集和分析的方式何时会超出社会成员的心理预期。由于不同个体的心理预期程度不同，加之不同机构在不同情况下使用的侦查措施也有所差异，会产生人言言殊的后果。

Sotomayor 大法官提出的方法类似于前述的全面监控状态。她认为："对于他们被记录和聚合的信息，人们是否存在合理期待，从而使政府能够或多或少地随意确定他们的政治和宗教信仰、性习惯等。"是否构成全面监控状态看似是一个相对明晰的界定标准，但其与口供的任意性判断相似，同样存在不确定性。完整的数字人格具体包括哪些个人信息？个人信息集聚到何种程度才能形成完整的人格剖面图？这些问题均未能得到妥善解答。

此外，批评者们还指出马赛克理论面临数学计算的难题。Sentelle 法官犀利评论道，如果各部分都是 0，那么将之相加的结果也必然是 0。① 申言之，马赛克理论会陷入"0 + 0 = 0"的尴尬局面。学者 David Gray 也指出，如果公民对于行踪信息具有隐私合理期待，则可以直接适用美国宪法第四修正案进行保护。但如果其对碎片化的行踪信息没有隐私利益，则美国宪法第四修正案也同样不应当保护此类碎片信息的集合。②

另一方面，关于如何适用马赛克理论存在争议。

首先，马赛克理论适用的时长节点不明。片段化的离散信息需要聚合到何种程度方能产生质变，以拼组成一幅完整的马赛克图案？对此，立法规范与执法细则并没有明确统一的界分标准。在 Jones 案中，Alito 大法官认为持续 28 日的 GPS 监控明显属于长期监控，但并未确定短期

① See United States v. Jones, 625 F. 3d 766, 769 (D. C. Cir. 2010) (Sentelle J., dissenting).

② See David Gray & Keats Citron, *A Shattered Looking Glass: The Pitfalls and Potential of the Mosaic Theory of Fourth Amendment Privacy*, North Carolina Journal of Law & Technology, Vol. 14: 2, p. 398 - 403 (2013).

监控与长期监控的区分界限。如果监控持续3日、7日或者20日，是否会侵犯公民的定量隐私权，进而引发搜查机制的介入？马赛克理论积沙成塔的原理固然能够自洽，但却无法为执法活动提供可供操作的实务指南。

其次，马赛克理论包括的技术手段不明。该理论并未说明其适用范围是仅限于单独运用特定监控技术，还是可以包括混合使用多项监控技术的情形。除了GPS追踪之外，手机基站定位、无人机巡航监控、StingRay设备定位、自动车牌系统定点观测等技术均可以收集公民的行踪信息。这些监控技术是否同样具备适用马赛克理论的制度空间？此外，监控技术的交叉结合使用会使问题变得更为复杂。例如，执法人员先收集了目标对象持续2日的手机基站定位信息，然后又借由GPS追踪器进行了连续3日的电子监控。可能任何一种行为都不足以单独触发马赛克理论，但二者的结合运用是否可以纳入马赛克理论的适用范围？

最后，马赛克理论适用的监控阶段不明。Orin S. Kerr 教授将监控行为分为信息获取（acquisition of information）、信息分析（analysis of that information）、信息披露与使用（the use or disclosure of that information）三大阶段。[①] 如前所述，美国宪法第四修正案仅将个人信息的获取活动作为其规制对象，而后续的个人信息分析与使用则并非其调整范畴，这衍生出马赛克理论适用的两大问题。一方面，如果前端的个人信息获取行为未能达到马赛克理论的质变标准，则后续的分析与使用是否一定无法适用该理论。另一方面，即便前端的个人信息获取行为适用了马赛克理论，但由于执法人员业已通过合法取得的令状发现了其中的隐私，则后续的分析与使用阶段是否还存在适用马赛克理论的必要。

对于上述批评，美国理论界与实务界进行了积极回应。其一，对于马赛克理论聚合标准不明的问题，坚持“司法主导说”的学者指出马

① See Orin S. Kerr, *The Mosaic Theory of the Fourth Amendment*, Michigan Law Review, Vol. 111: 3, p. 321 (2012).

赛克理论的质变节点应当属于法官自由裁量的心证范畴。[1] 而坚持“立法主导说”的学者则认为，立法机关的组成及其权力运作方式，更适合用来引导公众态度、划定行政行为的界限，以平衡隐私权保障与侦查犯罪之间的需求。因此，应当由立法机关制定“明线规则”，以规范马赛克理论的适用。[2] 其二，对于“0 + 0 = 0”的数学计算难题，有学者指出马赛克理论不应当被视为一个算术问题，而应当运用整体与部分的关系进行判断。“马赛克理论的概念化需要将重点放在整体评估时数据聚合所揭示的内容上，而不是迭代或相加。”[3] 其三，对于马赛克理论持续时长的界限问题，有学者以将逮捕人员移交法院的 48 小时时限与街边截停执法的 20 分钟时限作为界分各类监控行为的明线标准。除非存在紧急情况，否则如果有针对性的监控行为持续时间累积超过 48 小时则需要达到合理根据（probable cause）的心证标准，并申请搜查令状（warrant）。如果监控行为持续时间超过 20 分钟但小于 48 小时，则需要达到合理怀疑（reasonable suspicion）的心证标准，并申请法官命令（court order）。如果监控行为持续时间不足 20 分钟，则警方可以基于善意的目的自由裁量。[4] 其四，对于马赛克理论适用的技术手段问题，在前述各地方法院的裁判中，均或明或暗地运用了马赛克理论，这说明该理论的适用范围可以覆盖所有监控技术。

---

① See Brief of Amici Curiae, Yale Law School Information Society Project Scholars and Other Experts in the Law of Privacy and Technology in Support of the Respondent at 25 – 27, Jones, 132 S. Ct. 945 (No. 10 – 1259), 2011 WL 4614429. The scholars who signed onto this brief included Daniel Solove, Paul Ohm, Danielle Citron, Christopher Slobogin, Susan Freiwald, Renee Hutchins, Chris Hoofnagle, and Stephen Henderson. Id. at 1 – 3.

② See Orin S. Kerr, *The Fourth Amendment and New Technologies: Constitutional Myths and the Case for Caution*, Michigan Law Review, Vol. 102, p. 801 (2004).

③ David Gray & Keats Citron, *A Shattered Looking Glass: The Pitfalls and Potential of the Mosaic Theory of Fourth Amendment Privacy*, North Carolina Journal of Law & Technology, Vol. 14: 2, p. 412 – 416 (2013).

④ See Christopher Slobogin, *Making the Most of United States v. Jones in a Surveillance Society: A Statutory Implementation of Mosaic Theory*, Duke Journal of Constitutional Law & Public Policy, Vol. 8, p. 24 – 28 (2012).

3. 隐私权的定量分析与种类标准

Jones 案的判决延伸了隐私合理期待在公开场所的适用半径，限缩了“公共/私人”标准中公共暴露理论的辐射范围，改变了美国宪法第四修正案仅以空间要素为依据的触发机制，实现了由定性隐私权的有无判断向定量隐私权程度判断的转型。之后，在 2018 年 Carpenter 案的判决中，美国联邦最高法院判定公民对于储存在电信服务商处的手机基站定位信息享有隐私合理期待，侦查机关获取此类数据构成美国宪法第四修正案的搜查。这一判决极大冲击了“公共/私人”标准，进一步扩张了定量隐私权的实践范围与理论纵深，隐私合理期待也在空间标准与时间标准之外，又衍生出全新的种类标准。

在 Carpenter 案之前，第三方理论一直居于统治地位，主导着个人信息调取行为的司法实践。美国联邦最高法院先后通过 Miller 案①与 Smith 案②判定当事人对于向第三方机构披露的银行账单与电话号码不受美国宪法第四修正案的保护。自此，第三方理论遵循了“公开/私人”的判断方法，成为隐私合理期待的排除性规则，公民在自愿向第三方机构披露的所有个人信息中均不享有隐私权。第三方理论充分保障了侦查机关的取证诉求，为侦查权的社会化扩张提供了规范支持，但是却未必适应大数据时代的发展趋势。因此，第三方理论受到理论界与实务界的广泛批判。例如，在 Jones 案中，Sotomayor 大法官明确指出第三方理论不适合数字时代。③

第三方理论主要存在如下弊端：其一，第三方理论无视公民对于个人信息流转范围与披露程度的控制。该理论认为，一旦公民向第三方披露信息，就等于向所有人披露信息，也即默认政府可以从中调取证据。但是公民应当具有控制个人资讯披露范围的权利，政府的调取行为改变

① See United States v. Miller, 425 U. S. 435 (1976).

② See Smith v. Maryland , 442 U. S. 735 (1979).

③ See U. S. v. Jones 132 S. Ct. 957 (2012) (Sotomayor concurring).

了信息主体对于数据流转过程的控制，属于目的变更，应当取得合法授权。其二，第三方理论鼓吹的自愿性不符合现实情况。公民将数字记录留存在第三方机构的行为本身，并不能推断出这种交付行为具有自愿性，更不意味着其彻底丧失了个人信息权利。在大数据时代，公民为了满足正常生活的需要，不得不向第三方机构交付个人信息，这种自愿充其量仅是一种附条件的自愿。否则，“人们将会只有两种痛苦且不合理的选择：一种是在‘楚门的世界’里享受各种便利服务，或是在石器时代的洞穴内保有隐私”①。其三，第三方理论混淆了“风险识别”与“风险承担”。公民意识到第三方机构可能将个人信息向侦查机关披露，并不代表其要承担这种风险。就像人们意识到驾车存在风险，但是无须为所有的擦碰行为承担责任。因此，近年来，第三方理论的统治地位遭受严重冲击。Carpenter 案更是几乎颠覆了第三方理论。

作为数字时代隐私权保护的标杆式判例，Carpenter 案在 Katz 案定性隐私权的分析方法之外，增设了全新的 Carpenter 测试，从而实现了向定量隐私权的全面转型。新型的 Carpenter 测试分为三步。

首先，法院衡量公民在手机基站定位信息中存在的是“合理的”隐私期待（reasonable expectation of privacy）还是“减损的”隐私期待（reduced expectation of privacy）。众所周知，第三方理论的立论基础是公民在披露给第三方机构的个人信息中不存在隐私合理期待，故而不受美国宪法第四修正案的保护。然而，Carpenter 测试的第一步就对传统的第三方理论进行了实质性颠覆，其将隐私合理期待置于一个量化浮动的频谱之上，进而分析其性质属于“合理的”还是“减损的”。具言之，对于隐私合理期待的定量分析分为两个步骤进行。一方面，美国联邦最高法院认为 Carpenter 案中手机基站定位信息（CSLI）与 Smith 案中通过笔式记录器（pen register）获取的电话号码有所不同，后者无法

① 李荣耕：《论侦查机关对通信记录的调取》，载《政大法学评论》2010 年第 115 期。

发挥“信息识别”（identifying information）的作用，故而其中蕴含的隐私利益是有限的。然而，手机基站定位信息为执法者提供了窥探私人生活的窗口。通过分析此类个人信息，侦查机关不仅掌握了公民的位移情况，还能知晓个体的“家庭、政治、职业、宗教和性关系”。此外，处理手机基站定位信息存在形成全面监控状态的风险，其不仅收集被调查者的个人信息，甚至对美国全境4亿多手机用户都形成了数字监控。另一方面，法院着重分析了政府处理此类个人信息的普遍性与广泛性。手机基站定位信息与其他个人信息不同，其具有显著的回溯性特征，能够追溯公民在过去数年中发生的活动详情，并将之编纂成“详细的编年史记录”（detailed chronicle）。由于电信服务商可以留存公民在过去5年内的手机基站定位信息，而侦查机关调取此类个人信息的门槛又偏低，这无异于为执法人员提供了一个能够进行电子追踪的“脚踝监视器”（ankle monitor），其对于私人生活的干预甚至超过了GPS追踪器。总之，由于此类个人信息具有独特的性质（unique nature），公民对于手机基站定位信息享有的隐私期待是“合理的”而非“减损的”。

其次，法院判断公民是否存在自愿的披露行为。一方面，法院着重审查个人在披露手机基站定位信息的过程中是否存在选择权。如果没有选择权，则无法认定其披露行为具备自愿性。在Carpenter案中，法院指出，手机是公民参与现代社会生活所不可或缺（indispensable）的工具。在手机几乎覆盖美国全境的数字时代，只有极个别不使用手机的特定个体可以逃脱手机定位带来的全景监控。因此，公民在向第三方机构传输此类个人信息时不存在自愿的共享行为。另一方面，法院需要考虑公民是否存在一系列的肯定行为，表明个人自愿承担分享个人信息的风险。在该案中，法官判定，收发讯息、拨打电话、连接无线网等各种手机操作行为均会产生手机基站定位信息。因此，个人对于此类信息的产生具有不可回避性，不能仅通过操作手机的行为来判定公民对于披露此类个人信息存在自愿性。

最后，法院需要将“合理的”隐私期待与向第三方机构披露的事实行为进行权衡。法院认为，由于手机基站定位信息的独特性，加之政府取证行为的持续性，公民对于手机基站定位信息的隐私期待是合理的而不是减弱的；再者，由于不存在自愿的分享行为和承担风险的肯定行为，无法确认公民是自愿地向第三方机构披露手机基站定位信息。仅仅通过第三方收集个人信息的既成事实本身不足以抗制手机基站定位信息中的隐私利益。因此，政府收集此类个人信息的行为构成美国宪法第四修正案的搜查。

该案除了进一步因应定性隐私权向定量隐私权的发展趋势之外，还在原有的空间标准与时间标准的基础上，建构了全新的种类标准。在该案之前，美国宪法第四修正案的关注焦点聚集在如何收集个人信息方面，而不关注究竟收集了何种类型的个人信息。[①] 而该案的关键命题则集中在个人信息特质上，通过区分历史手机基站定位信息与其他第三方数据，实现了由取证行为到个人信息特质的重心移转。[②] 实际上，在本案判决之前，根据隐私利益的多寡区分个人信息类型的方式在实践中已有雏形。例如，美国律师协会（American Bar Association）将个人信息分为“高度隐私”（highly private）、“中度隐私”（moderately private）、“低度隐私”（minimally private）和“非隐私”（not private）四类。[③] 在 Carpenter 案中，联邦最高法院首次指出了某种个人信息具有区别于其他数据的特殊性，进而排除了第三方理论的适用。具言之，手机基站定位信息的特殊性体现在内在特质与披露方式两个方面。前者是指手机基站定位信息具有不同寻常的深度与广度。此类个人信息不仅掌握了公

---

① See David Gray, *The Fourth Amendment in an Age of Surveillance*, Cambridge University Press, 2017, p. 122.

② See Paul Ohm, *The Many Revolutions of Carpenter*, Harvard Journal of Law & Technology, Vol. 32: 2, p. 362 – 363 (2019).

③ See AM. Barass'N, *Standards on Law Enforcement Access to Third Party Records Stds.* 25 – 4. 1, 25 – 4. 2, (2012), http: //www. americanbar. org/groups/criminaljustice/policy/standards/law – enforcement – access. html.

民过去的活动位置，还能从中推断出公民的宗教信仰、社交关系、性取向、兴趣爱好等私密信息，故而具有深刻的揭示性，为侦查机关提供了“完美的监视工具”。并且，手机基站定位信息还具有收集频率高、存储时间长与覆盖范围广的特点。在该案中，第三方机构平均每日收集目标对象 101 个手机基站定位信息，并且可以将之在数据库中存放 5 年之久，覆盖了美国境内超过 4 亿台智能手机。披露方式的特殊性体现为手机基站定位信息被获取的自动性与不可避免性。使用手机业已成为社会生活中不可或缺的组成部分。并且，除非采取断电断网等极端措施，否则任何操作均会导致此类数据的产生。因此，手机基站定位信息在质与量上均具有特殊性，属于个人信息中的独特“种类”，处理此类个人信息需要事先获取搜查令状，从而建构了美国宪法第四修正案中隐私合理期待的种类标准。

隐私权的定量分析与种类标准相结合，体现出这一时期隐私权在个人信息保护中的两大特点。

一方面，该案判决主文对于隐私权的定量分析给予官方肯定，推动了定量隐私权的纵深发展。在 Carpenter 测试中，隐私合理期待不再是全有或全无的事物，而是存在“合理的”隐私期待与“减损的”隐私期待之间的量化差异，这与传统第三方理论中定性的二元式判断具有明显区别。并且，在 Carpenter 测试的第三步中，隐私合理期待甚至作为可以进行数学计量的工具，以量化形态与向第三方机构披露个人信息的事实行为进行权衡。

另一方面，种类标准进一步拓展了个人信息权利保护的客体范围。Carpenter 案直接将连续 127 日的手机基站定位信息纳入隐私权的保护范畴，扩大了个人信息保护的客体范围。更为关键的是，该案判决从对于取证行为的评价转向关注个人信息的分类，认识到部分个人信息具有更为敏感特殊的性质。例如，法院并未过分强调调取行为的程序要件，而是描述了手机基站定位信息的隐蔽性、连续性、不加区分性、侵入性、回溯性等特性，从而确立了此类个人信息相较于银行账户、手机号码等普通第三方记录的特殊性。① 这种判断路径的改变对于美国宪法第四修正案影响深远，之后面对新兴的科技侦查手段，如果一时无法准确界定取证行为的性质，可以转而分析该行为处理的个人信息的特质，从而将更多具有特殊性的个人信息纳入美国宪法第四修正案的保护范围。

虽然原本铁板一样的第三方理论被新型的 Carpenter 测试划出一道裂痕，但该案贯彻了司法最低限度主义的精神，仅仅针对眼下情形作出个案判断，而避免制定宽泛的规则或基础性的原则。正如 Roberts 大法官所言，该案的决定是“狭窄的”，既没有完全推翻第三方理论，又不适用于其他的监控工具，更不涉及外交或国家安全领域的个人信息处理。由于 Carpenter 测试带有明显的个案色彩，而缺乏明确统一的适用规则，下级法院在相关问题的处理上产生矛盾。例如，在 Commonwealth v. Wilkerson 案②中，马萨诸塞州最高司法法院判定侦查机关收集 6 小时的历史手机基站定位信息属于搜查。但在 People v. Edwards 案中，执法机关对于此类个人信息展开了持续 2 日的收集工作，却被判定不受美国宪法第四修正案的约束。然而，在 State v. Gibbs 案中，连续 5 日获取历史手机基站定位信息的行为又被法院判定构成搜查。

除了法律适用方面的个案矛盾之外，Carpenter 案还回避了对于第三方理论适用与否以及应用范围的深入解答。对于第三方理论适用与否的问题，学界展开了激烈讨论，并分化为两大阵营。“废除派”认为第三方理论的生成背景与现行的数字时代已经存在明显不同，该制度限制了美国宪法第四修正案对于公民隐私权的保护。而 Carpenter 案昭示了第三方理论的衰落与灭亡。③ “保留派”则认为，无论是该案的判决，

---

① See Susan Freiwald & Stephen Wm. Smith, *The Carpenter Chronicle: A near - Perfect Surveillance*, Harvard Law Review, Vol. 132: 1, p. 209 - 221 (2018).

② See Commonwealth v. Wilkerson, 156 N. E. 3d 754, 766 (2020).

③ See Mary - Kathryn Takeuchi, *A New Third - Party Doctrine: The Telephone Metadata Program and Carpenter v. United States*, Notre Dame Law Review, Vol. 94: 5, p. 2243 (2019).

还是长久以来对于风险承担理论的批判，均未能指向第三方理论的核心——目击者原则。目击者原则认为，美国宪法第四修正案没有权利阻止其他人告诉政府他们对你的所见所闻。当我们向他人披露个人信息时，即使这种披露是不可避免的，也丝毫不妨碍其他人违反我们的信任并再次传递该信息。[①] 因此，应当修正而不是废除第三方理论。[②] 对于第三方理论应用范围的问题，虽然有学者倡议警方为了避免非法证据排除，应当在收集第三方数据之前申请搜查令状。[③] 但也有观点认为 Carpenter 测试的触角是否可以延伸至诸如“基站台转储信息”（Cell Tower Dump）、模拟基站台（Cell Site Simulator）、无人机、公共视频监控系统、车牌自动识别系统等其他监控定位技术，是否能够辐射至人脸识别[④]、虹膜识别、DNA[⑤] 等生物基因数据，是否能够推广至云计算、物联网和智能家具等人工智能领域[⑥] 均有待商榷。

实际上，如果贸然彻底废除第三方理论，则无疑会给警方在传统领域与上述新兴领域的调取行为增添过于沉重的负担。实际上，虽然调取行为改变了个人信息披露的本初目的，但其毕竟属于数据资料的间接获取，相较于搜查、监控等强制侦查行为而言，其对隐私权的侵犯程度有

---

① See Orin S. Kerr, *Use Restrictions and the Future of Surveillance Law*, Brookings (Apr. 19, 2011), https://www.brookings.edu/research/use-restrictions-and-the-future-of-surveillance-law/.

② See Michael Gentithes, *The End of Miller's Time: How Sensitivity Can Categorize Third-Party Data after Carpenter*, Georgia Law Review, Vol. 53: 3, p. 1060 (2019).

③ See Stevenson & Aaron, *A Growing Consensus: A Comment on United States v. Carpenter, and the U. S. Supreme Court's Opportunity to Protect Privacy*, Ohio State Law Journal Furthermore, Vol. 78, p. 22-23 (2017).

④ See Levinson-Waldman & Rachel, *Hiding in Plain Sight: A Fourth Amendment Framework for Analyzing Government Surveillance in Public*, Emory Law Journal, Vol. 66, No. 3, p. 547 (2017).

⑤ See Drew M. Baldwin, *Redefining the Third-Party Doctrine: Carpenter's Effect on DNAPrivacy*, Kentucky Law Journal, Vol. 108, No. 1, p. 153-178 (2019-2020).

⑥ See Christina A. Robinson, *Smart Homes: The next Fourth Amendment Frontier*, University of Miami Race and Social Justice Law Review, Vol. 10, No. 2, p. 1-22 (2020).

限。因此，较为实际的做法是以个人信息的敏感程度与个人信息的披露方式为要素，准确评价调取行为的侵权强度，给予第三方理论必要的适用空间。

一方面，应以个人信息的敏感程度作为界定第三方理论适用范围的主要标准。在该案中，法院凸显了手机基站定位信息的独特性，认为其不同于其他第三方信息，这实质上承认了不同数据的信息敏感程度（informational sensitivity）是有所差异的。其实，每种个人信息均包含一定的隐私利益，但其敏感程度大小不一，基于比例原则的要求，法律应当重点规制敏感程度较高的个人信息。实际上，人们真正担心的并非政府从第三方收集普通的个人信息，而是通过调取活动获取其敏感资料。因此，对调取行为进行规制的程序意义主要在于保护个人的敏感隐私。敏感的个人信息应当成为第三方理论的适用禁区，而隐私利益较低的一般信息则可以纳入其调整范围。

既然个人信息的敏感程度是界定第三方理论适用范围的主要标准，那么如何判断个人信息的敏感程度则是必须解决的问题。有学者指出，对于个人信息敏感程度的确定需要考虑以下因素：其一，法院在刑事裁判或其他裁判中有无专门强调某种个人信息的特殊地位。其二，根据一般常识，从个人信息内在构成判断其敏感程度。例如，性生活的细节显然比电话号码涵盖的敏感程度更高。其三，个人信息披露的自愿程度，这涉及信息主体控制个人信息的主观态度。① 其实，各国个人信息法案大多明确了敏感信息的范围。例如，《美国统一个人数据保护法》第 2 条第 17 款就列举了以下 10 种敏感信息：（A）种族或民族、宗教信仰、性别、性取向、公民身份或移民状态；（B）可远程访问账户的验证信息；（C）信用卡号或借记卡号或其他金融账号；（D）社会安全保障号、税收证明号、驾驶证号码、军官身份号、或者政府颁发的身份识别

① See Michael Gentithes, *The End of Miller's Time*: *How Sensitivity Can Categorize Third－Party Data after Carpenter*, Georgia Law Review, Vol. 53: 3, p. 1068－1070 (2019).

号；(E) 实时地理位置；(F) 犯罪记录；(G) 收入；(H) 诊断记录或者疾病治疗记录或者健康状况记录；(I) 基因测序信息；(J) 控制着应知或有理由知道未满13周岁的未成年人信息。[①] 此外，对于敏感信息的界定也应当与时俱进。例如，在Miller案发生时，银行账单仅包括存单支票等有限信息。然而，随着支付方式的变化，现在的银行账户信息还应该包括财务状况、位置记录、消费偏好等详细数据。[②]

另一方面，应以个人信息的披露方式作为界定第三方理论适用范围的辅助标准。有学者将披露方式进行了类型化分析，按照主体自主控制个人信息生成的能力将之分为自动披露（automatic data sharing）与自愿披露（volitional data sharing）。同时，按照用户使用设备参与社会生活的必要程度，将之分为必需使用（use is necessary）与裁量使用（use is discretionary）。[③] 两套分类标准互相交叉，会生成4种不同的披露类型：(1) "自动披露+必需使用"。在Carpenter案中，几乎用户对手机进行任何操作（包括待机状态下）均会无意识地传递手机基站定位信息，其披露过程不受个人的主观控制。而手机又高度融入公民社交生活，因此此类个人信息不应当适用第三方理论。(2) "自愿披露+必需使用"。例如，用户在使用信用卡之前，需要自行填写银行开卡票据等个人信息，这属于积极主动的披露行为，会降低用户对于此类个人信息的隐私期待。但是银行交易数据与公民生活密切相关，是否将其纳入美国宪法第四修正案的保护范围值得讨论。(3) "自动披露+裁量使用"。例如，用户使用健康检测仪时，健康数据会自动生成，剥夺了个人对于信息披露与否的选择权。但是此类仪器并非日常生活所必需，其是否受到第三方理论的调整有待商榷。(4) "自愿披露+裁量使用"。例如，

---

① See Uniform Personal Data Protection Act Section 2 (17).

② See Michael Gentithes, *The End of Miller's Time: How Sensitivity Can Categorize Third-Party Data after Carpenter*, Georgia Law Review, Vol. 53: 3, p. 1075 (2019).

③ See Evan Caminker, *Location Tracking and Digital Data: Can Carpenter Build a Stable Privacy Doctrine?*, Supreme Court Review, Vol. 2018, p. 447 (2019).

用户在使用声控电视等智能电器时，相应数据均是由公民积极主动的控制行为所产生，并且此类设备也非社会交往所必需，因此不应当受到宪法的特殊保护。

通过以上分析可以得出结论，公民对于个人信息生成的控制力越弱，设备与日常生活的联系越紧密，个人信息的敏感程度越高。结合前述信息敏感程度对于隐私权的影响，可以勾勒出第三方理论的适用范围：如果系争数据是敏感信息，则无论其披露方式为何，均不适用第三方理论；如果系争数据是普通信息，属于自动披露且与生活密切相关，则亦不适用第三方理论。而如果属于自愿披露且并非日常生活所必需，则由第三方理论调整；如果系争数据是普通信息，披露方式又呈现出上述第二类和第三类的样态，则应当诉诸个案裁量，在裁量的基础上进一步形成对于规则的补充。

综上，隐私权分析方法与判断标准的演进反映出美国实务界与理论界在面对隐私权权利客体、权利内容、保护方式、行权逻辑等固有弊端时做出的制度努力与智识贡献。梳理这一发展脉络，可以清晰地体会到美国在数字时代由隐私保护向个人信息保护的转型过程中展现出的变革魄力与制度纠结。正如 Carpenter 案主审法官 Roberts 所言："需要确保科技的进步不会侵蚀第四修正案对于权利的保障。"① 为此，美国刑事侦查领域经历了由财产权理论、顺序分析方法、定性隐私权、空间标准转变为隐私合理期待理论、马赛克理论、定量隐私权、时间标准与空间标准的漫长历程。这种基础理论与制度设计的转型，不仅直接实现了个人信息权利客体的扩展，也间接推动了个人信息保护的场景化、层级化与精细化。当然，作为隐私权发展新型样态的个人信息保护，对于传统的美国宪法第四修正案也造成了理念与程序上的冲击震荡。这可能牵涉立法规制模式与司法规制模式的博弈，关系到采取明晰易行的规则还是

① Carpenter v. U. S. 138 S. Ct. 2223（2018）.

使用模糊抽象的裁量标准等问题。

（二）欧盟个人信息的直接性权利保护

在欧洲个人信息保护领域，《欧洲人权公约》第8条“人人有权享有使自己的私人和家庭生活、家庭和通信得到尊重的权利”，以及《欧盟基本权利宪章》第7条“私生活与家庭生活受尊重的权利”、第8条“个人数据受保护的权利”共同为个人信息的直接性权利保护提供了规范基础。任何处理个人信息或者侵入私人生活领域的行为，都有可能干预上述基本权利。具言之，欧盟个人信息的直接性权利保护表现为干预基本权利外延与干预基本权利实质两种形式。

以干预行为的程度与性质作为区分基准，欧盟法院通过一系列判决将之渐次分为合理干预（justified interference with this right）[①]、不合理干预（unjustified interference）[②]、特别严重干预（particularly serious interference）[③] 和干预基本权利的实质（core or the essence of a fundamental right）[④]。其中，前几种对于基本权利的非实质干预统称为干预基本权利的外延（periphery）。与之相对，基本权利的本质（essence），有时又被称为一项基本权利的最低标准（minimum）[⑤]、根本（essential）[⑥]，代表着一项基本权利不容侵犯与不可触及的绝对核心，不能被削弱、限制或干涉。有时，干预基本权利的实质被描述为对于一项基本

---

① See ECJ Case C－291/12，Schwarz，ECLI：EU：C：2013：670，paras. 31－64.

② See ECJ Case C－92/09，Volker und Markus Schecke and Eifert，ECLI：EU：C：2010：662，paras. 65－89.

③ See ECJ Joined Cases C－293/12 and C－594/12，Digital Rights Ireland ECLI：EU：C：2014：238，paras. 37，39.

④ See ECJ Case C－362/14，Schrems，ECLI：EU：C：2015：650，para. 94，95.

⑤ See Young & Katharine G.，*The Minimum Core of Economic and Social Rights：A Concept in Search of content*，Yale Journal of International Law，Vol. 33：1，p. 113（2006）.

⑥ See J. Rivers，*Proportionality and Variable Intensity of Review*，The Cambridge Law Journal，Vol. 65：1，p. 180（2006）.

权利的"极端侵犯"（extreme infringement）[①]。然而，干预基本权利的实质与干预基本权利的外延不仅存在程度方面的区别。实质上，二者还通过"实质—外延"的二分法（essence – periphery dichotomy）进行性质区分。[②] 干预基本权利的实质不可以与比例原则兼容，无法通过必要性要件进行平衡测试。干预基本权利的外延则需要遵循比例原则的要求，属于比例原则的规制对象。对基本权利的外延与实质进行区分的方法可以追溯到各成员国的宪法渊源中，并且广泛应用于罢工权[③]、公平审判权[④]、集会结社权[⑤]等基本权利领域。近年来，欧盟法院通过一系列判决将"实质—外延"的二分法引入了隐私权与个人数据受保护权领域。

1. 干预基本权利的外延

"除了干预基本权利的实质之外，对于基本权利干预的所有其他类型——合理干预、非合理干预、特别严重的干预——都必须通过比例平衡来确定。"[⑥] 实质上，无论是合理干预、非合理干预还是特别严重的干预，均是法官在司法实践中形成的描述性用语，不仅缺乏清晰的概念界定，而且彼此之间的划分标准也并不明确，只能概括性地与干预基本权利的实质区分开来。因此，与其纠结于干预基本权利外延的准确定义，不如从反面进行理解，亦即只要不是干预基本权利实质的行为，就均属于干预基本权利的外延，进而受到比例原则的约束。从理论角度出发，只要干预行为尚在比例原则的判断范围之内，属于符合比例原则的

---

① See J. Rivers, *Proportionality and Variable Intensity of Review*, The Cambridge Law Journal, Vol. 65: 1, p. 184 (2006).

② See Tridimas T. & Gentile G., *The Essence of Rights: An Unreliable Boundary*, German Law Journal, Vol. 20: 6, p. 803 (2019).

③ See Sentencia 11/1981, S. T. C., Apr. 25, 1981 (B. O. E., No. 99) (Spain).

④ See Sentencia 91/2000, S. T. C., May 4, 2000 (B. O. E., No. 107) (Spain).

⑤ See Young, James and Webster v. United Kingdom, 11 Eur. Ct. H. R. 439, para. 55. (1989).

⑥ Maja Brkan, *The Concept of Essence of Fundamental Rights in the Eu Legal Order: Peeling the Onion to its Core*, European Constitutional Law Review, Vol. 14: 2, p. 368 (2018).

干预或者不符合比例原则的干预，其实均属于对于基本权利外延的讨论。而一旦对于基本权利的干预深入实质层面，比例原则就会丧失发挥作用的空间。① 例如，在 Ministerio Fiscal 案②中，警方为了破获盗窃手机、钱包案件，需要获取犯罪嫌疑人的通信身份识别数据（identification data of communications），来确定 SIM 卡用户的身份。通信身份识别数据不仅不包括通话的实质内容，而且相较于通话时长、基站台位置、电话号码等通信元数据，其对隐私权与个人数据受保护权的干预程度更低，因此法院判定其仅构成不太严重的干预（less serious interference）。同时，获取此种个人信息的目的是侦破轻微的盗窃犯罪，在打击犯罪与保障人权之间形成了动态平衡，故而符合比例原则的要求。在该案中，法院根本没有提及对于基本权利实质的干预，而是通篇从比例原则的角度出发，分析警方取证行为的合法性与合比例性。申言之，在"实质—外延"二分法中，如果能够直接运用比例原则进行判断，就无须再另行解读基本权利的实质。

在个人信息保护领域，欧盟法院涉及干预基本权利外延的判例主要集中在个人信息留存与传输方面。

在 2014 年 Digital Rights Ireland 案中，欧盟法院评定了 2006 年《数据留存指令》③ 的法律效力。《数据留存指令》第 3 条与第 5 条课以电信与网络服务提供商个人信息留存义务，强制要求其对电子通信的来源、位置、时间、长度以及种类等个人信息（不包括通信内容）进行存储。该指令第 6 条则规定了上述个人信息的存储时限在 6 个月至 2 年。在该案中，欧盟法院判决，《数据留存指令》第 3 条与第 6 条本身

---

① See Maja Brkan, *The Essence of the Fundamental Rights to Privacy and Data Protection: Finding the Way through the Maze of the CJEU's Constitutional Reasoning*, German Law Journal, Vol. 20: 6, p. 882 (2019).

② See ECJ 2 October 2018, Case C – 207/16, Ministerio Fiscal.

③ See Directive 2006/24/EC on the retention of data generated or processed in connection with the provision of publicly available electronic communications services or of public communications networks and amending Directive (Data Retention Directive) [2006] OJ L 105/54.

就已经构成对于《欧盟基本权利宪章》第 7 条隐私权的干预。执法机关获取上述个人信息的行为又二次侵犯了公民的隐私权。并且，由于《数据留存指令》涉及对于个人信息的处理，也干预了《欧盟基本权利宪章》第 8 条个人数据受保护权。此外，法院认为，上述行为对于基本权利的干预不仅是“广泛的”（broadly），而是也是“特别严重的”（particularly serious interference）。在公民未被告知的情况下，存储和使用其通信状态信息，会使个人产生其私人生活持续被监控的心理感受。虽然欧盟法院肯定了《数据留存指令》具有打击严重犯罪与维护公共安全的正当目的，但却仍然认为该指令存在以下五大严重的缺失，有违比例原则的要求。

其一，留存个人信息的对象过于宽泛。鉴于电子通信日益广泛的应用，《数据留存指令》涉及几乎所有欧洲公民。该指令不分青红皂白式地（indiscriminately）适用于所有个体，以及一切电子通信手段及其交互数据，而没有根据打击严重犯罪的具体需求作出任何区别、限制或例外。并且，该指令不要求被留存通信信息的对象与特定安全威胁之间存在任何逻辑关联，甚至适用于通信状态受到职业秘密保护的主体。

其二，留存个人信息缺乏必要的实体性与程序性要件。《数据留存指令》没有规定执法机关获取与使用通讯信息的客观标准。例如，关于“严重犯罪”的概念仅交由成员国国内法自行确定。并且，不存在一个独立的司法机构或行政部门对留存个人信息的行为进行事前审查。

其三，个人信息存储时限缺乏足够限制。根据《数据留存指令》第 6 条的规定，所有的通信状态信息一律至少保存 6 个月以上，而并不根据个人信息实用性及其与特定目标之间的相关性进行差异化的制度设计。

其四，对于第三方机构已经留存的个人信息，缺乏足够的安全保障措施，致使大量个人信息甚至敏感信息面临非法访问的风险。

其五，《数据留存指令》没有将个人信息的流通范围限制在欧盟境内，从而产生了个人信息传输到第三国的数据风险。

基于上述理由，欧盟法院判定，《数据留存指令》中全面而无差别地留存个人信息的规定破坏了公共利益与私人权利之间的平衡关系，法院进而宣布该指令无效。但是，法院依然认为由于该指令没有保留通信内容信息，并未干预《欧盟基本权利宪章》第 7 条隐私权的实质。并且，因为该指令要求成员国确保"采取适当的技术和组织措施，以防止数据发生意外或非法的销毁、丢失与更改行为"，故而也没有干预《欧盟基本权利宪章》第 8 条个人数据受保护权的实质。申言之，尽管《数据留存指令》中的概括式留存行为严重违反了比例原则的要求，但仍然仅属于对于基本权利外延的干预，尚未达到干预基本权利实质的程度。

在 Digital Rights Ireland 案之后，欧盟各成员国在个人信息留存领域的做法不一而足，产生了各自为政的混乱局面。① 因此，欧盟法院在 2016 年 Tele2 & Watson 案中针对瑞典与英国不加区分的元数据留存行为进行了新一轮裁决。在该案中，欧盟法院需要判断瑞典与英国的国内立法是否符合欧盟法律，以及是否干预了《欧盟基本权利宪章》第 7 条与第 8 条的基本权利。该案与 Digital Rights Ireland 案对于比例原则的判断方法如出一辙。在该案中，法院认为尽管保留交互数据与位置数据对于打击有组织犯罪与恐怖活动犯罪意义重大，但这不足以证明此种概括且不加区分的（general and indiscriminate）个人信息留存行为的正当性。瑞典与英国的国内立法将留存元数据的行为设定为普遍规则，而非例外情况。这种做法牵涉了广泛的注册用户，涵盖了一切电子通信手段，留存了所有可以获取的交互数据与位置数据，而没有根据打击犯罪的具体目标规定任何的区别、限制或例外。并且，上述规范也不要求留

---

① See Andrii Konopko, *Striking Appropriate Balance between Metadata Retention and Right to Privacy according to the Article* 7 *of the CFREU* (Ph. D. diss., Law and Information Society University of Turku, 2019), p. 28 – 29.

存个人信息与对于公共安全的威胁之间存在任何的逻辑联系，即便是与严重刑事犯罪不具有直接或间接联系的目标也会成为留存个人信息的对象。此外，相关规范也不限制留存个人信息的特定时段、特定区域与嫌疑程度。因此，在民主社会中，这种国家立法超出了严格必要的限度，违反了比例原则的要求。

与 Digital Rights Ireland 案不同的是，该案对于元数据的侵权程度产生了全新认知，欧盟法院认为元数据与内容数据一样，均具有侵犯隐私的高度可能性。通过对于元数据的分析可以十分容易地得出关于某人私人生活的精确结论，例如日常习惯、永久或临时居住地、日常活动与社交关系等。① 因此，欧盟法院判定概括性留存交互数据与位置数据的行为对于基本权利造成的干预是非常严重（particularly serious）与十分深远的（far – reaching）。这种个人信息留存行为排除了订阅者与注册用户的实质参与，会使其产生私人生活持续被监控的寒蝉效应。即便如此，法院依然坚持只有留存内容信息的行为才会侵犯隐私权实质的观点，甚至不惜作出前后矛盾的判决，认为该案中瑞典与英国政府的个人信息留存行为并未侵犯基本权利的实质。同时，该案摒弃了在 Digital Rights Ireland 案中将隐私权与个人数据受保护权分别评价的方法，而是笼统地将二者视为一体。② 因此，由于留存范围内并不包括内容信息，瑞典与英国的国内立法没有侵犯《欧盟基本权利宪章》第 8 条个人数据受保护权的实质。综上，在 Tele2 & Watson 案中相关行为对于隐私权与个人数据受保护权的干预仍然属于干预基本权利的外延。

之后，在 2017 年 Opinion 1/15 案中，欧盟法院分析了欧盟与加拿大之间关于“乘客姓名记录”（Passenger Name Record，PNR）的数据

---

① See Cameron I. , *Balancing Data Protection and Law Enforcement Deeds: Tele2 Sverige and Watson*, Common Market Law Review, Vol. 54: 5 , p. 1478 (2017).

② See Valentin M. Pfisterer, *The Right to Privacy – A Fundamental Right in Search of Its Identity: Uncovering the CJEU's Flawed Concept of the Right to Privacy*, German Law Journal, Vol. 20: 5, p. 726 – 727 (2019).

传输协议草案①是否符合《欧盟基本权利宪章》第7条与第8条的要求。该协议草案规定，为了打击严重犯罪与恐怖主义犯罪，允许欧盟与加拿大之间提供服务的航空公司收集与共享旅行者的PNR信息。PNR信息主要包括乘客姓名、预订和旅行日期、旅客会员信息、联系信息、付款信息、旅行行程、行李、座位信息等。在该案中，欧盟法院判定协议草案的若干条款超出了实现目标所必需的严格必要条件，有违比例原则的要求②：其一，缺乏处理敏感信息的正当理由。除了“基于保护公共安全免受恐怖主义和严重跨国犯罪破坏”之外，敏感信息的传输还需要其他精确而坚实的理由。然而，这样的理由在该案中并不存在。其二，固定5年的个人信息留存期限存在争议。无论旅客在加拿大停留抑或已经离开加拿大，加拿大当局都要将旅客的PNR信息留存5年之久。其三，缺乏法院或独立行政机构的事先审查。旅客在加拿大停留期间，留存个人信息的行为必须经过法院或者独立的行政机构的审批。但是协议草案缺乏此类规定，无法确保加拿大当局仅在严格必要的范围内保留和使用PNR信息。③ 其四，对于加拿大当局向其他第三国传输PNR信息的行为缺乏规制。其五，协议草案在信息主体的告知义务方面存在缺陷。协议草案无法确保能够及时通知旅客PNR信息的传输情况，也不能保证传输情况能够由《欧盟基本权利宪章》第8条第3款规定的独立的数据监管机构进行监督。

在该案中，法院判定该协议草案的个人信息传输与共享行为可能

---

① See Agreement between the European Community and the Government of Canada on the Processing of Advance Passenger Information and Passenger Name Record Data, March 21, 2006, 2006 O. J.

② See Christopher KunerInternational, *Agreements*, *Data Protection*, *and EU Fundamental Rights on the International Stage*: *Opinion* 1/15 (*EU - Canada PNR*) *of the Court of Justice of the EU*, Common Market Law Review, Vol. 55: 3, p. 867 (2018).

③ See Edoardo Celeste, *The Court of Justice and the Ban on Bulk Data Retention*: *Expansive Potential and Future Scenarios*, European Constitutional Law Review, Vol. 15: 1, p. 146 - 147 (2019).

"揭示出完整的旅行路线、旅行习惯、航空旅客的财务状况、饮食习惯、健康状况，甚至可能提供有关这些旅客的敏感信息……"① 故而干预了《欧盟基本权利宪章》第7条与第8条的基本权利。并且，出于上述五种原因，此种行为对于基本权利的干预显然是不合比例的。然而，虽然上述行为对于基本权利造成不当影响，但法院认为其并未干预基本权利的实质。因为协议草案中处理个人信息的行为仅限于私人生活的个别方面，即"与加拿大和欧盟之间的航空旅行有关"，故而不构成对于隐私权实质的干预。并且，该协议草案限制了个人信息处理的目的，包含了确保数据安全性、机密性和完整性的方法，能够保护个人信息免遭非法的访问与处理，故而也并未干预个人数据受保护权的实质。因此，在Opinion 1/15案中，对于隐私权与个人数据受保护权的干预仍然属于干预基本权利的外延。

综上，尽管Digital Rights Ireland案、Tele2 & Watson案与Opinion 1/15案的侵权状况、判断方法、说理依据并不相同，但相关行为均不符合比例原则的要求，未能通过必要性要件的测试，从而干预了隐私权与个人数据受保护权的外延。然而，由于基本权利的外延缺乏明确的规范定义，并且其涵盖的不同程度的侵权类型之间也不存在具体可供操作的区分标准，对于基本权利外延的探讨难以深入进行。此外，基本权利的外延是一个依附于基本权利实质的概念，但如下所述，基本权利的实质同样也并非确定性概念，从而反向加剧了基本权利外延界定的模糊性。以Digital Rights Ireland案对于基本权利的严重干预为例，干预究竟达到何种程度才能称为"严重干预"？严重干预的权利对象是仅限于隐私权等特殊权利，还是适用于所有类型的基本权利？追求某些制度目标或者对于特定政策的违背是否更有可能构成对于基本权利的严重干预？这些问题均没有明确答案。有学者认为，严重干预的概念本身就是一个

① Case Opinion 1/15，ECLI：EU：C：2017：592，Judgment of 26 July 2017.

复合型产物，需要考虑干预规模、持续时间、数据处理对于隐私的侵犯程度、是否存在数据滥用的严重风险、是否存在数据向第三国传输的情况等。[①]

2. 干预基本权利的实质

尽管学界对于基本权利实质的概念来源没有形成共识，但通说认为，基本权利实质的渊源主要包括以下三种[②]：其一，基本权利的实质源于欧盟成员国共同宪法传统中的一般原则；其二，欧盟法院在《欧盟基本权利宪章》通过之前的判例中就使用了“very substance”这种与基本权利实质类似的概念；其三，基本权利的实质在《欧盟基本权利宪章》第52条第1款中存在明确表述。此外，实质概念的完善也受到了《欧洲人权公约》与《欧洲人权法院判例法》的启发。本质概念（wesensgehall）最初起源于德国宪法，《德国基本法》（Grundgesetz）第19（2）条明确指出：“在任何情况下都不得影响基本权利的本质。”将基本权利实质的概念引入德国宪法是对于“二战”中纳粹暴行的反思，也是为了防止基本权利适用的空洞化。[③] 之后，基本权利实质的概念逐渐传播并出现在欧盟其他成员国与第三国的宪法文本中，成为规范基本权利限制条款的一部分。

但是，各成员国宪法对于基本权利实质的理解并不一致。[④] 例如，西班牙宪法延续了德国宪法的传统，坚持基本权利实质的绝对理论，排除比例原则的适用。而奥地利与匈牙利等国却奉行基本权利实质的相对

---

① See Marie Pierre Granger, *Kristina Irion*, *The Court of Justice and the Data Retention Directive in Digital Rights Ireland*: *telling off the EU legislator and teaching a lesson in privacy and data protection*, European Law Review, Vol. 39: 4, p. 835 – 850 (2014).

② See Maja Brkan, *In Search of the Concept of Essence of EU Fundamental Rights through the Prism of Data Privacy*, Maastricht Faculty of Law Working Paper, Vol. 1, p. 6 (2017).

③ See Maja Brkan, *The Concept of Essence of Fundamental Rights in the Eu Legal Order*: *Peeling the Onion to its Core*, European Constitutional Law Review, Vol. 14: 2, p. 340 (2018).

④ See Maja Brkan, *The Concept of Essence of Fundamental Rights in the Eu Legal Order*: *Peeling the Onion to its Core*, European Constitutional Law Review, Vol. 14: 2, p. 339 – 345 (2018).

理论，将之纳入比例原则的框架中。葡萄牙宪法则在绝对理论与相对理论之间保持中立。尽管欧盟各成员国不同宪法秩序中对于实质概念的理解不尽相同，但其主要目的均是保护基本权利持有者不可剥夺的权利核心。[①] 在《欧盟基本权利宪章》通过之前，欧盟法院在一系列判例中使用了与实质相类似的概念，对于后续基本权利实质写入宪法文本产生了深远影响。例如，在 Nold v. Commission 案[②]中，欧盟法院强调基本权利可以“在不触及这些权利实质的情况下”加以限制。在 Hauer v. Land Rheinland – Pfalz 案[③]中，欧盟法院重申了将实质概念作为评估基本权利限制合法性的标准之一。《欧洲人权公约》中虽然并未包含关于基本权利实质的具体要求，但其第 17 条有禁止滥用权利的规定。[④] 根据这项规定，《欧洲人权公约》不得被解释为“暗示任何国家、团体或个人有权从事任何旨在破坏本公约规定的任何权利和自由的活动或行为”。通过对这一条款进行目的解释，可以将之理解为旨在保护《欧洲人权公约》中基本权利的实质。此外，欧洲人权法院在向法院申诉的权利[⑤]、反对强迫自证其罪的权利与沉默权[⑥]、结婚权[⑦]、选举权[⑧]等领域的司法判例中也对基本权利实质的概念进行了阐述。之后，基本权利实质的概念得到《欧盟基本权利宪章》第 52 条第 1 款的规范支持：“对

---

① See Maja Brkan, *In Search of the Concept of Essence of EU Fundamental Rights through the Prism of Data Privacy*, Maastricht Faculty of Law Working Paper, Vol. 1, p. 6 (2017).

② See ECJ Case 4/73, Nold v Commission, ECLI: EU: C: 1974: 51, para. 12.

③ See ECJ C – 44/79, Hauer v Land Rheinland – Pfalz, ECLI: EU: C: 1979: 290.

④ See M. Nowak, U. N. Covenant on Civil and Political Rights: CCPR Commentary, 2nd edn. (Engel 2005) p. 115.

⑤ See ECtHR 27 August 1991, Case Nos. 12750/87, 13780/88, 14003/88, Philisv Greece, paras. 59, 65.

⑥ See ECtHR21 December 2000, Case No. 34720/97, Heaney and McGuinness v. Ireland, paras. 55, 58.

⑦ See ECtHR 11 July 2002, Case No. 28957/95, Christine Goodwin v. United Kingdom, paras. 99 – 101.

⑧ See ECtHR, 18 February 1999, Case No. 24833/94, Matthews v. United Kingdom, para. 65.

本宪章所承认之权利与自由之行使之限制，应以法律定之，并应尊重此等权利与自由之实质。”

通过对于基本权利实质渊源的梳理不难发现，各成员国与各规范性文件中对于实质的概念并没有形成一致性的结论。申言之，“实质”本身是一个自主性概念（autonomous concept），具有一定的模糊性与浮动性。然而，作为限制基本权利的规范性要件，实质必须具备可供识别的特点，方能够为具体的司法适用提供操作指南，进而为基本权利的“实质—外延”二分法提供区分依据。简言之，基本权利的实质具有以下三个主要特征。

其一，基本权利的实质不能权衡、减损与削弱，其与比例原则之间存在排斥关系。对于基本权利的实质与比例原则之间的关系，存在绝对理论与相对理论两种学说。绝对理论的支持者建立了一个理论性的前提假设，即一项基本权利的实质在任何情况下都不能受到限制。这意味着基本权利的实质应当被视为一个独立的概念，而非一个可以与其他原则进行竞争权衡的法则，故而超出了比例原则的适用范围。基本权利的实质与比例原则之间是非此即彼的排斥关系，因此绝对理论又被称为排除理论。① 绝对理论区分了每项基本权利的两个部分：基本权利的实质部分和基本权利的外延部分。“实质—外延”的二分法有助于正确区分对于基本权利实质的侵犯与对于基本权利特别严重的侵犯。前者是一个基本权利存在与否的问题，而后者是一个基本权利的侵犯程度问题。② 德国宪法法院明确坚持绝对理论的立场，“即使是极其重要的公共利益也不能成为限制受到绝对保护的基本权利的实质的理由，这一问题不在比例原则的讨论范围之内”③。

---

① See Maja Brkan, *The Concept of Essence of Fundamental Rights in the Eu Legal Order: Peeling the Onion to its Core*, European Constitutional Law Review, Vol. 14: 2, p. 359 (2018).

② See Maja Brkan, *In Search of the Concept of Essence of EU Fundamental Rights through the Prism of Data Privacy*, Maastricht Faculty of Law Working Paper, Vol. 1, p. 22 (2017).

③ Judgments of the German Federal Constitutional Court, BVerfGE 34, 238 (245).

与之相反，相对理论将基本权利的实质视作一个冗余概念，其认为所有对于基本权利的干预都可以运用比例原则来确定。所有无法证明正当性的侵犯基本权利的行为都可以视为不符合比例原则，因此，基本权利的实质与比例原则是一对重叠概念。相对理论也有大量拥趸者。例如，Barak 认为，“应当从比例原则的角度去理解基本权利的实质”①。Van der Schyf 则直接指明，绝对理论实际上是一种伪装成绝对的相对理论。②

尽管绝对理论与相对理论都具有令人信服的学理内涵与宪法秩序背景，但大多数主流学者还是认为绝对理论更具有合理性，理由如下。

首先，《欧盟基本权利宪章》的文本表达了基本权利的实质与比例原则之间的互斥关系。《欧盟基本权利宪章》第 52 条第 1 款规定：“对本宪章所承认之权利与自由之行使之限制，应以法律定之，并应尊重此等权利与自由之实质。依据比例原则，此等限制唯有于具备必要性，并确实符合欧盟承认之一般权利之目的或保护他人自由权利之必要者，始得为之。”其中，第一句提及了基本权利的实质，而比例原则却出现在第二句。这种文本结构上的分离似乎预示着侵犯基本权利的实质与其他有正当理由或无正当理由的干预行为需要接受两种截然不同的检测。对此，有学者将《欧盟基本权利宪章》第 52 条第 1 款解读为三个累积性要件（three cumulative conditions）：（1）必须由法律规定（provided for by law）；（2）尊重权利的实质（respect their essence）；（3）遵守比例原则（comply with the principle of proportionality）。这就意味着基本权利的实质是一项独立于比例原则的宪章要求。

其次，基本权利实质的判例法渊源为其与比例原则的区分提供了实

① A. Barak, *Proportionality: Constitutional Rights and their Limitations*, Cambridge University Press, 2016, p. 498.

② See G. Van der Schyff, *Cutting to the Core of Conflicting Rights: The Question of Inalienable Cores in Comparative Perspective*, in E. Brems eds., Conflicts Between Fundamental Rights, Intersentia, 2008, p. 135.

践素材。在欧洲法律秩序中，无论是欧盟法院的判决，还是欧洲人权法院的判决，都选用了实质或者与实质类似的概念作为裁判说理的依据，而并未将二者混为一谈。

最后，从目的解释的角度出发，绝对理论能够为基本权利提供更为周延的保护。基本权利的实质代表了一种额外保障模式，可以防止对于权利最为极端的干预。[①] 如果想保证基本权利真正具有意义，就必须赋予其一个不容触犯的内在实质。“尊重实质是将一项权利定性为基本权利的逻辑结果。”[②] 实质反映了一种“无条件的道德义务”（an unconditional moral imperative），其源于人性尊严和对每个人的责任要求。绝对理论将权利的实质置于比例原则之外，使权利限制条款的区分更加明晰，增强了权利限制条款的合法性与象征意义。相比之下，相对理论将权利概念视作一种渐进性产物，将基本权利的实质混入比例原则之中，其实无助于比例原则的审查，而只会让业已繁重的比例测试更加复杂化。因此，基本权利的实质应当具有终局性效应，才能有助于比例原则的落实。

其二，对于基本权利实质的干预属于对权利结构的极端破坏，会造成权利无法行使的后果。判断侵权行为是否干预了基本权利的实质，第一步就是验证干预行为本身是否对于基本权利提出质疑（call into question），从而破坏了权利赖以存在的条件。根据 Alexy 的观点，基本权利的实质旨在防止“宪法权利条款被缩减至对于所有人、大部分人或整个社会生活毫无意义”[③]。因此，如果一项权利由于干预行为的影响而无法行使或者根本不存在，则意味着对于基本权利的实质造成了非法限

---

① See Maja Brkan, *The Essence of the Fundamental Rights to Privacy and Data Protection: Finding the Way through the Maze of the CJEU's Constitutional Reasoning*, German Law Journal, Vol. 20: 6, p. 868 (2019).

② Takis Tridimas & Giulia Gentile German, *The Essence of Right: An Unreliable Boundary*, Law Journal, Vol. 20, p. 803 (2019).

③ R. Alexy, *A Theory of Constitutional Rights*, Oxford Press, 2004, p. 193.

制。正如西班牙宪法法院的判决所言："如果权利所保护的利益由于不合理的限制而无法继续发挥作用，那么权利的实质就会被破坏。"[①] 此外，侵犯绝对权利或者不得克减的权利，会直接构成对于基本权利实质的干预。绝对权利构成了一个有限但又独立的权利类型，废除这些权利将动摇以人性尊严为价值的社会基础。例如，禁止奴役或强迫劳动的权利，以及禁止酷刑和不人道或有辱人格的待遇的权利，均属于绝对权利的范畴。禁止酷刑或者禁止强迫劳动等权利并没有单独的权利实质，因为他们本身就是权利实质。因此，在绝对权利中寻找额外的实质是毫无意义的，因为他们作为一个整体是不可侵犯的。即使是对于这些权利最小程度的限制，也会导致他们的本质受到损害。正如 Aranyosi 案[②]中的经典表述："即使是对于绝对基本权利的轻微侵犯也会刺穿权利实质的面纱。"

其三，任何正当理由均无法为干预基本权利实质的行为提供合理性证成。判断侵权行为是否干预了基本权利的实质，第二步就是判断是否存在正当理由来证明干预行为的合法性。如果侵权行为干预了基本权利的实质，则任何压倒一切的理由（overriding reasons）都无法为其提供正当性证成。正如 Alexy 所言："不存在一个压倒一切的理由对于一项基本权利的实质进行干预。"[③] 申言之，侵犯基本权利的实质是对于权利结构的极端干预，此时，任何压倒一切的理由都不存在或不合法，从而致使侵权行为失去了正当化的空间。如果可以找到一个理由使得侵权行为正当化，则其必然不是对于基本权利实质的干预。正如学者 Maja Brkan 所言："只有在没有出于公共利益的正当理由可以包涵这种干预

① V. Ferreres Comella, *The Constitution of Spain: A Contextual Analysis*, Hart Press, 2013, p. 248.

② See ECJ Joined Cases C－404/15 and C－659/15 PPU, Aranyosi and Caldraru, ECLI: EU: C: 2016: 85.

③ R. Alexy, *A Theory of Constitutional Rights*, Oxford Press, 2004, p. 195.

的情况下，才能确定是对于基本权利实质的干预。”①

综上，通过对于基本权利实质特征的描述，可以得出判断干预基本权利实质的界定要素与抽象标准。首先，根据绝对理论，干预行为无法根据比例原则进行权衡，反之，能够进行必要性要件测试的干预行为均不构成对于基本权利实质的侵犯。其次，对于基本权利实质的干预必须导致权利持有人的权利无法行使或者不存在，亦即从客观方面剥夺了基本权利。最后，如果干预行为侵犯了基本权利的实质，则其无法被任何合理理由正当化。申言之，如果违反基本权利的正当理由不存在或不合法，那么基本权利的实质才会被干预。

厘清基本权利实质的判断路径不仅是理论层面的争论，近年来，欧盟法院在隐私权与个人数据受保护权领域的相关判决也为基本权利实质从理论到实践的落地提供了素材。在隐私权实质的认定方面，欧盟法院虽然一直坚持“内容数据/元数据”的性质区分方法，但后续立场有所松动，甚至在一定程度上引入了量化判断的路径。

在 Digital Rights Ireland 案中，欧盟法院对隐私权的实质进行表述。② 法院判决由于《数据留存指令》并未留存通信内容信息，没有干预隐私权的实质。申言之，欧盟法院以留存个人信息的范围和类型为基准，来评估隐私权的实质是否受到影响。③ 对此，欧盟法院提出了一个假设性命题，即获取电子通信内容信息比收集大量通信元数据对于基本权利的干预程度更深。并且，两者之间的区别并不是量化的程度问题，

---

① Maja Brkan, *The Essence of the Fundamental Rights to Privacy and Data Protection: Finding the Way through the Maze of the CJEU's Constitutional Reasoning*, German Law Journal, Vol. 20: 6, p. 869 (2019).

② See Alessandro Spina, *Risk Regulation of Big Data: Has the Time Arrived for a Paradigm Shift in EU Data Protection Law?*, European Journal of Risk Regulation, Vol. 5: 2, p. 248 (2014).

③ See Maja Brkan, *The Essence of the Fundamental Rights to Privacy and Data Protection: Finding the Way through the Maze of the CJEU's Constitutional Reasoning*, German Law Journal, Vol. 20: 6, p. 871 – 872 (2019).

而是存在本质不同。然而，欧盟法院并未解释为什么对于通讯内容信息的收集能够侵犯隐私权的实质，也未能阐明为何留存同样能够揭示出私密场景的元数据就仅仅构成特别严重的干预，而并非对于隐私权实质的干预。①

这种以“内容数据/元数据”区分基本权利干预程度的方法延续到2015年Schrems案的判决中。在本案中，欧盟法院重点审查了欧盟与美国之间个人信息传输的安全港协议的有效性。通过分析安全港协议，欧盟法院在宪法结构方面得出如下结论：“允许政府当局概括性地获取电子通信内容信息的立法损害了《欧盟基本权利宪章》第7条尊重私人生活的基本权利的实质。”同时，立法没有规定个人存在任何寻求法律救济的途径，以获取与他相关的个人信息，或者对这些个人信息进行更正或删除，这也干预了《欧盟基本权利宪章》第47条获得有效司法保护的基本权利的实质。这是欧盟法院首次正面表述隐私权的实质，即只要大规模、不加区分地获取通信内容信息，就会自动触犯该项基本权利的实质。申言之，干预隐私权的实质需要满足两个条件：一方面，在个人信息类型上，需要获取通信内容信息而非通信元数据。另一方面，在个人信息处理方式上，需要概括性且不加区分地获取内容信息，如果仅是小范围、有针对性地获取内容信息，则不会引发干预隐私权实质的风险。② Schrems案建立了通信内容信息与隐私权实质之间自动联结的逻辑关系，将基本权利的实质由学术讨论与立法规范转向了司法实践。③

---

① See Marie Pierre Granger, *Kristina Irion*, *The Court of Justice and the Data Retention Directive in Digital Rights Ireland*: *telling off the EU legislator and teaching a lesson in privacy and data protection*, European Law Review, Vol. 39: 4, p. 847 (2014).

② See Ojanen, Tuomas, *Making the Essence of Fundamental Rights Real*: *The Court of Justice of the European Union Clarifies the Structure of Fundamental Rights Under the Charter ECJ* 6 *October* 2015, *Case C* – 362/14, European Constitutional Law Review, Vol. 12: 2, p. 326 – 327 (2016).

③ See Ojanen & Tuomas, *The Essence of Rights*: *An Unreliable Boundary*?, German Law Journal, Vol. 20: 6, p. 794 – 816 (2019).

尽管如此，欧盟法院却在 Tele2 & Watson 案中动摇了“内容数据/元数据”的判断方法，这也反映出基本权利实质的模糊性与不确定性。在该案中，欧盟法院对于元数据与内容信息等量齐观，认识到利用元数据对用户进行数据画像、数据挖掘所产生的隐私风险并不低于内容信息。遗憾的是，欧盟法院仍然在结论中固守了 Digital Rights Ireland 案与 Schrems 案中的判断方法，认为大规模且不加区分地获取交互数据与位置数据的行为并未侵犯隐私权的实质。有学者对于这种前后矛盾的裁判结论提出质疑，认为“内容数据/元数据”的二分法是一种不合时宜的隐私评估框架，应当正视内容信息与元数据具有侵权效果的一致性，进而将概括性的元数据收集行为认定为对于隐私权实质的干预。[①]

在之后的 Opinion 1/15 案中，欧盟法院对于隐私权实质的认定态度似乎从定性分析转变为定量分析，从而造成了隐私权实质证成标准的多元性。[②] 在本案中，法院认为，尽管 PNR 信息在某些情况下可能会透露出有关个人私生活十分敏感的信息，但这种个人信息仅涉及私人生活的某些特定方面，即仅同加拿大与欧盟之间的航空旅行有关。因此，对于 PNR 信息的传输并未侵犯隐私权的实质。这种推理方式实质上是以个人信息涉及的范围作为判断标准，由于 PNR 信息的涵盖范围具有局限性，不构成对于基本权利实质的侵犯。因此，该案判决并没有继续强调内容信息对于隐私权实质的干预，而是以个人信息所涉范围的宽窄为依据进行了某种程度上的量化判断，建立了基本权利实质评价的量化基准（quantitative benchmark）。

在个人数据受保护权实质的认定方面，《欧盟基本权利宪章》第 8 条已经提及了知情同意原则、目的限制原则、数据获取权、数据更正

---

① See Ojanen & Tuomas, *The Essence of Rights: An Unreliable Boundary?*, German Law Journal, Vol. 20: 6, p. 794 – 816 (2019).

② See Maja Brkan, *The Essence of the Fundamental Rights to Privacy and Data Protection: Finding the Way through the Maze of the CJEU's Constitutional Reasoning*, German Law Journal, Vol. 20: 6, p. 877 (2019).

权、数据删除权、独立的数据监管机构等宪法级别的规范性要件。然而，欧盟法院在相关判决中却并未将这些原则、权利或机制作为判断个人数据受保护权的界定要素，而是将最低限度的保障措施作为主要的判断基准。

在 Digital Rights Ireland 案中，欧盟法院表示，备受争议的《数据留存指令》尊重了“某些数据保护和数据安全原则”，采取了“适当的技术与组织措施”，实施了最低限度的保障手段，使得数据主体能够有效保护其个人信息免遭滥用与非法访问。因此，《数据留存指令》并未干预个人数据受保护权的实质。然而，在《数据保护指令》、GDPR、欧盟《2016/680 指令》等个人数据保护立法业已成熟的背景下，欧盟法院仍然坚持将个人数据受保护权的实质停留于《数据留存指令》中安全技术与组织措施所提供的最低保障水平，却并未将更为重要的数据原则、权利与机制作为界定实质的重要标准。申言之，个人数据受保护权的实质不应当满足于遵守数据保护规则的最低保障标准，因为这些安全技术与组织措施根本不足以为此项基本权利提供周延的制度保护，更遑论捍卫个人数据受保护权的实质。[①] 以最低保障措施而非以较高的数据保护标准来认定此项基本权利实质的做法，明显降低了对于干预行为的规制强度。

在 Opinion 1/15 案中，欧盟法院延续了最低保障措施的做法，但也在一定程度上有所突破。法院认为传输协议草案不仅限制了“处理 PNR 信息的目的”，而且制定了“确保数据安全性、机密性和完整性的相关措施，保护个人数据免受非法的访问与处理”。因此，传输协议草案并未侵犯个人数据受保护权的实质。限制个人信息处理目的是遵守目的限制原则的体现，符合《欧盟基本权利宪章》第 8 条第 2 款的规

---

① See Maja Brkan, *The Essence of the Fundamental Rights to Privacy and Data Protection: Finding the Way through the Maze of the CJEU's Constitutional Reasoning*, German Law Journal, Vol. 20: 6, p. 879 (2019).

范要求，将之作为界定个人数据受保护权实质的做法，具有一定的进步性。

综上，“实质—外延”的二分法是欧盟及其成员国判断基本权利干预程度与性质的基本方法。这种方法通过一系列个人信息留存与传输的判例，投射至隐私权与个人数据受保护权领域，形成了刑事侦查中对个人信息进行直接性权利保护的两种表现形式。虽然对于基本权利实质与外延的内涵界定尚有争议，“内容数据/元数据”的区分方法也未能紧跟时代发展趋势，但欧盟对个人信息进行直接性权利保护的思路与模式仍然值得参考。

二、域外个人信息的独立性权力保护

与我国依附性权力保护不同，域外个人信息权力保护呈现独立性特征。所谓独立性是强调各种个人信息处理行为的独立状态，某一行为的生成依据、判断方式与程序评价仅与自身相关，而无须成为其他行为的伴随状态或附带后果。申言之，前端行为或者共同的上位概念无法将自身的正当性传导至后续行为，每个行为都存在自身的证成依据与规范定位。个人信息处理行为的独立分化不仅为权利的精细化保障提供了制度空间，也有利于针对性地规制侦查程序中潜在的数据风险。具言之，域外个人信息的独立性权力保护表现在以下三个方面。

（一）个人信息分析行为独立于收集行为

如前所述，由于占有主义观念的盛行、单次令状审批方式以及隐私权保护的固有弊端，在我国刑事侦查中存在“收集中心主义”的现象，个人分析行为依附于收集行为。同样，在美国刑事诉讼实践中也长期存在“重收集、轻分析”的现象。例如，在 Illinois v. Andreas 案[①]中，法

---

① See Illinois v. Andreas, 463 U. S. 765, 771 (1983).

院判定一旦警方能够合法地直接观察某物，则所有者对于该物品的隐私合理期待立即丧失。在 State v. Sloane 案①中，法院判定对数据库中的犯罪记录进行分析检索不构成美国宪法第四修正案的搜查。这就意味着美国宪法第四修正案仅仅保护个人信息收集阶段的隐私利益，后续的个人信息分析与使用行为并非其规制对象。

然而，在进入大数据时代之后，美国相继通过一系列判例确立了个人信息分析行为相对于收集行为的独立地位。在 Jones 案中，Alito 大法官问道："对于他人秘密监视并'编纂'活动轨迹的行为，公民是否具备隐私合理期待?"Sotomayor 大法官也同样关注公民对于自己被记录与"汇聚"的整体活动是否享有隐私利益。法官们不约而同地使用了诸如"编纂"（cataloging）、"汇聚"（aggregating）等描述个人信息分析行为的动词，而不是不加区分地运用个人信息收集的概念。这表明美国联邦最高法院已经认识到个人信息的收集与分析之间存在行为阶段上的区别，应当对其进行独立的程序规制。实际上，在运用 GPS 追踪器进行侦查的过程中，执法人员的目的往往不仅是取得犯罪嫌疑人实时的位置信息，以期进行抓捕或者防止其逃亡，而且是希望将连续多日的位置资讯与其他个人信息进行碰撞分析，从而推断出一切与案情有关的私密事实，以掌控侦查对象的生活全貌或者对其进行心理测写，最终实现破案目的。申言之，以 GPS 追踪为代表的科技定位侦查的强制性就在于聚合个人信息的分析行为严重侵犯了公民的隐私权，其对传统诉讼理论的挑战也主要表现为个人信息分析行为对于以收集为中心的侦查模式的冲击。

在 Jones 案之后，Carpenter 案进一步区分了个人信息收集与分析行为。该案在表面上虽然只是狭隘地判决公民对于持续 7 日的手机基站定位信息享有隐私利益，但是其对于美国宪法第四修正案的冲击却远不止

① See State v. Sloane，939 A. 2d 796，797（N. J. 2008）.

于此。有学者认为，仅仅对于侦查机关科以事前获取搜查令状的义务并不足以解决手机定位侦查中的程序问题，而应当细致地探寻搜查活动实质发生的时间节点，以及在哪个程序阶段可以发挥保护隐私权的最佳效果。[①] 这一追问凸显出隐藏在判决主文背后的个人信息分析问题，进而引发了程序控制重点由个人信息收集阶段向分析阶段的转移。

具言之，在 Carpenter 案中，手机基站定位信息的处理可以分为四个阶段：第一阶段为个人信息生成与储存阶段。用户通过各种操作生成手机基站定位信息，电信服务商基于改善服务品质的需要留存了这些个人信息，并将其汇聚到特定的数据库中。第二阶段为个人信息收集阶段，执法机关从第三方机构调取了 12, 898 个犯罪嫌疑人的手机基站定位信息。但是由于这些数据仅包含生成时间与基站编号，若想与现实中的具体地理位置相对应，无线通信商需要附带移送另外一个能够将基站编号与实际位置相连接的数据库。然而，这些均属于原始数据，只是一连串简单的数字组合，其信息价值非常有限。第三阶段为个人信息分析阶段。通过数据碰撞，手机基站定位信息在物理时空中还原出犯罪嫌疑人经行的具体位置，将各个点状位置进行串联即可拼凑出完整的行为轨迹。侦查人员根据行为地图可以分析出其社交关系、健康状况、性取向等私密信息，严重侵犯了公民的隐私权。第四阶段为分析结果的公开披露，即追诉机关在法庭上将分析结果作为证据使用，指正犯罪嫌疑人在案发时曾出现在犯罪现场。第一阶段不属于刑事诉讼的范畴，第四阶段已至庭审诉讼环节，均不是合适的规制节点。因此，需要在第二阶段与第三阶段中选择合适的控制节点，这应当考虑权利保护与权力规制两个因素。

在权利保护方面，应当选择个人信息分析阶段作为控制节点。在大数据时代，公民为了享受更多的便利，常常会以隐私作为交换。各商家

---

① See Geneva Ramirez, *What Carpenter Tells Us about When a Fourth Amendment Search of Metadata Begins*, Case Western Reserve Law Review, Vol. 70: 1, p. 187 – 216 (2019).

在个人信息收集的格式条款中几乎均会注明个人信息可能会为第三方所知悉。因此，在收集阶段公民的隐私合理期待并不强烈，其放弃的隐私利益也十分有限。然而，一旦经过个人信息分析阶段，离散数据会发生由量变向质变的集聚效应，进而解析出其交友关系、宗教信仰、性生活等私人生活的全景图。对于普通公民而言，片段化的数据被收集尚在其容忍范围之内，而对于生活全景轮廓的保有则是其不容割让的隐私利益。此外，在个人信息收集阶段，原始数据只是隐藏在数据库中的一串数字代码，无法为侦查人员所知悉。纵使侦查人员打开数据库，也难以在不借助自动化信息处理技术的情况下找出有价值的侦查线索。然而，在个人信息分析阶段，分析结果不再是冗长的运算符号，而是鲜活的、便于理解的事实。这些隐私信息第一次与侦查人员实质接触，形成了可以窥探他人私密生活的信息交互机制。因此，个人信息分析阶段存在更多隐私侵权风险，理应作为程序规制的关键。

在权力规制方面，也应当选择个人信息分析阶段作为控制节点。如果重点规制个人信息收集行为无疑能够提前扼杀分析环节的制度风险，但也会掏空分析行为的数据基础，侦查机关会面临对于先进的信息处理技术存而不用的尴尬境地。因此，个人信息收集阶段并非最佳的控制节点。从权力控制的目的而言，之所以要规制个人信息调取行为，是其改变了个人信息留存的初衷，侦查人员借此获取了数据表面的显性知识，侵犯了个人信息不被任意调取的隐私权；而之所以要规制个人信息分析行为，是其产生了新的隐私利益，侦查人员通过数据挖掘整合可以获得更多的隐性知识，侵犯了公民不被分析的隐私权。个人信息不被分析的权利是人工智能时代隐私权新的表现形式，也是公民对抗监控国家的底线权利。[①] 因此，以个人信息分析阶段作为规制重心更具有针对性与必要性。

---

① See Rathenau instituut, *Human rights in the Robot Age*, Rathenau Instituut (Oct. 17, 2017), https: //www. rathenau. nl/en/digitale - samenleving/human - rights - robot - age.

因此，尽管在Carpenter案的判决主文中并未明确提及个人信息分析阶段的存在，但通过分析隐私权的层级利益以及权力控制的目的，可以认识到实质性的搜查活动并非发生于收集阶段，而是开始于个人信息分析环节。因此，应当改变传统侦查活动中“收集中心主义”的程序倾向，确立个人信息分析行为相对于收集行为的独立地位，加强对于个人信息分析环节的法律控制。

美国主要通过司法判例区分个人信息收集与分析行为，而德国等国家则诉诸立法手段，确保个人信息分析行为的独立性。例如，德国《刑事诉讼法》第98a条与98b条规定了个人信息的自动化比对程序。该项侦查措施受到重罪原则、法官保留原则的限制。第98c条则规定了与现存资料进行机械化比对的程序：“为查明犯罪或调查因刑事程序目的被追缉之人所在地，得将出于某刑事程序之个人资料与其他为刑事追诉或刑罚执行或危险防御所储存之资料，进行机械化比对。”①

上升到理论层面，个人信息分析行为存在以下独立的程序特点。

其一，个人信息分析行为以定量隐私权为理论依据。与定量隐私权一致，个人信息分析同样以前期的资料聚合为行为模式与数据基础。并且，个人信息分析的行为对象同样也是私人活动的整体事实。例如，在Carpenter案的判决中，法院并未关注被告人对于单独的手机基站定位信息是否享有隐私合理期待，而是追问其对于行为活动的整体（the whole of his physical movements）是否存在隐私利益。② 此外，个人信息分析行为的强制性也在于侵犯了公民对于生活全貌的隐私合理期待，构成了全面监控的状态。因此，个人信息分析行为继承了定量隐私权的理论特质。除此之外，个人信息分析行为中隐私权的量化趋势还体现在以下两个方面：一方面，从前端的个人信息收集阶段到后续的个人信息分析环节，隐私利益呈现出由少到多的量化递增趋势。探寻Carpenter案

---

① 连孟琦：《德国刑事诉讼法》，台北，元照出版有限公司2016年版，第72页。

② See Carpenter v. U. S. 138 S. Ct. 2219 (2018).

背后的程序法理不难发现，在个人信息收集阶段，侦查机关通过调取公民在社会机构留存的记录，侵犯了个人在第三方数据中享有的隐私合理期待，但是这种隐私侵入的方式具有面广但度浅的特点，故而并非隐私权保护的主要场域。而个人信息分析阶段则能够深度还原出公民生活的全景图谱，引发了隐私利益的数量激增。唯有认识到两大阶段隐私利益的量化差异，才能准确把握个人信息分析行为干预基本权利的程度。另一方面，在个人信息分析行为内部也存在隐私利益的量化区分。个人信息的查询、检索、比对等属于低阶分析行为，其对于隐私权的干预程度有限，通常不会涉及较为私密的个人信息。与之相对，个人信息的聚合、挖掘、画像等行为或是以隐私信息作为处理对象，或是可能揭示出先前不为人知的私密细节，无论在信息质还是信息量上均与低阶分析行为存在显著差异。因此，定量隐私权为准确评价个人信息分析行为的具体侵权程度与法律性质提供了理论依据。

其二，个人信息分析行为以或然风险为性质判断依据。如前所述，定量隐私权与马赛克理论具有相似性，因此，既然个人信息分析行为以定量隐私权作为理论依据，其与马赛克理论也具有制度模型的共性。然而，马赛克理论却屡遭学界攻讦，其主要原因在于该理论无法提供明晰易行的操作界限，对个人信息何时发生由量变到质变的集聚效果并不明确。如果无法解决质变节点的难题，不仅会制约马赛克理论的实践应用，也会导致个人信息分析行为与前端收集行为之间的界限不清，从而影响个人信息分析行为的独立性。实质上，马赛克理论存在两大致命问题：在过程上，该理论过分执着于界定量化累积的程度与质变时机；在结果上，该理论过分追求侵权结果发生的必然性与实害性，并以此作为界定侦查行为强制性的依据。马赛克理论认为，单一取证行为所获取的个人信息数量需要集聚到“足以”解析出目标对象的生活全貌，方能构成强制侦查行为。然而，“足以”本身就是一个相当浮动的程度概念，可能会随着干预行为的差异而发生变化。因此，与其纠结于量化累积的程度高低与“足以”侵权的实害后果，不如以“有可能”揭示出私密生活的或然风险作为个人信息分析行为的性质判断依据。由此，个人信息分析行为的强制性来源主要存在“行为”与“风险”两大渠道：第一，执法人员采取数据处理技术，对各种来源的个人信息进行分析。此时，虽然前端取证行为因为持续时间短促等情况，未能收集足够数量的个人信息，但由于这些数据与其他数据库中的个人信息进行了聚合分析，仍然存在构成强制侦查的可能性。第二，个人信息分析行为存在解析出个人生活细节乃至全貌的或然风险。对于个人信息分析行为强制性的判断，不需要其“足以”生成数字人格的全景剖面图，只要其“有可能”揭示公民的私密生活，亦即存在形成完整数字人格的潜在风险，即可认定其强制侦查的性质。以或然风险作为个人信息分析行为的性质判断依据，缓解了马赛克理论对于质变时机的制度纠结，为定量隐私权提供了一种略带定性色彩的明线判断路径。同时，这也契合个人信息分析的行为特质。诸如数据挖掘等行为，在实施之前往往难以预料到个人信息分析的结果，其分析结论有可能会侵犯私人领域，也有可能不会干预公民的隐私利益。然而，如果必须造成隐私侵权的实然后果，才能界定分析行为的强制性，则可能会降低此种侦查手段的规制门槛，不利于隐私利益的周延保护。在风险社会背景下，公民对于个人信息分析行为的恐惧可能未必出自此类行为实在的具体侵害，而在于个人信息分析的不可预见性所带来的预期焦虑。因此，只要个人信息分析行为存在解构出生活全貌的或然风险，就足以判定其强制侦查的属性。

其三，个人信息分析行为以结果控制为规制方法。发生在物理空间的传统侦查行为往往以个人信息收集为导向，由于空间场所的有形性与有限性，从执法行为的起始端进行“入口”控制能够收到最佳的程序控制效果，遏制超期取证、概括取证与重复取证。例如，搜查行为开始之前需要事先获取相关令状，并载明执法活动的时间、对象与次数。然而，个人信息分析行为主要以虚拟空间为场域，以算法模型为工具，以无形数据为对象。这致使物理场所与个人信息获取之间的相关性、可能收集到的信息材料与待证事实之间的相关性逐渐弱化,① 传统侦查程序中"入口"控制的方法也由此出现了制度失灵。因此，有学者主张应当放弃之前的"信息收集模式"（acquisition - based model），转向"结果导向模式"（result - oriented model）。② 以结果控制为规制方法可以避免在前端的个人信息收集阶段人为收紧数据获取的渠道，阻碍侦查活动的持续推进，从而为后续的分析活动提供足够的数据样本。并且，此种规制方法不仅保证了分析活动的数据基础，还控制着分析行为的活动本身。③ "这种方式与其说是针对分析行为的过程进行调整，不如说是对政府拥有过多私密信息的结果进行控制。"④ 这种结果控制的规制方法主要依靠赋予公民信息权利，以反制个人信息分析行为。例如，个人信息分析活动基于侦查密行主义的要求，往往无法对信息主体进行事前告知。此时，需要在有碍侦查的因素排除之后，将分析结论告知信息主体，以保证其知情权、数据访问权等信息权利，便利后续的制度救济。此外，由于分析结论可能会运用到常识无法解读的算法模型，应当赋予信息主体算法解释权，将算法的运作原理、规范指南、预定义模型、遵循标准、分类结构与具体决策向信息主体进行解释，以避免"算法黑箱"与"算法独裁"等极端现象的出现。

---

① 参见裴炜：《数据侦查的程序法规制——基于侦查行为相关性的考察》，载《法律科学（西北政法大学学报）》2019 年第 6 期。

② See Geneva Ramirez, *What Carpenter Tells Us about When a Fourth Amendment Search of Metadata Begins*, Case Western Reserve Law Review, Vol. 70: 1, p. 207 (2019).

③ See Margot E. & Kaminski, *Carpenter v. United States: Big Data Is Different*, The George Washington Law Review (Jul. 2, 2018), https://www.gwlr.org/Carpenter - v - united - states - big - data - is - different.

④ Orin S. Kerr, *When Does a Carpenter Search Start - and When Does it Stop?*, Criminal Justice & the Rule of Law (Jul. 6, 2018), https://www.lawfareblog.com/when - does - Carpenter - search - start - and - when - does - it - stop.

（二）个人信息存储行为独立于收集行为

随着数据存储技术的发展，侦查机关对于个人信息存储的态度由“用而不存”转变为“存而不用”，数据存储成为办案活动中处理个人信息的主要表现形式之一。然而，长期以来，个人信息存储行为仅仅作为取证活动的附带结果与后续状态，而并非独立的程序环节。存储行为的正当性需要由前端收集行为的合法性予以提供，从而造成了个人信息存储行为对于收集行为的依附现象。然而，欧盟法院与欧洲人权法院通过一系列判例，明确了存储行为干预基本权利的事实，判定了个人信息存储行为相对于收集行为的独立性。

无论是欧洲人权法院还是欧盟法院，在处理个人信息存储问题时大致都遵循如下审查架构：第一步需要考虑个人信息存储行为是否构成对于基本权利的干预。在欧洲人权法院的判决中，个人信息存储行为往往可能干预《欧洲人权公约》第 8 条“人人有权享有使自己的私人和家庭生活、家庭和通信得到尊重的权利”。在欧盟法院的判决中，个人信息存储行为通常会干预《欧盟基本权利宪章》第 7 条的隐私权与第 8 条的个人数据受保护权。第二步需要判断干预行为是否存在正当化的条件。正当化条件主要包括对于合法性要件、合目的性要件与必要性要件的判断。合法性要件要求遵循法律保留原则，即存在对应的国内法依据，方能为之。相关立法不仅需要符合依法而治（rule of law）原则，而且还必须具备可接近性（accessibility）与可预见性（foreseeability）。其中，可接近性是指基本权利可能受到干预的公民能够察觉、取得并理解该国的授权法律，这需要国内法以事前公告的形式将法律文本向公众公开。可预见性是指对于潜在的权利被侵害对象，应该给予其适当的指示，使其知道国家哪个机关于何时、何种情形下对何人发动何种情况的干预行为。在1984年Malone v. the United Kingdom案[①]的判决中，欧洲人权法院认为合法性要件不仅需要存在国内法的授权依据，而且该依据必须具备一定的法律品质，方可通过合法性审查。合目的性要件由《欧洲人权公约》第8条第2款所列举，包括为了维护国家安全、公共安全或者国家经济福利的利益，为了防止混乱或者犯罪，为了保护健康或者道德，为了保护他人的权利与自由等具体情形。国家干预基本权利的行为必须满足上述情形之一，方可发动。必要性要件实质上需要遵循比例原则的基本逻辑，要求干预行为的合比例性，进而判断其是否为民主社会所必需（necessary in a democratic society）。只要不符合合法性、合目的性与必要性中的任一要件，干预行为就将被视为侵犯了基本权利。

欧盟法院与欧洲人权法院裁决的第一步需要判断个人信息存储行为是否构成对于基本权利的干预，主要解决个人信息存储行为的独立性问题。对此，欧洲人权法院的一贯立场是，任何个人信息的保留、分析或者存储行为都可能干预基本权利。[②] 例如，在Peck v. United Kingdom案[③]中，法院判定个人的姓名、性别、性生活、性取向、身份关系等"与他人或外界建立与发展关系的权利"均受到法律保护。保留与这些个人信息会干预基本权利，无论其后续是否被继续使用。在PG v. United Kingdom案[④]中，法院判定对公民在公开场所的发言进行系统性录制并留存的行为会加剧识别个人的数据风险，从而干预了基本权利。在Van der Velden v. Netherlands案[⑤]中，法院认为留存DNA样本与存储其他数据不同，会构成对于个人私密生活的侵犯。

---

① See Malone v. the United Kingdom [1984] ECHR 10 at para. 67.

② See Zeljko Karas, *Privacy Rights and Policing under the Influence of Modern Data Technologies*, EU and Comparative Law Issues and Challenges Series, Vol. 2: 2, p. 409 (2018).

③ See Peck v. United Kingdom, 2003 - 1 Eur. Ct. H. R. 123, paras. 53 - 63.

④ See PG v. United Kingdom, 2001 - IX Eur. Ct. H. R. 195, para. 60 (2008).

⑤ See Van der Velden v. Netherlands, App No. 29514/05 (Eur. Ct. H. R. Dec. 7, 2006).

欧洲人权法院延续了这一思路，并在 2008 年 S. & Marper v. the United Kingdom 案中作出了该领域的标杆式判决。在该案中，第一位申请人 S. 被逮捕并被指控故意抢劫，当时他年仅 11 岁。执法机关采集了其指纹、DNA 样本与细胞样本。2001 年 6 月 S. 被无罪释放。第二位申请人 Marper 在 2001 年被逮捕并被指控对其同伴进行性骚扰。执法机关同样采集了他的指纹、DNA 样本与细胞样本。之后，他与同伴达成和解，皇家检察署于同年 6 月 14 日正式中止了此案。两人都申请销毁其被存储的生物识别样本，但遭到执法机关拒绝，故而两人一直申诉至欧洲人权法院。

欧洲人权法院认为指纹、DNA 样本与细胞样本都具有识别个人的功能，依据《数据保护指令》① 的规定均构成"个人数据"。在此基础上，法院将这三种不同的生物样本划分为两类，分别判断其是否干预了基本权利。法院认为细胞样本具有极度私人的数据属性，包含个人健康信息等敏感数据，甚至可以从中解析出个人及其亲属十分私密与独特的基因关系。此外，法院判定 DNA 样本具有精确识别的数据特质，能够为鉴定个体之间的遗传关系提供途径。执法人员从 DNA 图谱中甚至能够推断出相关人员的种族起源。因此，存储细胞样本与 DNA 样本的行为存在侵扰私人生活的风险。法院接着讨论了留存指纹对于基本权利的干预情况。虽然指纹不像细胞样本和 DNA 样本那样包含诸多个人信息，但是指纹具有客观且无可辩驳的特性，当局可以运用这些特征实现对于特定个体的识别。因此，法院得出结论，公民对于执法机构留存并使用生物识别信息的担忧是相关且合理的。公权机关存储指纹、细胞样本与 DNA 样本的行为干预了《欧洲人权公约》第 8 条第 1 款私生活受到尊重的基本权利。

---

① See Directive 95/46/EC of the European Parliament and of the Council of 24 October 1995 on the protection of individuals with regard to the processing of personal data and on the free movement of such data .

欧盟法院与欧洲人权法院裁决的第二步需要判断干预行为是否存在正当化的条件。英国1984年制定的《警察与刑事证据法》第64条规定："在犯罪调查过程中可以存储从犯罪嫌疑人处获取的生物特征数据。"因此，在S. & Marper v. the United Kingdom案中，法院判定执法机关存储生物样本的行为符合合法性要件。法院接着讨论了存储个人信息的合法目的，并认为执法机关无论是基于预防犯罪的具体目的，还是为了实现"协助识别未来罪犯"的宽泛目的，均符合合目的性要件的要求。然而，法院基于比例原则进行了三项相关测试，发现警方存储无罪者生物识别信息的行为违反了必要性要件。①

其一，存储生物识别信息的行为不区分犯罪类型与追诉状态。生物识别信息的存储时间和运行状况应当与被指控犯罪的严重程度相称。尽管有二十个会员国允许在国家数据库中强制存储个人信息，但是大多数国家仅在涉及严重犯罪的案件中方才留存DNA样本数据，并且限制存储的范围与时间。例如，比利时、匈牙利、爱尔兰、意大利和瑞典等国家，明确要求政府在刑事诉讼中止或个人无罪释放时自动销毁此类个人信息。而英国是"唯一明确允许系统性和无限期保留已被宣告无罪或已中止刑事诉讼的人员的DNA样本和细胞样本的成员国"。并且，欧洲人权法院认为，任何人未被定罪之前，均应当享有"受无罪推定的权利"（entitled to the pre - sumption of innocence）。然而，此种保留未犯罪者DNA样本的做法，等于将并无犯罪记录的当事人与罪犯置于同等境地，致使无罪公民蒙受污名化的风险，侵犯了其受无罪推定的权利。因此，英国执法机关既不区分重罪轻罪，又不区分无罪者与既判者，而概括性存储生物识别信息的做法违反了必要性要件。

---

① See Michael Lwin, *Privacy Issues with DNA Databases and Retention of Individuals' DNA Information by Law Enforcement Agencies: The Holding of the European Court of Human Rights Case S and Marper v. United Kingdom Should Be Adaptedto American Fourth Amendment Jurisprudence*, Information & Communications Technology Law, Vol. 19: 2, p. 201 (2010).

其二，存储生物识别信息的行为不设定具体的留存时限。根据英国国内法的相关规定，指纹与DNA样本可以保留到信息主体死亡或年满百岁为止。与之相对，许多欧洲国家虽然允许暂时存储与刑事案件相关的DNA样本，但在案件终结之后，通常会销毁样本。例如，芬兰、瑞典、法国、德国等国家，均规定犯罪嫌疑人获得无罪开释后，应当销毁其DNA样本。然而，英国却缺乏关于留存时限的规定，无论公民涉嫌犯罪的严重程度与追诉状态如何，都将无限期保留上述材料。

其三，存储生物识别信息的行为不区分成年人与未成年人。在该案中，S. 涉案时仅有11岁。对此，法院表示，基于特殊情况、个人发展的重要性以及融入社会等考虑，保留一个未被证明犯罪之人的个人信息，特别是未成年人的个人信息是十分有害的。未成年人由于其独特的年龄特征与发育情况，对其个人信息尤其是私密信息的存储应当慎之又慎。例如，在苏格兰地区，只有严重暴力犯罪或性犯罪的成年人才会被留存DNA样本，并且具有固定的留存时限。然而，英国执法机关并未针对未成年人设置个人信息存储的特殊程序，违反了必要性要件。基于上述三个理由，法院判定执法机关保留未被定罪之人的指纹、DNA样本与细胞样本的行为具有概括性与不加区分性，未能在相互竞争的公共利益与私人权利之间达成平衡，不符合必要性要件的要求。

在S. & Marper v. the United Kingdom案之后，法院进一步细化了存储个人信息行为的必要性要件。其一，个人信息删除机制的存在会影响必要性要件的判断结果。例如，在2009年Gardelv. France案①与B. B. v. France案②中，尽管政府将申诉人的性犯罪记录留存了长达20—30年，但是由于存在具体可行的个人信息删除机制，法院最终驳回了当事人的申诉。反之，在2012年的M. M. v. the United Kingdom案中，由于英国政府并未建立真实有效的个人信息删除机制，法院判定其侵犯

① See Judgment Gardelv. France, No. 16428/05, 17 December 2009.

② See B. B. v. France, No. 5335/06, ECHR 17 December 2009.

了当事人的基本权利。其二，确定性的个人信息存储期限会影响必要性要件的判断结果。例如，在 2014 年 Brunet v. France 案中，在诉讼业已中止的情况下，法国政府仍然将申诉人的个人信息存储了长达 20 年。由于缺乏明确的个人信息存储时限，法院判定该行为侵犯了基本权利。其三，个人信息记录的准确性会影响必要性要件的判断结果。例如，在 2011 年 Khelili v. Switzerland 案①中，尽管个人信息仍然处于合理的存储期限之内，但是警察将当事人的职业标注为“妓女”。在申诉人未被定罪的情况下，警察仍然基于保安目的，拒绝修改其职业标签，从而侵犯了其基本权利。其四，仅基于违法事实存储个人信息可能会违背必要性要件的要求。例如，在 2013 年 MK v. France 案②中，当事人因为盗窃行为被判定违法，并被采集了指纹样本，但是该行为最终并未被界定为犯罪。对此，欧洲人权法院认为该做法违反了必要性要件。

综上，S. & Marper v. the United Kingdom 案作为个人信息存储领域的标杆式案例，不仅确立了个人信息存储行为相对于收集行为的独立性，也为个人信息存储行为制度建构的层级化提供了实践素材。一方面，个人信息存储行为具有干预基本权利的独立性，之前或之后的个人信息使用、分析行为单独构成侵权事实，而不会影响对于存储阶段侵权性质的独立评价。个人信息存储行为不再是个人信息收集行为的顺延结果或附随状态，其正当性源自法律规范的独立授权，而无须由其他个人信息处理行为提供合法性依据。对此，我国应当正视个人信息存储阶段中蕴含的基本权利要素，将目前仅停留在技术层面的安全保障措施上升为具有权利保护性质的法治程序。另一方面，我国可以根据不同情形对个人信息存储行为进行精细化的程序设计。例如，根据犯罪严重程度的不同，可以对是否存储个人信息以及存储多久进行比例设计；根据诉讼主体的不同，可以对罪犯、未被定罪的被指控人、被害人和证人等其他

① See Judgment Khelili v. Switzerland, No. 16188/07, 18 October 2011.

② See Judgment MK v. France, No. 19522/09, 18 April 2013.

诉讼参与人设置不同的个人信息存储的最长时限；根据信息主体的年龄等特征，可以针对成年人与未成年人进行区别化的制度设计；根据个人信息的不同种类，可以在存储状态与存储时限上进行差异化的程序安排。

（三）搜查个人信息独立于扣押存储介质

如前所述，扣押存储介质与搜查其中的个人信息在相关性、对应性与价值性方面均存在诸多不同。然而，在我国立法规范与司法实践中却出现了“扣押中心主义”的制度倾向，导致搜查个人信息依附于扣押存储介质。这不仅产生了概括式扣押存储介质与概括性搜查个人信息的实践问题，也消解了“两步式搜索模式”的程序控制。与之相比，美国联邦最高法院在 Riley 案中判定逮捕附带搜查（search incident to arrest）的程序例外不适用于手机搜查，执法人员想要获取手机内部的电子数据与个人信息必须事前取得美国宪法第四修正案的搜查令状，从而实现了搜查个人信息相对于扣押存储介质的独立性。

Riley 案的争点问题是对于手机及其中的个人信息能否适用逮捕附带搜查。因此，在论证搜查个人信息相对于扣押存储介质的独立性之前，有必要了解逮捕附带搜查制度的发展脉络及其与该案的逻辑关联。逮捕附带搜查属于令状原则的例外，即对于已经逮捕的犯罪嫌疑人，警方无须事先取得搜查令状也能对其人身、车辆与住所进行搜查，以发现并扣押犯罪证据。该设计是对于复杂执法实践的制度关照，以中和令状原则严苛机械的程序控制。逮捕附带搜查首次出现在 1914 年 Weeks v. United States 案①的判决中，但其理论基础与程序要件则直到 1969 年 Chimel v. California 案②中方才形成。在 Chimel v. California 案中，法院明确规定了逮捕附带搜查的两项正当化依据：其一，“搜查被逮捕者，

---

① See Weeks v. United States, 232 U. S. 383 (1914).

② See Chimel v. California, 395 U. S. 752, 762 (1969).

以便于移除其可能试图使用的任何武器，防止其拒捕或者逃脱”；其二，“搜查并扣押任何关于被逮捕者的证据，以防止其隐瞒或者销毁证据”。由此，维护执法人员的安全（officer's safety）与防止证据被隐匿或灭失（preservation of evidence）就成为该制度的规范目的。然而，在后续判决中，法院持续扩张逮捕附带搜查的适用范围，致使 Chimel 案确定的程序要件面临被架空的制度危机。在 United States v. Robinson 案[①]中，法院裁定逮捕附带搜查不需要额外的理由，只要逮捕合法，执法人员就能顺应取得搜查权限，警方无须再考量警员安全和证据保全这两项合法性要件。该案摒弃了 Chimel 案中的合法性审查，而是确立了逮捕附带搜查制度的“明线法则”（the bright – line rule）。[②] 在之后的 New York v. Belton 案[③]中，法院判定，如果逮捕的对象是汽车里的驾驶人或者乘客，则汽车内部空间中的所有容器均可以成为逮捕附带搜查的客体。然而，在 2009 年 Arizona v. Gant 案[④]中，法院对于“明线法则”的态度产生了动摇，转而诉诸个案个判的分析方法。在该案中，多数意见认为，并非只要存在合法的逮捕，就理所当然地可以进行附带搜查。能否进行逮捕附带搜查必须取决于个案的具体情况，即要审查是否存在与逮捕事由相关的证据、被逮捕者身体是否受到束缚、搜查的住所是否属于被逮捕者可触及的范围等要件。综上，美国逮捕附带搜查制度最初确立了明确的规范目的，但后续导向了扩张性的“明线规则”，之后又实现了向个案判断方法的回归。然而，由于上述各案并未涉及数字设备，随着数字技术尤其是手机通讯技术的不断进步，法院必须重新审视逮捕附带搜

---

① See United States v. Robinson, 414 U. S. 218 (1973).

② See Leslie A. Shoebotham, *The Strife of Riley: The Search – Incident Consequences of Making An Easy Case Simple*, Louisiana Law Review, Vol. 75: 1, p. 39 – 40 (2014).

③ See New York v. Belton, 453 U. S. 454 (1981).

④ See Arizona v. Gant, 556 U. S. 332 (2009).

查是否适用于数字时代的个人信息处理活动。①

对于逮捕附带搜查是否适用于手机与其中的个人信息，美国司法实践中存在两种针锋相对的观点。一种观点将封闭容器理论奉为圭臬，将手机与钱包、雪茄盒、外套口袋等封闭容器进行类比，进而推论出手机应当成为逮捕附带搜查的客体。例如，在 United States v. Finley 案②中，警方在逮捕 Finley 后，在其口袋中查获手机并检视了其中的简讯，进而发现了与毒品相关的信息。美国联邦第五巡回上诉法院援引了 Belton 案对于封闭容器的经典定义，“容器是指能够容纳另一物体的任何物体。因此，它包括封闭或开放的杂物箱、控制台或者位于乘客舱内任何位置的其他容器，以及行李、箱子、袋子、衣服等”③。因此，法院判定警方搜查手机的行为符合美国宪法第四修正案的规定。封闭容器理论影响深远，在 Unite States v. Murphy 案④与 People v. Diaz 案⑤中，法院均沿用了该理论，判定尽管手机存储了大量个人信息，但依然应当适用逮捕附带搜查程序。另一种观点则拒绝适用封闭容器理论，认为手机中的个人信息是一种独立法权。例如，在 United States v. Park 案⑥中，法院判定由于手机中存储着大量个人信息，与一般随身携带的物品存在明显不同，不应成为逮捕附带搜查的客体。

美国联邦最高法院在 Riley 案中拒绝适用 Belton 案中的封闭容器理论，也不再采取 Robinson 案中的“明线规则”，而是回归 Chimel 案中逮捕附带搜查的初始规范目的，即从警员安全与证据保存两个角度分析

---

① See Peters & James B. , *Criminal Procedure - More Protection for Digital Information: The Supreme Court Holds Warrantless Cell Phone Searches Do Not Fall under the Search Incident to Arrest Excpetion; Riley v. California.* , Wyoming Law Review, Vol. 15: 2, p. 571 - 592 (2015).

② See United States v. Finley, 477 F. 3d 250, 260 (5th Cir. 2007).

③ See New York v. Belton, 453 U. S. 454, 460 - 61 (1981).

④ See United States v. Murphy, 552 F. 3d 405, 411 (4th Cir. 2009).

⑤ See People v. Diaz, 244 P. 3d 501, 505 - 06 (Cal. 2011).

⑥ See No. CR 05 - 375, 2007 WL 1521573 (N. D. Cal. May 23, 2007).

获取手机及其中个人信息的行为是否符合逮捕附带搜查的规范要件。在警员安全方面，Roberts 大法官认为，执法部门可以对手机的物理属性进行查验，以防止手机与手机壳的夹层之间藏有剃须刀片。然而，手机中存储的个人信息却无法被用作伤害执法人员或者帮助被逮捕者逃跑的工具。对此，加州政府指出，在警方扣押手机时，犯罪嫌疑人的同伙可能借由手机短信告知其正在前往犯罪现场的讯息。如果警方能够附带搜查手机中的资讯，则会及时阻止同案犯的增援，进而保证自己的人身安全。然而，美国联邦最高法院认为这种情况仅是一种假设场景，并不存在现实的经验基础。如果一旦出现这种状况，警方也可以援引紧急情况（exigent circumstance）的例外进行搜查。在证据保存方面，由于手机已经处于被扣押的状态之下，被逮捕者难以篡改其中的个人信息以实现毁灭证据的目的。对此，加州政府提出了两种证据灭失的风险，即远程擦除（remote wiping）与数据加密（data encryption）。对于这两种风险，联邦最高法院认为执法人员可以通过关掉手机、拆卸电池、将手机放入法拉第袋（Faraday enclosure）中进行隔离等方式阻止证据损毁的发生。并且，无论是远程擦除还是数据加密均是小概率事件，而并非实践中频繁发生的情境。因此，发生上述风险的可能性并不足以证成对手机进行逮捕附带搜查的合理性。综上，逮捕附带搜查的两项规范目的对于手机取证活动均不适用，故而警方搜查手机中个人信息的做法违反了美国宪法第四修正案。

除了上述警员安全与证据保存两大规范目的之外，被逮捕者隐私利益的降低也是逮捕附带搜查的理论基础之一。在 Robinson 案中，法官认为遭受逮捕的事实本身极大降低了犯罪嫌疑人的隐私合理期待，故而对其人身与香烟盒进行的附带搜查仅会对其造成轻微损害。然而，在 Riley 案中，法院否认遭受逮捕的事实能够推导出隐私合理期待的显著降低，并从手机存储个人信息的数量与质量两大方面，论证手机与传统封闭容器的不同，进而将扣押手机存储介质与搜查其中个人信息的行为区分开来。

在手机存储个人信息的数量方面，法院正确地认识到，将智能手机的巨大存储容量与其他实物证据进行比较会造成荒谬的结果。对此，法官进行了一个有趣的类比，认为将香烟盒这种前数字时代的对应物（pre - digital counterpart）与智能手机等量齐观，就相当于承认骑马奔驰与飞往月球是同等事物。法院从以下三个方面指出智能手机与传统封闭容器之间在数量上存在的差异：其一，个人信息体量的庞杂性。“手机”其实是一个颇具误导性的概念，其实，此类电子设备更像是一个小型计算机，可以充当照相机、视频播放器、日历、录音机、图书馆、日记、相册、电视、地图或报纸等。因此，“手机内储存了数百万页的文字、数千张图片或数百段视频……即使是售价低于 20 美元的基础款手机也可能储存照片、图片信息、短信、互联网浏览历史记录、日历，以及数以千计的通讯录”。这远超过了上衣口袋中所能装载的个人信息数量。其二，个人信息轨迹的回溯性。由于手机具有长期存储的能力，不仅能够检索到当下的个人信息，甚至还能够追溯到过往的资料记录。其三，手机使用的普遍性。法院将手机视为“日常生活普遍存在且持续存在的组成部分”，以至于来自火星的外星访客都会错误地将之认定为“人体解剖学的一个重要特征”。有统计显示，超过 75% 的手机用户表示，他们几乎在任何时候都将手机放在离自己 5 英尺以内的距离；12% 的人甚至承认自己在洗澡时仍然在使用手机。

在手机存储个人信息的质量方面，该设备中的个人信息蕴含着丰富的隐私利益。其一，手机中的个人信息存在揭露私密生活全貌的风险。“手机收集了许多不同类型的个人信息，包括地址、便条、医疗处方、银行对账单、视频等……这些个人信息的组合能够最大限度地揭露出私人生活的全貌。”即便是某种特定类型的个人信息，其对于私人生活的揭露程度也远远超过传统实体物。例如，一两张藏在钱包中的伴侣照片仅能提供有限的资讯，但手机中数千张标有日期、地点和备注的照片则能拼凑出个人生活的全景图。此外，互联网浏览记录、手机 GPS 导航定位设备以及众多应用设备均会在不同程度上暴露公民的个性化信息，进而勾勒出私密生活的全景图。其二，搜查手机甚至比搜查住宅更具有侵入性。在前信息时代，搜查一个人口袋里的东西与对其住宅进行彻底搜查显然不可同日而语。然而，在大数据时代，如果在目标对象口袋中发现手机并对之进行搜查，则情况会大不相同。手机中存储个人信息的数量与质量可能远远超过住宅。因此，搜查手机对于公民隐私权的侵犯程度不亚于甚至超过搜查住宅。其三，搜查存储在云端的手机信息可能造成更为严重的侵权后果。云计算技术的发展转变了手机中个人信息存储的时间与空间，也延伸了隐私权的权利范围。“搜查存储在云端的个人信息就像在犯罪嫌疑人的口袋中找到一把钥匙，然后允许执法人员解锁并搜查一所住宅。”

虽然 Riley 案是在逮捕附带搜查的主题中讨论手机搜查的问题，但其遵循了将存储介质与个人信息进行区分的逻辑路径，确立了搜查手机中个人信息的独立地位。该案判决不仅强调了封闭容器与手机在数量与质量方面的差异，而且已经认识到手机物理介质与其中保存的个人信息之间存在本质不同。存储介质主要发挥载体功能与容器作用，在物理维度上可以成为逮捕附带搜查的对象，执法行为主要侵犯了公民的财产权益；而个人信息则主要发挥对于待证事实的证明作用，在虚拟维度上不宜成为逮捕附带搜查的客体，执法行为主要侵犯的是公民的隐私合理期待。搜查个人信息独立于扣押存储介质的现象也符合“二阶段搜索模式”的基本逻辑。通过设置两个彼此独立的令状，扣押存储介质的正当性无法自动延伸至个人信息搜查阶段，后续的个人信息搜查环节属于一道独立的审批程序，而非依存于前端逮捕活动的附随成果，扣押存储介质的事实本身并不意味着同时取得了对个人信息进行搜查的正当性。此种制度设计能够在一定程度上抵御概括式搜查的泛滥，立法者能够在第二张独立的搜查令状中详尽地规定搜查的对象、方法、时间等要件，保证了个人信息搜查活动的特定性。

三、域外个人信息的比例性权力保护

与我国混合性权力保护不同，域外个人信息权力保护呈现比例性特征。所谓比例性，是指严格遵循比例原则的要求，区分个人信息处理的具体场景，并对相应的程序进行强弱相间、逐级递进、层次分明的比例化设计。比例性权力保护重视个人信息处理程序的差异性，从而避免了混合性权力保护中由于同质化倾向而引发的性质杂糅或者程序替代等现象。此外，比例性权力保护也有利于形塑秩序有序的侦查程序控制体系，以应对司法实践中不同的执法情境。具言之，域外个人信息的比例性权力保护表现在以下三个方面。

（一）区分任意侦查程序与强制侦查程序

与我国侦查实践中任意侦查与强制侦查的程序混合现象不同，德国刑事诉讼法律规范明确区分了任意侦查与强制侦查，在设置概括授权条款的同时，严格遵守强制侦查法定主义，对各类干预基本权利的侦查程序进行特别授权，从而形成了概括授权条款与特别授权条款相结合的比例性个人信息处理程序。

在概括授权条款方面，最典型的是德国《刑事诉讼法》第163条第1款的规定："警察机关及警察官员应调查犯罪，并作出所有不容推延之命令，以防止案情被掩盖。为此目的，当无其他法律特别规定其职权时，其有权向所有公务机关请求答复，迟延即有危险时，尚有权要求答复以及进行各种形式之侦查。"[①] 该条文被视为德国《刑事诉讼法》中的侦查概括条款，不仅兼顾了法律保留原则与侦查程序自由形成原则，同时也发挥着任务分配规范与一般授权规范的功能。[②] 但是，概括授权

① 连孟琦：《德国刑事诉讼法》，台北，元照出版有限公司2016年版，第219页。
② 参见艾明：《刑事诉讼法中的侦查概括条款》，载《法学研究》2017年第4期。

条款仅发挥补漏拾遗的作用，只能为任意侦查行为提供合法依据。如果侵权强度已经达到强制侦查的程度，则需要特别授权条款为之提供正当化理由。

除了侦查概括条款之外，德国《刑事诉讼法》在个人信息处理领域，同样设置了诸多概括授权条款。其一，德国《刑事诉讼法》第481条第1款规定了警察机关使用个人资料的概括授权条款："警察机关得依警察法之规定，使用出自刑事程序之个人资料。为该处所称之目的，刑事追诉机关及法院得将出自刑事程序之个人资料传递予警察机关，或提供查阅案卷。"[①] 该条属于警察机关使用个人信息的基础授权规定，以概括授权条款的形式允许刑事追诉、执行程序中的个人信息在使用过程中变更其原始目的。"所谓警察机关，包含所有警察法所列警察任务者皆属之。变更个人资料原始刑事目的，而使用于危险防制、犯罪预防、执行其他法规所列警察任务或辅助执法者，皆属合法。"[②] 其二，德国《刑事诉讼法》第483条第1款规定了基于刑事目的处理个人信息的概括授权条款："只要为刑事程序目的所必要，法院、刑事追诉暨执行机关、观护人、行为监督之监督机构及司法辅助机构，得储存、更改及利用资料中之个人资料。"[③] 根据该条规定，侦查机关在刑事程序中取得了处理个人信息的合法性依据。其三，德国《刑事诉讼法》第484条第1款规定了为将来刑事程序处理个人信息的概括授权条款以及具体处理的个人信息类型："为将来刑事程序目的，刑事追诉机关得储存、更改及利用下列资料：1. 被告个人资料，以及只要有必要，其他适合识别之特征，2. 管辖机构及案号，3. 犯罪之详细描述，尤其是犯罪时间、犯罪地点及大约损害额，4. 犯罪指控，以表明法律规定之方式为

① 连孟琦：《德国刑事诉讼法》，台北，元照出版有限公司2016年版，第454页。

② 林钰雄：《刑事程序中的个资保护——德国刑事诉讼法第8编（§§474－499 StPO）逐条释义》，载《刑事政策与犯罪研究论文集》2021年第22期。

③ 连孟琦：《德国刑事诉讼法》，台北，元照出版有限公司2016年版，第456页。

之，5. 在检察机关及法院之程序启动以及程序处理，并附上法律规定。”① 综上，在个人信息处理领域，德国《刑事诉讼法》通过第 163 条第 1 款、第 481 条第 1 款、第 483 条第 1 款、第 484 条第 1 款建构了概括授权条款的规范体系。其不仅赋予警方启动任意侦查程序的一般职权，也授予侦查机关变更个人信息使用目的、处理刑事程序中的个人信息以及为将来刑事程序目的处理个人信息的具体权限。

在特别授权条款方面，德国不断修订相关法律，保证干预公民基本权利的强制侦查措施均有明确对应的规范依据。并且，在立法过程中，德国相关规范不仅对不同类型的个人信息处理程序进行宏观区分，而且在相同种类的个人信息处理程序内部，继续进行比例性设计。在宏观方面，德国《刑事诉讼法》第 8 章明确区分了扣押、通信监察、电脑资料比对等侦查手段。该法意识到扣押与电脑资料比对是针对发生在过去、已经存储的个人信息的回溯性处理，而通信监察则是针对发生在当下或未来的个人信息的实时性监控。而扣押与电脑资料比对由于行为方式的不同，也被划分在不同类型之中。在微观方面，德国《刑事诉讼法》可谓严格遵循强制侦查法定主义的典范，对各类个人信息处理程序进行了比例性层分，彰显出精致立法的特点。

首先，德国《刑事诉讼法》第 94 条、第 95 条对扣押程序进行了比例性设计。该法依据侦查相对方自愿性的不同，将扣押分为基于交出义务（第 95 条第 1 款）的保管或以其他方式保全（第 94 条第 1 款），以及在不自愿交出情况下的扣押（第 94 条第 2 款）。

其次，德国《刑事诉讼法》第 98 条对电脑资料比对进行了比例性设计。该法第 98a 条规定了自动化比对，又名棚网追缉，将“可能与犯罪行为人的检验特征相符的相关个人的数据以机械仪器比对，以筛选非

---

① 连孟琦：《德国刑事诉讼法》，台北，元照出版有限公司 2016 年版，第 457 页。

嫌疑人或确认与续行的侦查行为有重要关系的人"[①]。侦查机关通过该措施实现探索性目的，即从不特定的人群中发现特定的嫌疑人，以缩小侦查范围。[②] 因此，棚网追缉在实施过程中不可避免地会调取第三方机构的个人信息。对此，第98a条第2项对个人信息储存机构科以传送义务。并且，为了规制棚网追缉中的概括性取证风险，第98a条规定了重罪原则以及"仅在以其他方式查清案情或调查犯罪行为人所在地可能收效甚微或非常困难时，方得命令之"的前置适用条件。此外，第98b条还规定了相对法官保留原则，以及个人信息销毁程序。与之相对，第98c条规定了"与现存资料进行机械化比对"。此项侦查措施主要利用的是警察机关已经建立的数据库，通过将生物检材等与数据库中的个人信息进行比对，从而实现确定或排除犯罪嫌疑的证明性目的。由于机械比对运用的数据库为公权力部门自主建设，不会对第三方机构的个人信息产生辐射效果，无须受到棚网追缉的严格程序限制。申言之，虽然第98a条与第98b条的棚网追缉与第98c条的"与现存资料进行机械化比对"同属于个人信息分析程序，但二者之间在数据库权属以及行为目的上存在差异，故而应当在程序要件上对之进行比例性设计。

最后，德国《刑事诉讼法》通过第100a条、第100b条、第100c条、第100f条、第100g条、第100h条、第100i条、第163f条对各种类型的监控（通信监察）行为进行了性质界定，并依据多元的界分标准将之区分开来，以符合比例原则的要求。

其一，根据个人信息处理范围的差异，第100a条与第100b条分别规定了来源端通信监察与线上搜查。2017年德国《刑事诉讼法》修订过程中，在第100a条中增设了来源端通信监察："为了实现尤其是非加密方式实施的监察和记录，必要时得以科技方法侵入受干预人使用的信

① ［德］克劳思·罗科信：《刑事诉讼法》（第24版），吴丽琪译，法律出版社2003年版，第72页。

② 参见艾明：《新型监控侦查措施法律规制研究》，法律出版社2013年版，第59页。

息技术系统的方式进行监察和记录。若受干预人所使用之信息技术系统中被储存的通讯内容和状态在公共电信网络以加密方式进行的传输过程中原本应当被监察或被记录的，亦得监察或记录之。”概言之，来源端通信监察的行为方式是在信息设备端植入木马程序，取得加密前或者解密后的原始讯息。其不仅侵犯了通信秘密与自由，还干预了公民对于自己资讯终端设备秘密性及完整性的信赖。与之相对，第100b条规定了线上搜查：“同时具备下列情形时，纵使受干预人不知情，仍得以科技方法入侵受干预人使用的信息技术系统，并得由该系统取得数据（在线搜查）。”线上搜查的技术原理与来源端通信监察相似，均是侦查机关利用公民电子设备的安全漏洞或系统后门，植入木马程序，在当事人不知情的情况下，秘密入侵其资讯科技系统。在入侵之后，木马程序会对整个资讯科技系统所存储的所有资料进行搜查、存储。

然而，来源端通信监察与线上搜查在个人信息处理范围上存在明显差异，故而前者被称为“小木马程序”，后者被称为“大木马程序”。[①] 来源端通信监察的取证范围受到双重限制。一方面，监控内容的限制。来源端通信监察所获取的个人信息以通信信息为限，既包括截取进行中的通信信息，又包括获取储存的通信内容及通信状态信息。另一方面，取证时点的限制。来源端通信监察只能在获取监控令状核准之后，对相关资讯科技系统所产生的通信信息进行监察。与之相反，线上搜查不受监控内容的限制，无论是通信信息还是非通信信息，均在其获取范围之内。此外，线上搜查不受取证时点的限制，即使是在监控令状核准之前产生的个人信息，该措施亦可收集。因此，线上搜查比来源端通信监察的取证范围更广，对于通信秘密与自由、资讯科技基本权的干预程度更深，故而应当受到更为严格的程序规制。例如，线上搜查不仅采取了与住宅监听相同的绝对法官保留，而且是由上级法院核准的加重法官保留

---

① 参见林钰雄：《科技侦查概论（上）——干预属性及授权基础》，载《月旦法学教室》2021年第220期。

（qualifizierter Richtervorbehalt），亦即由申请检察官所属辖区的联邦地方法院为线上搜查特别成立的三位法官合议庭核准，而非由区法院单一侦查法官决定。并且，核准线上搜查的法庭不得执掌刑事审判程序。迟延即生危险时，得例外由在线搜索法庭之审判长单独核准。与之相比，来源端通信监察仅需符合相对法官保留，即原则上由法官审批、急迫例外时由检察官决定。

其二，根据个人信息类型的不同，德国《刑事诉讼法》分别设置了针对内容信息的监控程序与针对非内容信息的监控程序。前者在第100a条传统电信监听、第100c条住宅监听、第100f条住宅外监听中均有规定，其监听对象限于通信内容信息。然而，针对非内容信息的监控亦会干预当事人及第三人的通信秘密与自由等基本权利。故而德国在2002年修法时增设了第100g条调取通信记录，作为调取、分析通联记录的法律授权基础。此外，在侦查实践中，警方还通过使用移动电话号码撷取器（IMSI - Catcher）获取通信状态信息。移动电话号码撷取器可以在一定地域范围内，诱使或强制所有处于待机或通话状态中的行动电话向其发射讯号，以识别、撷取手机串号，进而通过讯号分析，可以搜集特定手机的基站台位置信息，锁定手机用户的定位。因为该侦查手段与第100g条中调取通联记录的行为方式不同，故而德国《刑事诉讼法》在2002年修法时于第100i条中对其进行专门规定。

其三，根据获取个人信息时长的不同，德国《刑事诉讼法》通过第100h条与第163f条对短期监控与长期监控进行了比例性设计。第100h条为诸如GPS追踪器监控等科技定位侦查手段提供了明确的规范支撑。随着科技定位技术的发展，无人机、自动车牌识别系统等技术也可以纳入第100h条的规制范畴。然而，科技定位侦查除了进行基于追缉目的的开展的短期定位监控之外，有时还需要获取目标对象长期的行踪信息，以分析出更为私密的生活细节。此时，第100h条不足以为长期的科技定位监控提供规范依据，而需要结合第163f条。德国《刑事诉讼法》第163f条规定："若有足够事实依据显示发生重大犯罪，得命对被告进行下列计划性监视（长期监视）：1. 持续不间断地超过24小时，或2. 超过2日。"因此，如果满足第163f条所述情形，即为长期监控，需要遵循相关的程序规范。反之，持续时间未达24小时或在2日以下的科技定位监控，可由第100h条单独提供规范依据。

（二）区分回溯性侦查程序与即时性侦查程序

回溯性侦查程序与即时性侦查程序之间既存在侦查取证方式的差异，又存在个人信息类型的不同。回溯性侦查程序主要处理已经处于储存状态的个人信息，属于对公民过去的稳定生活状态的入侵与干扰；即时性侦查手段主要处理当下或未来可能出现的个人信息，属于对个人之后的未知生活状态的探测与监控。与我国将回溯性侦查程序与即时性侦查程序混合的做法不同，欧盟、美国、德国的立法规范与司法实践均对这两种不同性质的个人信息处理程序进行了区分，并在程序性质、令状审批与心证门槛等方面进行了比例性设计。

欧洲人权法院在科技定位侦查的判决中区分了回溯性侦查程序与即时性侦查程序。例如，在Ben Faiza v France案[①]中，法国警方同时使用了GPS追踪器与收集手机基站定位信息两种技术手段，法院判定前者进行的即时性监控（"real time" geolocation surveillance）侵犯了《欧洲人权公约》第8条的隐私权，而后者则属于回溯性侦查程序（"a posteriori" geolocation surveillance），并未造成对于隐私权的不当干预。[②] 在该案中，法院分别判断了GPS追踪器与收集手机基站定位信息的程序性质与干预行为的正当性要件。

---

① See Ben Faiza v. France App No. 31446/12（ECtHR，8 February 2018）.

② See Katrien Keyaerts，*Ben Faiza v. France*：*Use of Cell Site Location Information by Police Is Acceptable Interference with Right to Privacy*，European Data Protection Law Review，Vol. 5：1，p. 120（2019）.

一方面，法院判定使用 GPS 追踪器定位监控的行为侵犯了犯罪嫌疑人的隐私权。在干预行为的正当性要件判断过程中，法院指出虽然 GPS 监控已经由法国《刑事诉讼法》第 81 条授权，但是这项条款只是非常笼统地表述了 GPS 监控的程序规则，难以满足合法性要件的要求。并且，在必要性要件的判断过程中，法国政府采取的监控手段应当具备充分的可预见性，并结合足够的保护措施，以防止任意滥用的风险。然而，相关法律未能确定法国政府进行即时性定位监控时自由裁量权的范围，故而犯罪嫌疑人没有得到民主社会应有的、最低限度的保护。因此，法国警方运用 GPS 追踪器进行即时性监控的行为侵犯了当事人的隐私权。

另一方面，法院对收集手机基站定位信息的行为进行了正当化条件的三阶判断。法国政府收集手机基站定位信息的行为得到了法国《刑事诉讼法》第 77 –1 –1 条的规范支持，该项法律不仅符合可预见性要求，而且也具备事前司法审查的程序要件，达到了防止措施滥用的目的。并且，欧洲人权法院强调，跟踪监控某人正在进行的行为，比调查他们已经发生的行为具有更大的干预性。在调查开始之前，相关的手机基站定位信息已经存在，它并非由于警方取证行为所产生的，故而相关行为得以通过合法性要件的测试。在合目的性要件方面，该行为符合《欧洲人权公约》第 8 条第 2 款规定的相关情形。此外，这种措施对于打击大规模贩毒活动也是必要的，因此干预行为是“民主社会所必须的”，从而满足了必要性要件的要求。综上，法国政府收集手机基站定位信息的行为属于回溯性侦查程序，符合干预行为的三项正当化要件，不会造成对于目标对象基本权利的不当干预。

欧洲人权法院通过 Ben Faiza v. France 案对以 GPS 追踪监控为代表的即时性侦查程序与以手机基站定位为代表的回溯性侦查程序进行了法律性质上的区分。除了程序性质的不同之外，欧洲人权法院还在 Uzun

v. Germany 案[①]中区分了 GPS 追踪监控与内容监听两种侦查手段，即在即时性程序内部进行了更为精细的比例性设计。“GPS 追踪监控在本质上区别于以视觉或声学方法进行的通信监听。一般来说，后者会披露出个人更多的行为、想法或情感信息，更容易干扰私生活受到尊重的权利。”[②] 因此，对通信内容进行监听的干预程度高于 GPS 追踪监控。由此，在科技定位侦查领域，欧洲人权法院形成了“手机基站定位—GPS 追踪监控—内容监听”的比例化程序框架。

美国在监听领域也同样区分了回溯性侦查程序与即时性侦查程序。这种区分不仅体现在性质界定上，还反应在审批要件方面。美国的监听规范体系由三部法律组成，即《监听法》（The Wiretap Act）[③]、《存储通讯法》（The Stored Communications Act）[④] 与《电话拨号记录器法》（The Pen Register Act）[⑤]。《监听法》与《电话拨号记录器法》主要面向未来的个人信息进行监控。所谓面向未来进行监控（prospective），是指在通信传输进行过程中所进行的即时性信息收集活动。例如，在对话尚未发生之前，警方已经在住所安装窃听设备，并对通话过程进行即时性监听。其中，《监听法》主要针对内容信息进行监听，而《电话拨号记录器法》则主要收集非内容信息。与之相反，《存储通讯法》主要针对过去信息（retrospective）进行处理，即对于已经完成的通信活动中产生的个人信息，经由第三方机构存储后，侦查机关再向电信服务商或网络服务商进行调取。

不同状态的个人信息不仅适用的规范依据不同，相应的审批令状也呈现出比例性。《监听法》对内容信息的即时性监听进行最为严格的程序规制。监听需要符合重罪原则、特定原则、必要性原则、最小侵害原

① See Uzun v. Germany App No. 35623/08（ECtHR，2 September 2010）.

② Uzun v. Germany App No. 35623/08（ECtHR，2 September 2010），paras. 52.

③ See 18 U. S. C. A § §2510 – 22.

④ See 18 U. S. C. A § §2701 – 11.

⑤ See 18 U. S. C. A § §3121 – 27.

则等，法院始能签发监听令状。相关行为的心证门槛需要达到“清楚及令人信服的标准”（Clear and Convincing Standard）。《存储通讯法》规定事后获取已经存储的内容信息的行为需要取得法院基于“合理根据标准”（Probable Cause）核发的搜查令状，方能强制第三方机构提供其存储的最近6个月内的电子通信信息。“合理根据标准”要求警察根据认知的情况与合理可信的信息，足以使一个谨慎的人启动相应的侦查行为。[①] 至于6个月以上或者用户已经披露的电子通信信息，可以依照较为宽松的法院命令或提交证物命令调取。如果调取的信息属于非内容信息，《存储通讯法》仅要求侦查机关达到“具体及清楚的事实标准”，此标准大体相当于美国司法领域中的“合理怀疑标准”（Reasonable Grounds）。“合理怀疑标准”要求警察必须能够指出具体且清楚的事实，并基于该事实进行推论，从而使得警察相信犯罪活动正在进行。[②] 此外，《电话拨号记录器法》收集的即时与未来的电话号码等非内容信息，仅需要达到“关联性标准”（Relevence）即可取得法院令状。所谓关联性标准，即根据美国《联邦证据规则》第401条的规定：“该证据具有与没有改证据相比，使得某实施更可能存在或者更不可能存在的任何趋向。”[③] 可见，美国实质上将回溯性侦查程序、即时性侦查程序与“内容信息/非内容信息”的分类方法进行了体系交叉，并针对每一种具体情形，设置了不同强度的心证门槛与审批程序，从而对个人信息进行了比例性权力保护。

德国在调取通联记录领域也区分了回溯性侦查程序与即时性侦查程序，但其判断结论与上述欧盟、美国的立法规范相反。德国《刑事诉讼法》第100g条调取通信记录第1项规定：“当一定事实构成怀疑，某人

---

① See Brinegar v. United States, 338 U. S. 160 (1949).

② See Terry v. Ohio, 392 U. S. 1.

③ 王进喜：《美国〈联邦证据规则〉(2011年重塑版) 条解》，中国法制出版社2012年版，第56页。

作为正犯或共犯：1. 犯了在个案中亦属严重之犯罪，尤其是第 100a 条第 2 项所称之犯罪，或在未遂可罚之情况下着手实施，或以一犯罪进行预备，或 2. 经由电信通信实施犯罪，只要为查清案情有必要，且调取记录与案件重大性成适当比例时，得调取通信记录。在第 1 句第 2 款之情形中，仅在查清案情以其他方式可能无望时，方得为此处分。当调取定位资讯对查清案情或调查被告所在地有必要时，依据本项规定仅得对未来发生之通信记录或同步调取，仅且在第 1 句第 1 款之情形中方得为之。”[①] 其中，第 100g 条第 1 项第 1 句是调取通信记录的共通条款。第 2 句与第 3 句是对于调取已经存储之定位信息的特别限制，该行为的程序发动门槛是“仅在查清案情以其他方式可能无望时”，并且受到重罪原则的限制。与之相对，第 4 句属于调取未来发生的通信记录，其程序发动的门槛是“必要时”，明显弱于“仅在查清案情以其他方式可能无望时”的程序要求。可见，德国《刑事诉讼法》也对回溯性侦查程序与即时性侦查程序进行了比例性设计，只不过该法律认为调取发生在过去、已经存储的个人信息可能会引发概括性取证的风险，故而设置了比即时性侦查程序更高的启动门槛。

（三）区分特定性侦查程序与非特定性侦查程序

特定性侦查程序以个体嫌疑为判断依据，将目标对象锁定在有限范围之内，属于基于因果关系开展的监控活动。而非特定性侦查程序则是以风险防控为制度追求，监控范围涵盖不特定的大规模群体，属于基于相关关系开展的监控活动。二者在判断依据、目标对象与适用逻辑上存在显著差异，我国却将两种程序混合。与之相反，德国立法规范与美国学术研究区分了特定性侦查程序与非特定性侦查程序。此外，对于在非特定性侦查程序中产生的行政属性与司法属性混同的问题，法国与意大

---

① 连孟琦：《德国刑事诉讼法》，台北，元照出版有限公司 2016 年版，第 96－97 页。

利的相关法律也作出了回应。

德国《刑事诉讼法》在规定特定性侦查程序的同时，也前瞻性地将侦查对象扩展为不可避免被涉及的第三人，从而为非特定性侦查程序提供了规范支撑。例如，第98a条、第98b条规定的棚网追缉本身就是一种大规模监控行为："得对符合预测之特定犯罪行为人检查特征之人，将其个人资料与其他资料进行自动化比对，以排除无嫌疑之人或确定符合其他具有侦查意义之检查特征之人。"[①] 在棚网追缉中必然涉及对于大量无关第三人的个人信息处理活动，以筛选或排除犯罪嫌疑，故而在一定程度上具有非特定性侦查程序的属性。此外，第100c条住宅监听第3款规定："即使将无可避免地干预其他人，亦得执行处分。"[②] 在第100f条第3款住宅外监听条文中也存在类似规定。这表明在通信内容监听过程中，虽然原则上针对特定的监听对象，但是如果不可避免地会涉及无关第三人，也为程序规范所容许。除了内容监听之外，在非内容监控活动中也存在此类规定。例如，第100h条第3款规定："即使将无可避免地连带干预第三人，亦得执行处分。"[③] 概言之，德国相关立法在规制特定性侦查程序的同时，也在一定程度上兼顾了非特定性侦查程序。并且，干预不特定第三人的侦查措施覆盖内容监听、非内容监控与个人信息比对，从而为部分大规模监控行为提供了规范依据。然而，必须承认的是，上述规定并非针对非特定性对象进行侦查的专门性规定，干预无关第三人存在必要的前置要件，即监控活动的不可避免性。

相较于德国明确的立法规定，美国对于非特定性侦查程序的讨论则更多地停留在学术层面。美国宪法第四修正案一向强调搜查对象的特定性，以避免殖民地时期翻箱倒柜式的概括式搜查。然而，随着美国反恐态势的变化，政府相继推出"棱镜计划""上行计划"等大规模监控项

① 连孟琦：《德国刑事诉讼法》，台北，元照出版有限公司2016年版，第70页。
② 连孟琦：《德国刑事诉讼法》，台北，元照出版有限公司2016年版，第87页。
③ 连孟琦：《德国刑事诉讼法》，台北，元照出版有限公司2016年版，第100页。

目，对所有社会公众进行非特定性监控，从而持续冲击着美国宪法第四修正案搜查条款的特定性要求。对此，有学者重新定义了美国宪法第四修正案下的搜查行为，将之区分为针对性搜查（targeted search）与普泛式搜查（general search），其实质同特定性侦查程序与非特定性侦查程序一致。[①] 根据定义，针对性搜查旨在获取特定人员与限定地点的相关信息。其目标对象通常是具体的嫌疑人，但在某些情况下，也可能是“小而有限”的与犯罪活动有关的地点。普泛式搜查的目的是获取非特定性群体或地域的相关信息。如果政府试图通过监控全体民众或一部分公民以解决、预防或者阻止尚未被发现或实施的犯罪，就属于普泛式搜查。

无论是对于公开场所还是个人信息的针对性搜查，如果持续时间累计超过48小时，则需要申请基于合理根据的搜查令状，除非存在紧急情况。如果持续时间超过20分钟但累计不超过48小时，则需要提供基于合理怀疑的法院命令。而普泛式搜查则需要应用政治过程理论（political process theory）进行解释，具体包括以下三点要求：其一，普泛式搜查必须得到立法机关的明确批准或授权；其二，受到普泛式搜查的群体必须能够对立法程序产生有意义（meaningful）的影响；其三，普泛式搜查必须平等地对每个人施加影响。如果只对个别群体或特殊地点进行监控，则会转化为针对性搜查。例如，无人机监控系统或视频监控系统需要得到政府的批准或授权，方能具备合法性。并且，监控系统需要覆盖整个城市，以随机或中立的立场采集个人信息。如果无人机和视频监控系统仅在特定领域内适用，则需要遵照针对性搜查的相关规定。

此外，也有学者以有无明确的嫌疑对象为基准，将监控活动划分为

---

① See Christopher Slobogin, *Making the Most of United States v. Jones in a Surveillance Society: A Statutory Implementation of Mosaic Theory*, Duke Journal of Constitutional Law & Public Policy, Vol. 8, p. 17（2012）.

传统监控与预测性监控（predictive surveillance）。[①]“预测性监控不同于传统监控，因为传统监控以特定目标作为启动要件。然而，在预测性监控下，政府的判断基准不以任何个体化怀疑为必要条件。相反，政府将首先收集和分析所有可用的个人信息，以找出与过去恐怖活动或犯罪活动相关的模式。”[②] 该学者对于预测性监控的规制提出了两种方案：其一为概括方案（Sweeping Approach），即直接适用第三方理论，判定监控不特定对象的行为不受美国宪法第四修正案的规制。其二为细致方案（More Nuanced Approach），即明确拒绝适用第三方理论，并判定监控行为由于违背了反聚合规则（anti – aggregation norm）而必须纳入美国宪法第四修正案的规制范畴。

区分特定性侦查程序与非特定性侦查程序，还有赖于预防犯罪的行政执法活动与打击犯罪的刑事侦查活动的明确界分。对此，法国与意大利在监听领域的规范经验可资借鉴。法国明确区分了在侦查过程中基于调查犯罪目的的司法监听（judicial interceptions）与行政部门出于安全原因开展的行政监听（administrative interceptions）。[③] 在审批主体方面，根据法国《刑事诉讼法》第706（95）条的规定，检察官是司法监听的提出者，法官负责审批与监督监听行为，警察负责执行。司法监听的适用范围受到实体要件的规制。根据法国《刑事诉讼法》第706（95）条的规定，司法监听仅限于该法第706（73）条所列的罪行。例如，“集体组织实施的谋杀”等与有组织犯罪有关的最严重的罪行。此外，司法

---

① See Shaun B. Spencer, *Predictive Surveillance and the Threat to Fourth Amendment Jurisprudence*, I/S: A Journal of Law and Policy for the Information Society, Vol. 14: 1, p. 111 – 112 (2017).

② Shaun B. Spencer, *Predictive Surveillance and the Threat to Fourth Amendment Jurisprudence*, I/S: A Journal of Law and Policy for the Information Society, Vol. 14: 1, p. 131 – 137 (2017).

③ See Céline C. Cocq & Francesca Galli, *The Use of Surveillance Technologies for the Prevention, Investigation and Prosecution of Serious Crime*, EUI Working Paper Law, Vol. 41, p. 7 – 14 (2015).

监听还受到严格的程序要件的限制。该行为需要遵循比例原则的规定，只有在符合《刑事诉讼法》必要性要件的情况下方能实施。在监控时限方面，法官往往会批准最长 4 个月的监听活动。但是，基于调查目的，可以根据需要延长初始期限。此外，根据检察官的要求或者在诉讼时效届满之际，需要销毁司法监听产生的个人信息。与之相对，行政监听可以基于国防部长、内政部长与海关部长的提议而发动。在实体要件方面，行政监听适用于以下情形：维护国家安全、促进科学与经济发展、预防恐怖主义或有组织犯罪、对抗非法团体等。在程序要件方面，行政监听也拥有 4 个月的执行期限，同时需要在录制之日起 10 天之内销毁相关材料。

与法国相似，意大利也区分了司法监听（犯罪后监听）（post - delictum）与行政监听（犯罪前监听）（ante - delictum）。[①] 在审批主体方面，根据意大利《刑事诉讼法》第 266 条的规定，监听令状由检察官申请，并由法官签发授权。但是，在紧急情况下，检察官可以自行审批监听程序。在获得授权后，司法监听必须由检察机关进行，但也可以由警察在检察官的监督下执行。在实体要件方面，根据意大利《刑事诉讼法》第 266 条第 1 款，对于最高刑罚至少为 5 年以上有期徒刑的犯罪，方可以启动司法监听。此外，第 203/1991 号法律第 13 条将司法监听引入有组织犯罪领域。第 438/2001 号法律第 3 条继续将适用范围扩展到恐怖主义案件中。在程序要件方面，需要有足够的理由相信犯罪行为可能发生（sufficienti indizi）才可以使用该侦查手段，即司法监听需要满足较高的心证门槛。然而，与法国的司法监听不同，意大利的相关措施在有需要时（necessary）就可以采取，而无须遵循最后手段原则（indispensable）。在监控时限方面，司法监听可以持续长达 15 日，在获得

---

① See Céline C. Cocq & Francesca Galli, *The Use of Surveillance Technologies for the Prevention, Investigation and Prosecution of Serious Crime*, EUI Working Paper Law, Vol. 41, p. 7 – 16 (2015).

法官批准的情况下，可以重复多次进行。在恐怖活动犯罪与有组织犯罪中，司法监听可以持续长达40日，每次可以延长20日，延长次数没有限制。与之相对，行政监听的审批权限由内政部掌握，在防止有组织犯罪、恐怖主义犯罪与人口贩卖等情形下，允许使用行政监听。在监听时限方面，行政监听最多可以持续40日，每次可以延长20日，对于延长次数不做限制。但是，一旦发生了犯罪嫌疑人出现等迹象，必须立即停止行政性监听。值得注意的是，虽然在刑事诉讼中没有任何规范禁止将行政监听收集的情报作为证据使用，但在执法实践中，情报部门迄今为止从未在审判中使用过行政监听的结果，其收集的情报仅能在侦查活动中发挥线索功能。

第六章　我国侦查中个人信息保护制度的重构

对于我国侦查中个人信息保护制度的重构需要做到“革故”与“鼎新”两项要求。所谓“革故”，是指改变传统的“义务型”权利保护方式，修正侦查程序的体系性弊端，甚至调整诉讼结构，优化诉讼目的；所谓“鼎新”，是指参考个人信息保护领域的先进经验，将信息分类制度、合法性基础、信息他用制度、保存期限制度等导入侦查程序，并结合个人信息处理活动的特殊性进行适应性改造与场景化调整。

一、我国个人信息权利保护制度的重构

长期以来，在我国立法规范与侦查实践中，对于个人信息的权利保护往往采取“义务型”的保护方式，即通过保密义务条款、技术保真条款、权力行使条款、隐私保护条款间接发挥保护个人信息的制度功能，却未能廓清个人信息保护的权利基础。对此，应当正确认识个人信息权与隐私权之间范围交叉、权能补益与层级递进的三重逻辑关系，构建“个人信息权—隐私权”的层级化权利构造。并且，应当对个人信息权进行具体展开，赋予信息主体知情权、决定权、更正权、删除权、免受算法自动化决策权与算法解释权，在特定情况下可以对权利进行整体限制或者特定限制。

（一）个人信息权利的层级构造

廓清个人信息保护的权利基础是相关制度重构的逻辑起点。对此，应当确定在刑事侦查中究竟运用何种类型的权利保护个人信息。如前所述，美国隐私权与欧盟个人数据受保护权提供了两种不同的个人信息保护的权利逻辑。

我国可以参考美国，以隐私权作为个人信息保护的权利基础。《刑事诉讼法》已经存在保护隐私权的规范基础，学界对于此项权利的研究也较为充分，不仅在诉讼进程上涵盖侦查、起诉、审判、执行各个阶段，在诉讼主体上也包括犯罪嫌疑人、被告人、被害人与证人等各类主体。以隐私权作为权利基础仅需要适度扩张隐私权的范围，使之能够适应个人信息保护的时代特征，属于立法成本较低的制度方案。

我国也可以汲取欧盟个人数据受保护权的先进经验，以个人信息权作为保护个人信息的权利基础。通过对《欧盟基本权利宪章》、GDPR、欧盟《2016/680 指令》的解读，可以发现个人信息权逐渐呈现出脱离隐私权的趋势，成为一项独立的基本权利。我国《个人信息保护法》虽然使用了“个人信息权益”这一略显保守的措辞，但是在该法第 1 条立法目的中使用了“根据宪法，制定本法”的表述，为个人信息权利的宪法化提供了法律依据。申言之，个人信息权利（益）不仅是一项私法领域的权利，而且是一项宪法层面的基本权利。基于刑事诉讼法与宪法的亲缘关系，在刑事侦查中导入个人信息权也不存在逻辑障碍。

在侦查中重构个人信息权利保护的相关制度，需要正确认识隐私权与个人信息权之间的逻辑关系。两项权利存在范围交叉、权能补益与层级递进的三重关系。

首先，隐私权与个人信息权之间存在范围交叉的逻辑关系。有学者将两种权利的关系演变总结为从平行到交叉的发展脉络。[①] 在《民法总则》通过之前，民法、刑法、行政法等领域并未交叉使用隐私权与个人信息权，而是坚持二者之间的平行关系。在刑法的相关罪名中，侵犯隐私并不单独构成犯罪，但是侵犯个人信息会招致刑罚后果，即个人信息比隐私的保护力度更高。在后续的规范演进中，二者逐渐呈现出交叉关系。例如，《民法总则》第 111 条单独规定了个人信息，在形式层面引发了两种权利的交叉关系。《民法典》则直接在人格权编中将隐私权与个人信息保护结合在一起进行规定，在立法结构上引发了二者的实质交叉关系。并且，隐私取得了相较于个人信息的优势地位。《民法典》第 1034 条第 3 款规定："个人信息中的私密信息，适用有关隐私权的规定；没有规定的，适用有关个人信息保护的规定。"

隐私权与个人信息权在权利客体上具有重合性，这是两项权利能够形成范围交叉关系的前提条件。在刑事侦查中，隐私权的基本类别包括地域隐私、人身隐私与信息隐私三种。[②] 个人信息权则以识别性与相关性为标准，既包括隐私信息，又涵盖非隐私信息。由此，二者在隐私信息领域出现了权利客体的交叉。除此之外，个人信息权仍然要保护非隐私信息，隐私权也需要保护地域隐私、人身隐私。二者重合部分的隐私信息既是隐私权的构成要素，又是个人信息保护的核心部分。因此，隐私权与个人信息权发生了权利竞合，对于隐私信息予以叠合保护。申言之，当一项个人信息构成隐私时，隐私权与个人信息权构成其共同的权利基础。

其次，个人信息权对于隐私权具有权能补益功能。在主张个人信息确权化的倡议中，隐私权通常被作为批判对象，需要借助个人信息权的

---

① 参见周汉华：《平行还是交叉 个人信息保护与隐私权的关系》，载《中外法学》2021 年第 5 期。

② 参见向燕：《刑事侦查中隐私权领域的界定》，中国政法大学出版社 2011 年版，第 114 页。

权能补益，方能实现对于个人信息的周延保护。如前所述，在刑事侦查中，隐私权在权利客体上仅保护隐私信息，在权利内容上仅规制前端的个人信息收集行为，在保护方式上呈现出消极被动的特征。与之相对，个人信息权在权利客体上不仅涵盖隐私信息，还包括非隐私信息。在权利内容上，该权利将个人信息全生命周期的处理活动均纳入其中。在保护方式上，该权利通过积极赋权的方式，使得信息主体能够在侵权效果发生之前主动对抗公权力的干预行为。因此，个人信息权能够弥补隐私权的固有弊端。

最后，个人信息权与隐私权存在保护程度递增的层级关系。二者并非平行关系，而是存在权利位阶上的势差，隐私权对于隐私信息给予程度较高的保护，个人信息权对于个人信息提供的保护程度相对较低。申言之，隐私权相较于个人信息权处于优势地位。二者之间出现保护程度差异的原因如下。

其一，在权利逻辑方面，个人信息权奉行的使用逻辑自始就意味着对于国家机关处理个人信息的妥协与让步，该权利更侧重对于权力的"软性"规范与引导限制，但是并不发挥阻隔权力的作用。因此，对于个人信息，允许处理方是常态，限制处理才是例外。个人信息权对于侦查权提出了形式层面的限制，即侦查机关在处理个人信息时仅需遵守个人信息保护的合法性基础、基本原则等底线制度。并且，个人信息保护的基本制度由于刑事侦查的特殊性需要进行必要限缩，从而进一步为国家机关处理个人信息的活动提供了灵活空间。相反，隐私权奉行的禁止逻辑通过划定信息禁区的方式，彰显出对于公权力机关处理个人信息的"硬性"抵制与天然拒斥。因此，对于隐私信息，禁止处理方是常态，许可处理才是例外。隐私权彰显出比个人信息权更强的排他性与对抗性，这也意味着赋予了信息主体对于个人信息更强的控制能力。[①] 隐私

① 参见石佳友：《隐私权与个人信息关系的再思考》，载《上海政法学院学报（法治论丛）》2021 年第 5 期。

权对于侦查权提出了实质层面的限制，即公权力机关在处理个人信息时不仅需要遵守个人信息保护制度的基本原理，还应当符合强制侦查法定主义，对于处理隐私信息的行为进行特别授权。

其二，在保护方法方面，个人信息权秉持所有个人信息都应当受到保护的理念，将有限的制度关注分散于所有的个人信息之上。此时，如果再对所有信息均进行强化保护，则侦查活动势必束手束脚、窒碍难行。因此，个人信息权在兼顾使用与保护的前提下，只能适度降低保护力度。相反，隐私权避免了规范强度与执法关注的平均分配与过度耗散，从而能够形成制度合力，重点保护对于公民私人生活更为重要的隐私信息。这种重点保护的方法虽然以限缩保护范围为代价，但是确实发挥了对于隐私信息的强化保护功效。概言之，相较于个人信息权“面广而度浅”的权利特征，隐私权呈现出“面窄而度深”的保护特点。

其三，在权利价值方面，个人信息权以信息自决为价值追求，侧重保障个人外在行动的自由，至于个人信息与个体人格形成之间的逻辑关系则并非其关注焦点。只要保障公民对个人信息自主控制的可能性，使之免遭外在的压抑、限制与阻碍，则个人信息权的权利价值就已经实现。并且，信息自决在刑事诉讼的价值序列中属于略显奢侈的追求，其紧迫性与必要性远不及生命、自由、隐私等重要权益，故而有学者将之列为第三层级的权利。[①] 此外，信息自决价值的保障制度——个人信息保护的具体权利与基本原则等均需因应刑事侦查的特殊性进行适应性调整。因此，相较于私法领域，刑事侦查中的信息自决利益大打折扣，具有明显的相对性。相反，隐私权维护个人人格内在形成的弹性空间，该权利关注的是个人信息与个体人格（personhood）或者主体性（subjectivity）的形成之间的紧密关联性。“其内涵便不在于指控此种生产形塑

① 参见郑曦：《作为刑事诉讼权利的个人信息权》，载《政法论坛》2020年第5期。

作用的存在并赋予个人消极抵抗权，而在于积极地要求知识/权力的生产必须在人格形成的内在领域提供一种自由而非僵化的自我认识基准。”① 国家唯有尊重私人自由与自治空间，履行克制与不予犯禁的义务，方能实现隐私权的权利价值。隐私权不仅满足于外在自由不被限制，而且需要对处理个人信息的权力生产活动进行约束。因此，纵使信息自决的利益得到满足，也难谓隐私权已经得到保障。

其四，从权利限制方面，个人信息权的权利内涵与行权范围受到双重限制。在权利内涵上，个人信息权自始就需要与个人信息使用进行权衡。个人信息权是一项“包容性权利”，不仅不绝对排除他人的占有与使用，而且权利保护的目的本身就是更好地使用个人信息。② 加强个人信息保护与促进个人信息利用是互相伴生、一体两面的问题，二者之间的平衡是《个人信息保护法》的基本立场与核心线索。③ 为了保持这种平衡关系，在刑事侦查的语境下不可避免地需要限制个人信息权的权利内涵。在行权范围上，个人信息权虽然也具有些许固有或者先在的利益，但是此项权利的实现需要依附于个人信息处理活动。只有在个人信息处理的过程中，个人信息权方才具有存在必要与行使空间。④ 相反，隐私权是一种先天固有的存在，既无须在生成阶段与其他利益进行权衡，又不仅仅局限于个人信息处理环节之中。限制隐私权应当遵守严格的法律要件，诉诸更高位阶的公共利益、国家安全等抽象价值。

综上，隐私权与个人信息权存在共性与差异，呈现出“和而不同”⑤ 的关系，共同构成了刑事侦查中个人信息的权利基础。两项权利

① 邱文聪：《从资讯自决与资讯隐私的概念区分——评「电脑处理个人资料保护法修正草案」的结构性问题》，载《月旦法学杂志》2009 年第 5 期。

② 参见付新华：《个人信息权的权利证成》，载《法制与社会发展》2021 年第 5 期。

③ 参见申卫星：《论个人信息保护与利用的平衡》，载《中国法律评论》2021 年第 5 期。

④ 参见蔡培如：《欧盟法上的个人数据受保护权研究——兼议对我国个人信息权利构建的启示》，载《法学家》2021 年第 5 期。

⑤ 参见王利明：《和而不同：隐私权与个人信息的规则界分和适用》，载《法学评论》2021 年第 2 期。

之间存在范围交叉、权能补益与层级递进的三重逻辑关系。其中，个人信息权以使用为行权逻辑、以限制保护为保护方法、以信息自决为价值追求，受到权利内涵与行权范围的双重限制，对个人信息进行弱化保护。相反，隐私权以禁止为行权逻辑、以重点保护为保护方法，以人性尊严为权利价值，限制要件较为严格，对于隐私信息提供了强化保护。因此，相关制度设置既不应当简单地以个人信息权全面取代隐私权，又需要正视个人信息权的制度优势，保持两项权利“序位论”与“协同论”的辩证统一。[①] 在侦查活动中，应当以“个人信息权—隐私权”的程度递进关系为基准，构建强弱相间的诉讼程序，保证个人信息的有序共享。

（二）个人信息权利的具体组成

《个人信息保护法》在第四章规定了信息主体的多项具体权利，为了保障个人信息权的积极行使与实际落地，应当适当引入作为个人信息权组成部分的具体权利，并根据刑事侦查活动的特点进行适应性调整。本书认为，应当吸收知情权、决定权、更正权、删除权、免受算法自动化决策权与算法解释权的合理因素。

1. 侦查中的知情权

知情权既是私法领域中处理个人信息的重要前提，又是刑事诉讼中一项重要的诉讼权利。知情权是刑事诉讼中人权保障的重要内容之一，最能体现诉讼权利的宪法价值。[②] 并且，知情权具有母体性，在宪法基本权利体系中处于超越地位，成为行使其他诉讼权利的前提与基础。[③] 因此，在刑事诉讼立法规范中，存在大量对犯罪嫌疑人、被告人、被害

---

① 参见任颖：《数字时代隐私权保护的法理构造与规则重塑》，载《东方法学》2022 年第 2 期。

② 参见陈兴良：《当代中国刑法新境域》，中国政法大学出版社 2002 年版，第 113 页。

③ 参见姚小林：《知情权探究》，载《兰州学刊》2005 年第 2 期。

人、证人、申请人、控告人的告知程序，以保障当事人与其他诉讼参与人的知情权。

然而，进入数字时代之后，侦查活动中既有的告知程序的弊端逐渐显现。一方面，告知内容主要集中于与人身、自由相关的事项。例如，《刑事诉讼法》规定了告知律师帮助权（第 34 条）、告知约见值班律师的权利（第 36 条）、讯问时告知犯罪嫌疑人享有的诉讼权利（第 120 条）以及告知采取拘留（第 85 条）、逮捕（第 93 条）等强制措施。然而，个人信息告知程序不仅涵盖的内容更为广泛，而且更加侧重信息主体对于个人信息的控制与自主决定，而不仅仅停留在捍卫人身、自由等底线权益的程度。另一方面，告知场景停留于传统侦查活动。既有告知程序多针对讯问、搜查、传唤、拘留、逮捕等公开进行的侦查手段与强制措施。但是随着数字时代的来临，侦查权出现了社会性、弥散性、隐秘性等全新的权力运行特征，知情权最易受到侵犯的场域也由传统的公开活动场景转变为第三方调取、大规模监控、技术侦查等个人信息处理程序。因此，在继续优化既有告知程序的同时，也需要结合个人信息处理的时代特征，建构精细化的知情权保障体系。

其一，根据告知内容与时点的差异，建构“概括告知—特定告知—事后告知—不告知”的知情权保障体系。层级化的告知程序能够缓和公开透明原则与侦查密行主义之间的冲突，在确保侦查活动顺利进行的同时，捍卫信息主体的自决利益与隐私权利。例如，我国台湾地区 2020 年出台的“科技侦查法草案”第 8 条设置了比例化的陈报与通知程序：“2 个月以内的短期追踪位置调查，陈报检察官，无须通知犯罪嫌疑人。检察官自行实施的，更无须陈报。超过 2 个月的长期追踪位置调查，需要通知犯罪嫌疑人，但有碍侦查的可以延后告知，并且其延长程序本身就要求陈报法官。不通知的原因消灭后，执行机关应报由检察官陈报法院通知；原因未消灭者，应每 3 个月向法院陈报未消灭之情形。逾期未申报的，法院应于 14 日内主动通知受调查人。”

首先，概括告知是通过公告、公示等方式告知不特定的社会大众，概括性地保障每名社会成员的知情权。例如，公安部在 2016 年起草了《公共安全视频图像信息系统管理条例（征求意见稿）》，第 9 条明确了公共安全视频安装的范围，第 10 条强调了需要设置醒目的提示装置，这与《个人信息保护法》第 26 条的规定保持一致。并且，永城市公安局交警大队也发布公告，明示拟新增的违法停车自动抓拍系统、测速设备设置的安装地点。[①] 此外，欧盟《警察部门使用个人数据实用指南》向广大公众告知一般信息（general information），旨在提高公民对于个人信息权利的认识，并就权利行使事项提供明确指导。例如，应当通过网站或者媒体等方式详细说明个人信息权利行使的例外条件，以及如何向数据监管机构或者司法机构提出上诉。

其次，特定告知是指当事人与刑事侦查活动联结之后，保障特定个体对于个人信息处理的知情权。《个人信息保护法》第 17 条列举了四项告知内容："（一）个人信息处理者的名称或者姓名和联系方式；（二）个人信息的处理目的、处理方式，处理的个人信息种类、保存期限；（三）个人行使本法规定权利的方式和程序；（四）法律、行政法规规定应当告知的其他事项。"现行侦查活动中的告知内容仅限于第三项。至于个人信息处理者的联系方式，个人信息的处理目的、处理方式，处理的个人信息种类、保存期限则不在告知范围之内。在不妨碍侦查进行的情况下，应当按照《个人信息保护法》的相关规定，扩充侦查告知的内容与范围。此外，特定告知在程度上还可以细分为行为告知与内容告知。例如，在向第三方机构调取个人信息时，如果告知信息主体调取的内容可能有碍侦查，则可以适当降低告知程度，仅由第三方机构将公安机关进行调取的行为事实告知当事人。这样不仅能够在犯罪嫌疑人的知情权与侦查效益之间实现平衡，也有助于企业实现合规义务。

---

① 参见《永城市东城区新增和调整交通视频监控公告》，载搜狐网 2019 年 9 月 23 日，https://www.sohu.com/a/342901743_717214。

再次，事后告知是指在秘密侦查程序中，如果存在有碍侦查的情形，可以在事后告知信息主体。秘密侦查或者监控的事后告知制度已经成为域外法治国家的普遍共识。在立法规范层面，德国《刑事诉讼法》第101条第4项对第8章中的秘密通信监察活动进行事后告知，告知对象不仅包括受到监控的当事人，还及于重大连带干预之人等其他被监察者。[①] 美国《监听法》也存在相似规定：在监听或延长监听停止后不超过90日的合理期间内，签发令状的法院应将下列通知的目录清单送达令状所载之人及法院依裁量认为应当通知的其他被监听人……侦查机关向法院释明有充足理由时，可以延迟送达通知。[②] 在司法实践层面，欧洲人权法院在Roman Zakharov v. Russia案与Szabò and Vissy v. Hungary案中判定，在告知不危及监视目的的情况下，应当就监控事项立即通知被监控对象。因此，在我国调取、技术侦查等秘密开展的侦查活动中应当设置事后告知程序，以使被监控者知道自己个人信息被处理的事实，方便其进行权利救济。在有碍侦查的因素消失后，应当告知信息主体监控涉及的罪名、监控理由、监控的方式和期间、监控的授权主体等。并且，对于是否存在延迟告知的事项，应当由中立的检察机关或者法院进行审批，以加强对于侦查活动的司法控制。

最后，不告知的内容包括侦查措施的运用时机、方法、预案、进展等。这些均属于侦查活动的核心内容，不应当为除办案主体之外的他人所知悉。并且，潜在证人信息、无关的第三人信息、对该案及证据价值的评价以及侦查中获悉的国家秘密等信息也属于不可公开的范围。[③] 此外，在大规模监控中，如果逐一告知会造成过于沉重的负担，则可以豁

---

① 参见连孟琦：《德国刑事诉讼法》，台北，元照出版有限公司2016年版，第72、105－106页。

② See 18 U. S. C §2518（8）（d）.

③ 参见刘为军：《超越侦查公开与不公开之争——兼论侦查公正的实现》，载《中国刑事法杂志》2010年第4期。

免对于每个信息主体的告知义务，[①] 转而诉诸事后社会公示制度或者定期向专门机关报告制度。[②] 例如，德国《刑事诉讼法》第 100b 条第 5 款与第 6 款规定，各邦及联邦检察总长应当向联邦司法局报告上一年度电信监听的基本情况，包括监听的程序数量与监听命令的数量。联邦司法局应将之作成概要并在官网上进行公布。

其二，根据告知主体的不同，区分对于犯罪嫌疑人的告知以及对于被害人、证人与其他诉讼参与人的告知。在侦查程序之中，除了犯罪嫌疑人之外，被害人、证人与其他诉讼参与人也同样享有知情权。然而，相关规范对于被害人与证人等的知情权保障不足。例如，《刑事诉讼法》仅在委托诉讼代理人（第 46 条）、告知鉴定意见（第 148 条）、告知复查决定（第 180 条）等方面规定了被害人的知情权。对于证人知情权的保障主要体现在第 125 条伪证责任告知的规定中。与犯罪嫌疑人相比，被害人、证人等并非刑事司法活动的治理对象。相反，其发挥着提供信息、推动诉讼活动顺利进行的功能。因此，在知情权制度的设计上应当与犯罪嫌疑人相区别，缓和程序的强制性，更多地参照私法领域的知情同意规则。申言之，处理被害人、证人等个人信息应当以告知为原则，以保密为例外，尽量落实《个人信息保护法》中关于告知程序的规定。

《个人信息保护法》的告知体系由告知原则（第 7 条）、一般性告知规则（第 17 条）与特别告知规则（第 22 条、第 23 条、第 24 条、第 30 条、第 35 条、第 39 条、第 48 条等）构成。对于犯罪嫌疑人的告知主要是基于一般性告知规则的要求。对于被害人、证人等的告知，可以在一般性告知规则的基础上，适度引入特别告知规则。例如，在处理隐

---

① See Christopher Slobogin, *Making the Most of United States v. Jones in a Surveillance Society: A Statutory Implementation of Mosaic Theory*, Duke Journal of Constitutional Law & Public Policy, Vol. 8, p. 32 - 33 (2012).

② 参见陈刚：《解释与规制：程序法定主义下的大数据侦查》，载《法学杂志》2020 年第 12 期。

私信息时，应当对被害人、证人等进行特别告知。此外，在不妨碍侦查进展的情况下，如果变更个人信息处理的目的，应当将变更事项告知被害人、证人等。

其三，完善告知形式，健全告知救济程序。告知方式不规范、告知责任机制缺失是传统告知程序的固有弊端。① 因此，一方面，应当引入友好告知制度，规范刑事侦查中的告知形式。友好告知制度是以改善信息主体的知情权为目的，解决告知文本的易得性、可读性问题，具体规则有易得、通俗、具体、提示（对重要事项作出标示）。②《个人信息保护法》第17条对于告知形式提出了“显著方式”与“清晰易懂”的要求。欧盟《2016/680指令》第12条也规定，应当以简洁、易懂、方便的形式和明确、平实的语言向数据主体进行权利告知。因此，应当保证告知程序易读、易见、易懂，避免假告知、不告知与泛泛告知。

另一方面，应当引入非法证据排除机制，健全告知救济程序。对违反告知程序进行程序性制裁早已成为域外法治国家的普遍选择。例如，德国联邦法院在1992年的判决中指出，违反告知义务所获得的被告人陈述，原则上不得作为裁判的基础。③ 瑞士《刑事诉讼法》也规定如果没有对监控行为进行事前或者事后的告知，则监控获取的材料不具有证据能力。④ 违反告知程序会侵犯当事人的知情权以及其他基本权利，故而不属于瑕疵证据，无法通过补正或合理解释进行弥补。但是，鉴于我国非法证据排除规则的发展历程与现状，贸然对未履行告知义务所获的证据材料均科以强制排除的后果可能会产生过大的制度风险。因此，对

---

① 参见贺恒：《刑事诉讼告知规则研究》，湘潭大学2010年硕士学位论文，第15-17页。

② 参见陈峰、王利荣：《个人信息“知情同意权”的功能检视与完善进路》，载《广西社会科学》2021年第8期。

③ 参见王士帆：《违反沉默权告知义务之证据禁止——以德国法作比较观察》，载《政大法学评论》2011年第12期。

④ 参见黄政龙：《新形态科技侦查作为之法规范研究》，中国台湾地区警察大学2016年博士学位论文，第204页。

于未履行告知义务的侦查行为所获得的言词证据，应当创设口供的裁量排除程序，如果采纳此种供述可能严重影响司法公正，应当予以排除。[①] 并且，如果在秘密侦查活动中，办案人员未履行事后告知程序，则所获实物证据的证据能力可以直接通过《刑事诉讼法》第56条进行判断。

2. 侦查中的决定权

同意是个人信息决定权最主要的表现形式。近年来，刑事诉讼的整体模式正在由对抗型司法转向协同型司法，[②] 在具体的缺席审判、在线诉讼等程序中也体现出合意性因素，保障了当事人的决定权。例如，《人民法院在线诉讼规则》第4条第1款规定："人民法院开展在线诉讼，应当征得当事人同意。"即使是在充满对抗性的侦查活动中，信息主体依然可以在特定情形下决定个人信息处理的程序。例如，在搜查、监听等强制侦查程序中，经过侦查相对人的同意，相关程序的性质可以转化为经同意的搜查[③]、经一方同意的监听[④]等任意侦查。因此，决定权通过"同意"这一表现形式赋予了当事人个人信息处理程序的选择权。根据主体的不同，侦查活动中的决定权存在以下三种情形。

其一，犯罪嫌疑人的决定权。取得犯罪嫌疑人的同意可以发挥稀释侦查性质的功能，将强制侦查"软化"为任意侦查。申言之，犯罪嫌疑人在一定程度上可以决定侦查活动的适用程序。例如，《电子数据取证规则》第33条第1款规定："网络在线提取或者网络远程勘验时，应当使用电子数据持有人、网络服务提供者提供的用户名、密码等远程计

---

① 参见王仲羊：《论非法口供的裁量排除》，载《中国人民公安大学学报（社会科学版）》2019年第6期。

② 参见张建伟：《协同型司法：认罪认罚从宽制度的诉讼类型分析》，载《环球法律评论》2020年第2期。

③ 参见杨雄：《刑事同意搜查的正当化要件分析》，载《河南公安高等专科学校学报》2006年第1期。

④ 参见马方：《同意监听法制评析》，载《宁夏大学学报（人文社会科学版）》2009年第4期。

算机信息系统访问权限。”在知情同意的基础上，犯罪嫌疑人提供用户名、密码的行为豁免了侦查机关严格的程序恪守义务，在提高侦查程序实效性与便宜性的同时，也取得了个人信息处理行为的合法性。但是，侦查活动中天然存在的对抗性加剧了犯罪嫌疑人行使决定权的正当性危机，故而应当提供必要的保障措施。

一方面，应当对犯罪嫌疑人的决定权提供实质性保障，保证同意是在知情、自愿、明智的条件下生成的。对此，在保证口供任意性方面，各国司法实践积累了大量经验，逐渐形成了标准判断、规则判断与原则判断三种方法。

最具代表性的标准判断方法即是美国在 1936 年至 1964 年秉持的“综合全案情境”（a totality - of - circumstances voluntariness test）的口供自愿性判断标准。法官既要考虑警察的讯问方法，又要考虑犯罪嫌疑人的个体情况（如年龄、智力、受教育程度、精神状态、与司法人员打交道的经验等）。[①] 法官仅以口供是否具有自愿性作为判断言词证据证据能力的唯一标准，但是需要综合全案所有应当考虑的因素进行抽象的逐案识别。

规则判断是以规则作为分析口供证据能力的主要规范形式，通过对于具体事实的认定来判断口供的自愿性。例如，麦克纳布—马洛里规则要求被捕者必须被“无不必要迟延”地带见治安法官，否则由此获取的口供不具有可采性。[②] 米兰达规则规定，在羁押性讯问中，如果警察在审讯前未告知沉默权、律师帮助权等诉讼权利，则被告人的口供将被排除。[③] 规则判断以明晰直接的方法否定了强制讯问的证据能力。实质

---

① 参见［美］理查德·A. 利奥：《警察审讯与美国刑事司法》，刘方权、朱奎彬译，中国政法大学出版社 2012 年版，第 239 - 241 页。

② See McNabb v. United States, Supreme Court of the United States, 1943. 319 U. S. 784, 63 S. Ct. 1322, 87 L. Ed. 1727.

③ See Miranda v. Arizona, Supreme Court of the United States, 1966. 384 U. S. 436, 86 S. Ct. 1602, 16 L. Ed. 2d 694.

上，规则判断方法运用了推定机制，即在发生不遵循取证程序的情况下，自动推定口供不具有任意性。①

原则判断并不坚持全有或者全无的判断公式，而是诉诸类似司法公正等宏观概念，对取证行为的合法性进行整体判断。例如，对于取证行为是否违反《欧洲人权公约》第6条公正审判权，欧洲人权法院通过“逐案审查”和“多因素分析”的方法，对多方利益进行了广泛而灵活的权衡测试。② 对于何为公正审判，人权法院并未给予统一定义，而是通过多阶层的分析方法，列举了证据使用情况、程序保障措施、犯罪严重程度、制裁犯罪的公共利益以及证据的印证程度等考量因素。③

如何界定决定权的自愿性，一直是司法领域与学术研究的难题。标准判断更贴合自愿性的实质，规则判断更具有可操作性，原则判断则能够平衡更多的价值冲突。但是从实践效果来看，规则判断方法更加明晰易行，既为执法环节办案人员的活动划定了清晰的行为禁区，又增强了审判活动中非法证据排除事项的规范确定性。因此，应当进一步扩大非法证据排除规则中强制排除的范围，必要时可以建立相关的推定规则④，并辅之以指导性案例制度⑤，以为决定权提供更为明确的实质性保障。

另一方面，应当对犯罪嫌疑人的决定权提供形式性保障。侦查机关基于侦查对象的同意开展侦查活动之前，必须事先告知受处分人，其在法律上并无配合与忍受义务，不会因为不配合相关执法活动而招致不利

---

① 参见王景龙：《美国的自白任意性规则及借鉴》，载《环球法律评论》2016年第1期。

② See Ana Maria Torres Chedraui, *An Analysis of the Exclusion of Evidence Obtained in Violation of Human Right in Light of the Jurisprudence of the European Court of Human Rights*, Tilburg Law Review, Vol. 15: 2, p. 207 – 208 (2010 – 2011).

③ See F. PınarÖlçer, *The European Court of Human Rights: The Fair Trial Analysis Under Article* 6 *of the European Convention of Human Rights*, in Exclusionary Rules in Comparative Law, Springer Netherlands, 2013, p. 373 – 374.

④ 参见吴宏耀：《非法证据排除的规则与实效——兼论我国非法证据排除规则的完善进路》，载《现代法学》2014年第4期。

⑤ 参见何家弘：《适用非法证据排除规则需要司法判例》，载《法学家》2013年第2期。

后果。[①] 例如，根据英国《1984 年警察与刑事证据法执行守则 B》第 4.2 条的规定："在寻求同意之前，进行搜查的警官应当说明想要进行的搜查的目的，并告知有关人员他不会被强迫同意，以及任何被扣押的东西可能以证据的形式出示。"否则，警察的无证搜查行为不具有合法性。告知义务的履行旨在防止犯罪嫌疑人因为不知悉权利而被执法人员诱骗，进而在认识错误的基础上作出有违本心的决定。此外，在基于被处分人同意进行侦查活动之前，应当以书面的表格或记录等形式将同意的意思表示进行固定。这既可以保障侦查对象的真实意思，又可以防止未来不必要的争端。[②] 例如，在 Unites States v. Navarro 案[③]中，法院认为："个人亲笔签署的同意搜查的书面证据是自愿性最为清楚的证明。"在 United States v. Moreno 案[④]中法院再次强调："个人同意搜查的书面材料具有极强的证据价值。"

犯罪嫌疑人还应当享有撤回同意的权利。侦查对象在作出同意的意思表示之后，可以随时撤回或者限制、变更警察的搜查范围。[⑤] 例如，在 Dunaway v. New York 案[⑥]中，法院以被告人是否自愿，作为区分自愿同行与逮捕的判断标准，并明确表示同意可以随时撤回。这与《个人信息保护法》中第 15 条的撤回同意如出一辙。此外，对于犯罪嫌疑人的同意应当加以必要的限制。同意意味着对于基本权利的舍弃，但是并非所有的基本权利均可以放弃与让渡，这需要考虑人性尊严、公共利益以及社会的公序良俗。例如，侦查机关不可以基于侦查对象的同意而对其进行逮捕与羁押。并且，诸如秘密监控等侦查行为在本质上就不可能

---

① 参见万毅：《同意搜查若干法律问题研究》，载《法商研究》2009 年第 3 期。

② 参见林钰雄：《搜查扣押注释书》，台北，元照出版有限公司 2001 年版，第 164 页。

③ See Unites States v. Navarro, 90 F. 3d 1245, 1257 (7th Cir. 1996).

④ See United States v. Moreno, 280 F. 3d 898, 901 (8th Cir. 2002).

⑤ 参见宋志军：《同意搜查制度比较研究》，载《山东警察学院学报》2013 年第 5 期。

⑥ See Dunaway v. New York, 442 U. S. 200 (1979).

取得相对方的同意。[①] 因此，在技术侦查等个人信息处理程序中并不存在决定权的适用空间。

其二，被害人的决定权。被害人与犯罪嫌疑人在刑事诉讼中的功能定位有所不同，因此相关程序的设置应当体现出二者之间的差异性。在刑事侦查活动中，对于被害人的制度设计应当更多地体现出任意性与合意性，以避免对其造成“二次伤害”。这就要求侦查人员在处理被害人的个人信息之前，原则上应当取得被害人的同意。《个人信息保护法》建立了单独同意、重新同意、撤回同意等规则，这些制度可以部分纳入侦查程序中，以为被害人行使决定权提供实质性保障。例如，如果侦查机关需要处理被害人的隐私信息，原则上需要取得被害人的单独同意。并且，如果侦查机关变更个人信息的处理目的与处理方式，在无碍侦查的情况下，原则上应当取得被害人的重新同意。此外，被害人对于同意行为应当享有撤回的权利。

其三，证人的决定权。我国《刑事诉讼法》第 43 条第 1 款规定：“辩护律师经证人或者其他有关单位和个人同意，可以向他们收集与本案有关的材料。”在数字时代，由于海量的个人信息常常存储于电信通信商、网络服务商等第三方机构手中，辩护律师的自行取证权受到了通信秘密与企业合规义务的双重限制，有效辩护实效不彰。此时，证人的决定权就具有了全新的适用语境与实践价值。如果辩护律师可以取得证人的同意，进而向第三方机构获取证人的相关个人信息，则不受通信秘密范围的限制，也可以在一定程度上豁免企业的保密义务。证人的决定权成为弥合控辩双方证据获取能力差异的有力工具，能够为有效辩护的落实提供坚实的数据基础。

3. 侦查中的更正权

在侦查活动中即时更正、补充、更新个人信息对于准确评价侦查对

① 参见林钰雄：《刑事诉讼法》（上册总论编），中国人民大学出版社 2005 年版，第 235－236 页。

象，防止侦查手段与强制措施的错误发动，避免不当干预公民的人格尊严与人身自由具有重要意义。对此，我国《刑事诉讼法》第122条规定了讯问笔录如果记载有遗漏或者差错，犯罪嫌疑人可以提出补充或者改正。并且，同法第52条也要求公安机关应当客观、全面地收集证据。然而，既有法律对于更正权的规定存在客体范围与行使方式的双重弊端：一方面，更正权的保护范围仅限于讯问笔录，不包括其他证据形式，更不包括数据库中海量的个人信息。例如，公民无法行使更正权修改被公安机关错误标注的犯罪记录。另一方面，更正权的行使方式比较消极。除了主动更正讯问笔录之外，公民如果想要更正、补充、更新其他个人信息，则必须依赖于公安机关的作为义务。如果办案人员怠于履行更正义务，公民也无法主动开启更正活动，更无权进行相应的救济。

因此，应当在侦查活动中赋予信息主体能够积极行使的更正权，一旦公民发现自己的个人信息存在错误、遗漏或者过时等现象，可以主动要求办案人员对之进行更正。并且，如果侦查机关拒绝更正或者不予回复，公民应当有权向相关的个人信息监管机构申请救济。此外，应当明确公安机关负有更正错误的个人信息的义务。虽然更正义务与更正权存在内涵与方式的差异，但是更正义务属于更正权的前置保障要件。如果公安机关在发现错误的个人信息之后，能够及时、主动地履行更正义务，则无须诉诸更正权的行使。对此，德国《刑事诉讼法》第489条第1款明确规定："电子档案中之个人资料若不正确，应更正之。"① 我国可以参考借鉴域外立法经验，明确侦查机关的更正义务，并且对怠于履行义务的工作人员进行实体性制裁。

4. 侦查中的删除权

由于存而不用的数据主义理念居于主导地位，加之个人信息收集行为与存储行为的不当混合，个人信息删除并未引起足够的制度关注。虽

① 连孟琦：《德国刑事诉讼法》，台北，元照出版有限公司2016年版，第462页。

然《刑事诉讼法》在第152条、第286条科以公权机关删除技术侦查资料与封存未成年人犯罪记录的义务，但是相关法条在删除范围、删除方式与删除目的方面均存在明显局限。在删除范围方面，删除的个人信息仅限于采取技术侦查措施获取的与案件无关的材料或者未成年人的犯罪记录，而采取其他侦查措施获取的个人信息、采取技术侦查获取的与案件有关的个人信息、成年人的个人信息、未成年的其他个人信息均不在删除封存的范围之内；在删除方式方面，个人信息的删除主要通过国家机关的作为或者不作为义务实现，却并未赋予诉讼主体主动开启删除活动的相关权限；在删除目的方面，现行个人信息删除的相关规定主要是基于保障信息安全的制度追求，而非将之设置为一项强化个人信息控制的程序规范。因此，应当改造现行规定，在扩大删除义务范围的同时，也应当赋予信息主体删除权。根据行使程度的差异，删除权可以分为以下三种方式。

其一，删除个人信息。删除个人信息是删除权最彻底也是最极端的行使方式。从数据库中完全彻底地删除个人信息，会导致个人信息无法继续维持存储状态，更无法进行可逆性恢复与再度利用，可以最大限度地满足公民与刑事司法活动“脱钩”的心理诉求，防止无限期留存产生的数据风险。然而，删除个人信息也会导致国家机关彻底丧失对于相关个人信息的掌握，进而对防控犯罪、错案救济等活动产生负面影响。

在程序设计上，应当赋予犯罪嫌疑人、被告人、被害人等诉讼主体以及证人等其他诉讼参与人积极的删除权，在个人信息已无正当目的之需时，主动向国家机关申请删除自己的个人信息。已无正当目的之需既包括自始就没有处理个人信息的正当依据，又包含诉讼活动结束后个人信息留存的正当目的已经不复存在。前者既包括与案件事实无关的个人信息，又包括因为自始缺乏处理个人信息的合法前提，而属于违法或者非法处理的个人信息。后者主要是指虽然与案件事实相关，但是存储已达最大期限的个人信息。此时处理个人信息的语境已经时过境迁，故而失去了继续留存个人信息的合法性，也不再具备用于犯罪预防活动的正当性。因此，删除权应当与个人信息保存期限制度相联结，根据主体地位、个人信息类型等要素设置法定的最长保存期限，对于保存期限届满的个人信息予以删除。

删除权应当以“申请—审查”的方式行使，检察官或者法官拥有准许与否的裁量权。在行使过程中，为了加强对于删除过程的司法监督，应当引入删除程序检察官在场制度。① 此外，由于删除个人信息不可逆转，可能引发极大的制度成本与规范风险，也与公民的知情权、言论自由、公共安全等利益存在紧张关系，需要严格规范删除权的形式要件，并在某些特定情形下对该项权利进行必要限制。例如，对于危害国家安全犯罪、性犯罪等重罪案件的罪犯，基于预防再犯等目的，应当限制其行使删除权。②

其二，封存个人信息。相对于绝对删除个人信息带来的制度风险，封存个人信息不至于造成无法转圜的境地，能够缓解彻底删除个人信息的规范刚性。我国《刑事诉讼法》第286条将封存个人信息的实体要件设定为“犯罪的时候不满十八周岁，被判处五年有期徒刑以下刑罚”。虽然犯罪记录封存的初衷是更好地保护未成年人，帮助其顺利回归社会，但是该程序的制度功能存在进一步拓展的空间。封存作为一种柔性行使删除权的方式，可以将保护主体范围拓展到所有刑事诉讼主体，将对象扩张到所有个人信息，将行权方式由被动接受转为主动申请。对于已经封存的个人信息，应当加密保存、分类封装，建立专门的档案库，践行相关的个人信息安全保障制度。同时，“司法机关为办案需要”或者“有关单位根据国家规定进行查询”构成封存制度的例外。此时，

① 参见龙建明：《技术侦查中被追诉人隐私权保护研究》，载《甘肃政法学院学报》2016年第1期。

② 参见郑曦：《个人信息保护视角下的刑事被遗忘权对应义务研究》，载《浙江工商大学学报》2019年第1期。

解封个人信息也应当贯彻合法、正当、必要原则，目的限制原则，信息最小化原则等个人信息保护的基本原则。

其三，匿名化处理个人信息。《个人信息保护法》第73条延续了《网络安全法》第42条对于匿名化的定义："匿名化，是指个人信息经过处理无法识别特定自然人且不能复原的过程。"匿名化（Anonymisation）本是一种隐私增强技术，会导致信息无法与特定个人相联结，从而被各国个人信息保护规范排除在适用范围之外。[①] 例如，我国《个人信息保护法》第4条在个人信息的定义中明确规定："不包括匿名化处理后的信息。"匿名化处理的具体方式主要是对直接识别符或者部分准识别符进行删除与替换，也包括通过其他方式使得识别符与信息主体实现分离，最终实现无法识别特定个体的目的。[②] 匿名化处理阻断了信息主体的识别路径，不仅降低了个人信息的识别风险，也成为一种相对柔性、安全便捷的个人信息删除方式。

在刑事诉讼立法规范中，已经存在多处直接或者间接使用匿名化处理的情形。例如，《刑事诉讼法》第64条规定可以"采取不暴露外貌、真实声音等出庭作证措施"。并且，《人民检察院刑事诉讼规则》第226条第4款规定："对犯罪嫌疑人的辨认，辨认人不愿公开进行时，可以在不暴露辨认人的情况下进行。"此外，最高人民法院《关于人民法院在互联网公布裁判文书的规定》第8条规定："人民法院在互联网公布裁判文书时，应当对下列人员的姓名进行隐名处理：……（二）刑事案件被害人及其法定代理人、附带民事诉讼原告人及其法定代理人、证人、鉴定人；（三）未成年人及其法定代理人。"

随着人工智能、大数据技术的演进，开放数据池不断扩张，致使匿

① 参见齐爱民、张哲：《识别与再识别：个人信息的概念界定与立法选择》，载《重庆大学学报（社会科学版）》2018年第2期。

② 参见韩旭至：《大数据时代下匿名信息的法律规制》，载《大连理工大学学报（社会科学版）》2018年第4期。

名数据存在被重新识别、再度识别的制度风险。Paulohm 甚至直言，匿名化处理只是一个“破碎的承诺”①。欧盟第 29 工作组也总结了匿名数据中暗藏的被识别出的三种“剩余风险”，即被挑出并被再次识别的风险，被关联的风险与被推知的风险。② 因此，匿名化处理并非一劳永逸的制度设计，相关数据依然存在被复原的可能性。对此，公安司法机关应当恪守禁止反向识别的义务③，即对于已经采用匿名化处理的数据，原则上应当承诺不再利用相关技术反向识别，并在违反时承担相应责任。在特殊情况下，如果确有必要需要复原匿名化数据，应当履行严格的审核批准手续。

5. 侦查中的免受算法自动化决策权与算法解释权

在刑事司法领域，算法与自动化决策的无序发展造成控辩能力的结构化失衡，加剧了侦查活动的隐蔽性，危及司法公正、法律面前人人平等等追求，也倒置了传统诉讼中的责任证明机制。因此，应当在侦查程序中引入免受算法自动化决策权与算法解释权，以制约日益膨胀的算法权力。免受算法自动化决策权是个人信息决定权的表现形式之一，不仅可以应对“大数据杀熟”等私法问题，也同样可以用于限制或者拒绝侦查机关的算法决策。算法解释权是《个人信息保护法》第 48 条规定的要求解释与说明权的具体体现，解释算法模型对于增强算法决策的可理解性与可接受性，避免算法风险的弥散与外化，打造技术性正当程序具有重要意义。④

一方面，应当赋予信息主体免受算法自动化决策权。《个人信息保

---

① See Ohm & Paul, *Broken Promise of Privacy: Responding to the Surprising Failure of Anonymization*, UCLA Law Review, Vol. 57: 6, p. 1701 – 1778 (2010).

② See Article 29 Data Protection Working Party, *Opinion* 05/2014 *on Anonymization Techniques*, European Commission (Apr. 10, 2014), https://ec.europa.eu/justice/article-29/documentation/opinion-recommendation/files/2014/wp216_en.pdf.

③ 参见张新宝:《我国个人信息保护法立法主要矛盾研讨》，载《吉林大学社会科学学报》2018 年第 5 期。

④ 参见张欣:《算法解释权与算法治理路径研究》，载《中外法学》2019 年第 6 期。

护法》第24条第3款规定："通过自动化决策方式作出对个人权益有重大影响的决定，个人有权要求个人信息处理者予以说明，并有权拒绝个人信息处理者仅通过自动化决策的方式作出决定。"并且，欧盟《2016/680指令》第11条第1款规定："成员国应规定禁止仅基于自动处理（包括分析）的决定，该决定会对数据主体产生不利的法律影响或对其产生重大影响，除非得到控制者所受的联盟或成员国法律的授权，并为数据主体的权利和自由提供适当的保障，至少是获得控制者人为干预的权利。"其中，"拒绝"个人信息处理者仅通过自动化决策的方式作出决定与"获得控制者人为干预的权利"均是指信息主体应当享有免受算法自动化决策权。这是信息主体在诉讼活动中对抗算法模型的基础性、前置性权利。

对免受算法自动化决策权的性质应当进行全面认识。这项权利既是信息主体的反对权，又是课以政府机构禁止仅依据算法自动化决策的义务。"该权利可以理解为数据主体必须积极行使的权利，也可以理解为采取自动决策的个人信息处理者必须在数据主体没有主动要求的情况下谨慎审核自己行为的'被动性'权利。"①

对于何为"仅通过自动化决策的方式作出决定"，应当予以明确。相较于我国《个人信息保护法》的保守态度，GDPR与欧盟《2016/680指令》对于仅通过自动化决策方式作出决定的行为要求更为严格，在原则上禁止完全依靠算法模型作出的自动化决策。申言之，相关规范要求个人信息处理者应当在自动化决策的同时，加入人为干预与操作的因素，而不能完全将决策权交由算法。对于人工操作介入自动化决策的程度问题，欧盟第29工作组认为：如果仅是形式意义上的介入，却仍然将决策权完全交由机器，无法为数据主体提供高水平的制度保护。为了

---

① Maja Brkan, *Do algorithms rule the world? Algorithmic decision - making and data protection in the framework of the GDPR and beyond*, International Journal of Law and Information Technology, Vol. 27: 2, p. 98 (2019).

不对自动化决策产生倚赖，人类干预应当作为决策评估的实质，而不是仅仅停留在形式参与的层面。申言之，应当确定算法模型的辅助性决策地位，如果决策对个人可能产生重大影响或者不利影响，则不应当完全诉诸自动化决策。①

对于何为“重大影响”或者“不利影响”，应当结合具体场景进行判断。一般认为，在民事或者行政领域的收入、就业等事项就足以构成对于个体的重大影响。以此推之，刑事侦查中的预测型警务、数据挖掘与数据画像等活动，如果明显深入侵犯当事人的基本权利，或者致使侦查对象存在被拘留、逮捕、羁押的风险，则理应构成“重大影响”或者“不利影响”。对此，欧盟《2016/680 指令》在 GDPR 的基础上新增了一项要求，第 11 条第 3 款规定对于使用敏感数据进行数据分析从而产生对于自然人的歧视行为，应当绝对禁止。

免受算法自动化决策权保护了信息主体在面对仅依据算法作出的、对于自身产生重大影响或者不利影响的自动化决策时，可以提出反对、拒绝或者要求个人信息处理者进行人为干预的权利。一旦提出反对，个人信息处理者应当立即停止使用算法模型进行自动化决策，也不得再依据前述自动化决策的结论开展后续活动。此时的个人信息处理活动处于短暂的中止状态，需要信息主体进一步行使诸如算法解释权等信息权利，或者等待个人信息监管部门的介入。

另一方面，应当赋予信息主体算法解释权。

首先，应当明确算法模型具有可解释性。即便是简单的算法模型，往往也具有高度复杂化与精密化的特征，从而在知识结构上对非从业人员提出挑战。在机器学习模型下的算法技术更是具备随机性与不可预知

① See Article 29 Data Protection Working Party, *Guidelines on Automated individual decision – making and Profiling for the purposes of Regulation* 2016/679, European Commission (Feb. 6, 2018), http: //ec. europa. eu/justice/data – protection/index_ en. htm.

性。[①] 并且，研发的企业往往基于知识产权与商业秘密的考量，不愿意披露算法的代码程序与相关细节，更阻碍了算法模型的公开与透明。然而，这并不意味着算法不可以被解释。在规范方面，2019 年 6 月我国首个官方发布的人工智能行动指南——《新一代人工智能治理原则——发展负责任的人工智能》就将“可解释性”作为人工智能系统的要求之一。[②] 并且，欧盟在同期发布的《算法决策：机遇与挑战》的报告中也将“可解释性”作为算法技术的关键议题。[③] 在技术方面，2018 年谷歌技术人员 Chris Olah 公布了《可解释性的基础要件》的研究成果，解决了算法的可视化难题。[④] 因此，虽然算法模型晦涩难懂，存在公开透明运行的知识障碍、技术障碍与制度障碍，但是仍然属于可被解释的对象。

其次，应当明确算法解释权的具体内容。以算法决策模型为基础，有学者主张应当将算法解释权划分为两个类型：其一，以“算法功能为中心”的算法解释权；其二，以“具体决策为中心”的算法解释权。[⑤] 以“算法功能为中心”的算法解释权主要解决权利主体与算法模型开发者之间的关系，行使解释权的时点既可以在具体决策作出之前，又可以在具体决策作出之后。这种解释权的主要内容包括自动化决策的需求规范、运行逻辑、预定义模式、训练参数、模型测试等有关一般性功能的知识。但是这些内容往往属于数据监管机构的审核对象，而非公民权利行使的客体。申言之，如果任何权利主体均可以要求开发者披露源代

---

① 参见林洹民：《自动决策算法的法律规制：以数据活动顾问为核心的二元监管路径》，载《法律科学（西北政法大学学报）》2019 年第 3 期。

② 参见刘云：《论可解释的人工智能之制度构建》，载《江汉论坛》2020 年第 12 期。

③ See European Parliament, *Understanding algorithmic decision - making: Opportunities and challenges*, Think Tank (Mar. 5, 2019), http://www.europarl.europa.eu/thinktank/en/document.html? reference = EPRS_ STU (2019) 624261.

④ See Chris Olah, *The Building Blocks of InterpretabilityDistill* (Mar. 15, 2018), https://distill.pub/2018/building - blocks/.

⑤ 参见张恩典：《大数据时代的算法解释权：背景、逻辑与构造》，载《法学论坛》2019 年第 4 期。

码或者系统功能，不仅可能造成对于商业秘密与知识产权的不当侵犯，权利行使者也未必能够真正理解这些信息，从而失去了权利行使的意义。因此，在刑事侦查中，应当引入以“具体决策为中心”的算法解释权。其中，权利主体是当事人或者其他诉讼参与人等自动化决策的对象，义务主体是使用算法模型的个人信息处理者，解释的时点是在具体决策作出之后。针对具体决策需要解释的内容包括：特定自动化决策拟解决的问题、自动化决策的理由、个人信息的类型、数据特征的权重、机器定义的特定案例决策规则、数据画像与决策过程的相关性说明，以及其他必要的信息。

再次，应当明确算法解释权的形式。《个人信息保护法》第 24 条规定：“个人信息处理者利用个人信息进行自动化决策，应当保证决策的透明度和结果公平……”并且，该法第 17 条规定，个人信息应当“以显著方式、清晰易懂的语言”进行告知。因此，算法解释权应当符合“易读”“易见”“易懂”的标准。一方面，算法解释权应当具有相关性，即必须与具体的自动化决策直接相关；另一方面，相对人应当可以理解。这些内容均针对特定的自动化决策结果，而并非对整个功能系统进行分析与描述，故而信息主体的可接受度较高。但是如果仍然存在无法理解等认知障碍，可以将专家辅助人制度前引至侦查阶段，由相关的专业人员辅助信息主体理解算法模型。并且，自动化决策干预基本权利的程度越深，对应的解释标准就应当越清晰。

最后，应当厘清算法解释权与其他权能之间的逻辑关系。算法解释权属于个人信息权的具体权能之一，与知情权、信息访问权、更正权、删除权等均存在复杂的逻辑关系。其一，算法解释权既是知情权的具体细化，但是又超越了知情权的范围。知情权仅强调公民获取个人信息的权利与自由，算法解释权除了保障这种知悉状态之外，还会对算法模型的自动化决策进行解释，以使信息主体知晓自己为什么会成为决策对象、自动化决策的过程以及可能产生的影响等。在算法决策可能影响信息主体权益时，算法解释权还会提供相应的救济途径。① 其二，算法解释权与信息访问权之间存在部分重合，二者均要求个人信息处理者提供具体的决策内容与必要信息。但是二者在权利目的与权利内容上存在差异。一方面，信息访问权旨在确保信息主体能够知悉自己的个人信息被处理的具体状态，以保证信息处理活动的合法性。算法解释权则旨在调整个人信息处理者与信息主体之间由于算法模型介入产生的失衡关系，避免算法使用者过度倚赖自动化决策。另一方面，信息访问权无法涵盖算法解释权中事后解释的功能。其三，如果发现自动化决策的错误是个人信息的错误、缺失或者过时导致的，信息主体可以向自动化决策者行使更正权或者删除权，从而产生了更正权、删除权与算法解释权的联结。

（三）个人信息权利的双重限制

个人信息权利的积极性、广泛性与侦查活动的秘密性、强制性存在天然冲突。因此，鉴于刑事司法的特殊性，应当对各项具体的个人信息权利进行适度限缩，以避免权利的绝对化倾向。对此，欧盟《2016/680指令》与《警察部门使用个人数据实用指南》建立了个人信息权利行使的“两级方法”（two - level approach），即区分权利的直接行使与间接行使，为我国侦查活动中限制个人信息权利提供了智识经验与制度蓝本。

在欧盟的制度设计中，个人信息权利的直接行使分为三种情况：② 其一，主管当局允许信息主体自由、完全地行使权利。在这种情况下，侦查机关应当赋予当事人知情权、同意权、数据访问权、更正权、删除

---

① 参见魏远山：《算法解释请求权及其权利范畴研究》，载《甘肃政法学院学报》2020年第1期。

② See Juraj Sajfert Teresa Quintel, *Data Protection Directive* (*EU*) 2016/680 *for Police and Criminal Justice Authorties*, in Cole/Boehm (eds.), GDPR Commentary, Edward Elgar Publishing, 2019, p. 13 - 14.

权等具体的个人信息权利。其二，在立法允许的情况下，经主管当局决定，可以限制上述权利，但是限制必须符合必要性，并且需要通过比例原则的测试。例如，欧盟《2016/680 指令》第 13 条第 3 款对知情权进行了适度限缩："成员国可以采取立法措施延迟、限制或减省根据第 2 款向数据主体提供的信息，只要该措施在民主社会中是必要且成比例的，并且适当考虑有关自然人的基本权利和合法利益，以便：(a) 避免妨碍官方合法的查询，调查或程序；(b) 避免对刑事犯罪的预防，侦查，调查，起诉或执行刑事处罚造成损害；(c) 保护公共安全；(d) 保护国家安全；(e) 保护他人的权利和自由。"基于相似的理由，该指令第 15 条第 1 款也对数据访问权进行了限制。例如，为了保护举报人的人身安全，主管当局可以拒绝提供有关个人数据的来源。在这种情况下，应当以书面形式将拒绝或者限制访问的情况及原因通知数据主体，不得过分延迟。其三，在某些特定情况下，仅仅透露警察部门已经保存个人数据的事实本身也会影响侦查活动的顺利开展。此时，由于以书面形式将拒绝或者限制访问的情况与原因告知数据主体可能有碍侦查，欧盟《2016/680 指令》第 15 条第 3 款设计了第三种适用情形，即主管当局可以不向数据主体提供任何形式的信息，而是对其询问提供中立的答复——"我们无法确认您的数据处理情况"。在第二种和第三种情形下，数据主体的个人信息权利均受到了不同程度的克减，只能通过独立的数据监管机构间接行使权利。①

欧盟《2016/680 指令》第 17 条规定了个人信息权利的间接行使方式："在第 13 条第 3 款，第 15 条第 3 款和第 16 条第 4 款所述的情况下，成员国应采取措施，规定数据主体也可以通过独立的数据监管机构行使权利。"主管机关需要明确告知数据主体可以通过独立的数据监管

① See Thomas Marquenie, *The Police and Criminal Justice Authorities Directive: Data protection standards and impact on the legal framework*, Computer Law&Security Review, Vol. 33, p. 332 (2017).

机构间接行使信息权利。在这种情况下，独立的监管机构应当对主管当局的数据处理行为进行核查，以便回复数据主体的请求。例如，监管机构应当检查侦查机关处理了哪些数据、数据处理是否合法、数据是否正确等。[①] 如果警务机关错误登记了数据主体的个人信息，监管机构确定并纠正后，应当向数据主体传达其个人信息已经被更正的消息。监管机构的应答应当尽力而为，无须透露主管当局限制权利行使的原因。如果主管当局提供了第三种情形下的中立答复，监管机关在履行检查义务之后，如果仍然认为中立答复是正当的，则无须向数据主体进一步提供相关信息。但是，无论在何种情况下，独立的监管机构均应当告知数据主体有权向法院申请司法救济。

我国可以参考欧盟的相关经验，对侦查程序中的个人信息权利进行必要限缩，具体方案可分为对于全部权利的整体限制与对于个别权利的特定限制两种。一方面，可以仿效欧盟建立直接行使与间接行使相结合的权利运用模式，从整体上限制个人信息权利。在正常情况下，司法机关应当保证信息主体各项具体权利的合法运用与直接行使。但是，如果权利的行使可能危害国家安全、公共安全、被害人、证人等的人身安全，可能存在有碍侦查的情形，主管当局可以完全或者部分限制信息主体的具体权利，并且对限制的原因提供解释。此时，信息主体可以通过独立的监管机构间接行使相关权利。当信息主体向监管机构求助时，后者应当进行必要的审核，判断公安司法机关的个人信息处理活动是否合法、个人信息是否准确等。监管机构应当将审核结果告知信息主体，并且协助其行使权利。这种整体限制个人信息权利的效果取决于两个因素：其一，对限制的理由应当进行具体解读，不能笼统地以国家安全、公共安全为名随意限制信息主体的权利。其二，监管机构必须具有一定

---

① See Diana Dimitroval & Paul De Hert, *The Right of Access Under the Police Directive*: *Small Steps Forward*, in Manel Medina & Andreas Mitrakas eds. , Privacy Technologies and Policy, Springer, 2018, p. 123.

的独立性，能够监督公安司法机关违法的个人信息处理活动。《个人信息保护法》第60条规定国家网信部门负责统筹协调个人信息保护工作和相关的监督管理工作。但是网信部门能否具备域外数据监管机构的独立资质不无疑问。因此，有学者指出，在刑事司法领域，应当将数据独立监管的权力赋予检察机关。①

另一方面，对于个别权利的特定限制需要结合不同权利的运作情况。例如，对于知情权的限制可以通过建立“概括告知—特定告知—事后告知—不告知”的比例化程序予以实现。其中，事后告知与不告知属于对知情权的合理限缩。对于删除权的限制可以通过划定案件范围予以实现。例如，危害国家安全犯罪、严重暴力犯罪、性犯罪等重罪案件的罪犯不得申请行使删除权。

二、我国个人信息权力保护制度的重构

在个人信息权力保护方面存在数据规制与程序规制两种路径。前者是指参考个人信息保护领域的先进经验，保证个人信息处理活动符合个人信息保护的基本原则与具体规则。后者是指优化个人信息处理程序，实现侦查权控制体系的比例化与精细化。

（一）个人信息保护制度的引入与调适

1. 信息分类制度的引入与调适

我国刑事诉讼立法规范一直缺乏个人信息分类制度。在规范层面，我国《电子数据规定》第1条虽然明确了电子数据的定义，但主要是对电子数据概念范围的列举，并未彰显出不同类型的电子数据之间的差异。近年来，《民法典》第1034条区分了私密信息与一般信息，《个人信息保护法》也在第28条为敏感信息设置了更高的保障措施，这均为

① 参见郑曦：《刑事诉讼个人信息保护论纲》，载《当代法学》2021年第2期。

在刑事侦查领域中进行个人信息分类提供了规范支撑与模型借鉴。在理论层面，国内学者汲取了域外法治国家的先进经验，主张在我国侦查程序中应当引入个人信息分类制度。例如，有学者认为应当以内容信息/非内容信息为分类标准，规制网络监控措施；[①] 有学者以基本权利为逻辑起点，对电子数据进行了注册人信息、交互信息和内容信息的区分；[②] 还有学者以隐私利益的多寡为基准，采取了“具有核心隐私利益的电子数据”与“具有非核心隐私利益的电子数据”的二分法。[③]

在刑事侦查活动中，之所以需要进行个人信息分类，存在两大原因：一方面，权利客体的类型划分应当以权利基础的逻辑关系作为理论模型与指导理念。不同类型的个人信息与人性尊严等核心价值的距离不尽相同，基于个人信息权利定量保护、场景保护的需要，应当对承载关键价值的个人信息进行特殊保护。另一方面，个人信息分类也影响了侦查程序的比例构造。处理特殊、重要的个人信息，应当诉诸强制侦查程序，为之提供更为周延的保护，以防止隐私等核心价值遭到公权力的不当侵犯。但是除了保障人权之外，刑事侦查也需要同时兼顾打击犯罪的诉求，故而应当建构部分相对宽缓的任意侦查程序，处理重要程度较低的一般性个人信息。因此，刑事侦查中个人信息的类型区分深刻嵌入打击犯罪与保障人权的制度冲突之中，这对基本矛盾既是刑事侦查中个人信息分类的逻辑起点，又是刑事诉讼的信息分类制度不同于其他法律的特殊之处。申言之，刑事诉讼中的个人信息分类存在独特的价值追求与利益平衡关系，尽管可以借鉴《民法典》《个人信息保护法》中的相关制度，但是具体的操作方案无须与其他规范保持一致。并且，《个人信

---

① 参见刘梅湘：《侦查机关实施网络监控措施的程序法规制——以域外法的相关规定为参照》，载《法商研究》2017 年第 1 期。

② 参见裴炜：《犯罪侦查中网络服务提供商的信息披露义务——以比例原则为指导》，载《比较法研究》2016 年第 4 期。

③ 参见孙明泽：《侦查机关收集电子数据的程序规制研究》，西南政法大学 2020 年博士学位论文，第 2－3 页。

息保护法》第32条规定："法律、行政法规对处理敏感个人信息规定应当取得相关行政许可或者作出其他限制的，从其规定。"这也为刑事诉讼建构符合自身程序特色的信息分类制度提供了规范依据。

根据个人信息权与隐私权之间的逻辑关系，应当区分一般信息与隐私信息。如前所述，隐私权在权利客体方面存在天然的局限性，故而不应以"私密性"，而应以《个人信息保护法》中的"识别性"与"关联性"作为界定个人信息范围的判断依据。因此，在保护范围上，不仅应当吸纳隐私性、个别性、非自动处理化的个人信息，也理应包括一般性、集合性、自动处理化的个人信息。并且，元数据、第三方数据、次生数据也蕴含着识别出特定个体的风险，故而只要符合"识别性"与"关联性"，也应当纳入个人信息的保护范畴。具言之，本书认为，应当将性生活与性取向、医疗健康记录、生物识别信息、行踪轨迹信息、通信内容、未成年犯罪前科列为刑事诉讼中的隐私信息。

一般信息概念的引入，破除了在传统诉讼程序中仅保护隐私信息而放任其他非隐私信息的局面，不仅极大拓展了刑事侦查中个人信息保护的客体范围，也在根源上证成了所有信息均应当得到保护的理念。在大数据时代，个人信息可能被持续分析、比对、挖掘，可能会给原本并不私密的信息带来新的功能与资讯内涵。[①] 因此，对于一般信息的保护是一种基于风险不确定性的预防性保护。[②] 虽然一般信息可能与人格尊严的关系较为疏远，但是由于其蕴藏着潜在的隐私风险，需要将之纳入规制范畴，但是可以适度降低规范密度。一般信息由于不具备"私密性"特质，无法援引隐私权，只能诉诸个人信息权进行较低程度的保护。

隐私信息既是隐私权的表现形式之一，又是具有核心价值的个人信

---

① 参见蔡宗珍：《电信相关资料之存取与利用的基本权关联性》（下），载《月旦法学杂志》2018年第4期。

② 参见李忠夏：《数字时代隐私权的宪法建构》，载《华东政法大学学报》2021年第3期。

息，故而可以同时援引隐私权和个人信息权两项基本权利。一方面，隐私权主要侧重防御公权机关深度处理隐私信息的行为。另一方面，个人信息权对隐私信息进行积极赋能，缓和了传统隐私权的消极色彩，使得诉讼主体能够更好地实现信息自决。

刑事侦查中的信息分类制度应当处理好隐私信息与私密信息的关系。本书使用隐私信息的概念，而并未诉诸《民法典》私密信息的用语，原因有二：一方面是民事私法与刑事侦查存在场景差异，造成了隐私内涵的不一致性。部分在私法场景中略显私密的信息，其私密性可能会被刑事司法的强制性淡化。另一方面是与前述权利基础保持一致，避免用语措辞的变动导致权利基础与权利客体之间的对应关系被不当削弱。

刑事侦查中的信息分类制度应当处理好隐私信息与敏感信息的关系。对于区分隐私（私密）信息与敏感信息，私法领域的学者做出了大量智识努力。有学者认为私密信息与敏感信息存在客体范围上的交叉关系，但是前者与非私密信息相对，属于从民事权益保护角度进行的信息分类，而后者与非敏感信息相对，属于从个人信息处理角度进行的信息分类。[①] 也有学者对二者进行了细致区分，认为私密信息与敏感信息在判断方法、客体范围、侧重点、集合性状态、监管状况等方面存在明显差异。[②]

刑事侦查中的隐私信息与《个人信息保护法》中的敏感信息也并非相同概念。

一方面，二者蕴含的价值不同。隐私信息的关注点在于通过自我隐匿，防止人性尊严的脆弱部分遭到不当窥探与打扰。敏感信息虽然也强

---

① 参见程啸：《论我国个人信息保护法中的个人信息处理规则》，载《清华法学》2021年第3期。

② 参见王利明：《敏感个人信息保护的基本问题——以〈民法典〉和〈个人信息保护法〉的解释为背景》，载《当代法学》2022年第1期。

调其与人身、财产安全，以及人格尊严之间的逻辑关系，[①] 但是它主要的侧重点在于防止泄露后产生的安全后果。敏感信息之所以敏感，在于其在收集、处理时需更加谨慎，避免泄露之后可能引发社会负面评价或损害个人重要权益。敏感个人信息的特殊性在于更为强调其收集、处理过程中的信息安全。[②] 这构成了敏感信息与隐私信息的实质区别。

另一方面，二者包含的信息类型不同。《个人信息保护法》第28条将“生物识别、宗教信仰、特定身份、医疗健康、金融账户、行踪轨迹等信息，以及不满十四周岁未成年人的个人信息”列为敏感信息。然而，在刑事侦查场景中，特定身份、宗教信仰等个人信息往往不会触及国人的敏感点，性生活与性取向信息也并未纳入敏感信息的范畴。并且，金融账户经常作为调取活动的对象，如果赋予其过多的私密属性，可能存在阻碍执法活动顺利进行的隐忧。此外，虽然未成年人的个人信息需要特殊保护，但是在刑事侦查中无须对所有未成年人的个人信息一律进行强化保护。

对于本书列举的隐私信息，学界已经承认了性生活与性取向、医疗健康记录、生物识别信息与未成年犯罪前科的私密性。[③] 因此，此处主要对通信内容与行踪轨迹信息进行必要说明。将个人信息按照“内容/非内容”的框架进行分类已经成为域外法治国家的普遍做法。例如，美国《电子通讯隐私法》规定，所谓通信内容，是指“关于某一通讯的实质、意图或含义的信息”[④]。对于此类信息的获取通常需要遵守更为严格的程序规制。譬如侦查机关搜查电子邮件的内容，就需要申请特定的搜查令状，并满足合理根据的心证门槛。而对于非内容信息，美国设

---

① 参见胡文涛：《我国个人敏感信息界定之构想》，载《中国法学》2018年第5期。

② 参见裴炜：《刑事诉讼中的个人信息保护探讨——基于公民信息保护整体框架》，载《人民检察》2021年第14期。

③ 参见程雷：《刑事司法中的公民个人信息保护》，载《中国人民大学学报》2019年第1期。

④ 18 U. S. C. §2510.

置了相对较低的程序规制。例如，根据《美国法典》第18章第2703条的规定，政府仅需提供行政传票就可以要求服务提供商披露非内容信息。[①] 近年来，这种方法也被我国学界的主流观点所接受。

"内容/非内容"的分类框架也遭到了不少学者的攻讦，他们认为元数据对于基本权利的干预并不亚于内容信息，此种分类方法在大数据时代有些不合时宜。[②] 但是，本书认为，元数据其实本身承载的信息价值十分有限，在通过特定的数据处理技术进行加工之前，其通常是一系列难以识读的乱码。之所以存在应当提高元数据保护力度的倡议，是意识到元数据通过拼凑组合可能集聚成为隐私信息，从而揭露出更多不为人知的生活细节。但是，此时应当规制的是数据聚合、数据挖掘等个人信息分析技术，而非片面拔高元数据的自身价值。申言之，对于元数据保护力度的评价应当回归信息特质本身，至于潜在的聚合风险应当通过建构独立的个人信息分析程序加以应对。因此，"内容/非内容"的二分法仍然具有一定合理性，但是不宜单独作为统领全局的分类方法，而应当将之纳入一般信息与隐私信息的分类体系之中。

行踪轨迹信息具有特殊的保护意义。在传统跟监时代，人力跟监往往只能获取某一个时间点的"点"状位置信息，有学者将之称为个人定位信息。[③] 此时，个人定位信息主要发挥的是识别功能。但是随着科技定位侦查手段的日新月异，GPS侦查、手机定位侦查、无人机侦查等方式能够突破时间与空间的天然局限，获取公民私密敏感的"线"状轨迹甚至是"面"状的立体化人格图像。此时，行踪轨迹信息主要发挥的是监控功能。因此，行踪轨迹信息不仅会揭露精确的实时地理位置，也会描绘出巨细靡遗的数据人格，鉴于此种信息内涵的丰富性与揭

---

① See 18 U. S. C. § 2703.

② 参见刘静怡：《通信监察与民主监督：欧美争议发展趋势之反思》，载《欧美研究》2017年第1期。

③ 参见杨君琳：《论北斗时代的个人位置信息法律保护》，载《法学杂志》2021年第2期。

露私人生活的侵入性，应当将其纳入隐私信息的范畴。

刑事侦查中信息分类制度可以与后续的个人信息处理制度相联动，塑造一般信息处理规则与隐私信息处理规则。申言之，信息分类既是“个人信息权—隐私权”逻辑关系的制度投射，又是后续具体规制个人信息处理活动的规则起点。对此，应当借鉴《个人信息保护法》中敏感信息处理制度的合理要素。例如，《个人信息保护法》第 28 条第 2 款规定了敏感信息的强化保护规则，即具有特定的目的，具有充分的必要性，采取严格保护措施。其中，“具有特定目的”在刑事侦查中可以解释为存在具体明确的侦查活动目的，排除基于犯罪预防的概括性目的。由此，应当建立立案之前处理隐私信息的排除性规则，即在大数据侦查等实践活动中，在预测警务阶段、初查阶段仅能够处理一般信息。“充分的必要性”比《个人信息保护法》中反复出现的“所必需”提出了更高的比例性要求。对此，侦查机关在处理一般信息时，仅需满足比例原则的基本要求。但是如果处理对象属于隐私信息，则必须经过更为谨慎的比例权衡。“采取严格保护措施”要求侦查机关应当提高对于隐私信息的安全保管力度。此外，《个人信息保护法》还规定了敏感信息的单独同意规则（第 29 条）与告知规则（第 30 条）。在刑事侦查中，信息分类制度也会对知情同意规则产生影响，这一点将在下文详述。概言之，侦查机关应当在信息分类制度的基础上建立一般信息处理规则与隐私信息处理规则，并在个人信息处理程序的启动、审批、报告、监督、告知、保存、传输、安全保障、合法性基础等方面体现出二者的层级区分。

2. 合法性基础的引入与调适

个人信息处理的合法性基础（lawful basis for processing）是指“处理关于个人的信息所依据的正当的法律理由”①。合法性基础是侦查机

① 高富平：《个人信息使用的合法性基础——数据上利益分析视角》，载《比较法研究》2019 年第 2 期。

关处理个人信息的前置性要件，也是个人信息权力保护的重要组成部分。然而，在我国刑事侦查活动中，由于数据主义理念的主导，办案人员产生了存而不用、数尽其用、宁枉勿纵、宁滥勿缺四种错误的思维倾向，不当消解了个人信息处理的合法性与正当性。虽然《个人信息保护法》直接以国家机关作为规制对象，但是在第二章第三节“国家机关处理个人信息的特别规定”中，仅规定了个人信息处理行为，却没有明确合法性基础。在特别规定缺位的情况下，只能诉诸《个人信息保护法》第13条所列举的个人信息处理的7种合法性基础，并从中选择与侦查活动相符合的规定。其中，诸如签订合同、处理紧急卫生事件、新闻报道与舆论监督等行为并非侦查机关的主要任务。然而，本条第1款第1项“取得个人的同意”与第1款第3项“为履行法定职责或者法定义务所必需”在侦查活动中却存在一定的适用空间。

学界对于国家机关个人信息处理的合法性基础存在不同见解，产生了“一元说”、“叠加说”与“多元说”。[①] 持“一元说”观点的学者认为履行法定职责属于国家机关处理个人信息唯一的合法性基础。[②] 持“叠加说”观点的学者认为，依法履职属于国家机关处理个人信息的必要前提，应当发挥统领其他合法性依据的功能，以“依法履职+其他合法性依据”提供个人信息处理行为的正当性。[③] 持“多元说”观点的学者认为，国家机关处理个人信息可以根据具体场景的差异，适用多种不同的合法性基础，依法履职只是其中之一。“多元说”能够有效回应执法工作中的复杂情形，具有一定的科学性。具体到刑事侦查领域，“为履行法定职责或者法定义务所必需”与“取得个人的同意”可以同时

① 参见彭錞：《论国家机关处理个人信息的合法性基础》，载《比较法研究》2022年第1期。

② 参见齐爱民：《中华人民共和国个人信息保护法示范法草案学者建议稿》，载《河北法学》2005年第6期。

③ 参见张新宝、葛鑫：《个人信息保护法（专家建议稿）及立法理由书》，中国人民大学出版社2021年版，第177页。

成为侦查机关处理个人信息主要的合法性基础。前者属于“基于法定许可的处理”，无须经过当事人同意，其正当性由法律、行政法规的相关规定提供。后者属于“基于同意的处理”，其合法性来源于信息主体有效的个人同意。①

“为履行法定职责或者法定义务所必需”体现出《个人信息保护法》中合法、必要等原则的内涵与原理。其中，“所必需”要求刑事侦查活动必须在严格遵循比例原则的基础上方能处理个人信息，这一点也得到了域外立法的印证。例如，欧盟《2016/680 指令》第 8 条就设置了“必要性”（necessary）这一项合法性基础，彰显出刑事司法活动的特殊性。英国《个人数据保护法》第 35 条（2）（b）中也存在类似规定。此外，欧盟《警察部门使用个人数据实用指南》第 2 条突出了为警用目的处理个人数据的必要性（necessary）与合比例性（proportionate）。在任意侦查中，必要性为侦查活动提供了合法性基础。例如，日本《刑事诉讼法》第 197 条第 1 款规定：“为了达到侦查的目的，可以进行必要的侦查。”强制侦查更需要遵循必要性，这既是处理个人信息的行权尺度，又是克减公民基本权利的正当性依据。

正确理解“所必需”，方能实现刑事侦查中个人信息处理的实质合法性。根据法治国家原理，形式合法性需要满足法律保留原则与法明确性原则的要求，而实质合法性则需要通过比例原则的检验。具言之，“所必需”应当符合比例原则的三重标准。首先，适当性原则要求侦查机关的个人信息处理行为应当追求合法正当的目的，并且有助于履行法定职责。基于窥私、政治斗争、获取经济利益等非法目的，或者是基于业绩考核而“凑人头”“凑数量”“凑指标”等行为均不符合适当性原则的要求。其次，必要性原则要求侦查机关在数个可以达到目的的手段中，应当选择对于个人信息权利侵犯更小的措施。例如，如果收集一般

① 参见程啸：《个人信息保护法理解与适用》，中国法制出版社 2021 年版，第 115 页。

信息就可以实现执法目的，则没有必要处理隐私信息。如果使用任意侦查程序或者回溯性侦查程序即可完成任务，可无须再诉诸强制侦查程序或者即时性侦查程序。最后，狭义比例原则要求权衡侦查机关个人信息处理的效能与个人信息权利干预之间是否取得平衡。这种权衡应当以个案为基础进行场景化判断。例如，在正常情况下应当区分扣押存储介质与搜查其中的个人信息两个行为。但是如果存在证据灭失或者威胁警员人身安全等紧急情况，可以对个人信息进行无证搜查。

明确依法履职作为侦查机关个人信息处理的合法性基础，不能仅以《个人信息保护法》的相关规定为参照，还需要转化为刑事诉讼中的概括授权条款。在我国法律中，对侦查机关处理个人信息进行直接、专门授权的规范十分少见。

在我国现行规范中，侦查机关处理个人信息主要由“侦查概括条款”进行授权。《刑事诉讼法》第115条规定：“公安机关对已经立案的刑事案件，应当进行侦查，收集、调取犯罪嫌疑人有罪或者无罪、罪轻或者罪重的证据材料。”与大陆法系国家相比，现行侦查概括条款主要发挥任务指示功能，但是措施授权功能不彰。[①] 并且，该条款中的“收集”“调取”“证据材料”等术语既无法涵盖全部的个人信息处理行为，又难以与个人信息的定义相对接。对此，德国《刑事诉讼法》第481条规定：“警察机关得依警察法之规定，使用出自刑事程序之个人资料。为该处所称之目的，刑事追诉机关及法院得将出自刑事程序之个人资料传递予警察机关，或提供查阅案卷。”[②] 此条被视为警察机关处理个人信息的基础性授权规定。[③] 因此，可以结合域外经验与既成立法，在《刑事诉讼法》及其司法解释或者《人民警察法》中规定：公

---

① 参见艾明：《刑事诉讼法中的侦查概括条款》，载《法学研究》2017年第4期。

② 连孟琦：《德国刑事诉讼法》，台北，元照出版有限公司2016年版，第454－455页。

③ 参见林钰雄：《刑事程序中的个资保护——德国刑事诉讼法第8编（§§474－499 StPO）逐条释义》，载《刑事政策与犯罪研究论文集》2021年第22期。

安机关在办理刑事案件过程中，可以通过收集、存储、使用、加工、传输、提供、公开、删除等方式处理个人信息。

除了依法履职之外，取得个人同意也是侦查机关处理个人信息的合法性依据。虽然囿于侦查活动的强制性与对抗性，同意的适用场景相较之私法领域受到一定限制，但是仍然存在运行的制度空间。“取得个人的同意”可以在以下两种情况下作为侦查机关处理个人信息的合法性基础：一方面，同意可以将强制侦查转化为任意侦查。犯罪嫌疑人在自愿、知情、明智基础上作出的同意可以阻却侦查行为中潜在的违法性要素，通过主动放弃与暂时让渡自身合法权益，能够为办案人员的个人信息处理行为提供合法性证成。另一方面，处理被害人的个人信息应当以取得同意作为合法性前提。只要被害人基于真实的意思表示作出同意，侦查机关的个人信息处理行为即具备合法性。

3. 信息他用制度的引入与调适

目的限制原则要求个人信息的收集应当具有特定、清晰和正当的目的，后续的处理活动不得与初始目的相违背。[①] 这一原则对于维护个人信息处理的针对性与场景性，保障信息主体的自决利益具有重要意义，故而应当在刑事侦查中引入《个人信息保护法》第 6 条的目的限制原则。然而，在刑事侦查中存在刑事目的、一般执法目的与非执法目的的场景交叉，由外向内或者由内向外的信息他用行为经常突破目的限制原则的理论边界。因此，有学者将刑事司法领域的目的限制原则称为“目的偏差原则”（principle of “purpose deviation”）。[②] 在吸收目的限制原则合理性的同时，应当根据刑事侦查的特殊性对之进行适应性调整，建立

---

① See Mark Leiser & Bart Custers, *The Law Enforcement Directive*: *Conceptual Challenges of EU Directive* 2016/680, European Data Protection Law Review (EDPL), Vol. 5: 3, p. 367 (2019).

② See Catherine Jasserand, *Law Enforcement Access to Personal Data Originally Collected by Private Parties*: *Missing Data Subjects' Safeguards in Directive* 2016/680?, Computer Law & Security Review, Vol. 34, p. 163 (2018).

必要的信息他用行为。对此，欧盟《2016/680 指令》与《警察部门使用个人数据实用指南》提供了坚实的理论依据与丰富的实践案例，可以作为我国信息他用制度的参照。

欧盟《2016/680 指令》第 4 条第 2 款规定："在以下情况下，允许同一控制者或另一控制者出于第 1（1）条所述的任何目的进行处理，但收集个人数据的目的除外：（a）根据欧盟或成员国法律，控制者有权处理此类个人数据；（b）根据欧盟或成员国法律，处理是必要的，并且与其他目的相称。"此条实质上已经构成对于目的限制原则的克减，即在符合合法性与必要性要件的前提下，执法机构可以基于不同于原始收集目的的其他目的处理个人数据。[①] 对于何为原始收集目的之外的其他目的，学界存在不同的理解：其一，其他目的是指执法活动之外的其他目的，例如，将个人数据应用于商业场景等非执法目的；其二，其他目的是指原始收集目的后续的进一步处理个人数据的目的，二者仍然同属于执法目的，只不过存在具体目的的差异。[②] 对此，欧盟《2016/680 指令》的措辞显得模棱两可，但是基于侦查实践的考量，应当对此条进行广义解释，即该规定既包括非执法目的，又包括进一步处理个人数据的执法目的。如此一来，欧盟《2016/680 指令》第 4 条第 2 款实际上赋予了侦查机关从外向内以及从内向外两类合法的信息他用行为。从外向内的信息他用行为是指侦查机关可以将应用于商业场景、行政场景中的个人数据，纳入办案活动之中，使之成为侦查活动的数据基础。[③] 例

---

① See Catherine Jasserand, *Law Enforcement Access to Personal Data Originally Collected by Private Parties: Missing Data Subjects' Safeguards in Directive* 2016/680?, Computer Law & Security Review, Vol. 34, p. 163 (2018).

② See Catherine Jasserand, *Law Enforcement Access to Personal Data Originally Collected by Private Parties: Missing Data Subjects' Safeguards in Directive* 2016/680?, Computer Law & Security Review, Vol. 34, p. 164 (2018).

③ See Catherine Jasserand, *Law Enforcement Access to Personal Data Originally Collected by Private Parties: Missing Data Subjects' Safeguards in Directive* 2016/680?, Computer Law & Security Review, Vol. 34, p. 156 (2018).

如，侦查机关可以通过电信服务商等第三方机构调取通联记录等个人信息，也可以通过警政合作的方式，调取税务机关收集的个人信息等。初始目的通常在GDPR的调整范围内，适用GDPR对于个人数据的保护规则。但是一旦通过信息他用行为进入刑事执法活动，则应当适用欧盟《2016/680指令》。从内向外的信息他用行为主要是将侦查机关已经处理的个人数据用于他案，或者传输到其他执法部门、非执法部门。

《警察部门使用个人数据实用指南》第11条至第13条分别列举了上述三种由内而外的信息他用行为。例如，第11条规定如果有迹象表明犯罪嫌疑人可能是同一个人，或者并案处理对于调查具有实质性帮助，负责税务欺诈犯罪的警察部门可以与负责调查谋杀案件的警察部门互相进行数据传输。第12条规定如果数据接收者需要个人数据来完成合法任务，则允许警察机关将个人数据外传至其他任何公共部门。对此，英国《个人数据保护法》第36条第3款也规定："为执法目的收集的个人数据可用于任何其他执法目的。"《警察部门使用个人数据实用指南》第13条为警务信息向私人部门的外流提供了合法性依据，但是也明确规定此种方式的个人数据传输只能依据个案情况逐案判断。对此，欧盟《2016/680指令》的序言第11条也明确规定，此种情形应当适用GDPR中更为严格的制度设计。

参考欧盟相关领域的司法经验，我国应当设置刑事侦查中的信息他用制度。一方面，建立由外向内的信息他用制度。基于非执法目的或者一般执法目的所收集的个人信息可以被用于后续的刑事侦查活动。例如，公安机关可以通过加强政企合作、警政合作的方式，获取商业信息与行政执法信息。对于此类行为，在内部应当加强控制机制，建立联席会议机制，完善定期通报制度，搭建信息共享平台。在外部应当进一步优化调取第三方信息的法律依据，提升规范密度，以避免对社会不同行业的数据资源进行垄断式占有与概括性收集。

另一方面，建立由内向外的信息他用制度。刑事领域收集的个人信息可以基于其他刑事目的、一般执法目的或者非执法目的进行处理，但是这三种应用场景的程序规制应当逐级递增。其一，刑事侦查活动中的串案处理与并案处理属于常规性侦查措施，《公安机关办理刑事案件程序规定》第 21 条也为之提供了规范性依据，故而刑事侦查中个人信息可以进行他案使用。其二，对基于一般执法目的处理警务信息的行为，应当完善政府部门之间数据共享的规范准则，内部的信息流转应当履行必要的审批手续，建立信息敏感等级的分级授权机制与回溯性技术监督程序。[①] 为了避免大数据监控带来的数据风险，政府部门之间的个人信息共享应当限于个别信息或者批量信息的查询比对工作，禁止概括性的复制拷贝。其三，由于刑事执法场景与商业活动等非执法场景在个人信息处理深度与广度上存在差异，如果将警务信息尤其是隐私信息外流至第三方机构，原则上应当适用《个人信息保护法》中的一般规定，充分发挥知情同意、企业合规等制度的功能，对个人信息进行更为严格的保护。

4. 保存期限制度的引入与调适

《个人信息保护法》第 19 条规定的个人信息保存期限制度不仅直接体现了信息最小化原则，也对信息主体顺利行使删除权具有重要意义。然而，在我国公安机关的法律法规中，却缺乏对于保存期限制度的相关设计。有学者梳理了我国各地公共视频图像信息的规范性文件，发现其中大多规定了个人信息最短的留存期限，却并未设置个人信息最长的保留期限，更没有对信息删除进行明确规定。[②] 例如，《湖北省公共安全视频图像信息系统管理办法》第 17 条第 6 项规定："公共视频系统的信息资料有效存储期不少于 15 日，涉及公共安全、突发事件和违法

---

① 参见程雷：《刑事司法中的公民个人信息保护》，载《中国人民大学学报》2019 年第 1 期。

② 参见李蓉、祝千惠：《公共安全视频图像信息适时删除制度研究》，载《湖南大学学报（社会科学版）》2021 年第 5 期。

犯罪行为的重要信息资料有效存储期不少于两年。”总体而言，相关规范性文件仍然偏重占有与利用个人信息，却忽视了在个人信息存储环节中的权利因素，潜藏的数据泄露等安全风险也未引起足够重视。因此，为了防止个人信息的超期留存或者无限期留存，有必要引入个人信息的保存期限制度，并根据侦查程序的特点进行适应性调整。在与案件有关的个人信息存储期限届满时，应当进行删除、封存或者匿名化处理。个人信息保存期限制度的具体设计可以考虑以下因素。

其一，根据保留期限是否可以延长，分为固定保存期限与浮动保存期限。例如，我国台湾地区的相关规范就采用固定保存期限，“科技侦查法草案”第12条规定：“已供案件证据之用留存于该案卷或为后续之侦查或调查目的有必要长期留存者可以保存5年。”荷兰则采取浮动保存期限，普通案件中个人数据的存储期限为1年，如果对于警察任务而言存储数据是必需的，则可以延长至5年。①

其二，根据罪名刑罚程度的差异，分为轻罪保存期限与重罪保存期限。例如，法国《个人数据保护法》第87条规定：“个人数据处理过程尤其要确保个人数据保留期限的比例，同时考虑档案留存的目的以及有关犯罪的性质或严重性。”瑞典立法机关认为针对普通犯罪3个月的保存期限就已经足够，但是如果调查类似持械抢劫等严重罪行，则必须延长至6个月。②

其三，根据诉讼主体年龄的不同，设计比例化的保存期限。例如，德国《刑事诉讼法》第489条第4款规定：“储存机关［应］在经过一定期间后审查，是否应删除依第484条储存之电脑资料。此期间为：1. 对犯罪时已满18岁之被告，10年，2. 对青少年，5年，3. 无罪判决

① See Mark Leiser & Bart Custers, *The Law Enforcement Directive: Conceptual Challenges of EU Directive 2016/680*, European Data Protection Law Review (EDPL), Vol. 5: 3, p. 372 (2019).

② See Cameron I. , *Balancing Data Protection and Law Enforcement Deeds: Tele2 Sverige and Watson*, Common Market Law Review, Vol. 54: 5 , p. 1483 (2017).

确定、拒绝开启审判程序且不得声明不服及非仅暂时停止程序时，3 年，4. 对依第 484 条第 1 项被储存资料之人，其于犯罪时未达刑事责任之年龄者，2 年。”德国《巴登－符腾堡州警察法》第 38 条第 4 款设置了三种不同的保存期限：（1）如果相对人是已满 18 周岁的成年人，保存期限为 10 年；如果相对人已满 70 周岁，保存期限为 5 年；（2）如果相对人是已满 7 周岁未满 18 周岁的青少年，保存期限为 5 年；（3）如果相对人是未满 7 周岁的儿童，保存期限为 2 年。①

其四，根据个人信息类型的不同，设计差异化的保存期限。例如，德国 2016 年 3 月通过的《数据留存法》要求电信与网络运营商保留各类通讯状态记录。其中，类似电话号码、通话时长等元数据的保存期限为 10 周，手机基站定位信息则只能保存 4 周。②

其五，根据诉讼主体地位的不同，区分不同的保存期限。欧盟《2016/680 指令》第 6 条按照诉讼程序中各参与者角色的不同，将之分为四类：（1）有合理根据相信其已犯或即将犯罪之人；（2）被裁定犯有刑事罪行的人；（3）被害人或根据某些事实和理由认定其为犯罪被害之人；（4）刑事程序中其他当事人，如证人、其他提供信息之人等。由于各诉讼主体在刑事诉讼活动中扮演的角色并不相同，应当根据不同的角色功能，设置差异化的保存期限。

在考虑上述五种标准的基础上，我国应当设置比例化的个人信息保存期限制度。首先，应当设置浮动保存期限，以为刑事侦查预留充分的制度空间。如果诉讼主体涉及重罪，或者为侦查活动所必需，可以延长个人信息的保存期限。其次，应当根据个人信息类型的不同进行保存期限的差异化设计，对于隐私信息应当设置比一般信息更短的保存期限，

---

① 参见杜吾青：《公安机关采集个人信息的合宪性控制》，载《南京大学法律评论》2019 年第 2 期。

② See Eric J. Shinabarger, *German DataRetention Act signed into Law*, Winston & Strawn (Jun. 30, 2016), http://www.winston.com/en/privacy-law-corner/new-german-data-retention-law-expected-to-take-effect-soon.html.

以避免长期留存产生的隐私侵权风险。最后，应当根据诉讼主体的差异设计精细化的保存期限制度。一方面，应当将被追诉人详细区分为经法定程序宣告无罪之人，尚未被定罪的犯罪嫌疑人、被告人，以及已经定罪的罪犯。三者个人信息的最长保存期限递增。另一方面，对于被害人、证人与其他诉讼参与人，应当比照犯罪嫌疑人与被告人设置更短的个人信息保存期限。

（二）个人信息处理程序的层级化建构

在个人信息保护的时代背景下，我国传统侦查程序中的体系性问题被进一步放大，不仅难以为个人信息处理提供清晰稳定的程序补给，而且难以建构强弱递进的侦查控制体系。现行侦查程序以依附性、混合性的方式为个人信息提供权力保护，未能实现制度设计的层级化。其一，个人信息分析、存储等程序缺乏独立性。相关程序主要关注前端的个人信息收集环节，致使个人信息存储、分析等成为收集行为的附带结果或者后续状态。其二，传统的“任意侦查—强制侦查”分类框架未能发挥优化侦查措施体系的功能，调取、网络在线提取、网络远程勘验等侦查程序兼具任意侦查与强制侦查的性质。其三，各类侦查程序之间未能体现出规制强度的比例性，反而存在替代使用的制度隐忧。例如，调取与技术侦查、网络在线提取与网络远程勘验、网络远程勘验与网络远程搜查、网络远程勘验与技术侦查之间均存在程序替代的现象。办案人员基于实践便利与取证风险的考量，往往选择规制强度较低的取证程序，致使强制侦查的门槛虚置。

未能形成个人信息处理程序的层级化，主要存在以下两大原因。

一方面，我国侦查程序体系性建构的标准不明。无论是日本任意侦查与强制侦查的理论体系，还是德国的门槛理论与修正门槛理论，均将侵犯基本权利的程度作为划分各类侦查程序强度的根本标准。“鉴于这些追诉性手段对宪法所保障人民基本权造成干预的严重性、彻底性，如果基本权体系不能贯彻到刑事诉讼领域，等于是放弃了最重要的守地。”① 然而，在我国刑事诉讼立法规范中，对于侦查程序的区分却并不以基本权利干预为基准。例如，在《电子数据取证规则》中，立法者以电子数据取证行为的难易程度作为侦查程序体系化的根据。② 这种分类基准无法体现出侦查程序保障人权的目的，反而强化了职权主义的特征。

另一方面，我国侦查程序的控制手段有限。首先，控制手段的种类有限。以我国最为严格的技术侦查程序为例，《刑事诉讼法》规定了技术侦查的案件范围、启动门槛、启动时点、实施时长、审批程序、适用对象、删除义务等。与德国同等级别的线上搜查相比，技术侦查不仅缺少了取证范围限制、技术担保义务、书面记录义务、通知义务、年度报告义务等要件，在规制强度上也存在较大差异。例如，技术侦查仅需要设区的市一级以上公安机关负责人审批，而德国的线上搜查则采取绝对法官保留，甚至是加重法官保留。其次，控制手段的范围有限。除了技术侦查之外，我国绝大多数的侦查程序并不具备上述限制要件。例如，对于调取措施的程序控制仅有经办案部门负责人批准与开具调取证据通知书两个要件。最后，控制手段的比例性有限。以审批主体为例，我国现行法律规范仅有三种审批方式，即办案部门负责人批准（调取）、县级以上公安机关负责人批准（扣押）、设区的市一级以上公安机关负责人批准（技术侦查）。这三种审批方式均为公安机关内部审批，未能在

---

① 林钰雄：《干预处分与刑事证据》，北京大学出版社2010年版，第3页。

② 《电子数据取证规则》第3条规定了收集、提取电子数据，电子数据检查和侦查实验，电子数据检验与鉴定三种侦查措施。其中，收集、提取电子数据往往仅需要普通侦查人员即可完成，办案人员可以直接识别判断相关电子数据，进而在现场完成取证工作；电子数据检查则需要有专业资质的侦查人员参与，并遵守相应的技术标准与操作流程，在取证过程中可能使用数据恢复、破解等技术手段；电子数据检验与鉴定则属于更加专业的技术问题，应当交由专门的鉴定人员参照鉴定规则进行处理。因此，这三类取证程序表面上虽然也呈现出逐级递进、强弱分化的特质，但是其分类依据并不是基于干预基本权利的考量，而是取证的复杂程度。

实质上体现出比例性。

鉴于此，在建构我国个人信息处理程序的过程中应当回归以基本权利为纲的分类基准，并且丰富法律控制手段。具言之，我国个人信息处理程序的重构应当以“个人信息权—隐私权”为权利基础。在横向上，应当以个人信息种类区分任意侦查与强制侦查，即处理一般信息的程序属于任意侦查，主要干预个人信息权。处理隐私信息的程序属于强制侦查，同时干预隐私权与个人信息权两项基本权利。在纵向上，应当以行为强度进一步层分强制侦查，构建“调取—搜查—分析—监控”的层级化程序。

1. 建构个人信息的调取程序

我国《刑事诉讼法》第 54 条第 1 款规定：“人民法院、人民检察院和公安机关有权向有关单位和个人收集、调取证据。”规范用语特意区别了收集与调取，反映出二者在取证方式上的差异。收集是直接向侦查对象收集个人信息，而调取则是向电信服务商、通信服务商等第三方机构间接调取公民的个人信息。因此，在各类干预个人信息权利的侦查程序中，调取属于强制程度较弱的措施。即便如此，调取仍然存在干预基本权利的风险，对于其性质界定不应当完全诉诸“任意说”，而需要根据调取方式与调取个人信息的类型将之分为任意调取与强制调取。

调取的任意性主要表现在以下两个方面：其一，在调取方式上，侦查机关的调取行为得到了第三方机构的同意与协助。《刑事诉讼法》第 54 条、《数据安全法》第 35 条均规定对于调取行为，“有关组织、个人应当予以配合”。《网络安全法》第 21 条与第 28 条还科以网络运营者不低于 6 个月的信息留存义务与提供技术支持和协助的义务。因此，第三方机构的信息协助义务体现了调取行为的合意性，为侦查机关处理个人信息提供了正当性依据。只要公安机关履行必要的调取手续，符合调取范围的规定，能够顺利获得第三方机构的同意与协助，调取行为就仅具有任意侦查的属性。其二，在调取的个人信息类型上，如果调取仅涉及元数据等一般信息，则属于任意侦查行为。在大数据时代，公民常常会选择性放弃个人信息中的利益，作为交换生活便利的筹码。“权利主体对个人信息的控制的普遍丧失已经演变成为该主体生存于现代社会的必然要求和结果。”[①] 并且，各商家在信息收集的格式条款中几乎均会注明个人信息可能会为第三方所知悉。因此，在调取过程中，如果仅涉及一般信息，在不借助后续大规模数据分析技术的情况下，确实也难以窥探公民私人生活的全貌，仅会轻度干预公民的个人信息权，而不会严重侵犯隐私权。对此，应当视为在大数据风险背景下，公民对于自身信息利益的必要放弃与合理让渡。这也是个人信息有序共享、合理使用的题中应有之义。综上，当调取对象为一般信息且得到信息持有者协助时，应当视为对于信息主体自决利益的必要侵犯，仅构成任意侦查。《刑事诉讼法》第 54 条、《电子数据规定》第 3 条、《电子数据取证规则》第 41 条均可为此种任意调取行为提供规范支撑。

然而，在以下两种情况下，任意调取会发生向强制调取的转化：其一，在调取方式上，如果侦查机关存在概括性取证的风险，即未明确限定调取范围，而是对第三方机构留存的个人信息进行概括式拷贝，则超出了协助义务的范畴。此时，第三方机构应当遵守对于用户的保密义务、忠诚义务与合规义务，拒绝侦查机关不合理的调取请求。如果侦查机关在合意性基础不复存在的情况下，强行调取个人信息，则属于强制侦查。对此，《公安机关执法细则》（第 3 版）第 20－01 条规定：“持有人拒绝交出应当扣押的财物、文件的，可以强制扣押。”在司法实践中，调取证据通常作为扣押的先行措施，二者存在程序承继、由弱到强的渐变关系，即证据持有人拒不配合调取证据的，可以采取扣押措施。[②]

其二，在调取的个人信息类型上，如果调取对象为隐私信息，则侵

---

① 裴炜：《大数据侦查的合法性评价困境探析》，“大数据侦查及相关法律问题”学术研讨会会议论文，第 9－14 页。

② 参见闫刚：《论侦查实务中的调取证据》，载《四川文理学院学报》2014 年第 1 期。

犯了公民在第三方信息中的隐私合理期待，应当列入强制侦查的范畴。调取行为的侵权效果不依赖于后续的数据分析行为，单是调取隐私信息本身就足以构成对于隐私权的严重干预。此时，不应当继续援引任意调取条款，而应当将规范转变为“提出命令式扣押”，以《刑事诉讼法》第 141 条至第 145 条的扣押规范为依据。

综上，当调取对象为隐私信息或者未得到信息持有者协助时，可能严重侵犯当事人的隐私利益与自决利益，故而属于强制侦查。在立法规范上，可以将《电子数据规定》《电子数据取证规则》的相关规定限制解释为任意调取条款，并补充如下内容：“调取隐私信息，或被调取单位和个人不如实提供的，应依据扣押的相关规定。”在审批主体上，对于强制调取措施，应当改变现今由办案部门负责人内部审批的方式，转而诉诸检察机关的外部审批。在心证门槛上，调取仅需达到“合理怀疑标准”（Reasonable Grounds），即要求警察必须能够指出具体且清楚的事实，以及基于该事实进行推论，从而使警察相信犯罪活动正在进行。除此之外，由于调取行为的强制性有限，无须受到其他程序要件的限制。

2. 建构个人信息的搜查程序

无论是物理空间中对于存储介质内部个人信息的搜查，还是网络远程搜查，均直接作用于信息主体，较之调取具有更高的侵权风险。长期以来，《电子数据规定》《电子数据取证规则》规定的网络在线提取、网络远程勘验试图以任意性淡化电子取证的强制性，却不当挤压了网络远程搜查的生成空间。在物理空间中应当按照搜查规范开展的取证措施，在网络空间中却由于实务部门便利取证与避免证据排除等，被置换为网络在线提取或者网络远程勘验。并且，网络在线提取、网络远程勘验不仅自身兼具任意侦查与强制侦查两种属性，还致使相关规范塑造的“网络在线提取—网络远程勘验—技术侦查”的三阶段取证体系出现了逻辑断层，程序替代现象频繁发生，难以为个人信息处理提供周延的规范基础。对此，应当重构《电子数据规定》《电子数据取证规则》中的相关措施，确立个人信息的搜查程序。

首先，应当还原网络在线提取侦查技术的本质，而不是将之作为一项独立的侦查措施。所谓侦查技术，即是根据侦查需要采取的科学技术方法。例如，传统侦查中获取血液、毛发的痕迹提取技术就属于侦查技术的范畴。与之相对，侦查措施是法律所规定的侦查机关在刑事案件侦查中可以采取的调查活动和强制措施。[①] 侦查技术更强调遵循技术流程、符合技术原理，而侦查措施则具有法定性与封闭性。对于网络在线提取，实务部门的人员指出："网络在线提取，只是通过网络公共空间对网页、网上视频、网盘文件上的电子数据进行提取，可以理解为从网上下载文件。"[②] 数字化时代，从网上下载文件其实是人人均可以开展的网络资源获取行为，完全无法体现出网络在线提取作为一项独立的侦查措施的必要性。并且，该定义将网络在线提取的行为场域限定为网络公共空间，类似于物理世界中的公共场所，一般不会带来过度的侵权风险。因此，网络在线提取更适合作为网络远程勘验、网络远程搜查的构成要素，属于底层运作的技术，而非一项独立的侦查措施。

然而，《电子数据规定》第 6 条肯定了网络在线提取获取证据的证据能力，并且确立了该措施在初查阶段行使的正当性。《电子数据取证规则》第 7 条将之作为收集、提取电子数据的 6 种法定措施之一，并于第二章第四节详细规定了该措施的行为模式，这表明立法者更倾向于将之作为一项法定的侦查措施。但是本书认为，应当还原网络在线提取侦查技术的本质。这不仅更契合网络在线提取的定义内涵，也能够有效避免网络在线提取与网络远程勘验、网络远程搜查等程序的不当混合。因此，应当调整既有规范，删除网络在线提取的相关规定，将之作为网络

① 参见张玉镶主编：《刑事侦查学》，北京大学出版社 2014 年版，第 1－2 页。

② 万春、王建平、吴孟栓、高翼飞：《〈关于办理刑事案件收集提取和审查判断电子数据若干问题的规定〉理解与适用》，载《人民检察》2017 年第 1 期。

远程勘验或者网络远程搜查的构成要素。

其次，应当将网络远程勘验的目标对象限定为公开发布的电子数据或者一般信息，回归电子数据现场勘验的制度原貌。长期以来，我国理论界与实务界一直将网络远程勘验作为勘验的下位概念，认为该措施属于电子化、在线化的现场勘查，故而仅具有任意侦查的性质。“远程勘验属于开放式环境中网络电子数据收集提取的一种方式，是现场勘验的组成部分。”① 2005 年《计算机犯罪现场勘验与电子证据检查规则》第 3 条第 2 项规定：“远程勘验。是指通过网络对远程目标系统实施勘验，以提取、固定远程目标系统的状态和存留的电子数据。”这表达出立法者将远程勘验定义为电子数据现场勘查的制度初衷。然而，该规范第 25 条却规定：“通过网络监听获取特定主机通信内容以提取电子证据时，应当遵循与远程勘验相同的规定。”这实际上赋予了远程勘验除了网络现场勘查之外的远程监控功能。2016 年《电子数据规定》完全推翻了既有理论对于网络远程勘验的性质定位，将之打造为一种变相的取证手段，替代了网络远程搜查的功能。2019 年《电子数据取证规则》进一步强化了网络远程勘验的取证作用。

梳理规范性文件的演进历程不难发现，网络远程勘验寄托着立法者扩大取证手段、规避网络远程搜查的制度希冀，却突破了网络现场勘查的功能预设。因此，为了避免“借远程勘验之名，行刑事搜查之实”的现象，应当回归网络远程勘验的最初定位，将之界定为网络空间的现场勘查。网络远程勘验属于勘验的下位概念，在立法规范上，应当扩展《刑事诉讼法》第 128 条勘验的客体范围，除了“场所、物品、人身、尸体”等有体物之外，还包括电子数据或者个人信息等无体物，并将网络远程勘验的对象限定为公开发布的电子数据或者一般信息。此类信息仅附着较为薄弱的信息利益，对之进行远程勘验仅会干预公民的个人信

① 李双其、林伟：《侦查中电子数据取证》，知识产权出版社 2018 年版，第 93－94 页。

息权，并不存在侵犯隐私的风险，故而属于任意侦查。并且，应当修正《电子数据规定》《电子数据取证规则》的相关条文。例如，应当改变网络远程勘验的定义，祛除该措施对于远程计算机系统的侵入性。在网络在线提取不复存在的前提下，需要调整网络远程勘验程序位阶的后置性。网络远程勘验可以任意发动，仅需合乎比例原则。此外，应当改变网络远程勘验的行为模式。例如，《电子数据取证规则》第 27 条列举了 6 种启动该措施的行为要件。其中，多数要件应当转化为网络远程搜查的行为模式，诸如植入木马等实时监控措施应当纳入技术侦查的范畴。

最后，应当正视个人信息的搜查程序。域外法治国家的通行做法均是将电子数据取证纳入搜查的范畴。例如，美国宪法第四修正案的搜查、扣押条款不仅以物理空间的实物证据为对象，而且还延伸到网络空间。此外，德国《刑事诉讼法》第 110 条第 3 项也规定："查阅在受搜索干预人处之电子储存媒体时，若所寻找之资讯，在不延伸查阅范围之情况下有丢失之虞时，亦得延伸至由此储存媒体可以读取且与其在空间上分离之其他储存媒体。"[①] 在物理空间中先扣押存储介质再搜查其中电子数据的行为不仅侵入了存储介质内部的虚拟空间，也获取了其中的个人信息。同样，网络远程搜查的强制性既来源于对远程计算机系统的侵入性，又源自对于系统内部隐私信息的获取可能性。这两种行为方式均与物理空间中搜查实物证据如出一辙，故而应当将之均纳入《刑事诉讼法》中搜查的范畴。对此，应当扩展搜查客体，在《刑事诉讼法》第 136 条身体、物品、住处等有体物的基础上，增加电子数据与个人信息等无体物。

对于在物理空间中先扣押存储介质再搜查其中电子数据的行为，应当注意区分存储介质的相关性与其中电子数据的相关性，避免扣押储存

① 连孟琦：《德国刑事诉讼法》，台北，元照出版有限公司 2016 年版，第 116 页。

介质与搜查个人信息的不当混合。扣押存储介质的正当性仅维持在该措施内部，不应当自动延伸至个人信息搜查阶段。申言之，个人信息搜查应当是一道独立的审批环节，而非依附于前端载体扣押的附带成果。因此，应当借鉴 Riley 案中的法治经验，摒弃传统的封闭容器理论，对于搜查个人信息的行为设置独立的审批程序与令状规则，回归“二阶段搜索模式”的基本逻辑。为了避免出现概括性搜查的风险，可以通过设置关键词、限制文件格式、检索文件名称等技术手段，或者建立电子数据“一览无余规则”等制度设计，通过令状的明确记载限制搜查范围，保证搜查行为的对象特定性。例如，司法人员在签发令状时，可以明确电子数据的类型及其与犯罪之间的逻辑关系，将电子数据具体到某一文件夹或者文件夹中的具体文件。此外，为了避免概括式扣押的风险，在普通案件中可以遵循“先搜查后扣押”的行为顺序。[①] 在物理空间中，侦查人员发现疑似与案件相关的电子数据存储介质时，原则上应当先通过搜查方式判断存储介质与案件是否相关，办案人员不得扣押与案件无关的存储介质。但是在案情紧急或者案情复杂无法逐一确认电子数据证据相关性时，可以先行概括性扣押，再交由后续的搜查令状限定取证范围。

对于网络远程搜查行为，应当细化该措施的行为模式，避免与网络远程勘验、技术侦查的不当混合。与网络远程勘验仅获取公开数据与一般信息不同，网络远程搜查不仅侵入私人计算机系统，还存在获取非公开的隐私信息的风险。网络远程搜查包括但是不限于以《电子数据取证规则》第 27 条的行为模式获取远程计算机系统中的个人信息。但是如果通过植入木马等方式获取即时性信息，则属于技术侦查。网络远程搜查可以经同意进行，如果获得用户名、密码后再行搜查，属于经同意的任意侦查。此外，对于新兴出现的云端取证行为，也可以通过网络远程

① 参见吴桐：《电子数据搜查、扣押的行为相关性研究》，载《中国人民公安大学学报（社会科学版）》2021 年第 5 期。

搜查程序为之提供规范依据。

对于上述两类个人信息搜查行为，需要遵循比调取更高的程序门槛。在审批主体上，搜查应当由检察机关外部审批，心证门槛应当高于调取，达到“合理根据标准”（probable cause），即要求警察根据认知的情况与合理可信的信息，足以使一个谨慎的人启动相应的侦查行为。除此之外，更需要通过一系列制度设计，保证搜查范围的特定性。

3. 建构个人信息的分析程序

对个人信息进行查询、检索、比对、碰撞、聚合、挖掘、画像等行为可以统称为个人信息分析行为。个人信息分析属于定量隐私权的实践表达，侧重规制数据集聚之后产生的揭示出私人生活全貌的潜在风险，存在一个长期集聚、反复多次、从量变到质变的分析过程，故而相较于调取、搜查等一次性取证行为具有更大的侵权可能性。然而，在我国侦查体系中，从获取静态个人信息的搜查到监控动态个人信息的技术侦查之间存在程序链条的断裂，即缺乏分析型侦查措施。因此，学界热议的“大数据侦查”在立法规范上面临无处安顿的局面。例如，有学者指出，大数据侦查行为既不属于调取，又不属于搜查，更不属于技术侦查。[①] 由于“重收集，轻分析”的错误倾向，我国《刑事诉讼法》缺乏分析个人信息的相关规定。对此，《公安机关执法细则》（第3版）第29－02条中规定：“进行下列侦查活动时，应当利用有关信息数据库查询、检索、比对有关数据。”然而，该规范法律层级较低，并且只规定了查询、检索与比对这三种低阶分析行为，却无法规范数据聚合、碰撞、挖掘、画像等高阶分析措施。

面对分析型侦查措施的制度空白，在立法规范上，应当在《刑事诉讼法》“侦查”章搜查鉴定之后、技术侦查之前增设“信息分析”措施，规定“利用计算机技术对各类数据库进行查询、检索、比对、碰

---

① 参见程雷：《大数据侦查的法律控制》，载《中国社会科学》2018年第11期。

撞、聚合、挖掘、画像等行为，都属于信息分析”①。其中，如果分析对象以一般信息为限，并且行为方式仅限于个人信息的查询、检索和比对，则仅侵犯了个人信息权，属于任意侦查；如果分析的内容涉及隐私信息，或者采取数据碰撞、聚合、挖掘、画像等高阶分析手段，则可能还原出私人生活的轮廓细节，侵犯了隐私权与个人信息权，属于强制侦查。对于强制信息分析行为，应当适用比调取、搜查更为严格的程序规制。在审批主体上应当奉行相对法官保留原则，在心证门槛上应当达到“合理根据标准”，在案件范围上应当限制为判处 3 年以上有期徒刑的案件方能适用。

4. 建构个人信息的监控程序

个人信息的调取、网络远程搜查与分析均属于对既有信息的回溯性处理。与之相对，技术侦查应当限定为实时监控行为，② 属于对即时信息与未来信息的实时获取，可能产生更大的制度风险。现行的技术侦查不仅具有以往讨论的科技性、秘密性、法律性等特征，在实践过程中也逐渐与实施主体特定性、行为对象特定性、行为模式即时性取得了逻辑关联，亟须立法规范与理论学说进行回应。本书认为，应当对现行技术侦查进行如下改造，建构个人信息的监控程序。

一方面，应当将以追缉嫌犯为目的的短期追踪监控排除在技术侦查之外。其实，我国立法已经认识到基于追缉嫌犯目的实施的技术侦查与基于长期取证目的开展的技术侦查之间存在一定区别。例如，《刑事诉讼法》第 150 条第 3 款规定：“追捕被通缉或者批准、决定逮捕的在逃的犯罪嫌疑人、被告人，经过批准，可以采取追捕所必需的技术侦查措施。”此处追捕被通缉的犯罪嫌疑人、被告人仅需要“经过批准”即

---

① 王仲羊：《科技定位侦查与隐私权的层级保护——以美国 Carpenter 案为视角》，载《河北法学》2021 年第 3 期。

② 参见程雷：《检察机关技术侦查权相关问题研究》，载《中国刑事法杂志》2012 年第 10 期。

可，而无须达到正常技术侦查"经过严格的批准手续"（由设区的市一级以上公安机关负责人批准）的程度。然而，立法对于这两种技术侦查的区别态度稍显保守。其实，以追缉嫌犯为目的的短期追踪监控仅需要获取犯罪嫌疑人"点"状的定位信息，而非"线"状或者"面"状的行踪轨迹信息，属于对一般信息的处理。加之其行为模式具有短暂性、一次性的特点，与长期监控不可同日而语，故而仅属于任意侦查。因此，应当由个人信息概括授权条款提供正当依据即可，而无须提高至技术侦查的水平。

另一方面，应当将以取证为目的的长期持续性监控列为最高强度的强制侦查措施。虽然既有规范已经对技术侦查进行了"顶格"规制，但是相关立法仍然存在诸多弊端，并且没有回应实践中新出现的问题。因此，应当从以下四大方面进行制度优化。

首先，应当明确技术侦查的定义与类型。对此，应当将《刑事诉讼法》"侦查"章第八节的"技术侦查措施"改为"秘密侦查措施"，并在第150条明确技术侦查的定义：技术侦查措施是指由设区的市一级以上公安机关负责技术侦查的部门实施的实时监控措施，包括但不限于记录监控、行踪监控、通信监控、场所监控。将技术侦查明确为实时监控措施，可以避免与调取、搜查、信息分析等回溯性程序的不当混同。诸如植入木马等取证手段，只要存在即时处理个人信息的特征，就应当纳入技术侦查的范畴。当然，可以在司法解释中进一步明确具体监控措施的定义、种类与表现形式。例如，有学者对记录监控、行踪监控、通信监控、场所监控进行了细化。①

其次，应当区分技术侦查与大规模监控。在预测型警务中，大规模监控成为社会治理的重要工具。然而，预测型警务导致国家权力介入的时点前移，不仅突破了立案后方能进行强制侦查的规定，也存在混淆犯

① 参见刘梅湘：《监控类技术侦查措施实证研究》，载《华东政法大学学报》2019年第4期。

罪预防与刑事侦查的风险。对此，应当明确技术侦查措施只有在立案之后方能启动，在预测警务阶段、初查阶段实施的所有技术侦查措施均为非法进行，取得的证据应当纳入非法证据排除的范围。对于在立案之前基于犯罪预防目的开展的大规模监控应当交由行政法规或者《人民警察法》进行规制，而不宜列入技术侦查的范畴。

再次，应当正确看待技术侦查实施主体的部门特定性。技术侦查的定义明确规定技术侦查限于“设区的市一级以上公安机关负责技术侦查的部门实施”。然而，在司法实践中，公安机关的其他侦查部门，甚至负责治安管理的部门，均在不同程度上存在实施诸如 GPS 侦查等技术侦查措施的现象。对此，不应当以技术侦查实施主体的特定性为由，将上述行为排除在技术侦查之外。只要符合即时监控的特征，无论具体执行者是否属于负责技术侦查的部门，均应当纳入技术侦查的范畴，并追究违法开展技术侦查人员的相关责任。

最后，应当完善技术侦查的程序要件。在案件范围上，应当按照既有规定，限制 7 年以上有期徒刑的案件方可实施技术侦查；在审批主体上，应当打破公安机关自侦自审的局面，诉诸相对法官保留原则；在心证门槛上，应当至少达到“合理根据标准”；在长期内容监听方面甚至可以适用更高的“清楚及令人信服的标准”（Clear and Convincing Standard）；在实施时限上，应当严格以 3 个月为限，仅能延长一次，并且延长事项需要法官审批。

综上，层级化的个人信息处理程序以信息种类为经线，以行为强度为纬线，由“调取—搜查—分析—监控”四阶梯级程序构成。其中，如果涉及对于一般信息的处理，则应当列入任意侦查的范畴。具体包括任意调取，网络远程勘验，查询、检索、比对等低阶分析行为，以及以追缉嫌犯为目的的短期追踪监控行为。如果处理隐私信息，则应当列入强制侦查的范畴。具体包括强制调取，搜查，碰撞、聚合、挖掘、画像等高阶分析行为，以及以取证为目的的长期持续性监控行为。这四类行为在审批主体、心证门槛、案件范围等要件上也呈现出层级递进的特征。例如，调取与搜查由检察机关外部审批即可，而信息分析与技术侦查原则上需要由更为中立的法官审批。调取的心证门槛仅需达到“合理怀疑标准”，而搜查、信息分析与技术侦查则需要达到“合理根据标准”。

第七章　结　　论

长期以来，侦查程序虽然在实质上发挥保护诉讼主体个人信息的功能，但是相关制度设计并未对个人信息保护产生应有的关注。在侦查中保护个人信息既不是司法改革的发展方向与热门话题，又未能引发学界的争鸣与讨论。申言之，在侦查中保护个人信息仅是一个附带性命题，并不具备进行制度建构与理论研究的必要性与独立性。然而，随着大数据时代的来临，先进的数字技术深度赋能刑事司法，侦查权得到了空前强化，甚至衍生出“数字极权主义”的隐忧。同时，随着人权保护进程的演进，公民逐渐产生出对个人信息进行自主控制的信息自决利益。由此，日益膨胀的数据权力与不断发展的新型权利需求之间产生了紧张关系。这是刑事侦查中打击犯罪与保障人权这对永恒命题在数字时代的投射。因此，在侦查中保护个人信息就是为了规范个人信息处理活动，保障个体的信息自决利益，实现打击犯罪与保障人权的动态平衡。

由于侦查活动具有特殊的强制性、程序性、对抗性、封闭性等特征，既不同于民事私法领域、行政执法领域、刑事实体法领域，又与刑事诉讼中公诉、审判等环节存在一定差异，个人信息保护必须实现与侦查活动的有效结合，方能确保侦查中个人信息保护的有效性与合理性。对此，应当回归个人信息保护制度的生成语境，以个人信息私人物品与公共产品的二元属性作为起点，实现信息自决利益与国家公共利益的共同增长，融合个人信息私法保护与公法保护两种立法模式，吸取积极确权与行为规制的合理经验，平衡个人信息保护与个人信息处理，实现保障人权与打击犯罪的并重。在此基础上，本书推导出“权利保护”与“权力保护”两种具体的保护方式。在权利保护方面，《个人信息保护法》在立法目的中明确保护“个人信息权益”，并在第四章“个人在个人信息处理活动中的权利”中列举了知情权、决定权、更正权、删除权、要求解释与说明权等具体权利，可以限制性引入刑事侦查领域。在权力保护方面，《个人信息保护法》规定了个人信息处理的基本原则、具体规则与义务，也为侦查活动提供了规范参考。

然而，在侦查中保护个人信息面临诸多困境。在权利保护方面，个人信息权利的理论基础相对薄弱，在性质依据、产生依据与行使依据等方面存在较大争议。并且，以美国为代表的隐私权奉行禁止逻辑，而以欧盟为代表的个人数据受保护权秉承使用逻辑，两项权利在权利客体、权利内容与保护方式上存在较大差异，致使我国在面临权利类型选择时陷入了制度纠结。此外，个人信息在归属、体量与领域等方面的时代变化加剧了个人信息自主控制与共享流通之间的矛盾，导致信息主体在元数据、碎片化数据、第三方数据中的权利状态不明。“公开/私人”标准解体后，个人信息权利的保护范围与保护程度也失去了确立基准。在权力保护方面，个人信息处理活动面临失当、失范、失控的局面。其中，数据主义的哲学理念成为数据权力的理论依据，鼓吹数据的至上意义与信息自由的绝对价值，产生了存而不用、数尽其用、宁枉勿纵、宁滥勿缺四种思维倾向，消解了个人信息处理的正当性基础。数据监控作为数据权力的客观载体，在监控主体、对象、方式、时间、空间与程度上的无序扩张，与既有规范之间产生了紧张关系。在监督制约因素实质性缺位的情况下，数据权力呈现出非理性发展的局面，极度追求安全价值，片面履行个人信息保护的国家义务。

对于上述困境，我国侦查制度虽然作出了相应努力，但是对于个人信息的保护呈现出间接性、依附性与混合性的特征。在权利保护方面，由于我国欠缺个人信息保护的权利基础，无法直接以权利方式保护个人信息，相关立法规范通过保密义务条款、技术保真条款、权力行使条款、隐私保护条款间接发挥保护个人信息的制度功能，弱化了个人信息保护中的权利话语。在权力保护方面，立法规范并未对各类个人信息处理行为进行阶段区分，造成不同行为之间不当的依附关系，具体表现为个人信息分析行为依附于收集行为，个人信息存储行为依附于收集行为，搜查个人信息依附于扣押存储介质。程序后端的个人信息分析行为、个人信息存储行为、搜查个人信息并非独立的制度环节，其合法性需要由前端的个人信息收集行为、扣押存储介质予以提供。此外，权力保护还呈现出混合性特征。具言之，调取、网络在线提取与网络远程勘验同时兼具任意侦查与强制侦查的双重属性。在技术侦查与扣押电子邮件中，并未根据个人信息状态的不同区分回溯性侦查程序与即时性侦查程序。大规模监控的无序发展突破了技术侦查对象特定性的要求，造成特定性侦查与不特定性侦查的不当混合。

与我国不同，域外侦查制度对于个人信息的保护呈现出直接性、独立性与比例性的特征。在权利保护方面，美国以宪法第四修正案的隐私权作为直接保护个人信息的权利基础。并且，隐私权的分析方法逐渐由"定性"转变为"定量"，判断标准也经历了"空间—时间—种类"的演进趋势。欧盟则运用《欧盟基本权利宪章》规定的隐私权与个人数据受保护权为个人信息提供直接的权利保护。欧盟法院通过分析数据处理行为究竟干预了基本权利的外延抑或实质，推动了个人信息权利保护的进程。在权力保护方面，域外侦查制度通过 Jones 案与 Carpenter 案、S. & Marper v. the United Kingdom 案、Riley 案分别保证了个人信息分析行为、个人信息存储行为、搜查个人信息的独立性；此外，相关立法规范也区分了任意侦查程序与强制侦查程序、回溯性侦查程序与即时性侦查程序、特定性侦查程序与非特定性侦查程序，呈现出制度设计的比例性。

我国应当立足于自身国情，参考域外先进的法治经验，重构侦查中的个人信息保护制度。在权利保护方面，需要厘清个人信息权与隐私权之间范围交叉、权能补益与层级递进的逻辑关系，打造“个人信息权—隐私权”的层级化权利构造。并且，赋予信息主体知情权、决定权、更正权、删除权、免受算法自动化决策权与算法解释权，并在特定情况下对权利进行整体限制或者特定限制。在权力保护方面，需要坚持数据治理与程序治理并重的思路。一方面，应当引入信息分类制度、合法性基础、信息他用制度、保存期限制度等个人信息保护领域的具体规则，同时根据侦查活动的特殊性进行适应性改造。另一方面，应当以信息种类为经线，以行为强度为纬线，塑造“调取—搜查—分析—监控”的层级化个人信息处理程序。其中，如果涉及对于一般信息的处理，则应当列入任意侦查的范畴。具体包括任意调取，网络远程勘验，查询、检索、比对等低阶分析行为，以及以追缉嫌犯为目的的短期追踪监控行为。如果处理隐私信息，则应当列入强制侦查的范畴。具体包括强制调取，搜查，碰撞、聚合、挖掘、画像等高阶分析行为，以及以取证为目的的长期持续性监控行为。这四类行为在审批主体、心证门槛、案件范围等要件上也呈现出层级递进的特征。

数字化时代的来临，助推个人信息保护进入刑事侦查的价值序列，并逐渐成为制度改革与理论创新的全新增点与关键契机。在侦查中实现对于个人信息的周延保护，既需要对既有的强制侦查法定主义、证据裁判原则、比例原则、“侦查中心主义”的诉讼构造、有效辩护等传统问题进行优化完善，又必须直面预测型警务、科技定位侦查、大数据侦查、算法取证、人工智能侦查等新兴问题带来的制度风险。因此，个人信息保护关系到侦查程序的“革故”与“鼎新”。这有赖于立法者的智慧和魄力，也需要学者的勇气与担当！

参 考 文 献

一、中文专著

[1] 艾明:《新型监控侦查措施法律规制研究》,法律出版社 2013 年版。

[2] 卞建林、谭世贵主编:《证据法学》(第 3 版),中国政法大学出版社 2014 年版。

[3] 陈刚主编:《信息化侦查大趋势》,中国人民公安大学出版社 2010 年版。

[4] 陈兴良:《当代中国刑法新境域》,中国政法大学出版社 2002 年版。

[5] 陈永生:《侦查程序原理论》,中国人民公安大学出版社 2003 年版。

[6] 程啸:《个人信息保护法理解与适用》,中国法制出版社 2021 年版。

[7] 傅美惠:《侦查法学》,中国检察出版社 2016 年版。

[8] 公安部法制局编:《公安机关执法细则释义》,中国人民公安大学出版社 2009 年版。

[9] 郭瑜:《个人数据保护法研究》,北京大学出版社 2012 年版。

[10] 韩旭至:《个人信息的法律界定及类型化研究》,法律出版社 2018 年版。

[11] 何渊主编:《数据法学》,北京大学出版社 2020 年版。

［12］胡忠惠等：《技术侦查制度中的隐私权保障问题研究》，中国法制出版社2016年版。

［13］蒋坡主编：《个人数据信息的法律保护》，中国政法大学出版社2008年版。

［14］李双其、李伟：《侦查中电子数据取证》，知识产权出版社2018年版。

［15］李双其、曹文安、黄云峰：《法治视野下的信息化侦查》，中国检察出版社2011年版。

［16］李彦宏等：《智能革命》，中信出版集团2017年版。

［17］连孟琦：《德国刑事诉讼法》，台北，元照出版有限公司2016年版。

［18］林钰雄：《干预处分与刑事证据》，北京大学出版社2010年版。

［19］林钰雄：《搜查扣押注释书》，台北，元照出版有限公司2001年版。

［20］林钰雄：《刑事诉讼法》（上册总论编），中国人民大学出版社2005年版。

［21］刘浩阳、李锦、刘晓宇主编：《电子数据取证》，清华大学出版社2015年版。

［22］刘艳红主编：《刑法学》（下）（第2版），北京大学出版社2016年版。

［23］龙卫球、刘宝玉主编：《中华人民共和国民法总则释义与适用指导》，中国法制出版社2017年版。

［24］龙卫球主编：《中华人民共和国个人信息保护法释义》，中国法制出版社2021年版。

［25］马方：《任意侦查研究》，群众出版社2009年版。

［26］齐爱民：《大数据时代个人信息保护法国际比较研究》，法律

出版社 2015 年版。

［27］齐爱民主编：《个人资料保护法原理及其跨国流通法律问题研究》，武汉大学出版社 2004 年版。

［28］齐爱民：《拯救信息社会中的人格》，北京大学出版社 2009 年版。

［29］宋英辉、甄贞主编：《刑事诉讼法学》（第 7 版），中国人民大学出版社 2021 年版。

［30］孙平：《“信息人”时代：网络安全下的个人信息权宪法保护》，北京大学出版社 2018 年版。

［31］孙长永：《侦查程序与人权——比较法视角》，中国方正出版社 2000 年版。

［32］王芳：《隐私与刑事法——隐私的政治价值与制度体现》，中国社会科学出版社 2012 年版。

［33］王进喜：《美国〈联邦证据规则〉（2011 年重塑版）条解》，中国法制出版社 2012 年版。

［34］王利明：《人格权法研究》（第 2 版），中国人民大学出版社 2012 年版。

［35］王燃：《大数据侦查》，清华大学出版社 2017 年版。

［36］吴苌弘：《个人信息的刑法保护》，上海社会科学院出版社 2014 年版。

［37］向燕：《刑事侦查中隐私权领域的界定》，中国政法大学出版社 2011 年版。

［38］谢永志：《个人数据保护法立法研究》，人民法院出版社 2013 年版。

［39］许文义：《个人资料保护法论》，台北，三民书局股份有限公司 2001 年版。

［40］杨芳：《隐私权保护与个人信息保护法——对个人信息保护

立法潮流的反思》，法律出版社 2016 年版。

［41］杨开湘：《刑事诉讼与隐私权保护的关系研究》，中国法制出版社 2006 年版。

［42］姚岳绒：《宪法视野中的个人信息保护》，法律出版社 2012 年版。

［43］张建伟：《刑事诉讼法通义》（第 2 版），北京大学出版社 2016 年版。

［44］张民安主编：《美国当代隐私权研究——美国隐私权的界定、类型、基础以及分析方法》，中山大学出版社 2013 年版。

［45］张民安主编：《隐私权的比较研究——法国、德国、美国及其它国家的隐私权》，中山大学出版社 2013 年版。

［46］张明楷：《刑法学》（第 5 版），法律出版社 2016 年版。

［47］张荣顺主编：《中华人民共和国民法总则解读》，中国法制出版社 2017 年版。

［48］张新宝、葛鑫：《个人信息保护法（专家建议稿）及立法理由书》，中国人民大学出版社 2021 年版。

［49］张新宝主编：《〈中华人民共和国个人信息保护法〉释义》，人民出版社 2021 年版。

［50］张玉镶主编：《刑事侦查学》，北京大学出版社 2014 年版。

［51］周汉华：《〈中华人民共和国个人信息保护法（专家建议稿）及立法研究报告〉》，法律出版社 2006 年版。

二、中文论文

［1］艾明：《调取证据应该成为一项独立的侦查取证措施吗？——调取证据措施正当性批判》，载《证据科学》2016 年第 2 期。

［2］艾明：《刑事诉讼法中的侦查概括条款》，载《法学研究》2017 年第 4 期。

［3］艾明：《刑事侦查中大规模抽血比对措施正当性反思》，载《中南民族大学学报（人文社会科学版）》2017 年第 1 期。

［4］艾明：《资讯科技基本权的创设及对德国线上搜索措施立法的影响——兼论我国网络远程勘验措施的立法完善》，载《学习与探索》2021 年第 4 期。

［5］贝金欣、谢澍：《司法机关调取互联网企业数据之利益衡量与类型化路径》，载《国家检察官学院学报》2020 年第 6 期。

［6］伯阳、刘志军：《一般人格权之具体体现：新创设的保障 IT 系统私密性和完整性的基本权利——联邦宪法法院对“在线搜查”作出的判决》，载《中德法学论坛》2008 年第 0 期。

［7］蔡培如：《欧盟法上的个人数据受保护权研究——兼议对我国个人信息权利构建的启示》，载《法学家》2021 年第 5 期。

［8］蔡星月：《数据主体的“弱同意”及其规范结构》，载《比较法研究》2019 年第 4 期。

［9］蔡宗珍：《电信相关资料之存取与利用的基本权关联性》（下），载《月旦法学杂志》第 4 期（2018 年）。

［10］陈峰、王利荣：《个人信息“知情同意权”的功能检视与完善进路》，载《广西社会科学》2021 年第 8 期。

［11］陈刚：《解释与规制：程序法定主义下的大数据侦查》，载《法学杂志》2020 年第 12 期。

［12］陈永生：《电子数据搜查、扣押的法律规制》，载《现代法学》2014 年第 5 期。

［13］陈永生：《计算机网络犯罪对刑事诉讼的挑战与制度应对》，载《法律科学（西北政法大学学报）》2014 年第 3 期。

［14］陈永生：《论电子通讯数据搜查、扣押的制度建构》，载《环球法律评论》2019 年第 1 期。

［15］陈永生：《计算机网络犯罪对刑事诉讼的挑战与制度应对》，

载《法律科学（西北政法大学学报）》2014 年第 3 期。

[16] 程关松：《个人信息保护的中国权利话语》，载《法学家》2019 年第 5 期。

[17] 程雷：《大数据背景下的秘密监控与公民个人信息保护》，载《法学论坛》2021 年第 3 期。

[18] 程雷：《大数据侦查的法律控制》，载《中国社会科学》2018 年第 11 期。

[19] 程雷：《检察机关技术侦查权相关问题研究》，载《中国刑事法杂志》2012 年第 10 期。

[20] 程雷：《刑事司法中的公民个人信息保护》，载《中国人民大学学报》2019 年第 1 期。

[21] 程啸：《论大数据时代的个人数据权利》，载《中国社会科学》2018 年第 3 期。

[22] 程啸：《论个人信息处理中的个人同意》，载《环球法律评论》2021 年第 6 期。

[23] 程啸：《论我国个人信息保护法的基本原则》，载《国家检察官学院学报》2021 年第 5 期。

[24] 程啸：《论我国个人信息保护法中的个人信息处理规则》，载《清华法学》2021 年第 3 期。

[25] 程啸：《论我国民法典中个人信息权益的性质》，载《政治与法律》2020 年第 8 期。

[26] 程啸：《民法典编纂视野下的个人信息保护》，载《中国法学》2019 年第 4 期。

[27] 崔淑洁、张弘：《数据挖掘对个人信息的侵害与保护路径》，载《西安交通大学学报（社会科学版）》2020 年第 6 期。

[28] 单勇：《犯罪之技术治理的价值权衡：以数据正义为视角》，载《法制与社会发展》2020 年第 5 期。

[29] 单勇：《数据主义对犯罪治理体系的重塑及其反思》，载《南京社会科学》2021 年第 1 期。

[30] 丁晓东：《大数据与人工智能时代的个人信息立法——论新科技对信息隐私的挑战》，载《北京航空航天大学学报（社会科学版）》2020 年第 3 期。

[31] 丁晓东：《个人信息的双重属性与行为主义规制》，载《法学家》2020 年第 1 期。

[32] 杜吾青：《公安机关采集个人信息的合宪性控制》，载《南京大学法律评论》2019 年第 2 期。

[33] 房绍坤、曹相见：《论个人信息人格利益的隐私本质》，载《法制与社会发展》2019 年第 4 期。

[34] 付新华：《个人信息权的权利证成》，载《法制与社会发展》2021 年第 5 期。

[35] 高楚南：《刑法视野下公民个人信息法益重析及范围扩充》，载《中国刑事法杂志》2019 年第 2 期。

[36] 高富平、王文祥：《出售或提供公民个人信息入罪的边界——以侵犯公民个人信息罪所保护的法益为视角》，载《政治与法律》2017 年第 2 期。

[37] 高富平、王苑：《论个人数据保护制度的源流——域外立法的历史分析和启示》，载《河南社会科学》2019 年第 11 期。

[38] 高富平：《个人信息保护：从个人控制到社会控制》，载《法学研究》2018 年第 3 期。

[39] 高富平：《个人信息使用的合法性基础——数据上利益分析视角》，载《比较法研究》2019 年第 2 期。

[40] 高富平：《论个人信息保护的目的——以个人信息保护法益区分为核心》，载《法商研究》2019 年第 1 期。

[41] 高通：《在线诉讼对刑事诉讼的冲击与协调——以刑事审判

程序为切入点》，载《南开学报（哲学社会科学版）》2022 年第 1 期。

[42] 高兆明：《“数据主义”的人文批判》，载《江苏社会科学》2018 年第 4 期。

[43] 郭春镇、马磊：《大数据时代个人信息问题的回应型治理》，载《法制与社会发展》2020 年第 2 期。

[44] 韩德明：《信息化背景下侦查权范式的要素系谱》，载《中国人民公安大学学报（社会科学版）》2016 年第 4 期。

[45] 韩旭至：《大数据时代下匿名信息的法律规制》，载《大连理工大学学报（社会科学版）》2018 年第 4 期。

[46] 何家弘：《适用非法证据排除规则需要司法判例》，载《法学家》2013 年第 2 期。

[47] 何军：《大数据与侦查模式变革研究》，载《中国人民公安大学学报（社会科学版）》2015 年第 1 期。

[48] 何军：《数据侦查行为的法律性质及规制路径研究》，载《中国人民公安大学学报（社会科学版）》2021 年第 1 期。

[49] 何赖杰：《论德国刑事程序「在线搜索」与涉及电子邮件之强制处分》，载《月旦法学杂志》2012 年第 208 期。

[50] 贺栩栩：《比较法上的个人数据信息自决权》，载《比较法研究》2013 年第 2 期。

[51] 洪刚：《信息网络犯罪技术侦查的法律控制》，载《中国应用法学》2022 年第 1 期。

[52] 洪玮铭、姜战军：《社会系统论视域下的个人信息权及其类型化》，载《江西社会科学》2019 年第 8 期。

[53] 胡建淼、岑剑梅：《公共摄像监视与公民隐私权保护》，载《法学》2008 年第 6 期。

[54] 胡铭、严敏姬：《大数据视野下犯罪预测的机遇、风险与规制——以英美德“预测警务”为例》，载《西南民族大学学报（人文社

会科学版)》2021 年第 12 期。

[55] 胡荣:《刑事侦查中位置服务数据利用及其立法规制》,载《学习与探索》2020 年第 4 期。

[56] 胡文涛:《我国个人敏感信息界定之构想》,载《中国法学》2018 年第 5 期。

[57] 黄朝义:《通聊记录调取与另案监听修法评析》,载《警大法学论集》2014 年第 26 期。

[58] 黄河:《论德国电信监听的法律规制——基于基本权利的分析》,载《比较法研究》2017 年第 3 期。

[59] 黄太云:《刑事诉讼法修改释义》,载《人民检察》2012 年第 8 期。

[60] 黄政龙:《美国行动电话定位追踪法规范研究》,载《警大法学论集》2010 年第 18 期。

[61] 冀洋:《法益自决权与侵犯公民个人信息罪的司法边界》,载《中国法学》2019 年第 4 期。

[62] 蒋舸:《个人信息保护法立法模式的选择——以德国经验为视角》,载《法律科学(西北政法大学学报)》2011 年第 2 期。

[63] 蒋勇:《大数据时代个人信息权在侦查程序中的导入》,载《武汉大学学报(哲学社会科学版)》2019 年第 3 期。

[64] 蒋勇:《个人信息保护视野下中国电子取证规制的程序法转向》,载《西安交通大学学报(社会科学版)》2019 年第 6 期。

[65] [美] 杰克·巴尔金:《基于信息的治理:美国宪法能否回应大数据时代的挑战?》,康向宇译,载《师大法学》2019 年第 1 期。

[66] 金铭:《刑事诉讼法中个人信息保护的法教义学省思》,载《西南交通大学学报(社会科学版)》2021 年第 3 期。

[67] 敬力嘉:《大数据环境下侵犯公民个人信息罪法益的应然转向》,载《法学评论》2018 年第 2 期。

[68] 劳东燕：《个人数据的刑法保护模式》，载《比较法研究》2020 年第 5 期。

[69] 黎晓露：《个人信息权引入刑事诉讼的理论证成与体系化建构》，载《河北法学》2021 年第 12 期。

[70] 李惠宗：《个人资料保护法上的帝王条款——目的拘束原则》，载《法令月刊》2013 年第 1 期。

[71] 李亮：《新刑事诉讼法中个人信息保护的检视与路径探索——基于传统和互联网两种样态的考察》，载《海南大学学报（人文社会科学版）》2014 年第 2 期。

[72] 李荣耕：《电磁纪录的搜索及扣押》，载《台大法学论丛》2012 年第 3 期。

[73] 李荣耕：《科技定位监控与犯罪侦查：兼论美国近年 GPS 追踪法制及实务之发展》，载《台湾大学法学论丛》2015 年第 3 期。

[74] 李荣耕：《论侦查机关对通信记录的调取》，载《政大法学评论》2010 年第 115 期。

[75] 李蓉、祝千惠：《公共安全视频图像信息适时删除制度研究》，载《湖南大学学报（社会科学版）》2021 年第 5 期。

[76] 李双其：《论信息引导侦查》，载《中国人民公安大学学报（社会科学版）》2005 年第 6 期。

[77] 李忠夏：《数字时代隐私权的宪法建构》，载《华东政法大学学报》2021 年第 3 期。

[78] 梁坤：《论远程搜查措施在侦查程序规范中的定位》，载《中国刑警学院学报》2018 年第 6 期。

[79] 梁泽宇：《个人信息保护中目的限制原则的解释与适用》，载《比较法研究》2018 年第 5 期。

[80] 林洹民：《自动决策算法的法律规制：以数据活动顾问为核心的二元监管路径》，载《法律科学（西北政法大学学报）》2019 年第

3 期。

[81] 林来梵：《人的尊严与人格尊严——兼论中国宪法第 38 条的解释方案》，载《浙江社会科学》2008 年第 3 期。

[82] 林凌、贺小石：《人脸识别的法律规制路径》，载《法学杂志》2020 年第 7 期。

[83] 凌萍萍、焦冶：《侵犯公民个人信息罪的刑法法益重析》，载《苏州大学学报（哲学社会科学版）》2017 年第 6 期。

[84] 刘德良：《个人信息的财产权保护》，载《法学研究》2007 年第 3 期。

[85] 刘芳伶：《远距离搜索扣押与令状之明示特定》，载《东海大学法学研究》2016 年第 8 期。

[86] 刘静怡：《通信监察与民主监督：欧美争议发展趋势之反思》，载《欧美研究》2017 年第 1 期。

[87] 刘玫、陈慧君：《刑事司法领域信息自决权研究》，载《吉首大学学报（社会科学版）》2021 年第 5 期。

[88] 刘玫、陈雨楠：《从冲突到融入：刑事侦查中公民个人信息保护的规则建构》，载《法治研究》2021 年第 5 期。

[89] 刘梅湘：《监控类技术侦查措施实证研究》，载《华东政法大学学报》2019 年第 4 期。

[90] 刘梅湘：《侦查机关实施网络监控措施的程序法规制——以域外法的相关规定为参照》，载《法商研究》2017 年第 1 期。

[91] 刘铭：《公安电子数据取证规范的文本分析》，载《中国人民公安大学学报（社会科学版）》2021 年第 4 期。

[92] 刘品新：《论大数据证据》，载《环球法律评论》2019 年第 1 期。

[93] 刘士国：《信息控制权法理与我国个人信息保护立法》，载《政法论丛》2021 年第 3 期。

［94］刘为军：《超越侦查公开与不公开之争——兼论侦查公正的实现》，载《中国刑事法杂志》2010 年第 4 期。

［95］刘文杰：《被遗忘权：传统元素、新语境与利益衡量》，载《法学研究》2018 年第 2 期。

［96］刘文琦：《论刑事侦查程序中的个人信息保护——以美国宪法第四修正案为考察视角》，载《社会科学动态》2022 年第 3 期。

［97］刘艳红：《公共空间运用大规模监控的法理逻辑及限度——基于个人信息有序共享之视角》，载《法学论坛》2020 年第 2 期。

［98］刘艳红：《民法编纂背景下侵犯公民个人信息罪的保护法益：信息自决权——以刑民一体化及〈民法总则〉第 111 条为视角》，载《浙江工商大学学报》2019 年第 6 期。

［99］刘艳红：《人性民法与物性刑法的融合发展》，载《中国社会科学》2020 年第 4 期。

［100］刘译矾：《论电子数据的双重鉴真》，载《当代法学》2018 年第 3 期。

［101］刘永谋、兰立山：《大数据技术与技治主义》，载《晋阳学刊》2018 年第 2 期。

［102］刘云：《论可解释的人工智能之制度构建》，载《江汉论坛》2020 年第 12 期。

［103］刘泽刚：《欧盟个人数据保护的“后隐私权”变革》，载《华东政法大学学报》2018 年第 4 期。

［104］刘志强：《论“数字人权”不构成第四代人权》，载《法学研究》2021 年第 1 期。

［105］龙建明：《技术侦查中被追诉人隐私权保护研究》，载《甘肃政法学院学报》2016 年第 1 期。

［106］龙宗智：《威胁、引诱、欺骗的审讯是否违法》，载《法学》2000 年第 3 期。

［107］龙宗智：《寻求有效取证与保证权利的平衡——评“两高一部”电子数据证据规定》，载《法学》2016 年第 11 期。

［108］闾刚：《论侦查实务中的调取证据》，载《四川文理学院学报》2014 年第 1 期。

［109］吕炳斌：《个人信息保护的“同意”困境及其出路》，载《法商研究》2021 年第 2 期。

［110］吕炳斌：《个人信息权作为民事权利之证成：以知识产权为参照》，载《中国法学》2019 年第 4 期。

［111］马方、吴桐：《信息化侦查的维度冲突与法律规制》，载《中国人民公安大学学报（社会科学版）》2017 年第 2 期。

［112］马方：《同意监听法制评析》，载《宁夏大学学报（人文社会科学版）》2009 年第 4 期。

［113］马长山：《智慧社会背景下的“第四代人权”及其保障》，载《中国法学》2019 年第 5 期。

［114］马忠红：《信息化时代侦查思维方式之变革》，载《中国人民公安大学学报（社会科学版）》2011 年第 1 期。

［115］倪蕴帷：《隐私权在美国法中的理论演进与概念重构——基于情境脉络完整性理论的分析及其对中国法的启示》，载《政治与法律》2019 年第 10 期。

［116］聂江波：《侦查思维范式转换研究》，载《中国人民公安大学学报（社会科学版）》2020 年第 3 期。

［117］欧阳本祺：《侵犯公民个人信息罪的法益重构：从私法权利回归公法权利》，载《比较法研究》2021 年第 3 期。

［118］潘金贵、李国华：《我国电子数据收集提取措施对基本权利的干预与立法完善》，载《湖南社会科学》2019 年第 5 期。

［119］裴炜：《犯罪侦查中网络服务提供商的信息披露义务——以比例原则为指导》，载《比较法研究》2016 年第 4 期。

[120] 裴炜：《个人信息保护法与刑事司法的分离与融合》，载《中国政法大学学报》2020年第5期。

[121] 裴炜：《个人信息大数据与刑事正当程序的冲突及其调和》，载《法学研究》2018年第2期。

[122] 裴炜：《个人信息权的建构和立体式法律保障——由隐私权保护的范式困境展开》，载《北大法律评论》2017年第2期。

[123] 裴炜：《论个人信息的刑事调取——以网络信息业者协助刑事侦查为视角》，载《法律科学（西北政法大学学报）》2021年第3期。

[124] 裴炜：《论刑事电子取证中的载体扣押》，载《中国刑事法杂志》2020年第4期。

[125] 裴炜：《论刑事数字辩护：以有效辩护为视角》，载《法治现代化研究》2020年第4期。

[126] 裴炜：《数据侦查的程序法规制——基于侦查行为相关性的考察》，载《法律科学（西北政法大学学报）》2019年第6期。

[127] 裴炜：《刑事跨境取证中的数据安全风险及其应对》，载《国家检察官学院学报》2021年第6期。

[128] 裴炜：《刑事数字合规困境：类型化及成因探析》，载《东方法学》2022年第2期。

[129] 裴炜：《刑事诉讼中的个人信息保护探讨——基于公民信息保护整体框架》，载《人民检察》2021年第14期。

[130] 彭勃：《技术治理的限度及其转型：治理现代化的视角》，载《社会科学》2020年第5期。

[131] 彭诚信、杨思益：《论数据、信息与隐私的权利层次与体系建构》，载《西北工业大学学报（社会科学版）》2020年第2期。

[132] 彭知辉：《“大数据侦查”质疑：关于大数据与侦查关系的思考》，载《中国人民公安大学学报（社会科学版）》2018年第4期。

［133］齐爱民、张哲：《识别与再识别：个人信息的概念界定与立法选择》，载《重庆大学学报（社会科学版）》2018 年第 2 期。

［134］齐爱民：《论个人信息的法律保护》，载《苏州大学学报》2005 年第 2 期。

［135］齐爱民：《中华人民共和国个人信息保护法示范法草案学者建议稿》，载《河北法学》2005 年第 6 期。

［136］钱继磊：《个人信息权作为新兴权利之法理反思与证成》，载《北京行政学院学报》2020 年第 4 期。

［137］邱文聪：《从资讯自决与资讯隐私的概念区分——评「电脑处理个人资料保护法修正草案」的结构性问题》，载《月旦法学杂志》2009 年第 5 期。

［138］曲新久：《论侵犯公民个人信息犯罪的超个人法益属性》，载《人民检察》2015 年第 11 期。

［139］任颖：《数字时代隐私权保护的法理构造与规则重塑》，载《东方法学》2022 年第 2 期。

［140］邵俊：《个人信息的检察公益诉讼保护路径研究》，载《法治研究》2021 年第 5 期。

［141］申卫星：《论个人信息保护与利用的平衡》，载《中国法律评论》2021 年第 5 期。

［142］申卫星：《论个人信息权的构建及其体系化》，载《比较法研究》2021 年第 5 期。

［143］石佳友：《个人信息保护法与民法典如何衔接协调》，载《人民论坛》2021 年第 2 期。

［144］石佳友：《隐私权与个人信息关系的再思考》，载《上海政法学院学报（法治论丛）》2021 年第 5 期。

［145］时明涛：《大数据时代个人信息保护的困境与出路——基于当前研究现状的评论与反思》，载《科技与法律》2020 年第 5 期。

[146] 帅奕男：《基本权利“新样态”的宪法保障——以互联网时代公民通信自由权为例》，载《法学评论》2018 年第 6 期。

[147] 宋亚辉：《个人信息的私法保护模式研究——〈民法总则〉第 111 条的解释论》，载《比较法研究》2019 年第 2 期。

[148] 宋志军：《同意搜查制度比较研究》，载《山东警察学院学报》2013 年第 5 期。

[149] 苏宇、高文英：《个人信息的身份识别标准：源流、实践与反思》，载《交大法学》2019 年第 4 期。

[150] 孙潇琳：《我国电子数据搜查扣押之审思》，载《中国人民公安大学学报（社会科学版）》2018 年第 6 期。

[151] 孙长永：《强制侦查的法律控制与司法审查》，载《现代法学》2005 年第 5 期。

[152] 汤擎：《试论个人数据与相关的法律关系》，载《华东政法学院学报》2000 年第 5 期。

[153] 唐林垚：《“脱离算法自动化决策权”的虚幻承诺》，载《东方法学》2020 年第 6 期。

[154] 田芳：《DNA 数据库比对技术在刑事侦查中运用的合宪性问题》，载《南大法学》2021 年第 1 期。

[155] 涂欣筠：《多元视角下刑事诉讼当事人的隐私权保护》，载《中国政法大学学报》2021 年第 6 期。

[156] 屠振宇：《未列举基本权利的认定方法》，载《法学》2007 年第 9 期。

[157] 屠振宇：《未列举基本权利的宪法保护》，载《中外法学》2007 年第 1 期。

[158] 万春、王建平、吴孟栓、高翼飞：《〈关于办理刑事案件收集提取和审查判断电子数据若干问题的规定〉理解与适用》，载《人民检察》2017 年第 1 期。

［159］万毅：《同意搜查若干法律问题研究》，载《法商研究》2009 年第 3 期。

［160］万毅：《侦查启动程序探析》，载《人民检察》2003 年第 3 期。

［161］王成：《个人信息民法保护的模式选择》，载《中国社会科学》2019 年第 6 期。

［162］王德夫：《大数据时代下个人信息面临的新风险与制度应对》，载《西安交通大学学报（社会科学版）》2019 年第 6 期。

［163］王东：《技术侦查的法律规制》，载《中国法学》2014 年第 5 期。

［164］王怀勇、常宇豪：《个人信息保护的理念嬗变与制度变革》，载《法制与社会发展》2020 年第 6 期。

［165］王景龙：《美国的自白任意性规则及借鉴》，载《环球法律评论》2016 年第 1 期。

［166］王锴：《论宪法上的一般人格权及其对民法的影响》，载《中国法学》2017 年第 3 期。

［167］王锴：《调取查阅通话（讯）记录中的基本权利保护》，载《政治与法律》2020 年第 8 期。

［168］王利明：《和而不同：隐私权与个人信息的规则界分和适用》，载《法学评论》2021 年第 2 期。

［169］王利明：《论个人信息权的法律保护——以个人信息权与隐私权的界分为中心》，载《现代法学》2013 年第 4 期。

［170］王利明：《论个人信息删除权》，载《东方法学》2022 年第 1 期。

［171］王利明：《敏感个人信息保护的基本问题——以〈民法典〉和〈个人信息保护法〉的解释为背景》，载《当代法学》2022 年第 1 期。

[172] 王士帆：《当科技侦查骇入语音助理——刑事诉讼准备好了吗?》，载《台北大学法学论丛》2019 年第 112 期。

[173] 王士帆：《网路之刑事追诉——科技与法律的较劲》，载《政大法学评论》2016 年第 145 期。

[174] 王士帆：《违反沉默权告知义务之证据禁止——以德国法作比较观察》，载《政大法学评论》2011 年第 120 期。

[175] 王肃之：《被害人教义学核心原则的发展——基于侵犯公民个人信息罪法益的反思》，载《政治与法律》2017 年第 10 期。

[176] 王锡锌、彭錞：《个人信息保护法律体系的宪法基础》，载《清华法学》2021 年第 3 期。

[177] 王锡锌：《个人信息国家保护义务及展开》，载《中国法学》2021 年第 1 期。

[178] 王锡锌：《个人信息权益的三层构造及保护机制》，载《现代法学》2021 年第 5 期。

[179] 王锡锌：《国家保护视野中的个人信息权利束》，载《中国社会科学》2021 年第 11 期。

[180] 王学辉、赵昕：《隐私权之公私法整合保护探索——以"大数据时代"个人信息隐私为分析视点》，载《河北法学》2015 年第 5 期。

[181] 王彦学：《论网上通缉误认》，载《中国人民公安大学学报(社会科学版)》2010 年第 6 期。

[182] 王泽鉴：《人格权的具体化及其保护范围 · 隐私权篇》(上)，载《比较法研究》2008 年第 6 期。

[183] 王仲羊：《GPS 侦查的法律规制》，载《中国人民公安大学学报（社会科学版)》2021 年第 4 期。

[184] 王仲羊：《大数据时代手机定位侦查的制度挑战与法律规制》，载《中国人民公安大学学报（社会科学版)》2020 年第 6 期。

［185］王仲羊：《科技定位侦查与隐私权的层级保护——以美国 Carpenter 案为视角》，载《河北法学》2021 年第 3 期。

［186］王仲羊：《论非法口供的裁量排除》，载《中国人民公安大学学报（社会科学版）》2019 年第 6 期。

［187］王仲羊：《刑事诉讼中的个人信息保护——以科技定位侦查为视角》，载《理论月刊》2020 年第 12 期。

［188］魏俊斌：《大数据侦查的风险防控与“意识”匡正》，载《大连理工大学学报（社会科学版）》2021 年第 2 期。

［189］魏远山：《算法解释请求权及其权利范畴研究》，载《甘肃政法学院学报》2020 年第 1 期。

［190］翁清坤：《大数据对于个人资料保护之挑战与因应之道》，载《东吴法律学报》2020 年第 3 期。

［191］吴常青、李静雅、李晨蕾：《论澳大利亚通讯数据留存与调取制度及其启示》，载《信息资源管理学报》2020 年第 1 期。

［192］吴常青、吴轩：《情报监控中通信运营商权利义务的比较与借鉴》，载《重庆邮电大学学报（社会科学版）》2018 年第 4 期。

［193］吴宏耀：《非法证据排除的规则与实效——兼论我国非法证据排除规则的完善进路》，载《现代法学》2014 年第 4 期。

［194］吴桐：《电子数据搜查、扣押的行为相关性研究》，载《中国人民公安大学学报（社会科学版）》2021 年第 5 期。

［195］吴桐：《科技定位侦查的制度挑战与法律规制——以日本 GPS 侦查案为例的研究》，载《中国刑事法杂志》2020 年第 6 期。

［196］吴伟光：《从隐私利益的产生和本质来理解中国隐私权制度的特殊性》，载《当代法学》2017 年第 4 期。

［197］吴伟光：《大数据技术下个人数据信息私权保护论批判》，载《政治与法律》2016 年第 7 期。

［198］项定宜：《个人信息处理必要性原则的规范体系研究》，载

《北方法学》2021 年第 5 期。

［199］谢登科：《电子数据的鉴真问题》，载《国家检察官学院学报》2017 年第 5 期。

［200］谢登科：《电子数据网络远程勘验规则反思与重构》，载《中国刑事法杂志》2020 年第 1 期。

［201］谢登科：《电子数据网络在线提取规则反思与重构》，载《东方法学》2020 年第 3 期。

［202］谢登科：《论技术侦查中的隐私权保护》，载《法学论坛》2016 年第 3 期。

［203］谢登科：《论侦查机关电子数据调取权及其程序控制——以〈数据安全法（草案）〉第 32 条为视角》，载《环球法律评论》2021 年第 1 期。

［204］谢俊硕：《警察机关的骇客任务——论线上搜索在警察法领域内实施的法律问题》，载《台北大学法学论丛》2008 年第 93 期。

［205］谢远扬：《〈民法典人格权编（草案）〉中“个人信息自决”的规范建构及其反思》，载《现代法学》2019 年第 6 期。

［206］徐明：《大数据时代的隐私危机及其侵权法应对》，载《中国法学》2017 年第 1 期。

［207］严鸿雁：《论个人信息权益的民事权利性质与立法路径——兼评〈个人信息保护法〉（专家建议稿）的不足》，载《情报理论与实践》2013 年第 4 期。

［208］杨芳：《德国一般人格权中的隐私保护——信息自由原则下对“自决”观念的限制》，载《东方法学》2016 年第 6 期。

［209］杨芳：《个人信息自决权理论及其检讨——兼论个人信息保护法之保护客体》，载《比较法研究》2015 年第 6 期。

［210］杨君琳：《论北斗时代的个人位置信息法律保护》，载《法学杂志》2021 年第 2 期。

［211］杨立新：《个人信息：法益抑或民事权利——对〈民法总则〉第111条规定的“个人信息”之解读》，载《法学论坛》2018年第1期。

［212］杨雄：《刑事同意搜查的正当化要件分析》，载《河南公安高等专科学校学报》2006年第1期。

［213］杨郁娟：《大数据侦查的证成：从信息化到大数据》，载《铁道警察学院学报》2017年第3期。

［214］姚佳：《论个人信息处理者的民事责任》，载《清华法学》2021年第3期。

［215］姚小林：《知情权探究》，载《兰州学刊》2005年第2期。

［216］姚岳绒：《论信息自决权作为一项基本权利在我国的证成》，载《政治与法律》2012年第4期。

［217］叶金强：《〈民法总则〉“民事权利章”的得与失》，载《中外法学》2017年第3期。

［218］于柏华：《处理个人信息行为的合法性判准——从〈民法典〉第111条的规范目的出发》，载《华东政法大学学报》2020年第3期。

［219］于冲：《侵犯公民个人信息罪中“公民个人信息”的法益属性与入罪边界》，载《政治与法律》2018年第4期。

［220］于阳、魏俊斌：《冲突与弥合：大数据侦查监控模式下的个人信息保护》，载《情报杂志》2018年第12期。

［221］余成峰：《信息隐私权的宪法时刻规范基础与体系重构》，载《中外法学》2021年第1期。

［222］余筱兰：《信息权在我国民法典编纂中的立法遵从》，载《法学杂志》2017年第4期。

［223］喻海松：《刑事电子数据的规制路径与重点问题》，载《环球法律评论》2019年第1期。

［224］张恩典：《大数据时代的算法解释权：背景、逻辑与构造》，载《法学论坛》2019 年第 4 期。

［225］张恩典：《人工智能算法决策对行政法治的挑战及制度因应》，载《行政法学研究》2020 年第 4 期。

［226］张建伟：《司法的科技应用：两个维度的观察与分析》，载《浙江工商大学学报》2021 年第 5 期。

［227］张建伟：《协同型司法：认罪认罚从宽制度的诉讼类型分析》，载《环球法律评论》2020 年第 2 期。

［228］张可：《大数据侦查措施程控体系建构：前提、核心与保障》，载《东方法学》2019 年第 6 期。

［229］张莉：《个人信息权的法哲学论纲》，载《河北法学》2010 年第 2 期。

［230］张凌寒：《商业自动化决策的算法解释权研究》，载《法律科学（西北政法大学学报）》2018 年第 3 期。

［231］张璐：《何为私密信息？——基于〈民法典〉隐私权与个人信息保护交叉部分的探讨》，载《甘肃政法大学学报》2021 年第 1 期。

［232］张翔：《通信权的宪法释义与审查框架——兼与杜强强、王锴、秦小建教授商榷》，载《比较法研究》2021 年第 1 期。

［233］张欣：《算法解释权与算法治理路径研究》，载《中外法学》2019 年第 6 期。

［234］张新宝：《从隐私到个人信息：利益再衡量的理论与制度安排》，载《中国法学》2015 年第 3 期。

［235］张新宝：《个人信息处理的基本原则》，载《中国法律评论》2021 年第 5 期。

［236］张新宝：《论个人信息权益的构造》，载《中外法学》2021 年第 5 期。

［237］张新宝：《我国个人信息保护法立法主要矛盾研讨》，载

《吉林大学社会科学学报》2018 年第 5 期。

［238］张忆然：《大数据时代“个人信息”的权利变迁与刑法保护的教义学限缩——以“数据财产权”与“信息自决权”的二分为视角》，载《政治与法律》2020 年第 6 期。

［239］赵秉志、孟军：《我国刑事诉讼中的隐私权保护——以刑事被追诉人为视角》，载《法治研究》2017 年第 2 期。

［240］赵宏：《〈民法典〉时代个人信息权的国家保护义务》，载《经贸法律评论》2021 年第 1 期。

［241］赵宏：《信息自决权在我国的保护现状及其立法趋势前瞻》，载《中国法律评论》2017 年第 1 期。

［242］赵艳红：《大数据监控措施的法律规制研究——以隐私权为中心的探讨》，载《交大法学》2020 年第 4 期。

［243］郑曦：《“被遗忘”的权利：刑事司法视野下被遗忘权的适用》，载《学习与探索》2016 年第 4 期。

［244］郑曦：《超越阅卷：司法信息化背景下的刑事被告人数据访问权研究》，载《河南大学学报（社会科学版）》2020 年第 2 期。

［245］郑曦：《个人信息保护视角下的刑事被遗忘权对应义务研究》，载《浙江工商大学学报》2019 年第 1 期。

［246］郑曦：《论检察机关在刑事司法领域的个人信息保护职责》，载《中国政法大学学报》2022 年第 1 期。

［247］郑曦：《论刑事被遗忘权的边界——以性侵未成年人案件为例》，载《江汉论坛》2018 年第 9 期。

［248］郑曦：《匿名化处理：刑事诉讼被遗忘权实现的另一种途径》，载《法治研究》2021 年第 5 期。

［249］郑曦：《网络搜查及其规制研究》，载《比较法研究》2021 年第 1 期。

［250］郑曦：《刑事数据出境规则研究》，载《法律科学（西北政

法大学学报)》2022 年第 2 期。

［251］郑曦:《刑事司法数据分类分级问题研究》, 载《国家检察官学院学报》2021 年第 6 期。

［252］郑曦:《刑事司法中的数据安全保护问题研究》, 载《东方法学》2021 年第 5 期。

［253］郑曦:《刑事诉讼个人信息保护论纲》, 载《当代法学》2021 年第 2 期。

［254］郑曦:《刑事侦查中远程在线提取电子数据的规制》, 载《国家检察官学院学报》2019 年第 5 期。

［255］郑曦:《作为刑事诉讼权利的个人信息权》, 载《政法论坛》2020 年第 5 期。

［256］郑晓剑:《个人信息的民法定位及保护模式》, 载《法学》2021 年第 3 期。

［257］周汉华:《个人信息保护的法律定位》, 载《法商研究》2020 年第 3 期。

［258］周汉华:《平行还是交叉 个人信息保护与隐私权的关系》, 载《中外法学》2021 年第 5 期。

［259］周斯佳:《个人数据权的宪法性分析》, 载《重庆大学学报(社会科学版)》2021 年第 1 期。

［260］朱福惠:《被害人个人隐私信息保护的理论证成与体系化建构》, 载《国家检察官学院学报》2019 年第 3 期。

［261］朱嘉珺:《数字时代刑事侦查与隐私权保护的界限——以美国卡平特案大讨论为切入口》, 载《环球法律评论》2020 年第 3 期。

［262］朱赟先:《电子数据搜查: 规定情境与新经验主义》, 载《江西社会科学》2021 年第 3 期。

［263］庄乾龙:《刑事案件中大数据整合行为定性及其适用规则》, 载《法学杂志》2020 年第 12 期。

［264］纵博：《隐私权视角下的大规模监控措施类型化及其规范》，载《中国刑事法杂志》2020 年第 6 期。

［265］纵博：《侦查中运用大规模监控的法律规制》，载《比较法研究》2018 年第 5 期。

三、中文译著

［1］［澳］胡·贝弗利 – 史密斯：《人格的商业利用》，李志刚、缪因知译，北京大学出版社 2007 年版。

［2］［德］京特·雅科布斯：《规范·人格体·社会——法哲学前思》，冯军译，法律出版社 2001 年版。

［3］［德］卡尔·拉伦茨：《德国民法通论》（上册），王晓晔等译，法律出版社 2003 年版。

［4］［德］克劳思·罗科信：《刑事诉讼法》（第 24 版），吴丽琪译，法律出版社 2003 年版。

［5］［德］克里斯多夫·库克里克：《微粒社会：数字化时代的社会模式》，黄昆、夏柯译，中信前沿出版社 2018 年版。

［6］［法］马尔克·杜甘、［法］克里斯托夫·拉贝，《赤裸裸的人：大数据，隐私与窥视》，杜燕译，上海科学技术出版社 2017 年版。

［7］［荷］玛农·奥斯特芬：《数据的边界：隐私与个人数据保护》，曹博译，上海人民出版社 2020 年版。

［8］［美］Rolando：《美国刑事侦查法制与实务》，章光明译，台北，五南图书出版公司 2006 年版。

［9］［美］阿丽塔·L. 艾伦、［美］理查德·C. 托克音顿：《美国隐私法：学说、判例与立法》，冯建妹等编译，中国民主法制出版社 2019 年版。

［10］［美］艾伯特 – 拉斯洛·巴拉巴西：《爆发：大数据时代预见未来的新思维》，马慧译，中国人民大学出版社 2012 年版。

［11］［美］布拉德·史密斯、［美］卡罗尔·安·布朗：《工具，还是武器?：直面人类科技最紧迫的争议性问题》，杨静娴、赵磊译，中信出版集团 2020 年版。

［12］［美］布鲁斯·施奈尔：《数据与监控：信息安全的隐形之战》，李先奇、黎秋玲译，金城出版社 2018 年版。

［13］［美］理查德·A. 艾珀斯坦：《征收——私人财产和征用权》，李昊、刘刚、翟小波译，中国人民大学出版社 2011 年版。

［14］［美］理查德·A. 利奥：《警察审讯与美国刑事司法》，刘方权、朱奎彬译，中国政法大学出版社 2012 年版。

［15］［美］罗伯特·兰沃西、［美］劳伦斯·特拉维斯Ⅲ：《什么是警察——美国的经验》，尤小文译，群众出版社 2004 年版。

［16］［美］史蒂夫·洛尔：《大数据主义》，胡小锐、朱胜超译，中信出版集团 2015 年版。

［17］［美］约瑟夫·S. 奈：《硬权力与软权力》，门洪华译，北京大学出版社 2005 年版。

［18］［英］博温托·迪·苏萨·桑托斯：《迈向新法律常识：法律、全球化和解放》（第 2 版），刘坤轮、叶传星译，中国人民大学出版社 2009 年版。

［19］［以］尤瓦尔·赫拉利：《未来简史：从智人到智神》，林俊宏译，中信出版集团 2017 年版。

［20］［英］安东尼·吉登斯：《现代性的后果》，田禾译，译林出版社 2000 年版。

［21］［英］约翰·洛克：《政府论》（下篇），丰俊功、张玉梅译，北京大学出版社 2014 年版。

［22］［英］维克托·迈尔－舍恩伯格、［英］肯尼思·库克耶：《大数据时代：生活、工作与思维的大变革》，盛杨燕、周涛译，浙江人民出版社 2013 年版。

四、中文学位论文

［1］贺恒：《刑事诉讼告知规则研究》，湘潭大学 2010 年硕士学位论文。

［2］黄政龙：《新形态科技侦查作为之法规范研究》，中国台湾地区“警察大学”2016 年博士学位论文。

［3］李猛：《网上追逃问题研究》，西南政法大学 2018 年硕士学位论文。

［4］李明：《在犯罪控制与人权保障之间——监听制度研究》，四川大学 2005 年博士学位论文。

［5］秦强：《我国宪法人权条款研究》，中国人民大学 2009 年博士学位论文。

［6］孙连钟：《刑事强制措施制度研究》，中国政法大学 2005 年博士学位论文。

［7］孙明泽：《侦查机关收集电子数据的程序规制研究》，西南政法大学 2020 年博士学位论文。

［8］王志刚：《刑事人身检查制度研究》，西南政法大学 2010 年博士学位论文。

［9］王仲羊：《审判中心视域下侦查预审的功能演绎与模式重构》，西南政法大学 2018 年硕士学位论文。

［10］巫聪昌：《台湾地区勘验法制研究》，东海大学 2006 年博士学位论文。

［11］向燕：《搜查与隐私权保护》，中国政法大学 2009 年博士学位论文。

［12］许亚洁：《个人信息的刑法保护体系研究》，华东政法大学 2020 年博士学位论文。

［13］张春霞：《限制与保护：刑事诉讼中的隐私权》，四川大学 2005 年博士学位论文。

五、中文论文集

［1］陈卫东、程雷：《任意侦查与强制侦查理论之介评——以同意取证行为为核心的分析》，载何家弘主编：《证据学论坛》（第7卷），中国检察出版社2004年版。

［2］林钰雄：《刑事程序中的个资保护——德国刑事诉讼法第8编（§§474－499 StPO）逐条释义》，载《刑事政策与犯罪研究论文集》第22期（2021年）。

［3］裴炜：《大数据侦查的合法性评价困境探析》，“大数据侦查及相关法律问题”学术研讨会会议论文，2018年于泸州。

六、中文报纸

［1］姜伟超：《警方详解白银“8.05”系列强奸杀人案侦破始末》，载《中国青年报》2016年11月25日，第8版。

［2］侯莎莎：《公安工商等五部门共享执法信息》，载《北京日报》2011年5月11日，第2版。

七、中文电子资源

［1］李适时：《关于〈中华人民共和国刑法修正案（九）（草案）〉的说明——2014年10月27日在第十二届全国人民代表大会常务委员会第十一次会议上》，载中国人大网2014年10月27日，http：//www.npc.gov.cn/wxzl/gongbao/2015－11/06/content_1951884.htm。

［2］郎胜：《关于〈中华人民共和国网络安全法（草案）〉的说明——2015年6月24日在第十二届全国人民代表大会常委委员会第十五次会议上》，载中国人大网2016年6月24日，http：//www.npc.gov.cn/wxzl/gongbao/2017－02/20/content_2007537.htm。

［3］TechWeb：《公安部牵头组建反诈预警平台　阿里、360金融等5家科技公司首批加入》，2019年10月11日，https：//baijiahao.

baidu. com/s? id = 1647079416611245228&wfr = spider&for = pc。

［4］新华网：《公安机关与行政执法部门加强三项协作保护知识产权》，载中国新闻网，https：//www. chinanews. com/fz/2014/11 – 21/6801182. shtml。

［5］杨晨：《被错当成强奸犯 9 年不改，该追问背后的渎职》，载澎湃新闻 2018 年 6 月 12 日，https：//baijiahao. baidu. com/s? id = 16030 49239452709241&wfr = spider&for = pc。

［6］商河公安：《给中国法医掌声！公安机关 DNA 数据库总量达到 4400 万条》，载中国警察网 2016 年 5 月 20 日，https：//mp. weixin. qq. com/s? _ _ biz = MzIwMjI5NTM3Mw = = &mid = 2247483831& idx = 1&sn = b55e5466b2eddd4d91e4937c42ced3da&chksm = 96e19095a1961983311ad5766d1af1388d527c4c1b9c30e036019e1c78dc18120bcf88186ec1&scene =27。

［7］《武汉一女大学生返校时遇害附近四校数千男师生采血验 DNA》，载网易新闻网 2013 年 11 月 21 日，http：//news. 163. com/13/1121/02/9E60MQ6500014Q4P. html。

［8］《2000 万摄像头看着你的天网工程侵犯隐私了吗?》，载搜狐网 2017 年 9 月 29 日，https：//www. sohu. com/a/486742348_ 120012587。

［9］《华为联合天源迪科助力泰州公安打造智慧警务大数据》，载智慧城市网 2017 年 9 月 5 日，https：//www. afzhan. com/news/detail/59302. html。

［10］王晓易：《上传宝马肇事南京辅警被开除》，载网易新闻网 2015 年 9 月 19 日，https：//www. 163. com/news/article/B3SEIRQ600014AED. html。

［11］《永城市东城区新增和调整交通视频监控公告》，载搜狐网 2019 年 9 月 23 日，https：//www. sohu. com/a/342901743_ 717214。

八、外文专著

［1］ A. Barak, *Proportionality: Constitutional Rights and their Limitations*, Cambridge University Press, 2016.

［2］ Adam Carlyle Breekenridge, *The Right to Privacy*, University of Nebraska Press, 1970.

［3］ Alan F. Westin, *Privacy and Freedom*, Athenum, 1967.

［4］ Daniel Solove, *The Digital Person: Technology and Privacy in the Information Age*, New York University Press, 2004.

［5］ David Gray, *The Fourth Amendment in an Age of Surveillance*, Cambridge University Press, 2017.

［6］ Gloria Gonzúlez Fuster, *The Emergence of Personal Data Protection as a Fundamental Right of the EU*, Springer International Publishing, 2014.

［7］ Helen Nissenbaum, *Privacy in Context: Technology, Policy, and the Integrity of Social Life*, Stanford Law Book, 2010.

［8］ R. Alexy, *A Theory of Constitutional Rights*, Oxford Press, 2004.

［9］ Richardc, Turkington & Anita L. Allen, *Privace*, West Group, 2002.

［10］ Walden & Ian, *Privacy and Data Protection*, Oxford University Press, 2011.

［11］ V. Ferreres Comella, *The Constitution of Spain: A Contextual Analysis.* Hart Press, 2013.

九、外文论文

［1］ Alessandro Spina, *Risk Regulation of Big Data: Has the Time Arrived for a Paradigm Shift in EU Data Protection Law?*, European Journal of Risk Regulation, Vol. 5: 2 (2014).

［2］ Ana Maria Torres Chedraui, *An Analysis of the Exclusion of Evidence Obtained in Violation of Human Right in Light of the Jurisprudence of the European Court of Human Rights*, Tilburg Law Review, Vol. 15: 2 (2010 – 2011) .

[3] Bert – Jaap Koops, *The (In) Flexibility of Techno – Regulation and the Case of Purpose – Binding*, Legisprudence, Vol. 5: 2 (2011) .

[4] Bert – Japp Koops, *The Evolution of Privacy Law and Policy in the Netherlands*, Case Western Reserve Law Review, Vol. 13: 2 (2011) .

[5] Blitz M. , *The Fourth Amendment Future of Public Surveillance: Remote Recording and other Searches in Public Space*, American University Law Review, Vol. 63: 1 (2013) .

[6] Brandon L. Garrett, *Big Data and Due Process*, Cornell Law Review Online, Vol. 99 – 100 (2013 – 2015) .

[7] Cameron I. , *Balancing Data Protection and Law Enforcement Deeds: Tele2 Sverige and Watson*, Common Market Law Review, Vol. 54: 5 (2017) .

[8] Catherine Jasserand, *Law Enforcement Access to Personal Data Originally Collected by Private Parties: Missing Data Subjects' Safeguards in Directive 2016/680?*, Computer Law & Security Review, Vol. 34 (2018) .

[9] Céline C. Cocq & Francesca Galli, *The Use of Surveillance Technologies for the Prevention, Investigation and Prosecution of Serious Crime*, EUI Working Paper Law, Vol. 41 (2015) .

[10] Christina A. Robinson, *Smart Homes: The next Fourth Amendment Frontier*, University of Miami Race and Social Justice Law Review, Vol. 10: 2 (2020) .

[11] Christopher KunerInternational, *Agreements, Data Protection, and EU Fundamental Rights on the International Stage: Opinion 1/15*

(*EU - Canada PNR*) *of the Court of Justice of the EU*, Common Market Law Review, Vol. 55: 3 (2018).

[12] Christopher Slobogin, *Making the Most of United States v. Jones in a Surveillance Society: A Statutory Implementation of Mosaic Theory*, Duke Journal of Constitutional Law & Public Policy, Vol. 8 (2012).

[13] D. Elgesem, *The Structure of Rights in Directive 95/46 on the Protection of Individuals with Regard to the Processing of Personal Data and the Free Movement of Such Data*, Ethics and Information Technology, Vol. 4: 1 (1999).

[14] David E. Pozen, *The Mosaic Theory, National Security, and the Freedom ofInformation Act*, Yale Law Journal, Vol. 115: 3 (2005).

[15] David Gray & Keats Citron, *A Shattered Looking Glass: The Pitfalls and Potential of the Mosaic Theory of Fourth Amendment Privacy*, North Carolina Journal of Law & Technology, Vol. 14: 2 (2013).

[16] David H. Flaherty, *On the Utility of Constitutional Rights to Privacy and Data Protection*, Case Western Reserve Law Review, Vol. 41: 3 (1991).

[17] Drew M. Baldwin, *Redefining the Third - Party Doctrine: Carpenter's Effect on DNAPrivacy*, Kentucky Law Journal, Vol. 108: 1 (2019 - 2020).

[18] Edoardo Celeste, *The Court of Justice and the Ban on Bulk Data Retention: Expansive Potential and Future Scenarios*, European Constitutional Law Review, Vol. 15: 1 (2019).

[19] Elizabeth E. Joh, *Policing by Numbers: Big Data and the Fourth Amendment*, Washington Law Review, Vol. 89: 1 (2014).

[20] Emily Berman, *When Database Queries Are Fourth Amendment Searches*, Minnesota Law Review, Vol. 102: 2 (2017).

[21] Evan Caminker, *Location Tracking and Digital Data: Can Carpenter Build a Stable Privacy Doctrine?*, Supreme Court Review, Vol. 2018 (2019).

[22] Fabio Arcila & Jr, *GPS Tracking Out of Fourth Amendment Dead Ends: United States v. Jones and the Katz Conundrum*, North Carolina Law Review, Vol. 91: 1 (2012).

[23] Geneva Ramirez, *What Carpenter Tells Us about When a Fourth Amendment Search of Metadata Begins*, Case Western Reserve Law Review, Vol. 70: 1 (2019).

[24] Gloria Gonzälez Fuster & Raphaël Gellert, *The Fundamental Right of Data Protection in the European Union: In Search of an Uncharted Right*, International Review of Law, Computers & Technology, Vol. 26: 1 (2012).

[25] Gray. David & Citron. Danielle, *The Right to Quantitative Privacy*, Minnesota Law Review, Vol. 98: 1 (2013).

[26] Holland & H. Brian, *A Third - Party Doctrine for Digital Metadata*, Cardozo Law Review, Vol. 41: 4 (2020).

[27] Ian Goldberg, Austin Hill & Adam Shostack, *Trust, Ethics, and Privacy*, Boston University Law Review, Vol. 81: 2 (2001).

[28] J. Rivers, *Proportionality and Variable Intensity of Review*, The Cambridge Law Journal, Vol. 65: 1 (2006).

[29] Jack M. Balkin, *2016 Sidley Austin Distinguished Lecture on Big Data Law and Policy: The Three Laws of Robotics in the Age of Big Data*, Ohio State Law Journal, Vol. 78: 5 (2017).

[30] Josévan Dijck, *Datafiction, Dataism and Dataveillance: Big data between Scientific Paradigm and Secular Belief*, Surveillance & Society, Vol. 12: 2 (2014).

[31] Judith Rauhofer, *Look to Yourselves, That We Lose Not Those Things Which We Have Wrought: What Do Proposed Changes to the Purpose Limitation Principle Mean for Public Bodies' Rights to Access Third – Party Data*, International Review of Law, Computers & Technology, Vol. 28: 2 (2014).

[32] Katrien Keyaerts, *Ben Faiza v. France: Use of Cell Site Location Information by Police Is Acceptable Interference with Right to Privacy*, European Data Protection Law Review, Vol. 5: 1 (2019).

[33] Leslie A. Shoebotham, *The Strife of Riley: The Search – Incident Consequences of Making An Easy Case Simple*, Louisiana Law Review, Vol. 75: 1 (2014).

[34] Levinson – Waldman & Rachel, *Hiding in Plain Sight: A Fourth Amendment Framework for Analyzing Government Surveillance in Public*, Emory Law Journal, Vol. 66: 3 (2017).

[35] Liv Jaeckel, *The Duty to Protect Fundamental Rights in the European Community*, European Law Review, Vol. 28 (2003).

[36] Maja Brkan, *Do algorithms rule the world? Algorithmic Decision – making and Data Protection in the Framework of the GDPR and beyond*, International Journal of Law and Information Technology, Vol. 27: 2 (2019).

[37] Maja Brkan, *In Search of the Concept of Essence of EU Fundamental Rights through the Prism of Data Privacy*, Maastricht Faculty of Law Working Paper, Vol. 1 (2017).

[38] Maja Brkan, *The Concept of Essence of Fundamental Rights in the Eu Legal Order: Peeling the Onion to its Core*, European Constitutional Law Review, Vol. 14: 2 (2018).

[39] Maja Brkan, *The Essence of the Fundamental Rights to Privacy*

and Data Protection: *Finding the Way through the Maze of the CJEU's Constitutional Reasoning*, German Law Journal, Vol. 20: 6 (2019).

[40] Mark Leiser & Bart Custers, *The Law Enforcement Directive*: *Conceptual Challenges of EU Directive 2016/680*, European Data Protection Law Review (EDPL), Vol. 5: 3 (2019).

[41] Maria Tzanou, *Data Protection as a Fundamental Right next to Privacy*? "*Reconstructing*" *a not so New Right*, International Data Privacy Law, Vol. 3: 2 (2013).

[42] Marie Pierre Granger, *Kristina Irion*, *The Court of Justice and the Data Retention Directive in Digital Rights Ireland*: *telling off the EU legislator and teaching a lesson in privacy and data protection*, European Law Review, Vol. 39: 4 (2014).

[43] Mary G. Leary, *The Missed Opportunity of United States v. Jones*: *Commercial Erosion of Fourth Amendment Protection in a Post - Google Earth World*, University of Pennsylvania Journal of Constitutional Law, Vol. 15: 2 (2012).

[44] Mary - Kathryn Takeuchi, *A New Third - Party Doctrine*: *The Telephone Metadata Program and Carpenter v. United States*, Notre Dame Law Review, Vol. 94: 5 (2019).

[45] Michael Gentithes, *The End of Miller's Time*: *How Sensitivity Can Categorize Third - Party Data after Carpenter*, Georgia Law Review, Vol. 53: 3 (2019).

[46] Michael Lwin, *Privacy Issues with DNA Databases and Retention of Individuals'DNA Information by Law Enforcement Agencies*: *The Holding of the European Court of Human Rights Case S and Marper v. United Kingdom Should Be Adapted to American Fourth Amendment Jurisprudence*, Information & Communications Technology Law, Vol. 19: 2

(2010).

[47] Miller Kevin, *Total Surveillance, Big Data, and Predictive Crime Technology: Privacy's Perfect Storm*, Journal of Technology Law & Policy, Vol. 19: 1 (2014).

[48] Newell B. C., & Tennis J. T., *Me, My Metadata, and the NSA: Privacy and Government Metadata Surveillance Programs*, Proceedings of the 2014 iConference (2014).

[49] Ojanen, Tuomas, *Making the Essence of Fundamental Rights Real: The Court of Justice of the European Union Clarifies the Structure of Fundamental Rights Under the Charter ECJ 6 October 2015, Case C - 362/14*, European Constitutional Law Review, Vol. 12: 2 (2016).

[50] Orin S. Kerr, *An Equilibrium - Adjustment Theory of the Fourth Amendment*, Harvard Law Review, Vol. 125: 2 (2011).

[51] Orin S. Kerr, *The Fourth Amendment and New Technologies: Constitutional Myths and the Case for Caution*, Michigan Law Review, Vol. 102 (2004).

[52] Orin S. Kerr, *The Mosaic Theory of the Fourth Amendment*, Michigan Law Review, Vol. 111: 3 (2012).

[53] Orla Lynskg, *Deconstructing Data Protection: The Added - Value of a Right to Data Protection in the EU Legal Order*, International and Comparative Law Quarterly, Vol. 63: 3 (2014).

[54] Paul de Hert & Vagelis Papakonstantinou Mark, *The New Police and Criminal Justice Data Protection Directive: A First Analysis*, New Journal of European Criminal Law, Vol. 7: 1 (2016).

[55] Paul Ohm, *The Many Revolutions of Carpenter*, Harvard Journal of Law & Technology, Vol. 32: 2 (2019).

[56] Ohm & Paul, *Broken Promise of Privacy: Responding to the*

Surprising Failure of Anonymization, UCLA Law Review, Vol. 57: 6 (2010).

[57] Peter C. Ormerod & Lawrence J. Trautman, *When A Descriptive Analysis of the Fourth Amendment and the Third Party Doctrine in the Digital Age*, Albany Law Journal of Science & Technology, Vol. 28: 2 (2018).

[58] Peters & James B., *Criminal Procedure – More Protection for Digital Information: The Supreme Court Holds Warrantless Cell Phone Searches Do Not Fall under the Search Incident to Arrest Excpetion; Riley v. California.*, Wyoming Law Review, Vol. 15: 2 (2015).

[59] Raphaël Gellert & Serge Gutwirth, *The Legal Construction of Privacy and Data Protection*, Computer Law & Security Review, Vol. 29 (2013).

[60] Roger A. Clarke, *Information Technology and Dataveillance*, COMM. ACM, Vol. 31 (1988).

[61] Rozenshtein A., *Surveillance Intermediaries*, Stanford Law Review, Vol. 70: 1 (2018).

[62] Samuel Warren & Louis Brandeis, *The Right to Privacy*, Harvard Law Review, Vol. 4 (1890).

[63] Serge Gutwirth & Paul De Hert Privacy, *Data Protection and Law Enforcement. Opacity of the Individual and Transparency of Power*, Privacy and the criminal law, Vol. 90 (2006).

[64] Shaun B. Spencer, *Predictive Surveillance and the Threat to Fourth Amendment Jurisprudence*, I/S: A Journal of Law and Policy for the Information Society, Vol. 14: 1 (2017).

[65] Solove & Daniel J., *Fourth Amendment Codification and Professor Kerr's Misguided Call for Judicial Deference*, Fordham Law Re-

view, Vol. 74: 2 (2005).

[66] Stevenson & Aaron, *A Growing Consensus: A Comment on UnitedStates v. Carpenter, and the U. S. Supreme Court's Opportunity to Protect Privacy*, Ohio State Law Journal Furthermore, Vol. 78 (2017).

[67] Susan Freiwald & Stephen Wm. Smith, *The Carpenter Chronicle: A near - Perfect Surveillance*, Harvard Law Review, Vol. 132: 1 (2018).

[68] Swire & Peter P., *Financial Privacy and the Theory of High - Tech Government Surveillance*, Washington University Law Quarterly, Vol. 77: 2 (1999).

[69] Takis Tridimas & Giulia Gentile German, *The Essence of Right: An Unreliable Boundary*, Law Journal, Vol. 20 (2019).

[70] Teresa Quintel, *Article 29 Data Protection Working Party Opinion on the Law Enforcement Directive*, European Data Protection Law Review (EDPL), Vol. 4: 1 (2018).

[71] Thomas Marquenie, *The Police and Criminal Justice Authorities Directive: Data protection standards and impact on the legal framework*, Computer Law & Security Review, Vol. 33 (2017).

[72] Tridimas T. & Gentile G., *The Essence of Rights: An Unreliable Boundary*, German Law Journal, Vol. 20: 6 (2019).

[73] Valentin M. Pfisterer, *The Right to Privacy - A Fundamental Right in Search of Its Identity: Uncovering the CJEU's Flawed Concept of the Right to Privacy*, German Law Journal, Vol. 20: 5 (2019).

[74] William L. Prosser, *Privacy*, California Law Review, Vol. 48: 3 (1960).

[75] Young & Katharine G., *The Minimum Core of Economic and Social Rights: A Concept in Search of content*, Yale Journal of International

Law, Vol. 33：1（2006）.

［76］Zeljko Karas, *Privacy Rights and Policing under the Influence of Modern Data Technologies*, EU and Comparative Law Issues and Challenges Series, Vol. 2：2（2018）.

十、外文判例

［1］42 U. S. C. §14132（b)(3)(2006）.

［2］50 S. E. 689（Ga. 1905）.

［3］64 N. E. 442（N. Y. 1902）.

［4］9 N. W. 146（MiChat1881）.

［5］Arizona v. Gant，556 U. S. 332（2009）.

［6］B. B. v. France，no. 5335/06，ECHR 17 December 2009.

［7］Ben Faiza v. France App no 31446/12（ECtHR，8 February 2018）.

［8］Berger v. New York 388 U. S. 41（1967）.

［9］Bond v. United States，529 U. S. 334，336 – 37（2000）.

［10］Bower v. Hardwick，478 U. S. 186（1986）.

［11］Brinegar v. United States，338 U. S. 160（1949）.

［12］BVerfGE 120，274.

［13］BverfGE 65，1.

［14］California v. Ciraol，476 U. S. 207（1986）.

［15］Carpenter v. U. S. 138 S. Ct. 2206（2018）.

［16］Case Opinion 1/15，ECLI：EU：C：2017：592，Judgment of 26 July 2017.

［17］Chimel v. California，395 U. S. 752，762（1969）.

［18］Commonwealth v. Wilkerson，156 N. E. 3d 754，766（2020）.

［19］Cruzan v. Director，Missouri Department of Health，497 U. S. 261

(1990) .

[20] Data Protection Commissioner v. Facebook Ireland Limited and Maximillian Schrems, Case C - 311/18, ECLI: EU: C: 2020: 559, Judgment of July 2020.

[21] Dunaway v. New York, 442 U. S. 200 (1979) .

[22] ECJ 2 October 2018, Case C - 207/16, Ministerio Fiscal.

[23] ECJ C - 44/79, Hauer v Land Rheinland - Pfalz, ECLI: EU: C: 1979.

[24] ECJ Case 4/73, Nold v Commission, ECLI: EU: C: 1974: 51.

[25] ECJ Case C - 291/12, Schwarz, ECLI: EU: C: 2013: 670.

[26] ECJ Case C - 362/14, Schrems, ECLI: EU: C: 2015: 650.

[27] ECJ Case C - 92/09, Volker und Markus Schecke and Eifert, ECLI: EU: C: 2010: 662.

[28] ECJ Joined Cases C - 293/12 and C - 594/12, Digital Rights Ireland ECLI: EU: C: 2014: 238.

[29] ECJ Joined Cases C - 404/15 and C - 659/15 PPU, Aranyosi and Caldraru, ECLI: EU: C: 2016: 85.

[30] ECJ, Case C 203/15 Tele2 Sverige AB v. Post och telestyrelsen et al. , ECLI: EU: C: 2016: 970, Judgment of 21 December 2016.

[31] ECtHR 11 July 2002, Case No. 28957/95, Christine Goodwin v United Kingdom.

[32] ECtHR 27 August 1991, Case Nos. 12750/87, 13780/88, 14003/88, Philisv Greece.

[33] ECtHR App nos 30562/04 and 30566/04 S and Marper v United Kingdom (4 December 2008) .

[34] ECtHR, 18 February 1999, Case No. 24833/94, Matthewsv

UnitedKingdom.

[35] ECtHR, No. 28341/95, Rotaru v. Romania, 4. 5. 2000.

[36] ECtHR21 December 2000, Case No. 34720/97, Heaney and McGuinness v Ireland.

[37] Eisenstadt v. Baird, 405 U. S. 438 (1972).

[38] Ex Parte Jackson, 96 U. S.

[39] Florida v. Riley, 488 U. S. 445 (1989).

[40] Griswold v. Connecticut, 381 U. S. 479 (1965).

[41] Illinois v. Andreas. 463 U. S. 765 (1983).

[42] Judgment Brunet v. France, No. 21010/10, 18 September 2014.

[43] Judgment Gardel v. France, No. 16428/05, 17 December 2009.

[44] Judgment Khelili v. Switzerland, No. 16188/07, 18 October 2011.

[45] Judgment MK v. France, No. 19522/09, 18 April 2013.

[46] Judgments of the German Federal Constitutional Court, BVerfGE 34, 238 (245).

[47] Katz v. United States 389 U. S. 347 (1967).

[48] Kinslow v. State, 129 N. E. 3d 810, *1-2 (Ind. Ct. App.), transfer denied, 134 N. E. 3d 1020 (Ind. 2019).

[49] Kyllo v. United States, 533 U. S. 34-35 (2001).

[50] Leander v. Sweden [1987] ECtHR 9248/81.

[51] M. M. v. the United Kingdom, No. 24029/07, ECHR 13 November 2012.

[52] M. Nowak, U. N. Covenant on Civil and Political Rights: CCPR Commentary, 2nd edn. (Engel 2005).

[53] Malone v. the United Kingdom [1984] ECHR 10.

[54] McNabb v. United States, Supreme Court of the United States, 1943. 319 U. S. 784, 63 S. Ct. 1322, 87 L. Ed. 1727.

［55］ Mikrozensusurte1il, BVerfG 27, 1.

［56］ Minnesota v. Dickerson, 508 U. S. 366, 378 (1993).

［57］ Miranda v. Arizona, Supreme Court of the United States, 1966. 384 U. S. 436, 86 S. Ct. 1602, 16 L. Ed. 2d 694.

［58］ New York v. Belton, 453 U. S. 454 (1981).

［59］ No. CR 05 - 375, 2007 WL 1521573 (N. D. Cal. May 23, 2007).

［60］ Olmstead v. United States, 277 U. S. 438 (1928).

［61］ Peck v. United Kingdom, 2003 - 1 Eur. Ct. H. R. 123.

［62］ People v. Diaz, 244 P. 3d 501, 505 - 06 (Cal. 2011).

［63］ People v. Edwards, 63 Misc. 3d 827, 828, 831 (N. Y. Sup. Ct. 2019).

［64］ PG v. United Kingdom, 200 1 - IX Eur. Ct. H. R. 195 (2008).

［65］ Promusicae ［2008］ CJEU C - 275/06.

［66］ Riley v. California, 134 S. Ct. 2473 (2014).

［67］ Roe v. Wade, 490 U. S. 113 (1973).

［68］ Sentencia 11/1981, S. T. C., Apr. 25, 1981 (B. O. E., No. 99) (Spain).

［69］ Sentencia 91/2000, S. T. C., May 4, 2000 (B. O. E., No. 107) (Spain).

［70］ Silverman v. United States, 365 U. S. 505, 511 (1961).

［71］ Sims v. State, 569 S. W. 3d 634, 646 (Tex. Crim. App. 2019), cert. denied, 139 S. Ct. 2749 (2019).

［72］ Smith v. Maryland, 442 U. S. 735 (1979).

［73］ State v. Gibbs, No. 2017 - 001846, 2020 WL 4814266 (S. C. Ct. App. Aug. 19, 2020).

［74］ State v. Sloane, 939 A. 2d 796, 797 (N. J. 2008).

［75］ Szabóand Vissy v. Hungary ［2016］ ECHR，37138/14.

［76］ Terry v. Ohio，392 U. S. 1.

［77］ U. S. v. Jones 132 S. Ct. 945（2012）.

［78］ Uhunmwangho v. State，No. 09 – 19 – 00119 – CR，2020 WL 1442640，(Tex. App. Mar. 25，2020）.

［79］ United States v. Beaudoin，362 F. 3d 60，70 – 71 （1st Cir. 2004）.

［80］ United States v. Diggs，385 F. Supp. 3d 648，649 （N. D. Ill. 2019）.

［81］ United States v. Finley，477 F. 3d 250，260（5th Cir. 2007）.

［82］ United States v. Jacobsen，466 U. S. 109，114（1984）.

［83］ United States v. Karo 104 S. Ct. 3296（1984）.

［84］ United States v. Knotts 103 S. Ct. 1081（1983）.

［85］ United States v. Maynard，615 F. 3d 544（D. C. Cir. 2010）.

［86］ United States v. Miller，425 U. S. 435，443（1976）.

［87］ United States v. Moreno，280 F. 3d 898，901 （8th Cir. 2002).

［88］ United States v. Murphy，552 F. 3d 405，411 （4th Cir. 2009).

［89］ United States v. Robinson，414 U. S. 218（1973）.

［90］ United States v. Ross，456 U. S. 798，807 – 09，823 – 25 （1982）.

［91］ United States v. Trice，966 F. 3d 506，510（6th Cir. 2020）.

［92］ United States v. Walker，No. 2：18 – CR – 37 – FL – 1，2020 WL 4065980，(E. D. N. C. July 20，2020）.

［93］ Unites States v. Navarro，90 F. 3d 1245，1257 （7th Cir. 1996）.

［94］Uzun v. Germany App No. 35623/08（ECtHR，2 September 2010）.

［95］Van der Velden v. Netherlands，App. No. 29514/05（Eur. Ct. H. R. Dec. 7，2006）.

［96］Volker und Markus Schecke and Eifert［2010］CJEU C－92/09 and C－93/09.

［97］Weeks v. United States，232 U. S. 383（1914）.

［98］Whalen v. Roe，429 U. S. 589（1977）.

［99］Wheaton v. Peters，33 U. S. 591（1834）.

［100］Young，James and Webster v. United Kingdom，11 Eur. Ct. H. R. 439（1989）.

［101］Z. v. Finland［1997］ECtHR 22009/93.

［102］Zakharov v. Russia［2010］ECHR，35623/05.

十一、外文学位论文

Andrii Konopko，*Striking Appropriate Balance between Metadata Retention and Right to Privacy according to the Article 7 of the CFREU*（Ph. D. diss.，Law and Information Society University of Turku，2019）.

十二、外文论文集

［1］Antoinette Rouvroy & Yves Poullet，*The Right to Informational Self Determination and the Value of Self－Development：Reassessing the Importance of Privacy for Democracy*，in Serge Gutwirth and others eds.，Reinventing Data Protection?，Springer：Dordrecht，2009.

［2］Diana Dimitrova1 & Paul De Hert，*The Right of Access Under the Police Directive：Small Steps Forward*，in Manel Medina，Andreas Mitrakas，Kai Rannenberg，Erich Schweighofer，Nikolaos Tsouroulas eds.，

Privacy Technologies and Policy, Springer, 2018.

[3] F. PınarÖlçer, *The European Court of Human Rights: The Fair Trial Analysis Under Article 6 of the European Convention of Human Rights*, Exclusionary Rules in Comparative Law, Springer Nether lands, 2013.

[4] G. Van der Schyff, *Cutting to the Core of Conflicting Rights: The Question of Inalienable Cores in Comparative Perspective*, in E. Brems eds., Conflicts Between Fundamental Rights, Intersentia, 2008.

[5] Juraj Sajfert Teresa Quintel, *Data Protection Directive (EU) 2016/680 for Police and Criminal Justice Authorties*, in Cole/Boehm eds., GDPR Commentary, Cheltenham: Edward Elgar Publishing, 2019.

[6] Lynskey O., *The Link between Data Protection and Privacy in the EU Legal Order*, in M Northey and J Mckibbi, The Foundations of Eu Data Protection Law, Oxford University Press, 2016.

[7] Morton H. Levine, *Privacy in the Tradition of the Western World*, in William C. Bier and S. J eds., Privacy: A Vanishing Value?, 1980.

[8] Paul de Hert & Serge Gutwirth, *Data Protection in the Case Law of Strasbourg and Luxemburg: Constitutionalisation in Action*, in Serge Gutwirth, Yves Poullet, Paul de Hert, Sjaak Nouwt and Cécile de Terwangne eds., Reinventing Data Protection?, Springer International Publishing, 2009.

十三、外文报纸

Brooks David, *The Philosophy of Data*, The New Times, 4 February 2013.

十四、外文电子资源

［1］AM. Barass'N, *Standards on Law Enforcement Access to Third Party Records Stds. 25 – 4. 1*, *25 – 4. 2*, （*2012*）, http：//www. americanbar. org/groups/criminaljustice/policy/standards/law – enforcement – access. html.

［2］Article 29 Data Protection Working Party, *Guidelines on Automated individual decision – making and Profiling for the purposes of Regulation 2016/679*, European Commission（Feb. 6, 2018）, http：//ec. europa. eu/justice/data – protection/index_ en. htm.

［3］Article 29 Data Protection Working Party, *Opinion 05/2014 on Anonymization Techniques*, European Commission（Apr. 10, 2014）, https：//ec. europa. eu/justice/article – 29/documentation/opinion – recommendation/files/2014/wp216_ en. pdf.

［4］Sara Merken, *Berkeley Bans Government Face Recognition Use, Joining Other Cities*, Go to Bloomberg Law News（Oct. 17, 2019）, https：//news. bloomberglaw. com/privacy – and – data – security/hold – berkeley – bansgovernment – face – recognition – use – joiningother – cities.

［5］Chris Olah, *The Building Blocks of Interpretability Distill*（*Mar. 15, 2018*）, https：//distill. pub/2018/building – blocks/.

［6］Eric J. Shinabarger, *German Data Retention Act signed into Law*, Winston & Strawn（Jun. 30, 2016）, http：//www. winston. com/en/privacy – law – corner/new – german – data – retention – law – expected – to – take – effect – soon. html.

［7］Margot E. & Kaminski, *Carpenter v. United States*：*Big Data Is Different*, The George Washington Law Review（Jul. 2, 2018）, https：//www. gwlr. org/Carpenter – v – united – states – big – data – is – different.

[8] Patrick M. Gallivan, *Governor Signs DNA Databank Expansion Into Law*, The New York State Senate (Mar. 18, 2012), https://www.nysenate.gov/newsroom/press-releases/2012/patrick-m-gallivan/governor-signs-dna-databank-expansion-law.

[9] Orin S. Kerr, *Use Restrictions and the Future of Surveillance Law*, Brookings (Apr. 19, 2011), https://www.brookings.edu/research/use-restrictions-and-the-future-of-surveillance-law/.

[10] Orin S. Kerr, *When Does a Carpenter Search Start-and When Does it Stop?*, Criminal Justice & the Rule of Law (Jul. 6, 2018), https://www.lawfareblog.com/when-does-Carpenter-search-start-and-when-does-it-stop.

[11] Pail Ohm, *The Broad Reach of Carpenter v. United States*, Just Security (Jun. 27, 2018), https://www.justsecurity.org/58520/broad-reach-carpenter-v-united-states/.

[12] Neil Robinson et al., *Technical Report on the Review of the European Data Protection Directive*, RAND Europe (May. 7, 2009), http://www.rand.org/pubs/technical_ reports/TR710.html.

[13] Rathenau instituut, *Human rights in the Robot Age*, Rathenau Instituut (Oct. 17, 2017), https://www.rathenau.nl/en/digitale-samenleving/human-rights-robot-age.

[14] The Administrative Office of the United States Courts, *Wiretap Report*, United States Cours (Dec. 31, 2012), http://www.uscourts.gov/statistics/table/wire-6/2012/12/31.

[15] European Parliament, *Understanding algorithmic decision-making: Opportunities and challenges*, Think Tank (Mar. 5, 2019), http://www.europarl.europa.eu/thinktank/en/docu-ment.html?reference=EPRS_ STU (2019).

致　谢

与清华的结缘源自电影《无问西东》。电影中的一句台词给予我极大的心灵震撼："什么是真实？你看到什么，听到什么，做什么，和谁在一起。有一种从心灵深处满溢出来的不懊悔，也不羞耻的平和与喜悦，这就是真实。"这份不懊悔，也不羞耻的平和与喜悦既是我进入清华的初心，又是这4年间失而复得的宝贵精神财富。囿于功利的枷锁与牵绊，我被铺天盖地的焦虑与内卷所裹挟，陷入了旷日持久的自我怀疑与精神内耗之中，时常喟叹为何倾尽全力却还是技不如人、求而不得。所幸，苦雨交加的岁月没有磨平我的执念与韧性，也未曾动摇我投身理论研究的梦想和坚持。正所谓"念念不忘，必有回响"，当专注战胜了纠结，勤勉驱赶了彷徨，命运的回馈也不过只是顺其自然的结果。我无悔于在清华园中这段越挫越勇、脚踏实地的时光，也不羞耻于偶尔的蹉跎与懈怠，实现了与自己、与世界的和解，还依然保留着初入校园时的那份笃厚和纯粹。对此，我感到满意与喜悦。这些除了孤勇奋斗、自助天助之外，更有赖于各位师长、家人、朋友的善意与支持。

我要感谢陈光中先生！先生是刑事诉讼学界的泰山北斗，无论是理论水平还是品格修养，都让后辈高山仰止。感谢先生鲐背之年，为本书作序。我要感谢博士生导师张建伟教授！感谢恩师将我招入师门，使我能有机会进入清华大学学习。恩师博学睿智、风趣幽默，看待问题高屋建瓴、鞭辟入里，为人为学都对我启发颇多。在博士论文的撰写过程中，恩师悉心指导，使我受益匪浅。我还要感谢马方、梁坤、程雷、蒋勇、裴炜、王燃、郑曦、侣化强、倪春乐、任重等老师，以及师姐王一超、王星译，师兄路旸、李国华、万旭、孔令勇，师弟吴桐在博士求学期间的帮助与鼓励！感谢本书在出版期间，法律出版社李群女士和王睿女士的大力支持！

我要感谢奶奶、父亲、母亲与双胞胎哥哥31年来对我的关心爱护！在读博的这4年间，你们始终牵挂我的学业，担心我的睡眠，为我操劳很多。你们永远是我坚强的精神依靠与心灵港湾。我要感谢携手多年、相濡以沫的爱妻玉萍！你以乐观排遣了我的焦虑，以豁达宽慰着我的纠结，以深情治愈了我的灵魂。在聚少离多的日子里，你任劳任怨、默默奉献，包容着我的任性率直，迁就着我的不谙世事，更珍视着我内心深处的那份天真与纯粹。毫不夸张地说，我能顺利获得博士学位有你一半的功劳。

悬笔一绝，向我的学生时代正式告别。谨希望自己之后无论是治学还是为人，都能只问自由，只问盛放，只问深情，只问初心，无问西东！

2022年6月于清华园

2024年9月修改于毓秀湖畔